མལ་གྲོ་གུང་དཀར་གྱི་ལོ་རིམ་མེ་ལོང་།

墨竹工卡年鉴

2016

墨 竹 工 卡 县 人 民 政 府　主办
墨竹工卡县人民政府办公室　编

县委书记　严应骏

县委副书记、县长　旦增尼玛

县委副书记、人大常委会主任　洛 桑

县委常务副书记、政协主席　魏东飞

2月16日，西藏自治区党委副书记、主席洛桑江村节前到墨竹工卡县看望慰问结对户

6月1日，西藏自治区党委副书记、主席洛桑江村到墨竹工卡县检查高速公路建设情况

10月3日，西藏自治区常务副书记、区党校校长吴英杰到墨竹工卡县调研

7月17日，西藏自治区副主席其美仁增到墨竹工卡县调研拉萨特色小城镇建设

8月1日，西藏自治区副主席其美仁增到墨竹工卡县调研

2月10日，西藏自治区党委常委、拉萨市委书记齐扎拉到墨竹工卡县调研

10月7日，西藏自治区党委常委、拉萨市委书记齐扎拉到墨竹工卡县检查指导旅游工作

4月18日，拉萨市委副书记、市长张延清到墨竹工卡县调研

6月26日，南京市委副书记、市长缪瑞林到墨竹工卡县扎西岗乡南京希望小学考察指导工作

12月31日，西藏自治区党委常委、组织部部长曾万明到墨竹工卡县检查指导工作

5月7日，西藏自治区党委常委、区直工委书记多托到墨竹工卡县调研工会工作

3月13日，西藏自治区人大常委会党组副书记、副主任赵正修到墨竹工卡县调研

3月24日，拉萨市委常委、市政府党组副书记、常务副市长斯朗尼玛到墨竹工卡县看望结对户

12月16日，拉萨市委副书记、常务副市长胡洪到墨竹工卡县检查2016年援藏项目

3月12日，拉萨市委副书记、常务副市长陈勇到墨竹工卡县调研指导工作

7月1日，曙明奖学金发放仪式

3月28日，墨竹工卡县举行升国旗仪式

10月13日，国家义务教育均衡发展领导小组对墨竹工卡县进行义务教育均衡验收

8月29日，西藏自治区政协退休老领导到墨竹工卡县考察指导工作

8月26日，墨竹工卡县举行向乡（镇）卫生院及县医院发放救护车仪式，兑现墨竹工卡县“十件实事”中为七乡一镇及县医院各购买一台救护车承诺

8月24日，在新区政府大楼前举行乡村环卫队伍成立及环卫设备发放仪式

墨竹工卡县政府领导班子深入基层开展民生调研

墨竹工卡县巴洛藏鸡养殖

墨竹工卡县宗穆夏民族手工艺

证书

西藏自治区墨竹工卡县扎西岗乡：

被评为“全国文明村镇”，特发此证予以表彰。

中央精神文明建设指导委员会

2015年2月

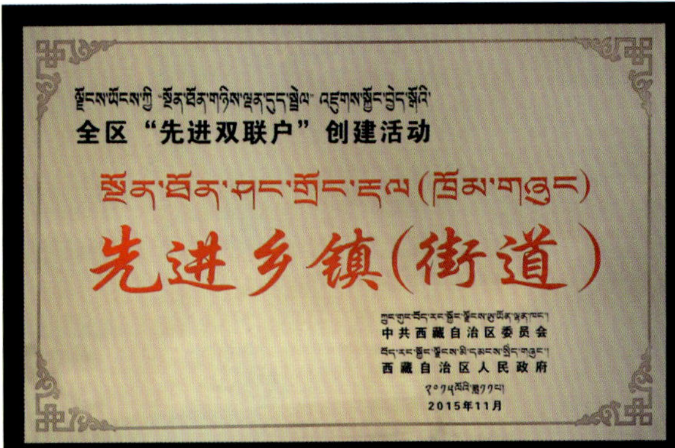
全区“先进双联户”创建活动

先进乡镇(街道)

中共西藏自治区委员会

西藏自治区人民政府

2015年11月

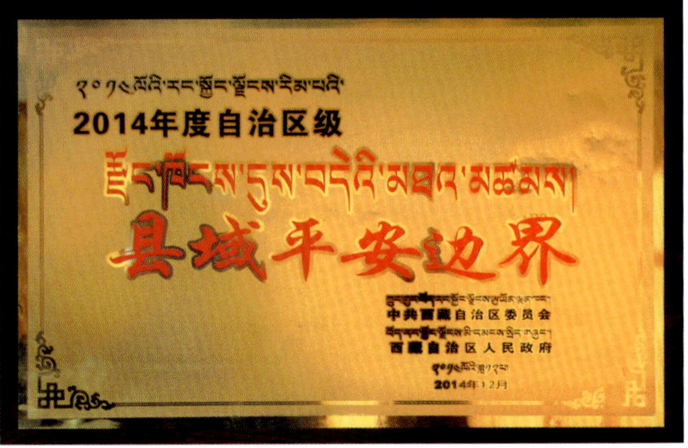
2014年度自治区级

县域平安边界

中央西藏自治区委员会

西藏自治区人民政府

2014年12月

全区“先进双联户”创建活动

先进村(居)

中共西藏自治区委员会

西藏自治区人民政府

2015年11月

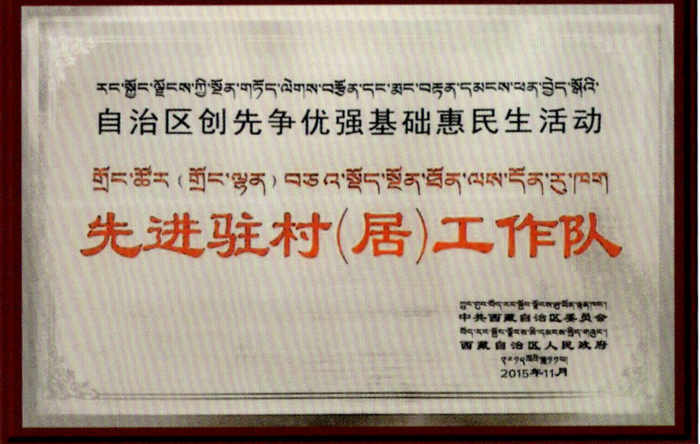
自治区创先争优强基础惠民生活动

先进驻村(居)工作队

中共西藏自治区委员会

西藏自治区人民政府

2015年11月

授予：墨竹工卡县人民法院直孔人民法庭
先进集体

全区乡镇（街道）工会规范化建设
"八有"达标单位
西藏自治区总工会
二〇一六年一月

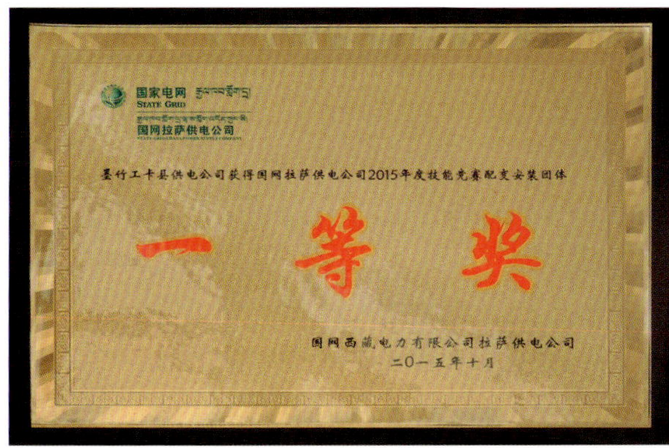
国家电网
STATE GRID
国网拉萨供电公司
墨竹工卡县供电公司获得国网拉萨供电公司2015年度技能竞赛配变安装团体
一等奖
国网西藏电力有限公司拉萨供电公司
二〇一五年十月

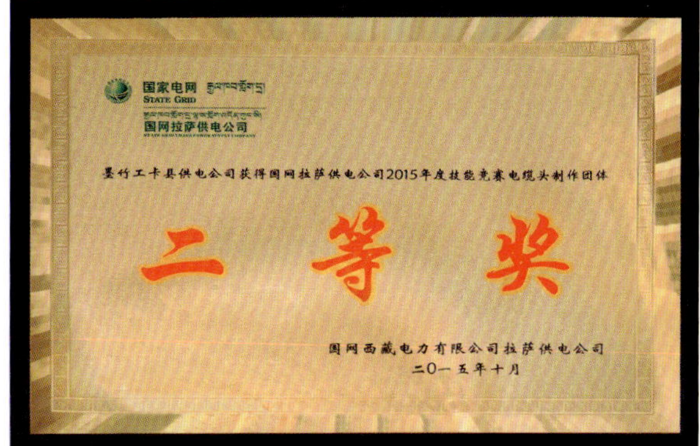
国家电网
STATE GRID
国网拉萨供电公司
墨竹工卡县供电公司获得国网拉萨供电公司2015年度技能竞赛电缆头制作团体
二等奖
国网西藏电力有限公司拉萨供电公司
二〇一五年十月

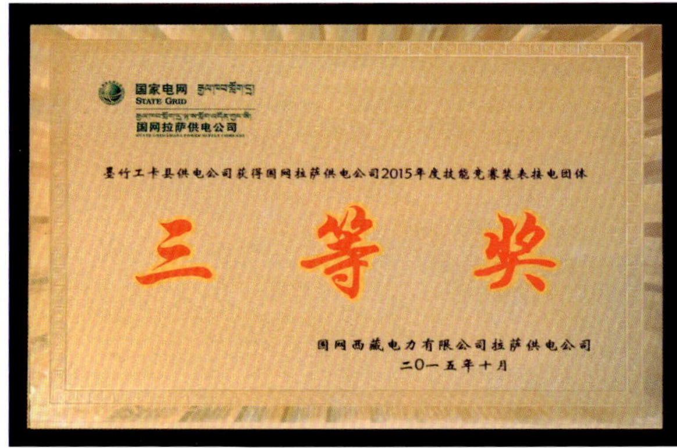
国家电网
STATE GRID
国网拉萨供电公司
墨竹工卡县供电公司获得国网拉萨供电公司2015年度技能竞赛装表接电团体
三等奖
国网西藏电力有限公司拉萨供电公司
二〇一五年十月

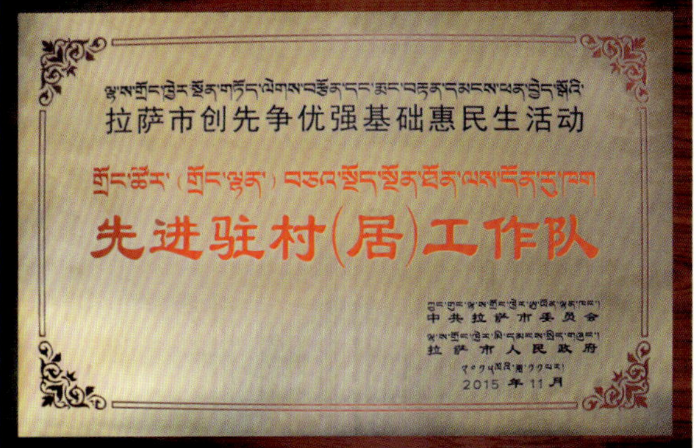
拉萨市创先争优强基础惠民生活动
先进驻村(居)工作队
中共拉萨市委员会
拉萨市人民政府
2015年11月

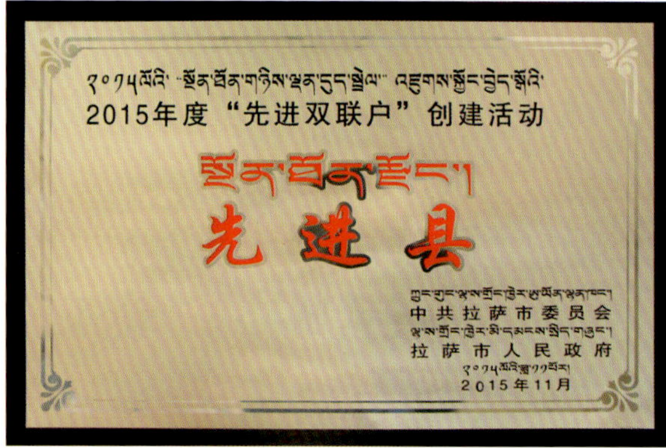
2015年度"先进双联户"创建活动
先进县
中共拉萨市委员会
拉萨市人民政府
2015年11月

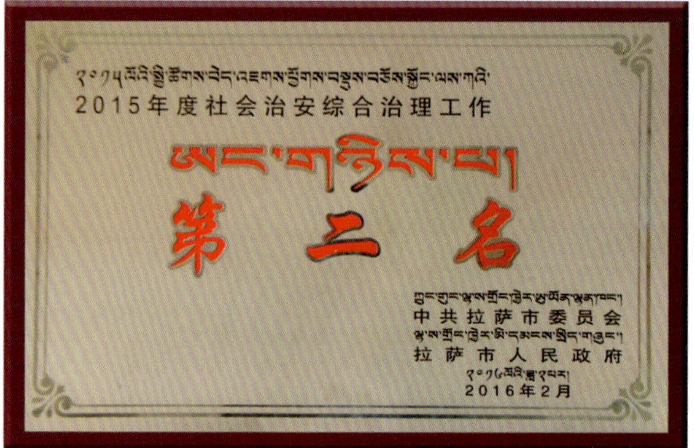
2015年度社会治安综合治理工作
第二名
中共拉萨市委员会
拉萨市人民政府
2016年2月

文明单位
拉萨市精神文明建设指导委员会
2015年5月

文明村镇
拉萨市精神文明建设指导委员会
2015年5月

文明单位
拉萨市精神文明建设指导委员会
2015年5月

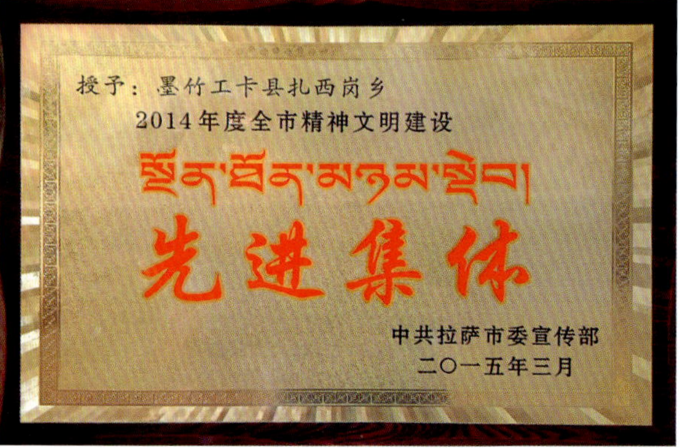
授予：墨竹工卡县扎西岗乡
2014年度全市精神文明建设
先进集体
中共拉萨市委宣传部
二〇一五年三月

墨竹工卡县人民检察院
在2015年度基层检察院考核中荣获
基础建设优胜奖
拉萨市人民检察院
二〇一六年三月

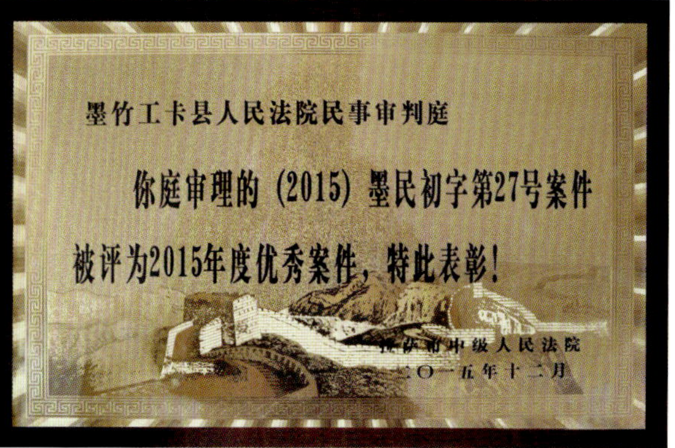
墨竹工卡县人民法院民事审判庭
你庭审理的（2015）墨民初字第27号案件
被评为2015年度优秀案件，特此表彰！
拉萨市中级人民法院
二〇一五年十二月

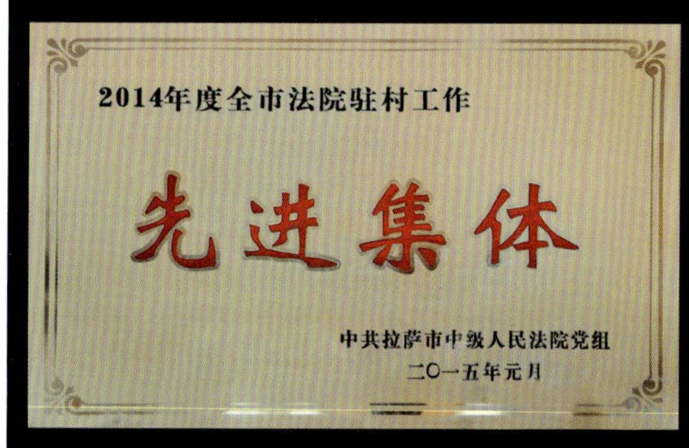
2014年度全市法院驻村工作
先进集体
中共拉萨市中级人民法院党组
二〇一五年元月

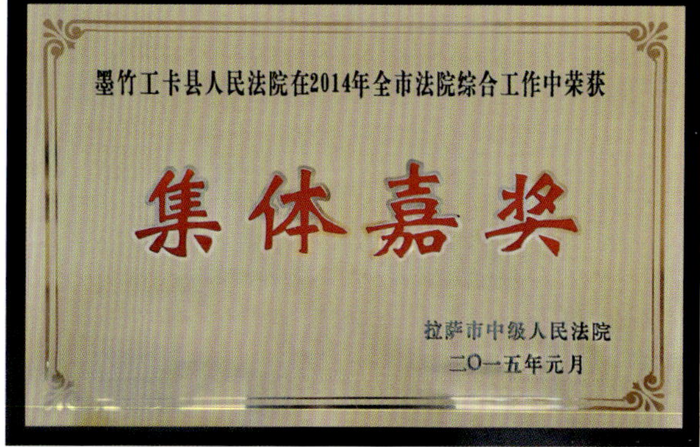
墨竹工卡县人民法院在2014年全市法院综合工作中荣获
集体嘉奖
拉萨市中级人民法院
二〇一五年元月

2015年度全市法院强基础惠民生创先争优工作
སྔོན་ཐོན་མཉམ་སྡེབ།
先进集体
中共拉萨市中级人民法院党组
二〇一五年十二月

2014年度可移动文物普查工作
先进集体
拉萨市文化（新闻出版、文物）局
二〇一五年三月

编辑说明

一、《墨竹工卡年鉴》是由墨竹工卡县人民政府主办的综合性年鉴；是系统汇辑年度重要文件信息，系统反映墨竹工卡县经济、政治、社会发展历程的年度资料性文献。全书以马列主义、毛泽东思想、邓小平理论、“三个代表”重要思想和科学发展观为指导，以经济建设为中心，全面、系统、真实地记录墨竹工卡县经济、社会的基本面貌与发展状态，为社会各界与国内外人士了解和研究当今墨竹工卡县提供翔实的资料。

二、《墨竹工卡年鉴》分为正文与彩页两部分。正文采取分类编辑法，以类目、分目、条目为主要框架结构，个别包含多方面资料的条目，则在段落间加插楷体标题提示，方便读者查阅，全书备有目录。

三、《墨竹工卡年鉴（2016）》载录墨竹工卡县2015年经济社会发展的基本资料，设有特载、综述、政治、武装、法治、经济管理、社会事业、城市建设·环保、交通·通信、金融、乡（镇）概况等内容，为人们了解墨竹工卡县、认识墨竹工卡县提供一个全新的窗口。

四、《墨竹工卡年鉴（2016）》的编辑宗旨，在于求真务实，力求真实生动地反映墨竹工卡县在改革开放和现代化建设中取得的崭新成就。

五、《墨竹工卡年鉴（2016）》所提供的内容和数据，分别来自于墨竹工卡县各有关部门和乡（镇）人民政府，经各级领导审核，但由于口径与统计方法不同，有不一致之处，使用时应以县统计局提供的数据为准。本书中农田土地面积的计量单位使用“亩”。

六、《墨竹工卡年鉴》编辑部因工作人员少且编辑经验不足，粗疏、缺漏或错误在所难免，欢迎各级领导和广大读者批评指正。

七、《墨竹工卡年鉴》编辑出版工作得到各有关领导、各单位和社会各界的鼎力帮助与支持，为此，谨表衷心的谢忱之意。

《墨竹工卡年鉴》编辑部

2016年7月1日

《墨竹工卡年鉴》编纂委员会

《墨竹工卡年鉴》编辑部

图书在版编目（C I P）数据

墨竹工卡年鉴. 2016 / 墨竹工卡县人民政府办公室编. -- 北京 : 方志出版社，2016.7
ISBN 978-7-5144-2036-4

Ⅰ. ①墨… Ⅱ. ①墨… Ⅲ. ①墨竹工卡县 – 2016 – 年鉴 Ⅳ. ①Z527.54

中国版本图书馆CIP数据核字(2016)第176106号

墨竹工卡年鉴（2016）

编　　者：墨竹工卡县人民政府办公室
责任编辑：刘方圆

出 版 人：冀祥德
出 版 者：方志出版社
地址　北京市朝阳区潘家园东里9号（国家方志馆 4 层）
邮编　100021
网址　http://www.fzph.org
发　　行：方志出版社发行中心
电话（010）677110500
经　　销：各地新华书店
印　　刷：河南深港彩印有限公司

开　　本：889 × 1194　　1/16
印　　张：21.5
字　　数：386千字
版　　次：2016年7月第1版　　2016年7月第1次印刷
印　　数：001 ~ 500册

ISBN 978-7-5144-2036-4　　定价：350.00元

目 录

特 载

综 述

政 治

中共墨竹工卡县委员会

墨竹工卡县人民代表大会常务委员会

墨竹工卡县人民政府

中国人民政治协商会议墨竹工卡县委员会

中共墨竹工卡县纪律检查委员会（监察局）

墨竹工卡县深入开展创先争优强基础惠民生活动领导小组办公室

中共墨竹工卡县委办公室

中共墨竹工卡县委组织部（编办、老干局）

中共墨竹工卡县委宣传部

中共墨竹工卡县委统战部（民族宗教事务局）

中共墨竹工卡县委政法委员会

墨竹工卡县总工会

共青团墨竹工卡县委员会

墨竹工卡县妇女联合会

墨竹工卡县人民代表大会常务委员会办公室

墨竹工卡县政府办公室

墨竹工卡县信访局

墨竹工卡县政府编译室

墨竹工卡县政府法制办公室

中国人民政治协商会议墨竹工卡县委员会办公室

武　装

墨竹工卡县人民武装部

墨竹工卡县公安消防大队

墨竹工卡县武警中队

法 治

墨竹工卡县公安局

墨竹工卡县人民检察院

墨竹工卡县人民法院

墨竹工卡县司法局

经济管理

墨竹工卡县发展和改革委员会

墨竹工卡县财政局

墨竹工卡县工业和信息化局

墨竹工卡县旅游局

墨竹工卡县安全生产监督管理局

墨竹工卡县国家税务局

墨竹工卡县工商行政管理局

墨竹工卡县气象局

社会事业

墨竹工卡县民政局

墨竹工卡县人力资源和社会保障局

墨竹工卡县净土健康产业办公室

墨竹工卡县卫生局

墨竹工卡县食品药品监督管理局

墨竹工卡县人民医院

墨竹工卡县疾病预防控制中心

墨竹工卡县文化广播电影电视局

墨竹工卡县农牧（科技）局

墨竹工卡县扶贫（农发）办

墨竹工卡县林业绿化局

墨竹工卡县水利局

墨竹工卡县教育（体育）局

墨竹工卡县中学

墨竹工卡县供电有限公司

城市建设・环保

墨竹工卡县嘎则新区管理委员会

墨竹工卡县住房和城乡建设局

墨竹工卡县环境保护局

墨竹工卡县国土资源规划局

交通・通信

墨竹工卡县交通工作

林芝公路分局墨竹工卡公路养护段

墨竹工卡县电信局

墨竹工卡县邮政局

墨竹工卡县移动分公司

联通墨竹工卡县营业部

金 融

中国农业银行墨竹工卡县支行

西藏银行股份有限公司墨竹工卡县支行

乡（镇）概况

工卡镇

甲玛乡

唐加乡

扎西岗乡

日多乡

尼玛江热乡

扎雪乡

门巴乡

彩页目录

特　载

特 载

明确目标 坚定信心 为率先全面建成小康社会而努力奋斗

——在中共墨竹工卡县委员会八届六次全体（扩大）会议上的报告

中共墨竹工卡县委书记 严应骏

（2016年2月1日）

各位委员，同志们：

现在，我代表县委常委会向全委会作报告，请审议。

一、强力推进、精心运作，“十二五”期间全县各项工作成效突出

“十二五”期间，县委着力推进持续发展和长治久安，突出抓好经济结构优化调整，生态环境保护提升，群众增收和民生改善，团结一致，艰苦奋斗，全县经济社会呈现出平稳较快发展的良好势头。全面完成“十二五”既定各项工作目标，为“十三五”率先全面建成小康社会奠定了坚实的经济基础，营造了良好的发展环境。“十二五”末，全县地区生产总值预计实现23.53亿元，比“十一五”末增长14.86亿元，与“十二五”末预期目标任务17.44亿元相比增加6.13亿元。一般财政预算收入实现2.7亿元，比“十一五”末增长2.06亿元，与目标任务2亿元相比增加0.70亿元。农牧民人均可支配收入实现10681.53元，比“十一五”末增长5827.13元（纯收入）。全社会固定资产投资完成75.39亿元，比“十一五”末增长64.83亿元，与“十二五”目标任务26.13亿元相比增加49.26亿元。社会消费品零售总额达到2.95亿元、比“十一五”末增长2.34亿元，与目标任务1.11亿元相比增加1.84亿元。工业增加值达到 8.43亿元、比“十一五”末增长5.92亿元，与“十二五”目标任务5亿元相比增加3.43亿元。累计实施基本建设项目721个，累计完成投资265.71亿元。主要经济指标占拉萨市比重进一步提升，各项工作走在了全市前列。

二、解放思想、真抓实干，2015年全县各项工作扎实展开

2015年，在区市党委的正确领导下，在南京市的无私帮助下，深入贯彻落实党的十八大和十八届三中、四中和五中全会精神，贯彻落实习近平总书记系列重要讲话精神和中央第六次西藏工作座谈会精神，牢牢把握稳中求进、好中求快的总基调，大力实施党建统县、生态立县、文化兴县、产业强县、民生安县、依法治县“六大战略”目标，把党建统县工作作为一切工作的总纲领全面抓，把促进经济社会发展作为解决一切问题的“总钥匙”致力抓，把维护稳定作为压倒一切的重大任务全力抓，把改善民生作为一切工作的出发点和落脚点着力抓，把夯实基础作为凝聚一切力量的总源泉大力抓，成功实现经济再跨越、社会管理“三不出”、民生大改善、基础更牢固的目标要求，圆满完成了市委、市政府下达的各项指标任务。

2015年全县地区生产总值预计完成23.53亿元，同比增长12%；公共财政预算收入预计完成2.7亿元，同比增长18.6%；农牧民人均可支配收入预计实现10681.53元，同比增长16.2%；全社会固定资产投资预计完成75.18亿元，同比增长42.1%；工业增加值预计实现8.43亿元，同比增长20.3%；社会消费品零售总额预计完成2.95亿元，同比增长17.2%。2015年，我县被确定为自治区新型城镇化试点县；生态乡镇、生态村创建工作全面通过自治区验收，在拉萨市8个县（区）中第一个实现生态乡村全覆盖；义务教育均衡发展工作顺利通过国家验收；先后荣获全区互联网系统先进网站党组织荣誉称号，拉萨市先进双联户创建评选工作“先进县（区）”荣誉称号；同时县医院创建二级乙等医院工作通过专家组预审；扎西岗乡荣获“全国文明村镇”荣誉称号，甲玛乡成为自治区推进产城融合试点乡。

（一）全力抓好思想教育。一是注重抓好“三严三实”和“忠诚干净担当”专题教育。全县开展“书记讲党课”活动120余场次，组织集中学习490余场次；县委4个督导组累计到各乡（镇）、各单位督导139次，督促学习和参与学习170余场次。二是注重抓好日常学习。县委理论学习中心组围绕习近平总书记系列重要讲话，党的十八届三中、四中、五中全会，中央第六次西藏工作座谈会，“三严三实”和“忠诚干净担当” 进行专题学习13次，充分发挥了示范带头作用。全县宣讲团宣讲党的十八大和十八届三中、四中、五中全会及中央第六次西藏工作座谈会、习近平总书记系列重要讲话精神和庆祝西藏自治区成立50周年宣讲报告334场次，受教育党员干部群众达4.3万余人次。三是突出抓好干部教育培训。举办新任驻寺干部培训班，培训干部21人；先后组织3批次176名新任村干部前往拉萨市进行学历提升培训；组织部分科级干部、寺管会干部及僧尼前往南京学习交流，组织50余名干部群众积极参与自治区成立50周年大庆方队。四是注重抓好精神文明建设。积极开展新农村精神文明建设和文明村、文明户、文明家庭创建评选活动，召开“孝老爱亲—共建美丽墨竹”表彰大会，对39名孝老爱亲模范及159名孝老爱亲先进个人进行表彰。开展“道德模范在身边”系列活动6场，开展道德讲堂11场。

（二）全力抓好基层组织建设。一是开展软弱涣散基层党组织集中整顿工作。对甲玛乡孜孜荣村、扎西岗乡斯布村等11个软弱涣散基层党支部，进行整改提升，明确整改具体项目、工作措施、时限要求和责任人，实现软弱涣散党组织晋位升级。二是着力加强党员发展和培养。全年发展党员284人、培养入党积极分子283人，壮大基层党员队伍，激发各级党员干部干事创业热情。三是开展“强党、固基、扶村”工作，先后动员安排127名县乡（镇）干部下沉到村任职，推动服务管理中心下移，优化行政资源配置。四是强化经费保障。为每个村支部及第一书记分别安排党建专项经费2万元、1万元；村“两委”正职、副职、委员的务工补贴和绩效考核年累计达到32320元、24845元、18000元；村小组组长务工补贴提高到600元/月。五是大力加强阵地建设。投入1580.04万元，新建3个村级组织活动场所。六是大力开展帮扶救助活动。从“格桑花开”爱心基金中支出51.5万元，帮助贫困家庭病患者、孤寡老人、贫困学生等78人。大力开展党内激励关怀，及时帮助10名贫困党员。七是顺利完成第四批与第五批驻村工作队选派交接任务。

（三）全力抓好党风廉政建设。坚决发挥好党委主体责任的落实，始终把维护党的纪律特别是政治纪律放在工作首位，持续加强纪律监督与检查，积极营造干事创业、风清气正政治生态环境。一是认真召开墨竹工卡县纪律检查委员会八届五次全体会议，明确全年工作要点，签订《墨竹工卡县2015年党风廉政建设责任书》共50份。同时全年召开13次常委会，对县纪委工作进行安排部署。二是认真开展约谈工作。由县委主要领导牵头对全县各乡镇、县直各单位主要负责同志开展落实主体责任约谈工作2次，切实增强了单位领导班子及主要负责人对主体责任的认识。三是严格落实中央“八项规定”，防止“四风”反弹。严肃查处公车私用。制定《墨竹工卡县公车监督办法》，建立车辆使用管理台账、公务车辆信息数据库、规定定点停放公务车辆、实行实名举报有奖机制等方式，加大对公务车辆的监督力度。先后检查22次，出动人员42人次，主动发现公车私用2起。坚持厉行节约、反对浪费，严格执行办公用房标准。制定并下发《墨竹工卡县纪委关于开展党政机关办公用房建设标准自查自纠实施方案》。对自查超标的11家办公用房单位清理整改情况进行督促检查。加强节点作风建设监督检查，严肃工作纪律。严肃查处发生在群众身边的“四风”和腐败问题，保持惩治腐败高压态势。县委政府制定《马上就办活动实施方案》，对“不作为、乱作为、不敢作为、不会作为”的干部作风进行问责，彻底转变党员干部干事不实、办事拖拉的不良风气，形成多干、勤干、实干、苦干的良好氛围。全年县纪委共处分干部职工28人，比2014年增长7倍，其中给予党纪政纪处分11人，已立案拟给予党纪政纪处分2人，组织处理2人，诫勉谈话3人，问责约谈10人。

（四）全力抓好项目建设。坚持抓项目就是抓经济、抓发展、抓民生的理念，坚持以项目建设带动经济跨越，县委高度重视项目建设工作精心组织、提前谋划、积极推进，实施重大项目领导挂钩负责制，定期召开项目推进会，保证项目早开工、早建成，早使用。全年共实施项目200多个，投资金额44亿元，其中国家投资4.96亿元，社会投资33亿元，援藏投资1.54亿元，顺利完成新区新政务中心搬迁，府前市民广场建成使用，拉林高等级公路拉萨至墨竹段建成通车，日产4000吨华泰龙二期选场建成并完成调试，组织实施包括日多乡怎村维巴组公路、尼江乡仲达村公路、扎雪乡龙珠岗村公路等交通基础设施项目37个，总投资1.17亿元，新增道路里程68.07公里，改造提升74.92公里，通过项目实施进一步完善了基础设施，增强了经济发展后劲，极大地拉动了全县经济快速发展。

（五）全力抓好民生事业。始终把保障和改善民生作为工作的出发点和落脚点，保持本级预算80%投入民生领域，切实让农牧民群众共享经济发展成果。一是实施“三大民生”工程，对墨竹籍农牧区子女高等教育阶段学杂费、住宿费、交通费等费用予以全额报销并每月发放200元补贴；对墨竹籍农牧民公立医院住院费用全额报销；为农牧区60岁以上老人发放幸福养老金，让老百姓实现“上学不愁、看病不愁、养老不愁”。安排专项资金6000余万元为群众办“十件实事”，并专门安排经费2000万元积极回应急需解决的300件“群众期盼”，推动“以业脱贫、以迁脱贫、以教脱贫、以补脱贫、以保脱贫、以助脱贫”工作，超前规划精准扶贫工作，通过扶贫开发项目、三大民生工程、各项惠民政策及补贴的落实，完成脱贫346户1730人，真正把钱花在了惠民刀刃上，把事做到了群众心坎里。二是保持本级财政25%比例投入教育，严格落实自治区900万元均衡教育查漏补缺资金，落实“三包”经费1794.18万元，发放援藏助学金、义务教育助学金64.4万元。三是投入2634.25万元发展卫生事业，农牧区医疗筹资金额94.766万元，筹资率100%。落实国家免费医疗款1868.4万元。四是投资536万元建设扎雪乡、尼玛江热乡其玛卡村刺绣唐卡厂房和民间艺术团排练场；配备完善乡（镇）文化站硬件设施，试点建设22座西藏卫星数字书屋；投资近1000万元，建成并开放西藏首家民间博物馆—群觉古代兵器博物馆；成功申报16名市、县级非物质文化遗产传承人，申报13项县级非物质文化遗产项目。五是调整最低生活保障标准，发放低保资金764.28万元，发放价格补贴、生活补助、抚恤补助、救灾物资等共计419.56万元。高标准建成西藏自治区一流的敬老院并投入使用，该项目得到了洛桑江村主席的充分认可和大力支持。六是完成再就业培训、转移技能培训、进城务工引导培训3530人，新增就业1410人，转移劳动力15002人，实现农牧民增收1.51亿元。

（六）全力抓好产业发展。在全球经济低迷，矿产价格不断下滑的情况下，“三大矿区”持续加大投入，全年完成工业投入达69.58亿元，开采原矿达275.5万吨。扶持发展现有的2家农牧业产业化龙头企业培育对象，鼓励企业注重品牌建设，积极落实扶持政策，争取自治区贷款。进一步扶持发展农牧民专合组织，对前景好、资金不足的8家专合组织，积极争取、解决项目扶持资金。目前，我县规范登记注册的农牧民专合组织发展到107家，在联市场、促增收上发挥了重要作用。实施了8个第一批净土健康产业发展项目（特色种植产业项目5个、乳制品产业2个、藏香鸡养殖产业1个），累计投入达1555.88万元。净土健康产业科技大楼主体封顶。大力打造旅游业，以西藏“世界重要旅游目的地”定位为支撑，加强旅游基础设施建设，加大项目建设力度，大力推动墨竹旅游业发展，实施了甲玛霍尔康庄园、景区经营权有偿收回，编制完成大思金拉措旅游规划和全县旅游发展总体规划。

（七）全力抓好生态创建。安排专项资金1000万元用于购置环卫设备（垃圾压缩车、电动三轮车、垃圾收集桶等），逐步改善生态创建硬件环境。组建8支110人的乡（镇）环卫工人队伍，并发放环卫服装，形成“村收集、乡（镇）转运、县处理”的生活垃圾处理模式。委托第三方公司对乡（镇）水源点、环境空气、环境噪音进行监测，充实生态环境质量报告。组织相关部门按照“月抽查、季考核、年评比”的模式推动生态县创建工作，全年已有16个行政村荣获“自治区级生态村”称号，剩余24个行政村生态创建工作报告已通过自治区环保厅初审。投入1200万元启动墨竹玛曲上游水土生态修复工程；投资690余万元日处理污水1000立方米的全区湿地污水处理科研试点项目竣工；斯布沟“酸性水”治理方案通过评审，场平工作正在有序推进，进一步推动了经济建设与环境保护和谐发展，真正保护了墨竹的青山绿水。

（八）全力抓好各项维稳工作。坚持打防控相结合，建立完善重大决策社会稳定风险评估机制，完善信访工作和矛盾调处机制，创新流动人口、特殊人群、非公有制经济组织和新社会组织的服务管理，健全突发事件应急体系。安排157名驻村干部到基层一线配合村组开展工作，进一步夯实基层维稳基础。大力实施“9+5”工程，建成13座寺庙管委会业务用房和4个驻寺派出所，选派107名干部职工到寺庙开展工作，实现了工作人员全覆盖；创新开展“联户平安、联户增收”工作，合理划分联户单位757个，建立便民警务站4个；强化宣传力度，充分利用各类宣传节点以“请进来、走出去”的方式进行宣传，让广大干部职工及农牧民群众切实明白党和国家的政策方针，明白惠从何来，明白做人做事的规矩；健全和完善矛盾纠纷排查调处机制，结合全县实际情况，分清工作侧重点，成立六大矿区协调工作领导小组专项排查矿区劳资纠纷。同县（中）直各单位签订综治目标责任书60余份，召开200余次维稳工作会议，下发各类方案300余份，督查700余人次；让各项维稳工作措施落地生根，最大限度地减少不和谐因素，为墨竹适应新常态发展、营造和谐稳定社会环境奠定了坚实基础。

（九）全力做好援藏工作。南京市缪瑞林市长率党政代表团来县检查指导对口援藏工作，充分肯定了援藏工作成绩，给予1000万专项资金用于甲玛乡和扎雪乡标准化卫生院示范点建设，并提出了坚持援藏工作要“一马当先、走在前列”的要求。江宁区规划局自筹资金聘请东南大学全国基层医疗机构规划设计首席专家教授专门为甲玛和扎雪两所卫生院进行规划设计，提供了高标准的设计方案。在南京市卫生局的协助下，探索建设墨竹工卡县远程信息化诊疗系统，采取“走出去学、请进来教”的方式，全面对接南京和墨竹工卡县教师、医生三年培训计划，达成并签署南京与墨竹工卡教育、卫生合作协议。江苏省社科院宋林飞教授来县帮助制定了墨竹特色、西藏领先、全国规范的全面小康指标体系，为我县全面小康社会建设进一步明确了指标，描绘了现实模样。加强与南京的交流交往交融，先后选派10名党政干部、50名科级干部、42名专业技术人员赴南京学习、轮训或挂职锻炼，组织27名农牧民群众赴南京参观学习，组织20名宗教界干部及僧尼代表到南京开展宗教文化交流，组织18名青少年学生赴南京开展“手拉手”研学暑期夏令营活动。墨竹工卡县党政代表团于11月上旬赴南京考察学习，受到江苏省委常委黄莉新、缪瑞林、刘以安、龙翔等领导的接见，各位领导对墨竹工卡县的对口援藏工作给予了高度的评价和认可。这些举措进一步加深了宁墨之间友情，深化了两地科教、文化等领域的交往交流交融，下一步我们的援藏工作将力争走在全区前列，乃至全国前列。

这些成绩的取得，是县委常委会认真贯彻上级党委各项决策部署，狠抓落实、攻坚克难的结果；

是南京市无私援助和全县各级党组织及广大党员干部群众苦干实干、齐心协力的结果；也是广大老同志、老领导和社会各界献计献策、全力支持的结果。在此，我谨代表县委常委会，向为全县改革发展稳定做出积极贡献的全体同志们，致以崇高的敬意和衷心的感谢！

同时，我们也要清醒地认识到，我们自身在经济社会发展中的一些困难和问题。一是反分裂斗争形势依然严峻并呈现出新的特点，我们不能有丝毫的放松。二是要达到“三年脱贫、两年巩固”的精准扶贫工作目标要求，还需要我们更加努力，更加担当。三是干部队伍的精神面貌、工作能力、作风和效率与新形势新要求还有一定距离，干事创业的激情和开拓进取精神有待进一步增强。四是经济结构偏重，发展不均衡基本县情还没有根本改变等等。对于这些问题，我们要高度重视，认真加以解决。

三、科学规范、细化措施，确保“十三五”期间各项工作有序推进

“十三五”时期全县工作的总体要求是，高举中国特色社会主义伟大旗帜，以邓小平理论、“三个代表”重要思想、科学发展观为指导，全面贯彻落实党的十八大和十八届三中、四中、五中全会精神，贯彻落实习近平总书记系列重要讲话精神，协调推进“四个全面”战略布局，深入贯彻中央第六次西藏工作座谈会精神，坚持“依法治藏、富民兴藏、长期建藏、凝聚人心、夯实基础”的工作总原则，坚持创新、协调、绿色、开放、共享五大发展理念，全面落实区、市党委八届七次、八次全委会精神，全力推进“六大战略”，把维护祖国统一、加强民族团结作为工作的着眼点和着力点，把调整经济结构、转变发展方式作为工作的中心和重心，坚守安全生产、社会稳定和生态保护三条底线，坚定不移保障和改善民生，确保全县经济社会持续健康发展，人民生活水平和质量明显提高，坚决实现在“十三五”时期率先全面建成小康社会的宏伟目标。

“十三五”时期全县的发展预期目标是，继续保持经济社会长足发展，通过五年的努力，实现主要经济指标大幅增长，达到全国平均水平，率先全面建成小康社会。全县经济总量年均增速不低于15%；地方财政收入年均增速不低于20%；工业增加值年均增速不低于20%；固定资产年均增速不低于15%；社会消费品零售总额年均增速不低于20%；农牧民群众人均可支配收入年均增长18%以上；城镇登记失业率控制在2.5%以内，公共服务主要指标达到全国平均水平，城市建设水平不断提高，县城和重要乡（镇）污水和生活垃圾处理率达到100%，城镇化率达到50%以上；林草覆盖率达到75%，城镇人均公共绿地面积达到12平方米，县乡污水处理率达到80%以上，生活垃圾处理率达到80%以上，按照“三年脱贫、两年巩固”的目标，让现行标准下1690户7236人的贫困人口到2018年全部实现脱贫，返贫率控制在1%以内，率先全面建成小康社会。

“十三五”时期的主要措施是，“十三五”时期，要继续深入实施“六大战略”：一是实施“党建统县”战略。全面建成小康社会，完成“十三五”时期各项目标任务，关键在党、根本在人、重在实干，要坚持以改革创新精神全面加强党的建设。二是实施“环境立县”战略。要健全自然资源资产产权制度，要建立体现生态文明建设要求的经济社会发展评价体系，实行环境保护“一票否决”制。三是实施“文化兴县”战略。要大力实施文化惠民工程，培育和践行社会主义核心价值观，积极推动文化产业振兴，满足人民群众日益增长的精神文化需求。四是实施“产业强县”战略。要培育壮大特色产业，加快净土健康产业标准化体系建设。大力发展旅游业，打造精品路线。深度开发矿产业，加大投入力度。五是实施“民生安县”战略。要优先发展教育事业，持续推进“四业工程”，全力促进就业创业，要提高广大群众健康素质，建立覆盖城乡的基本医疗卫生制度。要全面建成惠及全民的社会保障体系。六是实施“依法治县”战略。要加强民族团结，深入开展反分裂斗争，落实好各项维稳措施，严厉打击各类分裂破坏活动，发展壮大爱国统一战线，加强和创新寺庙管理。

四、蓄势待发、奋发有为，将“五大发展理念”作为推动“六大战略”深入实施的不竭发展动力

2016年全县工作的总体要求是，深入贯彻党的十八大、十八届三中、四中、五中全会和中央第六次西藏工作座谈会精神，深入贯彻习近平总书记系列重要讲话精神、特别是“治国必治边、治边先稳藏”的重要战略思想和“加强民族团结、建设美丽西藏”的重要指示，全面贯彻落实区、市党委八届七次、八次全委会精神，坚持“四个全面”战略布局为统领，坚持党的治藏方略，坚持依法治藏、富民兴藏、长期建藏、凝聚人心、夯实基础的重要原则，坚持稳中求快总基调，把维护祖国统一、加强民族团结作为工作的着眼点和着力点，把调整经济结构、转变发展方式作为工作的中心和重心，牢固树立市委提出的和谐稳定、协调均衡、共享共建、绿色健康、创新开放的“五大发展理念”，深入实施“六大战略”，坚定不移开展反分裂斗争，坚定不移促进经济社会发展，坚定不移保障和改善民生，坚定不移促进民族交往交流交融，确保县域安全和长治久安，确保经济社会持续健康发展，确保生态安全环境良好，确保人民生活水平和质量普遍提高，为“十三五”开好局、起好步。

2016年发展的主要预期目标是，地区生产总值增长12%，财政收入增长16%，全社会固定资产投资增长20%，社会消费品零售总额增长15%，工业增加值增长18%，城镇居民人均可支配收入增长10%，农牧民群众人均可支配收入增长15%。

（一）继续深入实施“党建统县”战略，确保县委决策部署落到实处。全面建成小康社会，实现“十三五”时期开门红，关键在党的领导。要加强干部教育培训，努力锻造一支忠诚干净担当的高素质干部队伍。深化“强党、固基、扶村”工作，着力提升基层干部精准扶贫、科学发展能力。巩固拓展党的群众路线教育实践活动，“三严三实”和“忠诚干净担当”专题教育成果，大力弘扬“老西藏精神”和“两路精神”，转变作风、真抓实干，说办就办、马上就办、办就办好。坚决履行好党委的主体责任，深入推进党风廉政建设和反腐败斗争，坚决杜绝“四风”问题。要坚决实现党员干部教育培训全覆盖，村级集体经济收入全覆盖，行政村办公活动场所建设全覆盖的目标。

（二）继续深入实施“环境立县”战略，确保生态安全屏障。要树立好“绿色健康”的发展理念，着力加强生态环境保护建设。实现经济发展与生态建设同步提升，经济效益与环境效益同步考核，物质文明与生态文明同步发展。重点实施生态保护工程，加强野生动物及自然保护区、湿地、生态公益林、草原生态的保护。实施生态人居工程，实施好美丽城乡建设、生态县域创建工作。实施生态文化工程，加强生态文化宣传与教育，历史文化开发与保护工作。要大力推进节能工程，走节约集约化道路，突出环保在我县生态环境建设中的主体地位。

（三）继续深入实施“文化兴县”战略，确保文化实力不断增强。以“加强民族团结、建设美丽西藏”重要指示为指导，继续深入实施“文化兴县”战略。不断丰富“新旧西藏对比、感党恩、八看一算账一揭批四增强”等主题教育活动，进一步筑牢意识形态阵地。以满足全县各族人民群众不断增长的文化需求为目标，加强基层综合性公共文化设施建设。加强新闻媒体建设，强化网络思想文化阵地建设和管理。本着统一思想、鼓舞士气的原则搞好对内对外宣传，继续做好微墨竹、墨竹新华手机周报的运行，用先进文化占领城乡村文化阵地，确保党中央的声音形象在全县各个区域、每个角落听得到、看得见。确保县综合文化活动中心、电影院、新华书店，乡（镇）综合文化站，村文化室、农家书屋，切实发挥应有的作用。加快文化产业和旅游产业融合发展，继续发展直孔刺绣唐卡、塔巴陶瓷、直孔藏香、民族服饰等特色文化产业，扶强松赞民间艺术团，保护好文化遗产。

（四）继续深入实施“产业强县”战略，确保经济健康快速发展。要树立好“协调均衡”的发展理念，全面实施“中心集聚、轴向带动、点状促进”的城乡空间发展思路，不断提高中心城镇辐射边远地区发展的能力。一是发挥好城镇辐射能力。大力建设县城基础设施，拓展县城骨架，加强给排水、电力通讯、城市绿化等设施建设，进一步完善基本功能。强化城镇公共服务管理，大力开展脏、乱、差整治工作，创建生态旅游城镇，树立干净、优美、整洁的拉萨东大门良好形象。不断提高城镇公共服务水平，实现行政服务效能的综合提高，优化发展环境。加快集镇基础设施建设，发挥农牧区物资集散地的综合作用，增强辐射带动力，繁荣农牧区经济。二是发挥好产业带动能力。牢牢把握“安全、环保、稳定”三条底线，立足矿产业、旅游业、净土健康产业的发展。要紧密结合全县实际，稳步加快推进“三大矿区”建设，加快矿产配套业建设步伐，尽快通过招商引资引进更多附属配套企业落户。建立完善净土健康产业标准化体系，加快净土健康产品上市的步伐。将净土健康产业与城乡发展规划、社会主义新农村建设、文化旅游产业融合起来，让净土健康项目成为墨竹经济发展新的增长点和支撑点。要深度挖掘旅游业。加强旅游基础设施建设，加强项目建设力度，大力推动墨竹旅游业发展，大力引导农牧民群众参与旅游发展，扶持家庭旅馆、农家乐等旅游服务业。大力开发具有墨竹特色的旅游产品，坚持把旅游产业与文化产业紧密结合起来，促进旅游产业与文化产业发展的良性互动，提升旅游业发展层次。三是发挥好项目推动能力。要着眼于中央第六次西藏工作座谈会富民兴藏的方针，结合“十三五”规划，尽快申报实施一批大项目，重点做好项目的争取、规划和立项工作，力争每年立项一批、开工一批、建成一批。四是发挥好社会投资能力。要创新招商方式，进一步落实招商引资优惠政策，把社会投资与净土健康产业、旅游业、矿产业发展紧密结合起来，争取更多的社会资金注入我县。要激活民间资本，加大政策帮扶、创业培训、资金扶持力度，优化创业环境，大力发展充满活力的民营经济。五是发挥好援藏工作能力。在新的起点上，援藏工作更要向智力促进、技术跟进上下功夫，要努力促进输血援藏向造血援藏转变，把思想精力集中在保稳定、谋发展、促和谐上，直接领导、组织参与全县经济和社会各项事业的规划、建设、管理，把南京发展经济的一些好思路、好方法、好经验带到墨竹来，在实际工作中影响、带动当地广大干部群众，进一步提高效率、加快发展。

（五）继续深入实施“民生安县”战略，确保人民生活更加幸福。要树立好“共享共建”的发展理念，坚持把改善民生、凝聚人心作为经济社会发展的出发点和落脚点，要做好民生保障、服务、利益等制度的合理安排，让所有农牧民群众均能够分享到发展的成果。一是坚持开展好“三大民生”工程，落实民生“十件实事”，回应急需解决的300件“群众期盼”等惠民工作。二是坚持改善教育环境。加快全县中小学规范化建设，逐步缩小城乡、区域差距，实现教育资源均衡。建立健全学校管理、师资调配、绩效考评制度、机制，为教育发展营造良好环境。三是坚持繁荣民族文化。以文化站建设为重点，坚持重心下移，千方百计地保障群众的基本文化权益。继续深入实施广播电视村村通工程和文化信息资源共享工程，丰富基层群众精神文化生活。抓好民族文化建设，加强文物保护，做好文化旅游、民俗旅游的文章，实现民族文化的传承和发扬光大。四是坚持加快卫生事业发展。巩固和提高以免费医疗为基础的农牧区医疗制度，借助卫生援藏的有利时机，着重改善农村牧区医疗卫生服务条件，提高服务水平，甲玛、扎雪标准化卫生院示范点力争早日竣工并投入使用。建立健全突发公共卫生事件应急机制，完善疾病预防控制体系、医疗救治体系和卫生执法监督体系，增强公共卫生服务能力。五是坚持强化社会保障。坚持和完善党务公开、政务公开、村务公开等公开办事制度，保障人民群众依法行使民主权利。扎实做好新农保工作，做好再就业工作，关心弱势群体生产生活，有效实施防灾减灾、抗灾救灾、扶贫帮困、拥军优属等工作。六是坚持落实精准扶贫政策。当前，扶贫攻坚已经到了攻坚克难的冲刺阶段，全县各级各部门要把扶贫开发工作作为重大政治任务来抓，以“三年脱贫、两年巩固”为奋斗目标，以“六个精准”为指导，在精准施策上出实招、在精准推进上下实功、在精准落地上见实效，切实解决好“扶持谁”“怎么扶”的问题。要通过产业扶持、能力提升、搬迁安置、社会保障等方法实施脱贫。设定时间表，实现有序推进，在一定时间内实行摘帽不摘政策，进一步巩固脱贫成果。要实行严格评估，对照要求和脱贫标准来验收，要杜绝弄虚作假、虚报瞒报，一经发现，严肃问责。要实行逐户销号，做到脱贫到人，脱没脱贫让群众说了算，真正让所有贫困群众都能够脱贫致富。

（六）继续深入实施“依法治县”战略，确保社会大局稳定。要树立好“和谐稳定”的发展理念，深入开展反分裂斗争，严密防范和打击各类分裂破坏活动。一是全力凝聚人心。进一步巩固和发展平等、团结、互助、和谐的社会主义民族关系，牢牢把握各民族共同团结奋斗、共同繁荣发展的主题。加强理想信念教育和形势政策教育，不断增强坚持中国共产党领导、坚持社会主义制度、坚持民族区域自治制度的自觉性和坚定性。牢固树立“三个离不开”的思想，维护民族团结。结合“六五”普法工作，切实加大对广大农牧民群众的法制宣传教育，突出反分裂教育，提高全社会的法律意识和法制观念。加强未成年人思想道德建设，把反分裂斗争的教育送进学校、送进课堂，培养好下一代。进一步深化寺庙爱国主义教育和法制宣传教育，依法管理寺庙、管理僧尼，不断引领宗教与社会主义社会相适应。二是落实好维稳措施。坚持把反分裂斗争摆在维护社会稳定工作的首位，坚决贯彻中央、区市党委的各项决策部署，严密防范和依法打击各类分裂破坏活动，进一步完善反分裂斗争的工作措施。全面落实维稳防控体系和县乡村三级防控预案，健全反分裂斗争的长效机制。加强维稳力量建设，建立健全信息灵敏、指挥有力、快速高效，既能分散执勤又能合成作战的快速反应机制。三是依法加强社会治理。继续深化“网格化”“双联户”服务管理模式，完善立体化社会治安防控体系，构建全民共建共享的社会治理格局。四是抓好矛盾纠纷排查调处。妥善处理解决好拖欠民工工资、土地纠纷、矿群矛盾等带有普遍性的问题。五是落实好安全生工作。强化安全生产责任，有效控制各类重特大安全事故的发生，确保人民群众生命财产安全。六是加强对寺庙领域的服务管理。抓好重点寺庙、重点僧尼服务管控，做好信教群众的引导教育，建立正常的宗教秩序。

（七）推进“创新开放”发展理念，确保思想观念、机制体制有突破。要把握住思想认识这个“总开关”，建立完善好相关的体制机制，确保各项工作能够高效开展。一方面要力求思想观念上的突破。当前，如何奋力实现墨竹工卡县各项工作率先突破，需要我们打破常规，在探索中找出路、在应变中求突破、在创新中促发展，以非常之策破非常之局，以非常之力建非常之功。推动思想观念的突破。打破习惯思维和主观偏见的束缚，重点就是抓好“破和立”，即破除小富即安、小进则满的保守思想，树立追求卓越、勇攀新高的赶超意识；破除怕风险求保险、无所作为的消极思想，树立敢闯敢干、创先争优的争先意识；破除故步自封、盲目排外的封闭思想，树立诚信合作、互利共赢的开放意识；破除部门保护主义、管卡压的本位思想，树立胸怀全局、协同配合的大局意识。各级各部门和广大党员干部要通过思想上的洗礼、观念上的重塑和思维方式上的创新，努力探索促进科学发展的新思路、新途径、新举措，最终以思想的大解放和观念的大更新实现改革的大突破、开放的大推进、事业的大发展。另一方面要力求体制机制上的突破。体制机制问题始终是改革发展中的一个突出问题。结合我县的情况，体制机制的突破重点要在经济管理体制、干部管理机制、简政放权上下功夫。一要继续深化经济管理体制改革。健全就业政策体系、社会保障体系，探索建立科技、教育、文化、卫生等公共事业城乡统筹发展的管理体制；破除阻碍非公有制经济发展的管理障碍，完善资产运作的管理体制；健全项目投资管理制度、公共财政管理制度，完善支持农牧区发展的资金管理体制。二要完善干部管理机制。建立干部交流常态机制，实行县直与县直、县直与乡（镇）、乡（镇）与乡（镇）多向交流。完善干部选拔任用机制，注重从工作有起色的地方，从重点项目、产业发展、驻村驻寺工作中发现和选拔干部，让肯干事的人有机会，让能干事的人有舞台，让干成事的人有激励，凝聚人心，促进发展。三要坚持以简政放权为核心，深化行政审批制度改革，规范权力运行流程，加强和改进事中事后监管，提高统筹协调能力，建立县乡两级、上下协调、部门联动的服务体系，推进政务服务向广大农牧区延伸。

同志们，胆略决定思维、气魄决定作为；激情决定效率，实干决定成效。机遇和挑战考验着我们，责任和使命激励着我们。我们一定要在以习近平为总书记的党中央坚强领导下，高举中国特色社会主义伟大旗帜，巩固党的群众路线教育实践活动及“三严三实”和“忠诚干净担当”专题教育成果，以党的十八届五中全会和中央第六次西藏工作座谈会精神为指导，以更加昂扬的斗志，更加拼搏的精神，更加扎实的作风，全面抓好经济社会建设，着力打牢党建基础，为坚决完成“十三五”时期各项目标任务，为率先全面建成小康社会而努力奋斗！

在2015年县政府常务（扩大）会议上讲话

中共墨竹工卡县委副书记、县长 旦增尼玛

（2015年4月20日）

同志们：

今天，我们召开县政府常务（扩大）会议，目的是安排部署当前重点工作，动员全体干部职工，坚定信心、明确目标、狠抓落实，全力推进“六大战略”，确保全年各项工作任务全面完成，以优异成绩迎接自治区成立50周年。

下面，我讲三点意见：

一、统一思想，提高认识，积极迎接经济社会新常态

近年来，在区、市党委和政府的坚强领导下，在南京市大力无私援助下，我县的地区生总值、公共财政预算收入、农牧民人均可支配收入等经济指标连续多年保持两位数增长、各项社会事业全面进步、人民生活水平显著提高、城乡面貌日新月异。但是，随着经济社会的快速发展，各族群众精神文化需求的日益增长，这给各级政府提出了新的更高要求。我们必须始终牢记肩负的重任，积极研究新常态、主动适应新常态、奋力引领新常态，以新的理念、新的作风、新的举措，努力做到把握机遇抢先一步、谋划发展高人一招、用足用活政策快人一拍、破解瓶颈难题胜人一筹，把改革发展稳定推向新的更高水平，将县委县政府确定的目标、描绘的蓝图变成美好现实。

当前，从经济形势看，我国经济发展正处于增长速度换档期、结构调整阵痛期、前期刺激政策消化期“三期叠加”阶段，全国经济下行压力加大，今年第一季度铜价比去年同期有较大幅度的下降，对我县矿产生产销售造成了不小的影响。从产业结构看，由于农牧业基础设施依然薄弱，净土健康产业还处于起步阶段，旅游业开发建设力度依然不够，我县财税收入主要依靠矿产业，第一季度公共财政预算收入4470万元，同比下降了12.87%，说明我县经济增长方式较为单一，转方式、优结构迫在眉睫。从发展环境看，国内外敌对的势力特别是十四世达赖集团破坏活动一直不断，加之生态环境、安全生产等问题错综复杂，外部环境不稳定、不确定因素仍然很多，维稳压力超过以往，不容懈怠。从自身建设看，干部工作作风还需转变，敬业奉献、吃苦耐劳的精神和破解难题、开拓创新的能力仍需要增强。分析这些不利因素，就是要让全县各部门特别是党员领导干部进一步认清当前形势、坚定必胜信心、大胆抢抓机遇，勇于担当、善于作为、勤于进取，全面激发干事创业的积极性、主动性和创造性，奋力开启全面建成小康社会新征程。

二、明确任务，强化措施，确保各项工作取得新成效

县委八届六次全会和《政府工作报告》明确提出了今年地区生产总值增长12%，公共财政预算收入增长15%，社会固定资产投资增长20%，农牧民人均可支配收入增长16%，工业增加值增长20%，社会消费品零售总额增长10%。我们要咬定工作目标，突出工作重点，明确工作要求，牢牢把握各项工作主动权，着力抓好以下几方面的工作：

一要发展壮大特色产业。以粮食安全为前提，抓好农牧业生产。要抓好新品种、化肥、农药等调运、发放工作，加强春季重大动物疫病防治，推进农牧业生产科学化管理，确保粮食安全。要提前做好虫草采集各项工作，确保虫草采集有序开展。以解决问题为抓手，提升工业经济。按照齐扎拉书记在3月27日巨龙专题会议上指示精神和张延清市长

4月18日在视察巨龙矿区时的工作要求，分管副县长、主管部门和甲玛乡政府要提前介入，主动作为，做好群众工作，协调项目前期手续，制定《群众诉求解决机制》《群众诉求表达机制》《环保、安全生产监督机制》《政府与企业协作机制》《处置机制》等机制，解决群众生产生活用水、车队管理等问题，着力建设“安全、和谐、生态、惠民”的矿区。以提档升级为方向，加快发展旅游业。大力提升甲玛景区、日多温泉管理服务水平，加强思金拉措、米拉山、德仲温泉、嘎则温泉、扎西岗乡自驾游营地等景点基础设施建设，着力推动旅游业向高端化、精品化、特色化方向发展。以做大做强为目标，大力打造净土健康产业。试种金银花、玛卡等新品种，扩大藏鸡、藏猪、奶牛等养殖规模，努力提高种养加水平。同时，加大对全县天然矿泉水、山泉水水质检测及开发力度。

二要加快推进项目建设。抢抓施工黄金期。紧紧抓住施工黄金期，加强开工项目评审和批复概算，加快实施产业发展、农田水利、社会事业、基础设施等重点项目。强化项目管理责任。坚持谋划项目抓前期、申报项目抓跟踪、新批项目抓开工、在建项目抓竣工、运营项目抓管理，确保全年项目开工率达到90%以上，竣工率达到80%以上。加强招商引资工作。围绕矿产配套产业、旅游业、农牧业、净土健康产业等产业优势，依托拉林高速公路等交通便利条件，充分利用西博会、雪顿节等招商平台，大力推进招商选资，注重选优引强，引进一批吸纳就业多、税收贡献大、低碳无污染、带动能力强的大型企业落户墨竹。科学编制十三五规划。坚持问题导向，分出轻重缓急，厘清工作重点，积极主动与上级部门沟通，加快制定“十三五”规划。

三要保障改善民生。做好“三大民生”工程。县政府已成立了“三大民生”工程领导小组，这项工作由益西副县长负责，县财政局要加强资金预算、强化资金监管，县卫生局、县教育局、县民政局要制定实施细则、认真组织实施，各乡镇、相关部门要积极配合、抓好落实，确保“三大民生”工程顺利实施、取得好成效。办好“十件民生”实事。“十件民生”实事已任务分解，请分管副县长、主管部门、各乡镇对照内容、时间，进一步明确具体实施的领导干部、工作人员，抓紧落实，确保实效。认真解决群众意见建议。前段时间，县政府调研组征求到群众意见建议，也进行了任务分解，并安排保障资金2000万元，分管副县长、各部门、各乡镇要认真对待，研究对策，对条件成熟的，加紧解决，对条件不成熟的，做好解释。同时，对今后群众提出新的意见建议，各乡镇、各部门要登记造册，在职责范围内的，要及时解决，在职责范围外的，及时报县政府研究。提升公共服务能力。深入推进县域义务教育均衡发展，做好迎接验收准备。加快县医院二级乙等医院创建工作，推进乡镇卫生院标准化建设。推动文化改革与发展，加快建设文化墨竹。积极推进城乡医疗救助和“一站式即时结算”工作。稳步推进社会福利院五保供养对象分流安置工作，确保农村五保意愿集中供养率达100%。加快推进公租房、保障房、乡镇周转房建设。整合扶贫资源，加大扶贫攻坚力度。深入推进“四业工程”，使我县更多农牧民群众和城镇失业人员实现就业。

四要优化发展环境。创新社会治理。我们要把大庆安保作为今年工作的首要任务，毫不动摇地落实区党委、政府“十项维稳措施”，推进社会治理信息化和人防、物防、技防有机结合，加强情报预判和精准打击，决不给敌对势力和分裂分子任何可乘之机，确保社会局势持续稳定、长期稳定、全面稳定。完善化解机制。健全信访事项预防源头化、排查常态化、化解实效化、处置法制化、责任倒查化，开展信访案件“大清盘”行动，努力实现信访案件“零搁置”。强化安全生产。继续推进矿山企业安全生产标准化和“六大系统”建设，加快推进打非治违长效机制建设，努力实现安全生产“零事故”。加强环境保护。对三大矿区等资源开发和拉林高速墨竹段等重大基础建设全过程监管，加快建设尼玛江热乡邦浦沟排洪工程、扎西岗乡斯布村水治理工程和甲玛乡供水工程，实施最严格的环境保护措施，努力实现生态环境“零污染”。激发机制活力。制定县城商业用地拍卖方案，进一步提高土地的经济效益。完善农村产权流转交易操作流程，开展农村土地交易试点工作。开展专项整治。继续开展专项整治非法买卖集体土地工作，进一步规范土地管理秩序。继续打击辖区内的非法采砂、肆意破坏林业资源、乱占基本农田等违法违规行为，建立规范有序的管理机制。优化县容县貌。实施绿化、美化、净化、亮化改造提升工程，强化城乡建管养融合、建筑垃圾清运、经营秩序规范、环境卫生保洁等，努力改善可视范围内的环境状况，以干净整洁的环境迎接大庆。

三、强化领导，狠抓落实，不断提升政府工作新形象

习近平总书记强调："要抓实、再抓实，不抓实，再好的蓝图只能是一纸空文，再近的目标只能是镜花水月"。面对新目标新任务，各乡镇、各部门特别是党员领导干部必须用新的思路、新举措，脚踏实地把既定的科学目标、好的工作蓝图变为现实。

*一要强化责任抓落实。*习近平总书记强调"责任到位，成效才有保障"。今年，我们的改革发展稳定面临巨大压力，要实现赶超跨越，就必须以时不我待的责任意识、舍我其谁的担当精神，凝心聚力抓落实。明确工作职责。今年的任务分解，原则上是根据领导分工及分管部门确定的，一项工作明确一位分管副县长负责，一个乡镇或部门牵头；涉及多个乡镇、部门的工作，由排在首位的牵头、其他的配合。各乡镇、各部门行政"一把手"对重点工作要亲自部署、重大问题要亲自过问、重点环节要亲自协调、重要项目要亲自督办、重大进展要当面汇报，不能搞"权力下放"，不能当"甩手掌柜"。细化任务分解。各乡镇、各部门要对照目标任务、时序节点，进一步明确领导责任、部门责任、科室责任、岗位责任，层层分解工作任务、层层建立目标责任制，把目标任务分解到每个领导干部和工作人员，做到人人头上有指标、人人肩上有担子、人人身上有压力、人人心里有动力。

*二要遵守纪律抓落实。*习近平总书记强调"遵守党的纪律是无条件的，要说到做到，有纪必执，有违必查，而不能合意的就执行，不合意的就不执行，不能把纪律作为一个软约束或是束之高阁的一纸空文"。我们要自觉担负起执行和维护党的纪律的责任，要敢抓敢管，使纪律真正成为带电的高压线。坚守政治底线。各级党员领导干部要始终保持头脑清醒、坚定政治定力，不折不扣地贯彻落实中央和区、市、县党委的各项决策部署，在任何情况下都要同心同德、同心同向、同心同行；始终维护祖国统一、反对民族分裂，自觉维护中央和区、市、县党委权威，在任何情况下都要旗帜鲜明、立场坚定、认识统一、态度坚决、步调一致。在这里我要特别强调一下，对十四世达赖集团态度暧昧、抱有幻想、患得患失的，要依法依纪从严从快从重从速处理。严守纪律红线。各级党员领导干部要严格遵守纪律约束这一刚性原则，进一步严明政治纪律、组织纪律、群众纪律、财政纪律、维稳纪律，决不允许有令不行、有禁不止，决不允许各自为政、阳奉阴违，做到忠诚组织、相信组织、依靠组织，确保队伍始终保持先进性和战斗力。监察部门要加强监督，一旦发现违法违纪行为，务必严肃查处，决不姑息迁就，切实做到守土有责、守土尽责、守土负责。遵守规矩防线。各级党员领导干部要牢固树立规矩意识，遵循组织程序，服从组织决定，重大问题该请示的请示，该汇报的汇报，不允许越权办事，更不允许"先斩后奏""斩而不奏"。重大决策落实、重点项目安排和大额资金使用等事项，必须集体讨论决定，决不搞"一言堂"。坚持慎初慎微、谨慎用权、公正用权，管住管好管牢自己的嘴、手、脚，不该说的不说、不该吃的不吃、不该拿的不拿，严格教育、严格要求、严格管理配偶子女和身边工作人员，坚决杜绝利用职权谋取不正利益。

*三要转变作风抓落实。*习近平总书记强调："各级领导干部都要树立和发扬好的作风，既严以修身、严以用权、严以律己，又谋事要实、创业要实、做人要实"。我们要按照"三严三实"要求，祛除歪风邪气、树立清风正气，做到思想认识上真正提高、工作作风明显转变。主动作为，敢于担当。要敢抓敢管，认真落实行政首长负责制和主办部门责任制，当干部就要有担当，在其位就要谋其

政，司其职就要负其责，有多大担当才能干多大事业，尽多大责任就会有多大成就，认准了的事情就要大胆去干。要善作善成，坚决克服思路多措施少、点子多落实少、讲得多做得少、宏观多微观少的虚浮之风，坚决纠正急功近利、盲目决策、做表面文章的不正之风，倡导敢于直面困难、正视矛盾、迎难而上的务实之风，鼓励敢闯敢干、舍我其谁、奋勇争先的担当之风，以行之有效的措施、始终如一的坚持，努力破解难题，为改革发展稳定大局凝聚强大正能量。加强学习，提升素质。要以巩固党的群众路线教育实践活动成果、深入开展“三严三实、忠诚干净担当”专题教育活动为契机，努力提高全体干部职工的政治素质、专业水平和行政能力，促进作风建设、业务建设和能力建设，“面对面”深入群众，“心贴心”增进感情，“实打实”为民办事，“手拉手”干事创业。把学习作为干事创业的内在精神动力，坚持学以致用、用有所成、学用相长，努力把学习成果转化为把握形势、尊重规律、分析问题、解决问题的能力，不断增强政府工作的系统性、预见性和创造性，更好地服务改革发展稳定大局。强化监督，确保成效。县监察局、县督查室要围绕县政府中心工作和项目建设、招商引资等重点工作，完善督促检查、公开通报和评议奖惩等制度，对已实施的工作要问效果、对正进行的工作要促进度、对未落实的工作要重督办，定期通报、按期总结，让每个责任人都知道自己分管的工作、主抓的项目进度怎样、有何差距、如何赶上，确保每项工作都能按既定目标、时限要求圆满完成。

依法治国必须搞清楚的几个关系问题

墨竹工卡县委副书记、人大常委会主任 洛 桑

（2015年4月8日）

党的十八届四中全会通过的《中共中央关于全面推进依法治国若干重大问题的决定》是改革开放以来关于法治建设问题的纲领性文件，具有划时代的里程碑意义。这个文件提出了关于依法治国的一系列新观点、新举措，回答了党的领导和依法治国的关系等一系列重大理论和实践问题，对科学立法、严格执法、公正司法、公民守法、法治队伍建设、加强和改进党对全面推进依法治国的领导作出了全面部署，有针对性地回应了人民群众呼声和社会关切。《决定》发布以后，本人认真地进行了学习，并结合现实生活中实际存在的一些不正确的看法进行了思考，从而使我感到每个党员领导干部必须搞清楚以下问题。

第一，必须搞清楚党的领导、人民当家做主与依法治国的关系，通俗地讲就是“根本保证、根本政治制度和治国理政基本方略”的关系问题

在我们国家，中国共产党是中国特色社会主义的领导核心，是全中国人民的主心骨，历史和实践充分证明，没有中国共产党就没有新中国，就没有中国特色社会主义道路，因此说党是领导者、执政者，这是历史的选择、人民的选择，也是完全符合中国的国情。

宪法第一条明确规定：“中华人民共和国是工人阶级领导的、以工农联盟为基础的人民民主专政的社会主义国家。”宪法第二条明确规定：“中华人民共和国的一切权利属于人民。人民行使国家权力的机关是全国人民代表大会和地方各级人民代表大会。人民依照法律规定，通过各种途径和形式管理国家事务、管理经济和文化事业、管理社会事务。”宪法第三条明确规定：“中华人民共和国的国家机构实行民主集中制的原则。全国人民代表大会和地方各级人民代表大会都由民主选举（直接选举和间接选举）产生，对人民负责，受人民监督。国家行政机关、审判机关、检察机关（简称“一府两院”）都由人民代表大会产生，对它负责，受它监督。”宪法二、三条规定充分体现了权力的归属在于人民，权力本身的设定权也在人民。依法治国是坚持党的领导的必然要求。

党的十八届四中全会《决定》发布后，社会上一些别有用心的人提出“党大还是法大”的伪命题，其目的是企图从法治问题上打开缺口，蛊惑群众、搞乱人心，进而否定党的领导和社会主义制度，把中国引向邪路。现实生活中也有不少人认为“党领导一切，一切由党说了算，人民代表大会只是一个形式，只是走一个程序而已，从而得出党大于法、权大于法、法律面前人人不平等”等结论。这些想法严重歪曲了党的领导、人民当家做主、依法治国的辩证关系。党的领导和法治本来是一致的，并不存在矛盾，但为什么别有用心的人总是提出这样的伪命题呢？我认为这主要是在现实生活中，一些党员干部特别是领导干部存在着法治观念不强、决策不讲程序、办事不依法依规，甚至以言代法、以权压法、徇私枉法、为所欲为，目无党纪国法。这就给那些别有用心的人提供了现实依据，给人民群众留下了权大于法的印象，表现在只信信访不信法、只信拥有实权的领导者不信组织等方面。因此，我们必须要时刻提高警惕。当今中国，社会主义法治必须坚持党的领导，党的领导必须依靠社会主义法治。

党的领导和依法治国是高度统一的。党领导

人民制定宪法法律（人大），党领导人民实施宪法法律，党自身必须在宪法法律范围内活动，这就是党的领导力量的体现。我国宪法第五条明确规定：“任何组织或者个人都不得有超越宪法和法律的特权。”每个党政组织、每个领导干部必须服从和遵守宪法法律，不能把党的领导作为个人以言代法、以权压法、徇私枉法的挡箭牌。

第二，必须搞清楚依法治国与依法行政的关系

依法行政就是行政机关行使行政权力、管理公共事务，必须有法律的授权并依据法律，法律是行政机关活动的准绳，也是对行政行为进行监督和评价的依据。因此党的十八届四中全会《决定》对行政机关明确提出“法定职责必须为，法无授权不可为”的要求。依法行政的最终目的是保护公民的权益。在这里我认为要搞清楚三个问题，即法治、公权力、私权利（公民权力），其特点为：法治是用来规范和制约公权力的、带有强制性的。公权力，即行政权力，必须由法律授权，依法行使行政权，因此说公权力，是有限的（法无授权不可为），对公民而言即私权利“法无明文禁止即自由”，可以说公民的权利是无限的，除法律禁止外。在现实社会里为什么公民的权利往往受到侵犯，例如人们利用资源受到限制，人们的社会活动和私人活动受到干预等等。因此我认为依法行政也是依法治国的难点所在。

首先，在任何国家、任何时代行政权都具有自我扩张的特性。历史经验告诉我们，“一切有权力的人都会充分地使用权力，直到遇到它的边界方才罢休”、“一切有权力的人都容易滥用权力。”这既道出了依法行政的重要，也暗示了依法行政的艰难。其次，行政机关行使行政权力的特点之一是首长负责制，是权力的相对集中和命令与服务，行政机关行使权力时也有较大自由裁量权，导致很多的不公平，造成很多群众的心里不平衡，如在行政审批上，同等条件的公民和法人有的能拿到项目、资金和土地等等，有的却什么都拿不到。一旦群众有意见，管理者往往拿主要领导开脱自己，用“这是某某领导批了的”言论来推卸责任，表现出这是我们管理者的权力，你们有意见没用，做不到平等、公平、公正地服务群众，反而动不动批评和教训有意见的群众。这些特点使行政人员习惯了按个人意志办事，忽视依照法律规定（不按规矩和制度办事，该请示的不请示，该汇报的不汇报）行使行政权力，在处理行政事务方面缺乏法治思维和法治方式。再次，在法治过程中，公民守法和行政机关依法行政是一对矛盾，而矛盾的主要方面在于行政机关。行政机关不依法行政就无法要求被管理者守法，公民守法并不难，难的是行政机关工作人员严格依法办事。因此我说在依法行政过程中公权力必须依法受到制约和监督，公民的权利必须依法受到保护。通俗地讲，依法治国就是依法治官、依法治权，切实解决以言代法、以权压法、徇私枉法，搞人治不搞法治的少数官员行为，切实维护宪法法律的权威。

第三，必须搞清楚行政机关依法行政与人大监督同其他监督的关系

在我国，有各种形式的监督。其中主要有：人大监督，纪检监督，行政监督（监察），法律监督（检察），民主监督（政协）等等。各类监督的监督对象、监督内容、监督范围和方式各不相同。在这些监督中，人大监督是最高的监督，也是最具法律效力的监督。《宪法》《组织法》《监督法》明确规定：人大监督的主要对象是“一府两院”，监督的范围和内容主要是法律监督和工作监督，监督的方式主要是听取和审议审查各类报告（会议期间）、听取各种专项报告、开展视察和检查、提出批评、意见和建议，开展询问和质询、特定问题调查等等。通过对“一府两院”的各种形式的监督，督促政府依法行政，督促“两院”公正司法，从而保证宪法法律的正确实施，维护广大人民群众的合法权益。从以上可以看出人大监督的重要性。

但在现实生活中，人大的监督工作还存在不少问题。从人大方面讲，宪法法律赋予人大的权力没有充分行使，离党和人民的要求还有不少的距离。从具体上讲，人大监督工作存在重形式、轻实效的问题，在监督工作中发现的问题提出批评、建议之后，后续跟踪督办差等等，存在这些问题的原因是多方面的。我认为主要有以下几点：从客观上讲，社会风气对人大存在藐视现象，认为人大除了一年开一次会外没有什么事情可做，甚至有些领导也是这么认为的。有的人认为人大是养老院，给人大配备干部也不重视学历、专业结构；有的首长把人大干部当作自己手下的办事员来随便使用；有的行政领导完全忘了自己是人大选举任命的，应向人大负责，受人大监督。从主观上讲，人大自身人员少、年龄大、文化水平偏低、缺财会、法律等专业人才，从而导致做好监督工作心有余而力不足。因此，做好人大监督工作应主动争取党委的支持，提高履职能力，加强自身建设，增强担当意识，主动作为，依法加大监督力度，切实提高监督实效，充分发挥人大在各类监督中应有的作用。

我坚信随着依法治国战略的全面推进，今后社会管理和社会治理的各个环节将逐渐减少主观和人为的因素，让客观制度的因素逐渐增长直至全覆盖。

勤勉实干 认真履职
奋力推进墨竹跨越式发展

——在政协第一届墨竹工卡县委员会第四次会议闭幕会上的讲话

墨竹工卡县委常务副书记、政协主席 魏东飞

各位委员、同志们：

政协第一届墨竹工卡县委员会第四次会议，经过与会同志的共同努力，圆满完成了各项议程，今天就要胜利闭幕了。

会议期间，各位委员以饱满的政治热情和高度负责的精神，认真审议通过了县政协常委会工作报告和提案工作报告；列席县人大十二届四次会议，听取并协商讨论了政府工作报告和其他报告；县委书记严应骏，检察院检察长索朗次仁，法院院长韩新强以及政协主席、副主席参与了分组讨论，与会委员通过分组讨论、撰写提案等形式，围绕我县的经济、政治、文化和社会建设等，广泛协商讨论，积极建言献策，提出了许多建设性的意见和建议。这次大会合作共事氛围浓，民主协商意识强，充分显示了人民政协协商民主的生机与活力，充分展现了政协委员参政议政、为民履职的水平和风采。总体而言，这是一次民主求实、团结和谐的大会，是一次催人奋进、凝心聚力促跨越的大会，是一次成功的大会。

各位委员、各位同志，过去的一年，在县委、县政府的正确领导下，我们牢牢把握团结和民主两大主题，围绕中心，服务大局，做了大量卓有成效的工作，为推动墨竹工卡经济社会各项事业科学发展、跨越发展做出了重要贡献。如今，我们又踏上了2015年的新征程，在这全面深化改革的关键之年，面对新形势、新任务、新目标、新要求，面对全县人民的深切期盼，全体政协委员唯有进一步增强责任感和使命感，心系群众，奋勇拼搏，才能推进政协工作再上新台阶，为推进“四个全面”凝聚智慧力量。下面，我就如何做好今年政协工作提几点意见，与大家共勉：

一、坚持服务大局，在推动墨竹跨越式发展中奋发有为

县政协和全体委员要牢固树立大局意识，把推动墨竹跨越式发展作为履行职能的第一要务，自觉服从并服务于全县改革发展稳定的大局。一要积极履行政治协商、民主监督、参政议政职能，围绕全县中心工作开展视察、专题调研和民主评议等活动，通过建言献策，积极参与全县重大决策；通过民主监督，促进社会热点难点问题的解决；通过调查研究，及时反馈社情民意。二要多提具有建设性、前瞻性、可操作性的意见和建议，努力为县委、县政府科学民主决策当好参谋。三要发挥桥梁纽带作用，为加快墨竹发展汇聚力量。通过座谈、走访、慰问等各种形式，团结包括知识分子在内的工人、农牧民以及新的社会阶层，努力实现最广泛的团结，为促进发展增添助力、减少阻力、凝聚合力。四要发挥优势广泛联谊，为加快墨竹发展多做服务工作。通过举办联谊会、恳谈会等形式，深交老朋友，广交新朋友，密切与县内外有成就、有声望、有实力的团体和友人联系，开展招商引资、招才引智等活动，积极宣传墨竹，推介墨竹，不断提高墨竹的知名度和吸引力。

二、坚持团结民主，以广阔的胸襟凝心聚力促和谐发展

团结和民主，是人民政协性质的集中体现和必须坚持的两大主题。我们一定要以谋求更大范围的团结为己任，以广阔的胸怀容纳不同个性，凝聚一切有利于发展的力量，调动一切有利于和谐的因素，尊重一切有利于人民的创造，激发人和之气，造就振兴之势，促进社会和谐发展。一要体谅包容、增进理解。坚持平等协商、民主议事，切实尊重各民主党派、工商联、人民团体和各界人士的民主权利，努力畅通反映各种意见的渠道，确保各方面的意见和建议充分表达、愿望和要求充分反映、智慧和才干充分集中，做到相互尊重、相互支持、坦诚相见、合作共事，形成和衷共济、融洽和谐的政治局面。二要正确引导、协调关系。要及时、准确地把县委、县政府的政策主张传达到社会各个层面，多做协调关系、解惑释疑、化解矛盾、理顺情绪的工作，积极引导各党派团体、各界人士正确认识和处理好个人与集体、局部与整体、眼前与长远的关系，不断增强主人翁意识和社会责任感，为深化改革、加快发展、维护稳定减少阻力、增加助力、形成合力。三要扩大联系、加强团结。主动适应经济社会发展的新变化、新常态，做好联系人、团结人的工作。积极探索新形势下做好团结与民主的新方式、新途径，进一步加强与各界人士包括新的社会阶层人员的沟通与联系，把一切积极因素、创业热情和智慧力量都挖掘出来、调动起来，促进不同党派、不同信仰、不同民族、不同界别之间的合作共事，产生大发展、大前进的强劲合力，形成大团结、大联合的生动局面。

三、坚持集思广益，用实际行动汇集民意知民情解民忧

人民政协以广开言路著称，更以集思广益见长，我们要在求同存异中广开言路，在共谋发展中集思广益，做到既反映多数人的普遍愿望，又吸纳少数人的合理主张；既听取支持和赞同的建议，又倾听批评和反对的意见，用实际行动替群众发声、为群众解忧。一要做到善于知情。要吃透“上情”，采取灵活多变、通俗易懂的学习方式，研究党的路线、方针、政策，深刻领会，明确任务，把握方向。还要把握“下情”，继续巩固好去年开展的党的群众路线教育实践活动成果，做到重视民情、民意，密切联系本界别群众，经常深入基层、深入群众，了解群众思想、期盼和愿望；关注群众的要求、困难和建议，及时把人民群众的思想动向、关注热点、矛盾问题以及意见建议收集起来、反映上去，做到真实广泛地了解民情、反映民意、集中民智，切实发挥政协作为党和政府联系群众的桥梁和纽带作用。二要做到勤于参与。要切实树立公心为民的理念，强化民本意识，坚持把维护群众利益、促进社会公平作为各项工作的出发点和落脚点，主动参加政协的会议、视察、调研等活动。要重心向下，用实际行动关注乡村、关注弱势群体，积极将事关群众衣食住行和安危冷暖的问题纳入政协提案、调研、批评建议的范围，为县委、县政府制定实施合乎民情、符合民生的方针政策提供参考。

四、坚持探索学习，让人民政协事业与时俱进开拓创新

县政协和各位委员要主动适应新形势新任务的要求，求真务实、真抓实干，不断开创政协工作新局面。一要积极探索新方法、新途径。要解放思想，不断创新培训方式，积极组织现场教学、外出交流学习、网络化培训等活动，充分调动委员参政议政的积极性，提高履职能力，增强履职实效。要与时俱进，不断创新政协联系方式，充分发挥界别作用，结合界别特点，不断探索界别活动的新方法新途径，积极组织各界别委员开展学习联谊、座谈讨论、调研视察等活动，通过界别广泛联系各界群众，了解和反映社会不同阶层的愿望和要求。二要始终坚持多学习、勤实践。以建设学习型政协、智慧型政协为目标，努力造就一支政治坚定、作风优良、学识丰富、业务熟练的高素质政协干部队伍。广大委员和政协机关全体干部，要把学习作为提高素质、增强本领、做好工作、加强修养的根本途径，切实把学习作为一种生活态度、一种工作责任、一种精神追求。在工作、生活中，要多学政治理论知识，常学业务知识，通过学习实践，进一步开拓视野，创新思维，不断在服务大局、凝聚人心、协商监督、参政议政上有新思路、新举措和新作为。

各位委员、同志们，困难和挑战考验着我们，责任和使命激励着我们。让我们更加紧密地团结在以习近平同志为总书记的党中央周围，在县委的领导下，高举中国特色社会主义伟大旗帜，按照县委八届五次全委会的决策部署，集全体委员之智，举全县政协之力，勤勉实干，凝心聚力抓好履职尽责，不遗余力地投身到“四个全面”伟大实践中，努力开创我县政协工作新局面，为促进我县经济社会科学发展、跨越发展做出新的更大贡献！

综 述

综 述

墨竹工卡县概况

墨竹工卡县位于西藏中部、拉萨河中上游，地理坐标为北纬29° 8′ 、东经91° 77′ 。东与林芝地区工布江达县相邻，西靠拉萨市达孜、林周两县，北连那曲地区嘉黎县，南接山南地区乃东县，交通区位优势较为明显，川藏公路（318国道）横穿而过。县域面积5492平方公里，人口5万余人，平均海拔4200米以上，辖7个乡1个镇40个行政村。墨竹工卡县素有“天边之乡”的美誉，野生动植物资源有黑颈鹤、斑头雁、虫草、雪莲花、红景天等，矿产资源有铜、铅、锌、金、钼、大理石等。境内名胜古迹众多，旅游资源得天德厚，距今850多年历史的直孔替寺闻名国内外，具祛病美容效用的日多温泉、德仲温泉和有财神湖之称的思金拉错等自然景观独具魅力，直孔水磨糌粑、斯布牦牛等农畜产品驰名区内外，以松赞拉康、松赞干布纪念馆、霍尔康庄园、甲桑古道徒步为重点的藏王松赞干布出生地甲玛景区已完成松赞干布纪念馆建设并对游客开放。

近年来，在西藏自治区党委、政府和拉萨市委、市政府的正确领导下，在江苏省、南京市的大力无私援助下，在历届援藏干部和全县各族人民的共同努力下，墨竹工卡县掀开了发展史上崭新的一页。2015年，全县地区生产总值完成23.53亿元；公共财政预算收入完成2.7亿元；农村居民人均可支配收入实现10681.53元；全社会固定资产投资完成75.18亿元；工业增加值实现8.43亿元；社会消费品零售总额完成2.95亿元；城镇登记失业率控制在2.2%以内，圆满完成“十二五”时期各项目标任务，为全面建成小康社会奠定了坚实基础。

（阿旺晋美）

政 治

政 治

中共墨竹工卡县委员会

【概况】 年内，县委在市委、市政府坚强领导和南京市大力援助下，牢牢把握稳中求进、好中求快总基调，坚持以科学发展观为统揽，深入开展“三严三实”和“忠诚干净担当”专题教育活动，围绕“六大战略”部署，抓教育重实效、抓生态优环境、抓文化提品味、抓项目促发展、抓产业强优势、抓民生构和谐、抓法治保稳定、抓廉政转作风、抓援藏利长远、抓党建强根基，全县呈现出经济持续快速发展、社会持续和谐稳定、民生持续改善、民族团结持续进步局面。

【抓教育重实效】 注重抓好“三严三实”和“忠诚干净担当”专题教育。全县开展“书记讲党课”活动120余场次，组织集中学习490余场次；县委4个督导组到各乡（镇）、各单位督导139次，督促并参与学习170余场次。注重抓好日常学习。县委理论学习中心组围绕习近平总书记系列重要讲话，中共十八届三中、四中、五中全会，中央第六次西藏工作座谈会精神及“三严三实”和“忠诚干净担当”等专题进行学习13次，县宣讲团组织庆祝西藏自治区成立50周年等各类宣讲报告334场次，受教育党员干部群众达4.3万余人次。突出抓好干部教育培训。举办新任驻寺干部培训21人次，先后组织3批次176名新任村干部前往拉萨市进行学历提升培训，组织部分科级干部、寺管会干部及僧尼到南京学习交流，组织50余名干部群众积极参与自治区成立50周年大庆方队。注重抓好精神文明建设。积极开展新农村精神文明建设和文明村、文明户、文明家庭创建评选，召开“孝老爱亲——共建美丽墨竹”表彰大会，对39名孝老爱亲模范及159名先进个人进行表彰。开展“道德模范在身边”系列活动6场次，开展道德讲堂11场次。

【抓生态优环境】 安排专项资金1000万元购置环卫设备（垃圾压缩车、电动三轮车、垃圾收集桶等），逐步改善生态创建硬件设施。组建8支110人乡（镇）环卫队，并发放环卫服装，形成“村收集、乡（镇）转运、县处理”生活垃圾处理模式。委托第三方公司对乡（镇）水源点、环境空气、环境噪音进行监测，充实生态环境质量报告。组织相关部门按照“月抽查、季考核、年评比”模式推动生态县创建工作，全年已有2个乡（镇）、24个行政村分别荣获“自治区级生态乡镇”“自治区级生态村”称号。在171个集中饮用水源地划定20处进行保护工程试点，不定期对各矿山企业进行专项检查，对排放不达标单位，责令限期整改并处以罚款；投入1200万元启动墨竹玛曲上游水土生态修复工程；投资690余万元日处理污水1000立方米全区湿地污水处理科研试点项目竣工；斯布沟“酸性水”治理方案通过评审，招投标、场平等工作有序推进；全年植树造林5350亩、封山育林5600亩，森林覆盖率达37.5%。进一步推动经济建设与环境保护和谐优化发展，真正保护墨竹青山绿水。

【抓文化提品味】 持续开展“八看、一算账、一揭批、四增强”感党恩等主题教育，广大干部群众反对分裂、维护稳定，团结奋斗、共同繁荣发展思想基础进一步夯实。扎实开展“五下乡”、学雷锋志愿服务、“3·28”百万农奴解放纪念日及西藏自治区成立50周年庆典筹备等活动，邀请自治区文化厅、歌舞团专业人员开展多针对性培训。“2015年春雨工程——江苏文化志愿边疆行大舞台”30余名艺术家到墨竹演出，全县干部职工及群众受益匪浅，县松赞民间艺术团下乡慰问演出52场次。先后在南京日报A2版要闻每月一期“情系墨竹”专栏刊载12期，在拉萨晚报“今日墨竹”专版刊载48期，编发《墨竹·新华手机周报》48期，县新闻自办台播出《墨竹汉语新闻》28期、《墨竹藏语新闻》18期、《墨竹藏汉周文》12期。县政府新闻网累计刊稿1089条，“微墨竹”微信公众平台关注人数达2900余人，对外发布信息1047条。投资536万元建设扎雪乡、尼玛江热乡其玛卡村刺绣唐卡厂房和民间艺术团排练场；配备完善乡（镇）文化站硬件设施，试点建设22座西藏卫星数字书屋，巡回放映爱国影片1970场次；投资1000万元建成并开放西藏首家民间博物馆——群觉古代兵器博物馆；成功申报16名市、县级非物质文化遗产传承人，申报13项县级非物质文化遗产项目。

【抓项目促发展】 坚持抓项目就是抓经济、抓发展、抓民生理念，坚持以项目建设带动经济跨越，县委高度重视项目建设，精心组织、提前谋划、务实推进，实施重大项目领导挂钩负责制，定期召开项目推进会，保证项目早开工、早建成、早使用、早见效。全年开复工项目125个，完工项目81个，完成固定资产投资75.18亿元，其中重点项目18个，完成投资71.91亿元，完成嘎则新区新政务中心搬·迁，府前市民广场建成使用，拉林高等级公路拉墨段建成通车，日产4000吨华泰龙二期选场建成并完成调试，投资1.44亿元实施日多乡怎村维巴组公路、尼江乡仲达村公路、扎雪乡龙珠岗村公路等交通基础设施项目39个，新增公路里程71.073公里，改造提升77.03公里，新增独立桥15座/137延米；投资4035.5万元实施水利项目16个，新增水渠41.12公里、防洪堤23.7公里，灌溉农田2.78万亩；投资2615万元完成巴日卡道路二期，新增城镇道路、供水管网均达1.76公里；投资1.11亿元实施社会事业项目17个；实施1‰以内援藏项目7个，落实援藏资金6640万元。各项基础设施进一步完善，经济发展后劲进一步增强，极大拉动全县经济快速发展。

【抓产业强优势】 在全球经济低迷、矿产价格不断下滑情况下，重点推进“三大矿区”建设投入，全年完成工业投入70.81亿元，工业总产值22.5亿元，工业销售产值17.19亿元，工业增加值8.43亿元，工业税收3.29亿元，开采原矿275.5万余吨。全县粮食总产量达2.43万吨，牲畜存栏18.64万头（只、匹），出栏率35%，改良黄牛2.5万余头，蔬菜总产量4800吨，引进推广藏青2000等新品种7000亩，落实农机购置补贴80万元，农牧民专合组织达107家，农牧业总产值实现4.33亿元。农村基础设施持续改善，深入推进“八到农家”活动，开展人居环境整治13处、完善公共设施14处，实现乡乡通光缆（宽带）、村村通电话，乡（镇）通邮率、行政村通畅率、自然村通水率、广播、电视覆盖率分别达100%、87.5%、100%、99.2%、99%。累计投入1555.78万元，实施净土健康产业项目8个，净土健康产业企业达到5家，实现年产值7562万元，净土健康产业园科技大楼主体工程封顶。以“世界重要旅游目的地”为支撑，大力打造旅游业，注册成立旅游公司，投入1046.7万元完善景区基础设施建设，实施甲玛景区经营权有偿收回，全年接待游客100.1万人次，实现旅游收入2106万元，同比分别增长22%，编制完成大思金拉措旅游规划和全县旅游发展总体规划。

【抓民生构和谐】 始终把保障和改善民生作为工作出发点落脚点，保持本级预算80%投入民生领域，切实让农牧民群众共享经济发展成果。实施“三大民生”工程，对墨竹籍农牧区子女高等教育阶段学杂费、住宿费、交通费等费用予以全额报销并每月发放200元补贴；对墨竹籍农牧民公立医院住院费用全额报销；为农牧区60岁以上老人发放幸福养老金，让老百姓实现“上学不愁、看病不愁、养老不愁”。为群众办好“十件实事”同时，安排4000万元专门经费解决300件“群众期盼”事项。推动“以业脱贫、以迁脱贫、以教脱贫、以补脱贫、以保脱贫、以助脱贫”工作，超前规划精准扶贫、脱贫工作，通过扶贫项目开发、三大民生工程、各项惠民政策及补贴落实，完成7236名贫困人口入户调查、数据核实及建档立卡，实施扶贫项目

26个，落实资金2117万元，真正把钱花在惠民刀刃上，把事做到群众心坎里。保持本级财政25%比例投入教育，严格落实自治区900万元均衡教育查漏补缺资金，落实“三包”经费1794.18万元，发放援藏助学金、义务教育助学金64.4万元，完成县小学撤并整合，新建3所村级幼儿园，学前三年入园率达91.5%，小学和初中入学率、巩固率分别达99.84%、99.86%，101.78%、99.57%，义务教育均衡发展工作于11月24日顺利通过国家验收。全面实行“医前救助、分类救助、定点医疗”三位一体救助模式，共为831人提供医疗救助金334.63万元，落实国家免费医疗款1868.4万元，完善医疗设备，配备救护车9台、CT影像设备1台，全民免费健康体检率达99.95%，婴儿死亡率控制在10.78‰以内，县医院创建二级乙等医院通过专家组终审。调整城乡最低生活保障标准，分别达每月人均640元、每年人均2450元。高标准建成西藏自治区一流县级五保集中供养服务中心并投入使用，五保意愿集中供养率达100%，该项目获得自治区主席洛桑江村充分认可和大力支持，社会参保人数达3.2万余人。完成再就业、转移技能、进城务工引导等各类培训3530人，新增就业1410人，转移劳动力15002人次，实现农牧民增收1.51亿元，农牧民人均可支配收入实现10681.53元。

【抓法治保稳定】 坚持打防控相结合，建立完善重大决策社会稳定风险评估机制，完善信访工作和矛盾调处机制，创新流动人口、特殊人群、非公经济组织和新社会组织服务管理，健全突发事件应急体系。安排157名干部驻村配合各村组开展工作，进一步夯实基层维稳基础。大力实施“9+5”工程，建成13座寺庙管委会业务用房和4个驻寺派出所，选派107名干部职工驻寺开展工作，实现工作人员全覆盖；创新开展“联户平安、联户增收”工作，合理划分联户单位757个，建立便民警务站4个；强化宣传力度，充分利用各类宣传节点以“请进来、走出去”方式进行宣传，让广大干部职工及农牧民群众切实明白党和国家政策方针，明白惠从何来，明白做人做事规矩；健全和完善矛盾纠纷排查调处机制，结合实际，分清工作侧重点，成立六大矿区协调工作领导小组，专项排查矿区劳资纠纷。与县（中）直各单位签订综治目标责任书60余份，召开200余次维稳工作会议，下发各类方案300余份，督查700余人次；严打沙霸、路霸、车霸、地霸，清理整治非法买卖和占用集体土地28宗43.1亩，行政处罚270.54万元，依法取缔关停砂石厂14家，关停整顿产品质量不达标砖厂28家，加大矛盾纠纷排查化解，全年调处纠纷284起，帮助群众追回拖欠款4479.59万元。开展安全生产监督检查363次，查处安全隐患648处，现场整改580处，整改率92.6%，制定《墨竹工卡县政府投资项目施工、监理单位抽签实施细则》，全年引进招商项目16个，到位资金71.04亿元。让各项维稳措施落地生根，最大限度地减少不和谐因素，为让墨竹经济发展适应新常态、营造和谐稳定社会新环境夯实基础。

【抓廉政转作风】 认真落实“一岗双责”和党风廉政建设责任制，严格执行中央“八项规定”、区党委“约法十章”“九项要求”、区纪委“十条严禁”及市委“八项要求”，全县“三公”经费支出同比降低24.37%。坚决落实并发挥好党委主体责任同时，始终把维护党的纪律特别是政治纪律、政治规矩放在首位，持续加强纪律监督与检查，积极营造干事创业、风清气正政治生态环境。认真召开墨竹工卡县纪律检查委员会八届五次全体会议，明确全年工作要点，与县（中）直各单位签订《墨竹工卡县2015年党风廉政建设责任书》50份。同时召开13次专题常委会，对县纪委工作进行分析研究安排部署。认真开展约谈工作。由县委主要领导牵头对全县各乡（镇）、县直各单位主要负责人开展落实主体责任约谈2次，切实增强各单位领导班子及主要负责人对主体责任认识。严格落实中央“八项规定”，坚决纠正并防止“四风”反弹。严查重处公车私用问题。制定《墨竹工卡县公车管理监督办法》，建立车辆使用管理台账、完善信息数据库、规范定点停放、实行实名举报有奖机制等方式，加大对公务车辆监督力度。先后出动人员42人次检查22次，主动发现公车私用问题2起，按照规定进行从严从快从重处罚。坚持厉行节约、反对浪费，严格执行办公用房标准。制定并下发《墨竹工卡县纪委关于开展党政机关办公用房建设标准自查自纠实施方案》。对11家办公用房自查超标单位清理整改情况“回头看”。加强双休日、节假日及敏感阶段作风建设监督检查，严肃工作纪律，严查重处发生在群众身边的“四风”及腐败问题，保持惩治腐败高压态势。制定下发《马上就办活动实施方案》，对“不作为、乱作为、不敢作为、不会作为”班子及干部进行问责，彻底转变党员干部干事不实、办事拖拉不良风气，形成多干、勤干、实干、苦干良好氛围。全年县纪委处分干部职工28人，比2014年增长7倍，其中给予党纪政纪处分11人，已立案拟给予党纪政纪处分2人，组织处理2人，诫勉谈话3人，问责约谈10人。

【抓援藏利长远】 2015年6月，南京市缪瑞林市长率党政代表团到墨竹检查指导对口援藏工作，充分肯定援助工作成绩，给予1000万专项资金用于甲玛乡和扎雪乡两所标准化卫生院示范点建设，并提出援藏工作要“一马当先、走在前列”。江宁区规划局自筹资金聘请东南大学全国基层医疗机构规划设计首席专家教授专门为甲玛和扎雪两所卫生院进行规划设计，提供高标准设计方案。在南京市卫生局协助下，探索建设县医院远程信息化诊疗系统，采取“走出去学、请进来教”方式，全面对接南京与墨竹教师、医生三年培训计划，达成并签署教育、卫生合作协议。同年10月，邀请江苏省社科院宋林飞教授到县帮助制定墨竹特色、西藏领先、全国规范全面小康指标体系，为全面小康社会建设进一步明确指标，描绘现实模样。加强与南京交流交往交融，先后选派10名党政干部、50名科级干部、42名专业技术人员赴南京学习、轮训或挂职锻炼，组织27名农牧民群众赴南京参观学习，组织20名宗教界干部及僧尼代表赴南京开展宗教文化交流，组织18名青少年学生赴南京开展“手拉手”研学暑期夏令营活动。县党政代表团于11月上旬赴南京考察学习，受到江苏省委常委黄莉新、缪瑞林、刘以安、龙翔等领导接见，各位领导对援藏工作给予高度评价认可，进一步加深宁墨友情，深化两地科教、文化等领域交往交流交融。

【抓党建强根基】 开展软弱涣散基层党组织集中整顿。对甲玛乡孜孜荣村、扎西岗乡斯布村等11个软弱涣散党支部进行整改，明确具体项目、工作措施、时限要求和责任人，实现软弱涣散党组织晋位升级。着力加强党员发展和培养。全年培养入党积极分子283人、发展党员284人，其中农牧民党员271人，占发展党员总数95.4%，壮大基层党员队伍，激发党员干部干事创业热情。开展“强党、固基、扶村”工作，先后动员安排127名县乡（镇）干部下沉到村任职，推动服务管理中心下移，优化行政资源配置，努力实现基层干部培训、村级标准化阵地建设、村集体经济发展“三个全覆盖”。强化经费保障。为每个村党支部及第一书记分别安排党建专项经费2万元、1万元；村“两委”正职、副职、委员务工补贴和绩效考核奖年均分别达32320元、24845元、18000元；村小组组长务工补贴提高到600元/月。大力加强阵地建设。投入1580.04万元新建3个村级组织活动场所。大力开展帮扶救助活动。从“格桑花开”爱心基金中支出51.5万元，帮助贫困家庭病患者、孤寡老人、贫困学生等78人。大力开展党内激励关怀，及时帮助10名贫困党员。顺利完成第四批与第五批驻村工作队选派交接工作。

（李学龙）

【领导名录】

书　记　严应骏

副书记、县长

　　旦增尼玛

副书记、人大常委会主任

　　洛　桑

常务副书记、政协主席

　　魏东飞

副书记、常务副县长

　　张　屹

墨竹工卡县人民代表大会常务委员会

【概况】 2015年是全面完成“十二五”规划的收官之年，是全面深化改革的关键之年，也是全面推进依法治国、全面建成小康社会决胜阶段的开局之年，县人大常委会以毛泽东思想、邓小平理论、“三个代表”重要思想、科学发展观为指导，以“四个全面”为引领，全面贯彻落实中共十八大和十八届三中、四中、五中全会精神，深入贯彻落实习近平总书记系列重要讲话精神，特别是“治国必治边、治边先稳藏”重要战略思想和“加强民族团结、建设美丽西藏”重要指示，以及区、市党委八届六次、七次、八次全委会和县委八届六次全体（扩大）会议精神，坚持人民代表大会制度不动摇，坚持党的领导、人民当家做主和依法治国有机统一。在巩固群众路线教育实践活动成果的同时，深入开展“三严三实”“忠诚干净担当”专题教育实践活动，认真履行宪法和法律赋予的职责，维护宪法尊严，发挥法治的引领和规范作用，进一步发挥人大代表主体作用，不断加强和改进人大工作，为墨竹的跨越式发展和长治久安做出积极的贡献。一年来，共召开常委会会议6次，主任办公会议11次，听取和审议“一府两院”专项报告4次，配合自治区、拉萨市人大开展调研、视察和执法检查7次，组织本级人大代表视察和调研共2次，积极组建“人大代表之家”，圆满完成年度各项工作任务。

【依法加强监督工作】 听取审议1—6月国民经济和社会发展计划执行情况的报告，督促政府积极应对复杂多变的宏观经济形势，全力以赴稳增长促改革，坚定不移调结构惠民生，确保全年目标任务顺利完成。听取“十二五”规划执行和“十三五”规划编制情况的报告，并开展专题询问，要求进一步加强对墨竹工卡县经济形势研判和重大问题研究，全面落实中央和区、市、县委重大战略部署，科学编制“十三五”规划，确保今后五年全县经济社会发展稳中有进、提质增效。组织常委会组成人员、县人民政府及财政局主要负责人针对农牧民群众十分关注的“钱袋子”问题进行询问。审查批准2014年本级财政决算，审议预算执行情况报告，要求提高预算管理科学化水平，集中财力保障重点民生支出需要，加大对财政资金的监管力度，增强预算执行的约束性和严肃性，着力提高财政资金使用效益，严禁以任何方式变相举借债务，提高预算执行能力。围绕县委确定的民生工作目标以及政府提出的民生建设任务作为重点，通过走村入户、实地查看、专题调研、听取专题报告、集中询问的方式，有力推进了民生工作的落实。2015年常委会先后组织市、县、乡人大代表、有关部门负责人共570余人，对全县生态保护、安全生产、民生改善、落实墨竹工卡县自办“十件实事”“三大民生”等工作开展16次视察调研，听取和审议了《关于农牧民专合组织工作专题报告》《关于城乡低保工作专题报告》《县公安局关于户籍管理工作意见》等25项报告，深入各乡镇、村组，较为详细地掌握了墨竹工卡县相关部门落实民生政策、建设民生项目情况的第一手资料。针对在视察调研中发现的问题，经常委会认真分析，提出了16条意见和建议，形成视察报告，交政府职能部门整改落实，这一举措得到了县委的充分肯定，特别是在生态保护的视察调研中，不仅形成了客观真实、切实可行的视察报告，还提供了视频短片，并提交县委常委会，引起了县委的高度重视。积极配合区、市人大开展执法检查等调研8次，召开了相关政府职能部门专题询问会1次，通过询问，增强了各部门落实各项惠民政策尤其是县委、县政府确定的改善民生目标和民生建设任务的紧迫性，切实加快了改善民生工作步伐。督促有关国家机关、人民团体和国有企事业单位加大预防职务犯罪工作力度，建立完善长效机制，全面推进惩治和预防腐败体系建设。安排常委会组成人员专题听取“两院”半年工作报告，要求县人民法院、人民检察院，充分发挥审判、检察职能，积极稳妥推进司法改革，为经济社会发展提供有力司法保障。常委会始终坚持党管干部的原则和德才兼备的标准，充分发扬民主，依法行使人事任免权，实现党管干部与人大依法任免有机统一，保证国家机关正常运行。2015年，共任免国家机关工作人员21人，依法补选市十届人大代表2名。

【充分发挥代表作用】 代表议案建议与人民群众生产生活息息相关。对代表建议的落实，在坚持高规格转办、多层次督办、面对面答复的基础上，突出重点建议，抓住关键环节，采取例会听取汇报、组织人大代表视察等形式，督促承办机构强化措施、狠抓落实。十二届人大四次会议收到代表议案、建议、批评和意见77件，县人大常委会、县政府高度重视，先后召开2次会议，交办并督促承办单位、有关部门积极与代表沟通联系。对于当前能够办理的及时予以办理，对于因条件不成熟一时无法办理的及时向代表说明情况。同时，做好代表议案、建议、批评和意见的前期、中期、后期的督办，前期重点检查承办单位是否把办理代表议案、建议、批评和意见列入重要议事日程、建立领导小组和具体的工作机构；中期适时听取承办单位办理工作落实情况的通报，组织代表直接检查了解办理进展情况，促进办理的进度；后期对办理的时限和结果进行抽查，对“答复很认真，落实不到位”的承办单位及时予以纠正。对本年内没有解决或没有解决好的重点议案建议，实施滚动监督，直至解决问题。截至年底，这些议案和批评、建议、意见全部在规定期限内办复，答复率达100%。邀请各级人大代表列席县人大常委会31人次，参加专题调研、执法检查、视察调研、“三严三实”和“忠诚干净担当”专题活动等190余人次，积极拓宽代表参与常委会工作的渠道，充分吸纳代表建议；建立常委会组成人员与基层人大代表联系制度，常委会主任、副主任走访联系代表30多人次；从有利于代表执行职务出发，继续坚持邀请代表列席有关会议、定期走访联系代表、重大部署和重要工作向代表通报制度，让代表知情知政，对人大常委会召开的有关会议和组织的重要活动，尽可能多地吸收不同方面特别是基层代表参加，使代表的监督作用得到充分发挥，有效促进了常委会的工作更接地气，工作质量也有了进一步提升。为了提高人大代表履职水平，县人大常委会加大对人大代表的培训力度。在未能邀请市人大和党校教师的情况下，由常委会主任、副主任、办公室负责人亲自授课，全年共举办县、乡人大代表业务知识培训班8期，参训代表224人次。重点培训了代表法、监督法、组织法等内容，详细讲解代表在会上会下如何审议报告，如何提出批评和建议、意见，如何更好地履行代表职权等知识，通过培训，使代表的履职能力有了一定的提高。常委会历来支持和服务代表依法履行职责，充分发挥代表主体作用。为保障代表在闭会期间开展代表活动有一个固定场所，丰富代表活动内容，4月，按照区党委书记陈全国召开全区推广和创建“人大代表之家”经验交流会现场批示和白玛赤林主任在全区创建和推广“人大代表之家”讲话精神，经请示县委同意，制定了《墨竹工卡县创建和推广“人大代表之家”实施方案》和“人大代表之家”集中学习、视察调研、评议工作等制度。在县委的高度重视和县政府的大力支持下，由人大常委会牵头，组织墨竹工卡县七乡一镇人大工作负责人，召开了墨竹工卡县“人大代表之家”现场会，安排部署墨竹工卡县创建和推广“人大代表之家”工作，并组织人大代表和各乡镇人大主席到曲水县参观学习“人大代表之家”建设和发挥作用情况。2015年，共投入资金80万元为全县七乡一镇组建了“人大代表之家”，实现了全覆盖，并全部投入了使用。自创建“人大代表之家”以来，组织代表开展学习、培训、视察、接待选民、观看爱国教育影片等活动93次2584人次，并收集整理代表意见、建议13件提交到墨竹工卡县十二届人大五次会议上，使“人大代表之家”真正成为代表学习培训之家、服务群众之家、履职交流之家、帮扶解困之家，保障了闭会期间代表履职活动常态化。

【加强乡镇人大指导】 常委会深刻认识加强基层人

大工作的重要性，坚持和完善人民代表大会制度，不断推进基层民主政治建设。在县委的高度重视下，配齐配强了七乡一镇人大专职主席、副主席，进一步夯实了基层人大工作基础。坚持乡镇人大主席或副主席列席常委会制度，全年共列席会议39人次，有效地提升了乡镇人大依法履职水平。各乡镇人民代表大会召开之前，常委会对乡镇人民代表大会筹备工作进行指导，并将会议经费按时足额拨付到各乡镇。

【加强自身建设】 按照县委统一部署，各位主任、副主任长期轮流在墨竹工卡县维稳一线指挥部带班、值班，在全国两会、3月敏感月、西藏自治区成立50周年及各敏感节点期间，人大常委会领导以及办公室工作人员全力下沉，实现了“三无”“三不出”的维稳目标，为墨竹工卡县的和谐稳定做出了积极贡献。坚持党对人大工作的领导，监督、视察调研、代表工作中的重大事项和自身建设中的重大举措，及时向县委请示报告，坚决贯彻落实县委对人大工作的指示要求；扎实开展“三严三实”和“忠诚干净担当”专题教育，把活动贯穿于人大各项工作之中，通过理论中心组学习会、民主生活会、组成人员学习会、专题讲座等形式，教育引导党员干部以严的精神和实的作风做好各项工作；加强党风廉政建设，组织人大干部认真学习中央关于湖南衡阳破坏选举案和四川南充拉票贿选案的通报精神，落实全面从严治党各项部署，严守政治纪律和政治规矩。常委会为邦达村解决办实事经费4万元，为扎雪村修建阳光板房解决4万元，看望慰问结对认亲户，送去慰问品折合人民币7200元，为“4·25”地震灾区捐款5200元，以实际行动密切了党群干群关系。

（贺　娇）

【领导名录】

主　任　洛　桑

副主任　顿珠穷达
　　　　拉巴次仁
　　　　刘登贵（4月任）
　　　　扎巴桑珠（4月任）

墨竹工卡县人民政府

【概况】 墨竹工卡县全县上下全面贯彻落实中共十八大和十八届三中、四中、五中全会、中央第六次西藏工作座谈会精神，贯彻落实习近平总书记系列重要讲话精神，始终坚持“依法治藏、富民兴藏、长期建藏、凝聚人心、夯实基础”重要原则，紧紧围绕“四个全面”战略布局，按照区市党委八届七次、八次和县委八届六次全会精神，抓住改革发展稳定的历史机遇，全力实施“六大战略”，开拓创新，锐意进取，攻坚克难，真抓实干，全县呈现出经济健康发展、民生持续改善、社会和谐稳定的良好局面。2015年，全县地区生产总值完成23.53亿元，是“十一五”末的2.71倍；公共财政预算收入完成2.75亿元，是“十一五”末的4.29倍；农村居民人均可支配收入实现10681.53元，是“十一五”末的2.20倍；全社会固定资产投资完成75.18亿元，是“十一五”末的7.16倍；工业增加值实现8.43亿元，是“十一五”末的3.36倍；社会消费品零售总额完成2.95亿元，是“十一五”末的4.84倍；城镇登记失业率控制在2.2%以内。圆满完成“十二五”各项目标任务，为全面建成小康社会奠定了坚实基础。

【注重优化结构，经济发展实现大跨越】 妥善应对危机困难，转方式，调结构，三次产业比重由15：72：13调整为11：77：12，结构性调整日趋优化，县域综合实力大幅提升。农牧经济健康发展。财政支农资金累计达到1.47亿元，建成高标准农田1.5万亩，改良黄牛1万头，引进推广藏青2000等新品种7000亩，粮食总产量达到2.43万吨，农牧业总产值实现4.33亿元，比“十一五”末增长1.66倍。大力推动绿色、健康、低碳发展，农牧民专合组织达到107家，实现净土产值7562万，带动950户农牧民实现增收。工业经济迅速发展。落实招商引资226亿元，重点推进“三大矿区”建设，引进中金新联、那菲药业等新兴产业，全县规模以上工业企业达到6家，累计工业投入达到222.03亿元，实现工业销售产值70.1亿元。旅游经济蓬勃发展。累计投入9322.7

万元，改善景区基础设施。注册成立县旅游文化公司，收回兆氏金公司甲玛景区经营权。五年累计接待游客286万人次，年均增长18.6%，实现旅游收入5821.6万元，年均增长16%。

【注重强基固本，城乡面貌实现大改善】 着力强化项目支撑，打基础，促发展，先后实施基本建设项目721个，完成投资252.89亿元。城乡规模更加扩大。坚持规划先行，“多规合一”，完成七乡一镇集镇规划和甲玛乡“产城融合”新型城镇化规划编制。累计投入5.2亿元，完成政府搬迁、跨河大桥、新区水厂等重点项目49个，县城规模从0.8平方公里扩大到5.29平方公里，县城承载能力不断增强。累计投入3.6亿元，修建防洪堤30.7公里、建设农村安全饮水工程34处、实施农网改造206处、新增和改造提升农村公路491.5公里，农村安全饮水率达到100%、通电率达到100%、行政村道路通畅率达到87.5%。城乡环境更加优化。完成植树造林3.9万亩，治理唐加受灾林地484.44亩，兑现林补资金435.53万元，兑现护林员管护资金3861.1万元，全县森林覆盖率达37.5%。累计投入7543.84万元，实施人居环境改造51处、新建环保厕所11处、购置垃圾压缩车10辆、电动保洁车和小四轮拖拉机45辆，建成县城人工湿地污水处理等基础设施。加大生态修复，基本完成两家自治区挂牌督办企业生态修复整改工作，环境保护考评被自治区评为合格。连续两年分别投入1000万元推进生态县创建，6个乡镇、40个行政村成功创建为自治区级生态乡镇、生态村。

【注重精准施策，社会事业实现大进步】 注重共享发展成果，惠民生，强保障，社会事业累计投入15.8亿元。教育事业持续进步。全面完成教改工作和“两基”巩固任务，撤并教学点14个，新建乡村幼儿园29所，学前三年入园率达91.5%，小学入学率、巩固率分别达到99.84%、99.86%，初中入学率、巩固率分别达到101.78%、99.57%。注重关爱学生生活，落实1.02亿元“三包”经费基础上，额外补贴500万元用于购买学生校服及生活装备，县城幼儿园实现校车免费接送。着力提升教学质量，中考平均成绩比五年前整体提高100余分。卫生服务持续优化。简化医疗救助程序，在全区率先实现“一站式”结算服务。改善软硬件设施，投入778.6万元，配备救护车9台、CT影像设备1台，县医院建成二级乙等医院，县乡村卫生服务实现全覆盖，全县医疗水平大幅提升，免费健康体检率达到99.95%，孕产妇住院分娩率达到99.7%，婴儿死亡率控制在10.78‰以内。文化建设持续提升。开放运营西藏首家民间博物馆，建成8个乡镇综合文化站、28个村级文化活动室，农家书屋、寺庙书屋、电影放映等惠民工程实现全覆盖，五年累计文化事业投入3129.29万元。广播和电视“村村通”“户户通”覆盖率分别达到99.2%、99%。弘扬社会主义核心价值观，开展“孝老爱亲先进模范”评选活动，集中表彰“孝老爱亲”模范和先进个人198名。社会保障持续完善。投资5896万元新建全区标准化县级五保集中供养中心，五保意愿集中供养率达到100%。调整城乡最低生活保障标准，分别达到月人均640元和年人均2450元，建立五保集中供养标准增长机制，达到年人均10020元，高出拉萨市4650元。社会参保人数达到3.2万余人，养老保险、医疗保险、生育保险实现应保尽保。大力实施“四业工程”，累计培训1.2万人，转移就业2700人。全力推进扶贫开发，累计投入7854万元，实现脱贫13171人。

【注重创新治理，稳定局势实现大巩固】 不断筑牢基层堡垒，强治理，促和谐，巩固稳定发展的社会环境。创新社会治理。全面落实十项维稳措施，大力推行网格化管理、便民式服务，建立“双联户”单位757个，重要部位设立警务站9个。全面构建和谐矿区，顺利完成涉及294户1774人的巨龙矿区搬迁、天仁矿区搬迁和斯布搬迁，落实搬迁补偿资金2.58亿元。成立甲玛工贸公司、甲玛城乡发展公司，矿区运输矛盾得到有效整治。夯实基层基础。选派驻村干部388人，向村“两委”下沉优秀干部127人。村干部待遇由2010年的年人均8000元提高到年人均4万元。深入推进“六建”“六个一”“9+5+2”工作，成立13座寺庙管委会、选派117名干部驻寺。投入5496万元关心关爱寺庙和僧尼，持续开展和谐模范寺庙和爱国守法先进僧尼评选，宗教领域和谐稳定局面得到全面巩固。构建和谐社会。着力维护社会公平正义，刑事案件、治安案件、信访案件得到及时有效解决。严守“三条底线”，2015年未出现一例农牧民群众上访，无一例较大安全事故、无一例环境污染事故、无一例危安案件。

【注重倾心为民，民生工作实现大突破】 倾力打造民生工程，办实事，暖民心，不断提升群众幸福指数。逐年压缩“三公”经费，把更多的资金投向民生工程，五年来“三公”经费年均降低20%以上，民生领域投入的本级预算资金达到80%以上。着力办好民生“十件实事”，连续五年提标扩面。在全区率先全面实施“三大民生”工程，1332名大学生享受全县“两免一补”政策，4975名农牧民群众得到县政府免费医疗救助，3809名60岁以上农牧民群众按时足额领到本级发放的幸福养老金，真正实现老百姓“少有所教、病有所医、孝有所敬”。安排专项资金4000万元，积极回应300件“群众期盼”，人大建议、政协提案答复率和满意率分别达到100%、95%，真正把钱花在了惠民刀刃上，把事做到了群众心坎里。为方便墨竹籍群众就医，设立“墨竹工卡县驻拉萨医疗卫生服务站”，着力打通群众就医绿色通道，实现群众“无障碍”救治。实施白内障“免费复明”手术130例，完成唇腭裂、先心病、髋关节脱位等先天性疾病患儿免费救治43名。设立爱心大病救助基金，257人得到关怀救助。

【注重攻坚克难，发展环境实现大优化】 突出优化发展环境，重创新，促改革，充分释放发展活力。把公平公正作为最大的民生。200万以下政府投资项目全部实行抽签制，交由本地具备资质的农牧民施工队承建，同时，对承建的66个项目进行考核，保证建筑工程项目的质量和安全。按照法定程序，挂牌出让14宗土地、公开拍卖一宗590平米的国有建设用地使用权。政府采购只定市场、不定企业，五年累计采购300余次，节约财政资金500万元，涉农物资邀请群众代表共同参与采购。严把干部调出、调入关，新录用及调入人员全部安排到边远乡镇。为民办实事敢于管坏事。始终坚持敢说、敢做、敢管、敢得罪，严厉打击非法买卖、非法占用集体土地和私搭乱建等破坏公平的违法行为，清理整治28起非法买卖和占用集体土地案件，拆除违法建筑10处，取缔关停砂石场14家，对产品质量不达标的28家砖厂依法关停整顿，捣毁聚众赌博窝点一处，尽最大努力引导群众走勤劳致富之路、和谐稳定之路。

【注重深化交流，区域联动实现大融合】 全力做好受援工作，强互动，促共赢。“十二五”期间共实施援藏项目18个，落实1‰以内援藏资金2.46亿元，争取1‰以外援藏资金1.06亿元。先后选派233名党政科级干部、专业技术人员和106名村干部、群众代表到南京学习参观或挂职锻炼，组织93名青少年代表到南京等地互动交流。签署教育和卫生援助协议，邀请16名南京专业医疗人员赴墨竹挂职，27名南京优秀教师赴墨竹指导教育工作。利用“互联网+”，开通远程医疗服务。坚持真情援藏，设立南京“格桑花开”爱心基金，救助干部群众214人，发放救助金193.3万元。援藏干部把墨竹作为第二故乡，结对子、认亲戚、交朋友，视墨竹儿女为自己的子女，主动融入他们的家庭、真心关爱他们的生活，让他们得到了更大的关怀和温暖，“南京墨竹一家亲、藏汉人民心连心”的民族团结之情得到全面深化。

（王吉泽）

【领导名录】

县委副书记、县长

旦增尼玛

县委副书记、常务副县长

张　屹

副县长　陈　平

米玛次仁

益　西

龙　刚

侯文峰

谢雪梅

扎巴桑珠

边巴扎西

中国人民政治协商会议墨竹工卡县委员会

【概况】 年内，在拉萨市政协的精心指导下，在县委的正确领导和县人大、政府的大力支持下，县政协常委会高举中国特色社会主义伟大旗帜，以邓小平理论、“三个代表”重要思想、科学发展观为指导，深入学习贯彻中共十八大，十八届三中、四中、五中全会，中央第六次西藏工作座谈会和习近平总书记系列重要讲话精神。牢牢把握团结和民主两大主题，紧紧围绕县委、县政府的中心工作，把维护社会稳定作为第一要务，把改善民生作为履职之本，积极动员和组织广大政协委员，切实履行政协职能，充分发挥协调关系、汇聚力量、建言献策、服务大局的作用，为构建美丽和谐新墨竹，推进全县经济社会全面发展做出了积极贡献。

【一届四次会议】 2015年4月13日至15日，中国人民政治协商会议第一届墨竹工卡县委员会第四次会议在墨竹工卡县顺利召开。大会应到委员55名，实到委员45名，符合《政协章程》规定。会议听取和审议《政协第一届墨竹工卡县委员会常务委员会工作报告》和《政协第一届墨竹工卡县委员会常务委员会关于政协一届三次会议以来提案工作情况的报告》；列席墨竹工县第十二届人民代表大会第四次会议，听取和讨论《墨竹工卡县政府工作报告》及其他有关报告；审议通过《政协第一届墨竹工卡县委员会第四次会议关于常务委员会工作报告的决议》《政协第一届墨竹工卡县委员会第四次会议关于政协一届三次会议以来提案工作情况报告的决议》《政协第一届墨竹工卡县委员会提案委员会关于政协一届四次会议提案审查情况的报告》和《政协第一届墨竹工卡县委员会第四次会议政治决议》。会议期间收到委员提案44件，经提案审查委员会审查立案43件。县委书记严应骏作开幕会讲话，县委常务副书记、政协主席魏东飞作闭幕会讲话。

【常务委员会】 第8次会议 2015年4月2日，政协第一届墨竹工卡县委员会常务委员会第8次会议在墨竹工卡县召开，此次会议应到常委12人，实到11人，县委常务副书记、政协主席魏东飞主持会议。会议听取一届四次会议筹备工作情况报告；审议通过一届四次会议日程（草案）和议程（草案）；审议通过常委会工作报告及报告人；审议通过提案委员会工作情况报告及报告人；学习了全国、自治区和拉萨市政协全委会精神。

第9次会议 2015年6月18日，政协第一届墨竹工卡县委员会常务委员会第9次会议在墨竹工卡县召开，此次会议应到常委12人，实到10人。会议听取县政协一届四次会议委员提案情况汇报；审议通过政协《2015年工作要点》和《墨竹工卡县政协关于深入开展党的“三严三实”和“忠诚干净担当”专题教育活动的实施方案》。

【助推幸福民生活动】 关注民生、构建和谐是当今时代的主旋律，维护人民群众利益是政协工作的出发点和落脚点。2015年以来，县政协常委会坚持以人为本的工作宗旨，想问题、提建议、办事情，首先考虑人民群众的利益，把服务大局与服务群众结合起来，把为党分忧与为民解困结合起来，提出了很多符合实际、科学可行的意见和建议，为促进和谐社会建设做出了积极贡献。依托提案工作，强力助推民生。提案是政协委员参政议政、履行职能的重要形式。一年来，县政协把办理提案、落实提案作为提案工作的重中之重，积极争取党政重视，许多意见和建议被采纳。重点提案领导亲自督办，各部门通力合作，一大批事关民生的提案得到办理并取得了实效。一届四次全委会上政协委员提案涉及饮水、医疗、道路、养老、就学等民生项目26件，已全部办理完毕。收集社情民意，广泛代言民生。反映社情民意信息，畅达民意为民代言，是人民政协的重要职责，也是政协组织的优势所在。年内，县政协高度重视社情民意工作，充分发挥政协委员“接触社会直接、了解情况真实、上下渠道畅通、党委政府重视”的优势，做群众利益的坚定的代言人。如积极组织提案人视察涉及水利、苗木销售等重点提案完成情况，确保民生提案落到实处。积极开展办实事送温暖活动。在重大节庆日来临之际，由政协主席带队，深入扎雪乡、唐加乡、工卡镇等政协县级领导联系点送温暖，先后为贫困户送去日常生活所需价值4500余元；协助单位派驻的驻村工作队开展送医送药送温暖办实事活动，在藏历、春节前为工作队送去2000元“与民同乐，共度佳节”活动经费。

【党的“三严三实”和“忠诚干净担当”活动】 自活动开展以来，县政协制定出台《墨竹工卡县政协关于开展“三严三实”和“忠诚干净担当”专题教育活动的实施方案》并认真组织实施。先后开展集中学习9次，系统学习了新党章、宪法以及习近平总书记在中央党校县委书记研修班学员座谈会上的讲话等，集中观看了《作风永远在路上》专题教育片等；结合“马上就办”活动，转变党员干部“慵、懒、散”行为，努力使党员干部形成“立说立行、马上就办、办就办好”的工作作风和时不我待的紧迫感、狠抓落实的责任感；组织党员干部学习中央“八项规定”、区党委“约法十章”“九项要求”和市委“八项要求”，并贯彻落实到工作实践中；组织召开“三严三实”和“忠诚干净担当”专题民主生活会。会上，领导班子和成员深入开展了自我批评和相互批评，提出整改内容20余条，分别制定了整改意见，并明确了整改时限。

【考察调研活动】 围绕“党建统县”，配合自治区政协开展“发挥提案工作优势、推进协商民主建设”，助推社会主义政治文明。协助拉萨市政协开展“党的‘三严三实’和‘忠诚干净担当’专题教育”调研，使党员干部、政协委员作风得到了明显转变；围绕“环境立县”，组织区、市、县政协委员及环保局、生态办、卫生局主要领导深入各乡（镇）开展视察调研，形成视察报告1篇，发现问题困难6条，提出意见建议9条，为全县生态环境建设建言献策；围绕“文化兴县”，协助自治区政协科教文卫体委员会深入民间兵器博物馆、松赞干布出生地、塔巴陶瓷厂和达普天文历算台景区开展专题调研，为墨竹工卡县文化产业发展提出了指导性意见建议；围绕“产业强县”，协助拉萨市政协围绕“关于拉萨市净土健康产业工作开展情况、存在的问题及对策建议”开展调研视察，提出意见建议；围绕“民生安县”，协助区、市政协围绕“城镇化建设及其就业问题”“基层卫生人才队伍建设”专题开展调研视察，就墨竹城镇化建设、城镇化带动就业及如何壮大基层卫生人才队伍提出切实可行的意见建议。县政协围绕“‘三大民生’工程落实情况”“县政府300件实事落实情况、存在的问题”组织政协委员进行视察，发现问题困难8条，提出意见建议15条；围绕群众致富，积极组织政协委员开展“关于门巴乡虫草采挖及环境保护情况”的专题调研，撰写调研报告1篇，发现问题困难3条，提出5条意见建议上报有关部门；围绕“重点提案办理情况”，组织政协委员深入工卡镇格桑村扎朗水渠、唐加乡东布岗村树苗基地、尼玛江热乡艾玛热寺水渠挡墙、扎雪乡扎雪村滴吉水渠等地实地查看提案落实情况，发现问题2条，提出贴近实际、切实管用的意见建议5条。同时，积极配合林芝市米林县政协考察学习组一行深入甲玛乡孜孜荣村、华泰龙公司、民间兵器博物馆等地实地了解墨竹工卡县新农村建设、环境保护、特色产业和旅游业发展等方面的经验做法。

【综治维稳和县级领导分管工作】 维护社会稳定，彰显责任担当。围绕社会稳定和长治久安的重点任务，县政协明确自身职责，积极主动作为，切实抓好维稳工作。县政协党组成员深入七乡一镇部分行政村和寺庙进行专题督促检查；在3月敏感月、自治区成立50周年大庆等重要时间段，县政协2名副主席深入到各自联系的乡（镇）蹲点，指导维稳工作，取得了良好的成效，为全县和谐稳定贡献力量。党外副主席也发挥自身联系宗教界广泛的优势，积极作为，全力以赴促进墨竹工卡县民族团结、宗教和睦、社会稳定。狠抓“四业工程”，共享发展成果。采取抓组织领导、抓建章立制、抓调研摸底、抓教育引导、抓技能培训、抓转移就业、抓特殊人员培训融入社会、抓城乡富余劳动力到拉萨市重点建设项目就业、抓虫草采集带动收入“九个抓”的方式方法，确保“以业育人、以业安人、以业管人、以业富人”目标任务的实现，使墨竹工卡县“四业工程”荣获了拉萨市2012—2015年度优秀工作单位称号。助推“生态县”创建，改善生态环境。截至年底，全县已有40个行政村已全部获批“自治区级生态村”称号。“生态县”创建基本实现了“七有一落实”目标（有组织领导、有统筹规划、有规章制度、有环卫队伍、有环卫设备、有宣传措施，有重点活动；经费得到了落实）。

（贾慧婷）

【领导名录】

主　席　魏东飞

副主席　益西班旦

　　　　桑旦平措

　　　　卫智军

中共墨竹工卡县纪律检查委员会（监察局）

【概况】 2015年，县纪委聚焦纪律审查主业，强化中央“八项规定”精神落实，严格履行监督执纪问责，坚持“转职能、转方式、转作风”，扎实推进纪律检查体制改革，推动全县党风廉政建设和反腐败工作取得新进展新成效。

【狠抓作风建设】 切实抓好干部职工纪律及作风建设，预防遏制违纪违规行为的发生，坚持对干部严格要求、严格管理，树立勤政、廉政的良好形象，及时制定《“马上就办”活动方案》，用《墨竹工卡县治理“乱作为”“不作为”“怕作为”“不会作为”行为问责办法（试行）》督促干部履职尽责，加大对全县干部职工违反工作纪律的查处力度。2015年，县纪委共查处违反工作纪律6起共6人，对其中3人存在苗头性、倾向性问题的单位负责人或当事人进行约谈，1人给予政纪轻处分，2人给予诫勉谈话。

【加强节点作风建设监督检查】 节假日是“四风”问题易发、多发期，除日常对班子成员遵守党的章程和其他党内法规及执行党的路线、方针、政策和上级党组织决定决议的监督外，着重加强节日期间作风建设监督检查。按照县委统筹安排，县纪委及时转发了市纪委《关于2015年春节、藏历新年期间开展落实中央“八项规定”精神监督检查工作的通知》《关于过好“五一”国际劳动节的通知》，及时下发《墨竹工卡县关于安排部署春节 藏历新年廉洁工作严防“四风”反弹回潮的通知》《关于廉洁过好雪顿节的通知》，成立专项检查组，分批分期到全县7乡1镇、40个行政村、13个寺管委会对落实中央“八项规定”精神反对“四风”情况及干部工作纪律情况进行监督检查。年内，县纪委共组织各类明察暗访48次，其中县纪委联合县公安局分别深入县辖区娱乐场所检查2次，节假日期间对县直单位、各乡（镇）、寺管会检查11次。

【开展“三公”经费专项自查】 2015年，全县“三公”经费支出910.08万元，比2014年1203.36万元减少了24%。其中公务接待支出26.61万元比2014年133.30万元减少了80%，公务用车购置及运行费支出883.45万元比2014年1070.06万元减少了17%。为保障墨竹工卡县“三公”经费的有效运行，县纪委、县财政局联合下发《墨竹工卡县关于开展“三公”经费专项检查的通知》，组建专项检查组，对各乡（镇）、县直各部门自查情况进行监督检查，通过检查账目，发现日多乡存在违规发放福利的问题。同时自治区纪委、审计厅对墨竹工卡县“三公”经费使用情况进行全面检查，提出存在的具体问题，县委、县政府主要领导亲自安排部署整改落实，截至年底，整改工作已完成。

【强化考核落实工作责任】 制定《墨竹工卡县纪委（监察局）2015年度考核细则表》，明确检查考核内容与方法，按“一岗双责”要求，督促各单位建立健全党风廉政建设责任制体系，把党风廉政建设列入重要议事日程，同业务工作紧密结合，统一研究，统一部署，统一检查，统一考核。县纪委集中利用两周时间，对7乡1镇，32个县直单位逐一考核检查，同时将考核中存在的问题及时反馈给各单位，并要求限期整改。

【监督检查学习情况】 10月18日，中央颁布新修订的《中国共产党廉洁自律准则》和《中国共产党纪律处分条例》，县委、县纪委高度重视，及时下发《墨竹工卡县学习贯彻〈中国共产党廉洁自律准则〉和〈中国共产党纪律处分条例〉工作实施方案》（墨纪发〔2015〕36号），在全县掀起学习热潮，并制定《墨竹工卡县〈中国共产党廉洁自律准则〉和〈中国共产党纪律处分条例〉学习贯彻情况监督检查工作方案》（墨纪发〔2015〕47号），采取检查上报学习情况、实地抽查的方式，对全县17个单位学习贯彻两项党内规则情况进行专项检查，收集学习心得体会200余篇，组织开展巡回宣讲40场次，利用微墨竹发布学习情况5篇，确保学习贯彻落到实处。

【严肃查处公车私用】 县委、县纪委坚持将中央、区、市关于纠正“四风”，转变作风各项指示要求落到实处，从严查处公车私用、公款吃喝、公款送礼、出入私人会所等突出问题，释放越往后执纪越严的信号。根据县委主要领导批示，县纪委制定《墨竹工卡县公车监督办法》，通过建立车辆使用管理台账、建立公务车辆信息数据库、规定定点停放公务车辆、实行实名举报有奖机制的方式加大对全县公务车辆的监督力度。自监督办法出台以来，县纪委充分利用双休日、下班时间，在全县开展明察暗访、突击检查、随机抽查22次，主动发现公车私用2起。同时，完成上级转办的7起公车私用处理核实工作。2015年，全县共查处违反中央“八项规定”精神案件10起，其中公车私用9起，违规发放福利1起；共处理14人，其中给予党纪政纪处分7人，问责约谈7人。

【严格执行办公用房标准】 为进一步做好全县党政机关办公用房清理工作，结合实际，县纪委制定并下发《墨竹工卡县纪委关于开展党政机关办公用房建设标准自查自纠实施方案》（墨纪发〔2015〕39号）、《关于进一步整改自查办公用房超标情况的通知》（墨纪发〔2015〕61号）。2015年，县纪委会同相关单位对全县各单位办公用房情况进行全面检查，共查出21家单位办公用房存在超标问题，截至年底，整改已完成。

【加大问题线索排查力度】 为切实落实好自治区党委常委、自治区纪委书记王拥军在“关于发生在群众身边的‘四风’问题和腐败问题推进电视电话会议”上的重要讲话精神，县纪委及时制定《关于严肃查处发生在群众身边的“四风”和腐败问题专项工作方案》（墨纪发〔2015〕31号），方案明确了查处内容及步骤，各单位通过专项检查、集中检查等方式，对涉农资金、民生资金管理使用情况进行全面自查。

【建立健全纪律审查相关制度】 在上级纪委和同级党委的有力领导下，县纪委成立问题线索集体排查领导小组，制定《墨竹工卡县问题线索集体排查制度》《墨竹工卡县纪委案件查办流程图》《墨竹工卡县纪检监察室查办案件问题制度》及《墨竹工卡县纪委监察机关办案安全责任制度》，通过严格履行办案流程及制度，强化了依纪依法安全文明办案。

【推进案件查办】 按照聚焦主业的要求，实践好监督执纪问责“四种形态”，严肃查处发生在群众身边的“四风”和腐败问题。2015年，县纪委共受理信访问题线索15起，其中函询1起，立案3起，了结7起，正在核实3起，移送司法机关1起；上级转办3起，群众举报5起，同级转交或验收组反馈4起，自查3起；给予党纪政纪处分3人，组织处理1人，诫勉谈话1人，严重违纪且涉嫌违法移送司法机关1人；处理科级党员干部1人，其他人员3人。

年内，县纪委按照把纪律和规矩挺在前面，对问题抓早抓小的原则，加大纪律审查力度。共受理案件31宗，与2014年相比增加15宗，增加率达48.4%。处分干部职工26名，其中给予党纪政纪处分11人，组织处理1人，诫勉谈话3人，问责约谈10

人，移送司法机关1人。与2014年处分的4名干部（其中开除党籍1人，党内警告处分3人）相比增加22名，增长了6.5倍。

【加强廉政文化、从源头上预防腐败】 通过启用廉政短信平台，每月为全县科级以上领导干部发送4—5条廉政短信，确保党员干部时刻保持头脑清醒，时刻廉洁自律。年内，共发送廉政短信3000余条；及时传达学习上级纪委下发的各类文件精神20余次；组织县级领导及各部门负责人共44名党员领导干部，前往拉萨市反腐倡廉警示教育基地参观学习，进一步加强党风廉政建设，筑牢党员干部拒腐防变思想；发放《中国监察》《党风廉政建设》等书籍10期430余本，发放《偏离坐标的人生》《“规划”错了的人生》《高墙悲歌》等警示教育光盘21套；征订2016年《中国监察》《党风廉政建设》各60套；制作学习宣传准则和条例横幅4条；制作党风廉政建设宣传展板3个；县纪委主要负责人为驻寺干部上了一堂题为《反腐倡廉新常态》的廉政党课，使驻寺干部在潜移默化中将廉政观念融入工作、生活中，进一步增强推进党风廉政建设和反腐败斗争的信心和决心。

【狠抓廉政风险防控】 县纪委制定《墨竹工卡县关于加强廉政风险防控机制建设的实施方案》，进一步明确目标任务、方法步骤和基本要求。2015年，全县共梳理职权398项，重点业务部门流程图172张。排查单位内设科室各类风险点166个，其中一级风险点33个，二级风险点37个，三级风险点96个。制定防控措施150条。修订完善议事制度253项。同时对副县级以上领导干部个人岗位廉政风险点登记表公示一周。

【健全完善全县科级干部廉政档案】 2015年，全县326名科级干部均已填写廉政档案，在县纪委备案存档。29名县级干部均已填写廉政档案和年度考核表，在市纪委备案存档。同时县纪委与县妇联共同筹划针对全县妇女干部开展家庭廉政倡议活动，与全县妇女干部签订《家庭廉政承诺书》180份，并对新提拔的33名干部进行任前廉政谈话。

【健全纪检监察干部队伍】 按照市委《中共拉萨市委员会关于进一步加强纪检监察工作的意见》（拉委发〔2015〕54号）和《中共拉萨市委员会关于贯彻落实区党委办公厅〈关于加强和改进基层纪检机关建设的意见〉的实施意见》（拉委厅发〔2015〕56号）要求，县委、县政府高度重视，第一时间为县纪委配增1名县纪委常委、5名科室主任，5名一般干部，为各乡（镇）分别配备1名纪委副书记。在县委的大力支持下，县纪委出台《墨竹工卡县乡（镇）党委 县委各部委 县直各单位 各寺管委 各人民团体落实党风廉政建设主体责任定期报告办法》，收集各单位落实党风廉政建设主体责任定期报告51份。

【打造廉洁高效队伍】 2015年，开展2次清理退出议事协调机构工作，经县委常委会研究决定，县纪委参与议事协调机构由原来的42个精减为现在的12个。全县纪检监察干部带头遵纪守法，带头廉洁自律，用实际行动维护和执行好党的纪律和规矩的严肃性和权威性，自觉梳理忠诚干净担当的良好形象，严格执行《拉萨市纪检监察干部行为规范“十不准”》及实施细则，健全完善县纪委机关内控制度8项，制定各科室工作职责9个，以“严”的规章制度和“实”的机构保障约束纪检监察干部。组织纪检监察干部对上级精神及党风廉政建设、信访举报、案件检查、案件审理、执法监察、调研信息等纪检监察专业知识培训学习10场次。

县纪检监察机关深入开展“三严三实”和“忠诚干净担当”专题教育，广泛开展书记讲党课、专题研讨、专题交流等活动，切实加强理想信念和宗旨意识。重点对习近平总书记系列重要讲话精神，党的十八届三中、四中全会精神，自治区党委八届六次全委会精神，中央第六次西藏工作座谈会议精神等内容进行集中学习18次，开展“书记讲党课”活动4场次，专题研讨2次，专题交流2次，播放影片2场次，参观学习1次，收集全体纪检监察干部心得体会20余篇，撰写学习笔记150余篇。

（段伟燕）

【领导名录】

书 记 张子成

副书记、监察局局长 次仁扎西

副书记 马发强

纪委常委、监察局副局长 旦增卓嘎

墨竹工卡县深入开展创先争优强基础惠民生活动领导小组办公室

【概况】 墨竹工卡县辖7乡1镇，40个行政村。全县创先争优强基础惠民生活动范围囊括全部行政村，共有40个驻村工作队，其中自治区级4个、拉萨市级16个、县级20个。按照区市开展创先争优强基础惠民生活动统一安排部署，第四年度创先争优强基础惠民生驻村工作队，区、市、县第四批驻村工作队已于2014年12月5日前全部进驻村工作点，第四批选派的干部职工共有162人，其中自治区17人，拉萨市65人，墨竹工卡县80人。

自活动开展以来，墨竹工卡县紧紧围绕“五项任务”狠抓工作方案、认真落实工作规划，细化促进群众增收致富的政策措施，大力扶持乡村集体经济发展，激活基层活力，切实增强基层政权组织的凝聚力和影响力，赢得了广大农牧民群众的高度赞誉和一致好评，驻村工作取得了显著的成效。

【为群众办实事好事】 坚持“进百姓门、听百姓声、解百姓难、结百姓亲”，积极开展送温暖、“与民同乐、欢度藏历年”等活动，各驻村工作队从群众最关心、最直接、最现实的利益问题出发，切实为民做好事、办实事、解难事。第四批活动开展以来，共为民办实事522件，投入资金487.3万余元。其中，用于慰问困难群众、“三老人员”、孤寡老人等涉及资金176万余元。

【着力完善建强基层组织】 各驻村工作队按照“抓落实、全覆盖、强基础、惠民生、求突破、受欢迎”的总体要求，努力做到组织创先进、党员争优秀、群众得实惠。突出抓好班子建设。推行同学习、同宣讲、同调研、同维稳、同活动“五同工作法”，提高村干部工作能力，同时与村“两委”干部结成藏汉双语互学对子，开展藏汉双语互学；突出推广典型经验。把驻村工作与“三个培养”“定查评改”四步工作法等典型经验有机结合，积极发展农牧民党员人数，切实发挥基层党组织的战斗堡垒作用与党员先锋模范带头作用。年内，共召开党员大会205次，培养入党积极分子335人，工作队新发展农牧民党员人数达285人，将致富能手培养成村组干部27人，将致富能手培养成党员40人，将党员培养成致富能手36人。

【加强民族团结发展】 活动开展以来，各驻村工作队始终坚持把维稳工作作为首要任务，坚持筑牢维稳第一道防线，全力确保社会局势稳定。活动开展以来，开展反分裂斗争宣传教育活动71场，受教育群众1.3万余人次；制定维稳制度条数达163条，制定应急处突预案339份，进行维稳演练次数108次，排查各类安全隐患82次；排查化解各类矛盾纠纷203次；县里组织督查230次，覆盖面达100%。

【开展感恩教育】 各驻村工作队紧紧围绕党的十八大精神、中央第六次西藏工作座谈会精神、习近平总书记在西藏自治区成立50周年大庆上的“加强民族团结 建设美丽西藏”题词精神，继续深化感党恩教育，集中开展感恩教育活动宣讲93场次，受教育群众3万余人次；开辟宣传栏73期，参观人数1万余人次；放映爱国影片120场次，观看人数2万余人次；组织参观爱国主义教育基地55场次，参观人数2900余人次；开展普法教育73场次，受教育1.5万余人次。

【增加农牧民群众现金收入】 坚持立足当前和着

眼长远相结合，围绕“户户有门路、人人有活干、天天有收入”的目标，理思路、出点子，为农牧民群众寻找致富门路，并积极开展农牧民技能培训，培养致富能手，拓宽就业渠道。截至年底，工作队帮助92名群众解决就业问题，累计培训农牧民 期405人，工作队申报项目352个，涉及资金1.3亿元，其中，申报“短、平、快”项目127个，涉及资金3367.9万元。全县短平快项目覆盖范围越来越广，组织实施越来越实，资金投入越来越多，受益群众越来越广，社会影响越来越大，为构建富裕和谐新墨竹提供了强有力的支持。

（赵炎龙）

【领导名录】

主　任　魏东飞

副主任　邹玉明

中共墨竹工卡县委办公室

【概况】 年内，县委办公室以加强自身建设为抓手，以提高科学服务水平为支撑，以服务县委中心工作为重点，不断增强政治、大局、责任、担当、创新意识，求真务实、开拓创新，勇于担当、积极作为，较好发挥参谋助手作用，各项工作取得新实效。

办公室行政编制6人，事业编制2人，现有工作人员16人，其中行政人员11人，后勤人员5人，办公室下设督查室、档案馆、农工办。

【服务意识增强】 结合全县发展改革稳定新形势新任务新要求，坚持与大局合拍、与中心工作同步，较好发挥主动服务领导、服务机关和服务基层职能作用。始终坚持摆正位置、放好坐标，把握好参谋与决策关系，充分发挥主观能动性、耳目喉舌和组织协调各方能力作用，在准确把握县委、县政府领导工作意图及全县各阶段工作重点基础上，坚持对各项工作早思考、早研究、早安排、早部署、早准备，做到熟悉上情、摸准下情、知晓内情、了解外情；不断强化办文办会办事能力，特别是领导文稿起草、调查研究、信息提供、决策性建议等工作，想方设法增强工作积极性主动性针对性创造性，开动脑筋、多想办法、集思广益、博采众长，较好发挥服务领导职能作用。年内，协助县级以上领导深入各乡（镇）村组实地调研9次，形成《墨竹工卡县促农增收现状与对策研究》《墨竹工卡县民生“十大工程”进展与对策研究》等调研报告10余篇。切实加强与各乡（镇）、县委各部委、县（中）直各单位沟通协调，既与县人大、县政府和县政协办保持密切协作，又与组织人事、财政发改等各单位保持良好关系；既同心同德、密切配合开展工作，又敢于直面问题、解决难题，有力推动全县各项工作展开。先后与县人大、县政府、县政协等各单位沟通协调各类事项40余次，开展“三严三实”和“忠诚干净担当”专题教育，成立庆祝西藏自治区50周年活动和县委统一战线领导小组等，制定印发落实“两个责任”实施办法、“马上就办”活动实施方案、落实党风廉政建设主体责任定期报告办法、公务车辆管理使用制度、进一步加强会风会纪、学习《中国共产党廉洁自律准则》《中国共产党纪律处分条例》实施方案等文件通知，组织半年和年终考核2次，并进行排名通报和张榜公示。切实发挥桥梁纽带作用，既对县委、县政府关于维护稳定、经济发展、保障改善民生、夯实基层基础、干部队伍建设等方面决策部署进行重点督查督办、推动落实，又积极主动听取基层干部群众意见建议、反映社情民意；先后2次对各乡（镇）党政办公室工作进行指导，帮助其完善规划化办公体制机制，创新信息报送、档案管理、机要保密、综合协调各方能力素质。完成9044户10.85万亩农村土地确权登记，有力提升综合服务水平。年内，办公室各项工作基本实现从被动向主动、浅层向深层、传统服务向创新服务转变。

【文秘工作提高】 坚持把抓好文稿起草特别是县委综合性重要文稿，作为以文辅政重要形式和主要渠道。对起草重要文稿，坚持做到起草前深入一线调查研究、准确掌握基层真实情况，起草中谨慎严密、精准到位，起草后按照程序逐级审核、精益求精，力求全面贯彻区市党委指示精神、体现县委真实意图。年内，先后起草领导讲话稿等46篇，起草印发各类文件（通知）167份，撰写汇报材料等36篇。

【督查力度加大】 为满足经济社会发展对督查工作的新要求，按照县委、县政府决策部署，切实整合资源，在县委办公室成立县委县政府督查室，配备1名副主任和2名干部专门负责督查工作，制定督查室工作职责、工作标准及工作流程，有力推进督查工作具体化规划化制度化；坚持“既督事、又督人，既督结果、又督过程”的原则，把经常性督查、阶段性督查、综合督查、专项督查等有机结合，灵活运用分解立项、督查调研、催办查办、联合督查、跟踪督查、书面督查、电话督促等多种形式，对维护稳定、农牧业发展、矿产开发、安居工程、创先争优、强基惠民、医疗卫生、环境保护及解决农牧民群众反映的热点难点问题进行重点督查，形成“议而决、决而行、行必果、果必报”的决策督查运行机制和“批必查、查必果、果必报”的专项督查运行机制。年内，先后督办区市县党委、政府交办事项及主要领导批示共69件，办结率达100%；督办区市人大代表建议和政协委员提案12件、办结率100%；督办县人大代表建议77件，办结率86%，督办县政协委员提案44件，办结率46.51%。上报督查专报47期，开展维稳和专项督查共68次，责成限期整改36次，整改率达98%以上，下发督查通知7份、督查通报2份。

【信息质量提升】 坚持“围绕中心、突出重点、提高质量、注重实效”的原则，着重报送重、大、急信息和群众广泛关注的热点难点焦点信息。坚持信息质量和数量并重，信息时效性、准确性、针对性明显增强。注重掌握典型、倾向、苗头性信息，及时总结和挖掘信息内涵外延，形成一批有价值建议类信息。制定下发《墨竹工卡县信息工作考核办法》，从信息种类、采编管理、内容结构、采编方法、报送方式等方面进行统一规范，并纳入年终考评，有力提升信息报送数质量，创办《墨竹信息》，开设党建统县、环境立县、文化兴县、产业强县、民生安县、依法治县6个专栏，大力宣传全县在经济发展、维护稳定、保障改善民生、繁荣社会文化、党的建设等方面好经验、好做法、好典型，搭建交流经验、上下互动平台。年内，先后2次选派2人到市委办公厅信息科进行不少30天跟班学习，共上报各类信息757篇，其中工作动态600余期、综合专报110余篇、舆情快报及约稿40余篇，累积分1159分，编发《墨竹信息》41期。

【机要保密安全】 机要工作坚持以密码保护为核心，强化责任，注重防范，严格执行机要密码24小时值班备勤，确保密码安全和通信畅通。年内，坚持“确保绝对安全、确保绝对畅通”的原则，切实加强对涉密电报文件和机要密码文件的管理，先后收发明传电报和密码电报775份7000余页（收589份、发186份），及时呈送县级以上领导传阅1319人次，实现“零”差错。顺利完成新党政信息网规范化管理运作机制，建立起党委系统机要密码信息安全保障体系。组织涉密岗位工作人员培训140余人次，开展“保密宣传月”活动，通过发放保密宣传读本、举行保密知识竞答等形式，工作人员保密意识和业务素质大幅提升。加强涉密载体和涉密信息系统检查，从严管理“三密”文件，县委、县政府办公场所搬迁前，专门下发保密工作相关通知，要求涉及搬迁各单位认真做好涉密载体登记统计、保管、搬运、存储等关节，确保不失秘、不泄密、不丢密；2015年10月办公场所搬迁至嘎则新区后，先后开展3次涉密载体专项清查检查，有效保障各保密要害部门、涉密介质安全运转。

【档案管理规范】 坚持把档案管理作为提升办公室科学化水平的重要内容，进一步完善档案管理体制机制，着力提升档案管理信息化水平，较好地发挥服务经济社会发展的作用。年内，共收集归档各类卷宗200卷、资料汇编300多件、图纸图片100多张。大力开展档案知识培训，组织召开全县档案工作会议2次，系统培训全县档案专兼职人员100人次，普及档案专业知识，极大增强档案管理人员科学化、规范化归整水平，嘎则新区档案馆规划新建可研性报告上报待批等准备工作就绪。

【综合协调增效】 切实加强与各乡镇各部门的沟通协调，办公综合协调服务职能得到有效发挥。按照县委“八项守则”有关改进会风的相关要求，切实转变办会形式，坚持精简高效办会，全年累计筹备八届五次全委（扩大）等各类会议40余次，其中县委常委会议18次，实现“零”差错。按照“常规事项规范化、一般事项案例化、例外事项决策化、重点事项亲自抓”分类处置原则，编制《办公室工作规范手册》，制定常委会筹办、县委领导政务活动安排等7个工作规范和1个实施办法，修订完善公文印发流程等10余个工作规范。制定完善《中共墨竹工卡县委办公室工作规章制度》，从学习制度、工作纪律、年度考核、车辆管理、固定资产管理、财务管理、目标任务管理、议事规则和办事制度等方面做出明确要求，从严要求和管理办公室人员。

【队伍素质过硬】 始终把建成一支“政治立场坚定、业务常识精通、作风素质过硬、纪律特别严明”的干部队伍作为目标任务，坚持以人为本，要求办公室所有工作人员时刻注重自身形象提升，努力做到政治上“强”、业务上“精”、作风上“实”，精心办文、悉心办会、细心办事，树立奋发有为、团结高效、廉洁奉公良好形象。办公室全体干部在政治上、思想上、行动上始终与区市县党委保持高度一致，特别是在大是大非问题面前思想不犹豫、立场不动摇、行动不迟缓。注重思想理论学习和业务知识积累，每周开展不少于1次学习活动，集中学习党中央，区市县党委、政府指示要求及会议精神等，切实提高全体干部政策理论水平和驾驭工作能力。积极开展“建设学习型党组织”、民族团结宣传教育、创先争优、强基惠民等活动，全面提升干部综合素质，提高学习实践能力，有力推动各项工作不断迈向新台阶。

（李学龙）

【领导名录】

主　任　王　静

副主任　张原嘉
　　　　达　瓦
　　　　龚华君
　　　　路春侠

机要局局长
　　　　唐　伟

中共墨竹工卡县委组织部（编办、老干局）

【概况】 2015年，墨竹工卡县组织部坚持以邓小平理论、“三个代表”重要思想和科学发展观为指导，深入学习贯彻中共十八大、十八届三中、四中、五中全会、中央第六次西藏工作座谈会精神和习近平总书记系列重要讲话精神，特别是“治国必治边，治边先稳藏”的重要战略思想和“加强民族团结，建设美丽西藏”的题词精神，认真贯彻执行中央提出的“党要管党、从严治党”和区市党委的各项要求，扎实开展“三严三实”和“忠诚干净担当”专题教育，深化创先争优强基础惠民生活动，创新推进老干部服务管理，加强党员干部队伍建设，着力做好党员干部的教育培训，不断加强组织部门自身建设，积极改进作风，全县党的建设、组织建设以及机构编制管理和老干部工作不断取得新成绩。

【“三严三实”和“忠诚干净担当”专题教育】 2015年专题教育启动以来，县委高度重视，贯彻落实全面从严治党要求，把专题教育同党的群众路线教育实践活动贯通起来，巩固拓展教育实践活动成果，持续深入推进思想政治建设和作风建设。专题教育高效开局。市委动员会议结束后，墨竹工卡县立即召开专题会议研究部署专题教育的各项工作，第一时间组织召开墨竹工卡县动员大会。及时成立了以县委书记为组长的专题教育领导小组，抽调骨干人员充实到办公室和县委督导组，为专题教育顺利开展提供了坚强的组织保障。在认真学习市委有关文件精神的基础上，结合实际，制定下发了《中共墨竹工卡县委关于深入开展“三严三实”和“忠诚干净担当”专题教育的实施方案》；注重宣传报道，营造浓厚氛围。充分利用新闻媒体、网络、信息简报、手机报、宣传栏等形式进行宣传；设立专题教育征求意见箱，公布联系电话；通过墨竹自办电视台、LED显示屏等多种宣传形式及时发布活动文件、动态信息，为专题活动营造良好舆论氛围；突出学习教育，夯实理论基础。及时制定下发《学习方案》，要求广大党员干部采取集中学习、个人自学等方式，将《习近平总书记系列重要讲话读本》《习近平谈治国理政》等书目作为重要学习内容，迅速融入专题教育的各项任务中来。全县共发放各类学习资料2万余册。全县开展“书记讲党课”活动，严应骏带头讲党课，各级党组织书记讲党课120余场次；组织集中学习490余场次；县委4个督导组累积到各乡镇、各单位督导139次，督促学习和参与学习170余场次；狠抓关键环节，强化活动实效。制定《大力整治庸懒散软弱行管为理办法（试行）》切实解决突出问题、严肃立规执纪。全县各单位严格按照县委要求开展自查自纠，找基层干部不作为乱作为等损害群众利益问题；共查摆出问题21件，已整改到位19件，正在整改2件，将于12月底前整改完成。为确保“三严三实”专题民主生活会和组织生活会高质量召开，近期，县委常委会班子成员向广大党员干部征求意见建议和撰写对照检查材料，协调小组正在准备相关会议材料。

【以五项任务为载体深化驻村工作】 自2014年12月以来，第四批驻村工作队认真贯彻落实自治区党委提出的“贯彻一条主线、完成五项任务、巩固一个成果、实现一个目标”总体工作部署，紧紧围绕五项任务，狠抓落实，坚持把干部驻村工作作为凝聚人心、夯实基础的重要举措，舍小家、顾大家，坚守岗位、严守纪律，发扬“三不四不怕”精神，扎实工作，进一步打牢党在农牧区的执政基础，为全县经济社会发展稳定做出突出贡献。感党恩氛围浓厚，思想基础更加牢固。全县第四批工作队通过入户宣讲1221次，召开感党恩教育93场次，举办专题讲坛52场次，发放宣传资料1万余份，放映爱国电影110余场次、观看人数3.2万人次，组织参观爱国主义基地55次，开展新旧西藏对比教育活动65场次、参与群众达1.2万人次，大力开展法律宣讲和全面推进依法治国主题教育等活动127场次、参与群众2.7万人次；致富门路宽广，农牧民生活更加富裕。通过帮助村“两委”制定、完善、实施经济发展规划43项，帮助驻在村发展集体经济组织实体14个、合作经济组织实体10个，理清发展思路91条，找准发展路子53个，完成项目180个，开展兽防、种植、家庭旅馆等各类技能培训30期、培训1528人次、投入资金8.6万元，组织群众区外参观学习8次、区内培训405人次，实现劳务输出9322人，帮助群众增加现金收入434.35万元；维稳防线牢固，社会局面更加和谐。通过帮助村“两委”建立完善维稳工作制度163条，召开维稳宣讲226场次、参会群众3.7万人次，组织召开揭批十四世达赖集团图谋分裂祖国的专题会议71次，在敏感节点和重大节庆日期间，协同村“两委”班子认真落实值班、巡逻，做好重点领域、人员管控工作，排查化解各类社会矛盾纠纷203起，与民兵、“双联户”、治安联防队员等组成基层群防群治网络体系；为民解忧突出，群众基础更加扎实。通过“结对子认亲戚”帮扶241人，慰问困难群众8765人次、发放慰问金和慰问品166余万元，帮助驻在村解决民生突出问题121件，为群众办实事好事522件、投入资金487.32万元，帮助群众解决就业92人，开展送科技、送技术、送卫生、送信息、送服务活动93次、投入资金38.26万元；基层组织全面发展，战斗堡垒更加坚固。通过举办各类培训班116场次培训党员和入党积极分子3052人次，修改完善村级组织相关制度451条，协助村党支部召开“三会一课”391场次，帮助解决村级组织工作经费17.84万元，投入22.64万元购买办公设备和改善办公条件。

【大力加强基层组织建设】 开展软弱涣散基层党组织集中整顿工作。按照市委关于开展2015年度软弱涣散基层党组织集中整顿工作部署要求，制定《墨竹工卡县开展2015年度软弱涣散基层党组织集中整顿工作确定整顿对象阶段实施方案》，扎实开展软弱涣散基层党组织集中整顿工作。以村为重点，以不低于10%的比例，本着实事求是、客观公平的原则，按照“发生集体事件的党组织、党组织班子配备不齐的党组织、日常工作不到位的”标准对全县148个党组织进行分类划分，确定甲玛乡孜孜荣村、工卡镇格桑村、扎西岗乡斯布村、日多乡怎村、林业局党支部、安监局党支部、环保局党支部、国土住建联合党支部、司法局党支部、县医院党支部、尼玛江热乡完小党支部等11个软弱涣散基层党支部；并要求软弱涣散基层党支部有计划分步骤抓好整改落实，明确整改的具体项目、工作措施、时限要求和责任人，实现软弱涣散党组织晋位升级；全面落实江苏省对口援建村级综合服务中心项目。墨竹工卡县坚持村级组织阵地建设常抓不懈，全力做好江苏省对口援建拉萨市村综合服务中心项目，投资1580.04万元新建3个村级组织活动场所。县委主要领导先后5次召开专题会议，研究部署援建村综合服务中心建设相关工作，听取尼玛江热乡宗雪村、扎西岗乡扎西岗村、甲玛乡赤康村3个村的项目建设进展情况；县委组织部、县发改委牵头抓总，积极协调人员力量解决项目建设中的问题，并对项目选址、项目设计、土地划分、征地费用、手续办理等进行监督把关；寺管会党建工作取得新突破。墨竹工卡县辖区内共有宗教活动场所48座，设有13个寺管会，在寺管会中成立党委2个、党总支2个、党支部9个；共有党员100名，占全县机关党员总数的2.1%。各寺管会先后建立健全《驻寺党员发展培养制度》《党员教育管理制度》《民主评议党员制度》《警示教育制度》《党员干部密切联系僧众制度》《党员关怀帮扶制度》等制度；开展专题教育，各寺管会坚持以党员经常性教育为载体，实行党组织书记定期“讲党课”制度，组织党员干部深入学习贯彻中共十八大、十八届三中、四中全会及习近平总书记系列重要讲话精神；践行党的群众路线，开展结对帮扶活动；大力开展寺庙“六个一”活动，坚持走群众路线，密切联系僧众，实行党员干部一对一结对帮扶僧尼制度。

【全力推动干部力量下沉】 在“强党、固基、扶村”工作中，墨竹工卡县8个乡镇共下派127人到村任职工作，担任第一书记29人，担任村级综合服务中心主任40人，担任纪检监督员30人，担任其他职务的28人。下沉干部通过建强基层组织、维护社会稳定、发展集体经济、宣讲党的政策、着力改善民生，提高了为民办事效率，推动了服务管理重心下移，实现了基层乡镇干部职能和作风的转变。

【加强党员队伍建设】 积极发展培养党员。2015年，墨竹工卡县扎实推进实施“党建统县”战略，严格把握发展党员“控制质量、优化结构、提高质量、发挥作用”的工作方针，认真贯彻落实《中国共产党发展党员工作细则》《关于做好2015年发展党员工作的通知》精神，紧紧围绕县委中心工作和全县党员队伍建设需要，坚持有领导、有组织、有计划地抓好各领域党员发展工作，2015年全县发展党员284名，确定入党积极分子439名；积极发动共产党员订阅使用微信。严格按照区市党委组织部的要求，及时转发了《关于进一步做好发动共产党员订阅使用共产党员微信、共产党员易信有关工作的通知》，并提出具体要求。全县1628名党政机关干部，其中1256名党员干部订阅共产党员微信，订阅实用率达到77.1%；3447名农牧民党员，351名农牧民党员订阅，覆盖率达到10.1%。

【开展干部教育培训】 2015年，墨竹工卡县以“上级组织调训和自主培训”相结合的方式积极开展干部教育培训工作，干部教育培训工作取得新进展。年内，墨竹工卡县共培训各层次干部人才2370余人次。注重抓好日常学习。县委理论学习中心组围绕习近平总书记系列重要讲话，中共十八届三中、四中、五中全会，中央第六次西藏工作座谈会，“三严三实”和“忠诚干净担当”专题进行集中学习14次，充分发挥了示范带头作用。认真组织全县各级干部参加“每月一课”学习活动，每场次均有50多名干部参加。此外，各乡镇、各单位还积极组织入党积极分子培训，党史、党章知识培训，业务培训等；积极配合上级组织调训工作。做好区市组织的干部调训工作，推荐政治素质高、领导素养好的干部参加区市组织安排的培训，如第5期县委书记研修班，全区第一期县处级领导干部学习贯彻中共十八届三中、四中全会精神和习近平总书记系列重要讲话精神专题研讨班，第22期中青年干部培训班等。2015年，墨竹工卡县选派65名干部参加上级组织调训，先后组织3批次176名新任村干部前往拉萨市委党校进行学历提升培训；统筹资源自主培训。依托南京市智力援助资源，选派10名干部到南京进行为期3个月的挂职锻炼，选派50名科级领导干部到南京进行为期15天培训，选派42名专业技术人员赴南京跟班学习，选派27名优秀农牧民代表赴南京开展第一批“墨竹工卡县—江苏民族交往交流交融工程。自主举办新任驻寺干部培训班培训干部21人和新一届的村“两委”班子成员任职培训193人。

【做好从优秀党支部书记中选拔乡镇公务员】 2015年，根据拉萨市委组织部《关于印发〈2015年从全市优秀村（居）党支部书记中选拔乡镇公务员工作实施方案〉的通知》要求，拉萨市分配至墨竹工卡县的名额为1名，墨竹工卡县委组织部严格按照基本条件，确定出“层层推荐、深入考察、严格审核、县委研究、综合评比确定”的工作思路和方法，认真稳妥地开展人选推荐工作，对8名推荐初步人选进行民主推荐及考察，县委常委会议投票选出2名候选人，扎实做好村党支部书记选拔公务员工作。

【全面提高村干部待遇】 2015年，村“两委”正职、副职、委员的务工补贴和绩效考核年累计达到32320元、24845元、18000元；村小组组长的务工补贴提高到600元/月。

【全力做好老干部服务】 县委高度重老干部的服务管理工作，安排专人主抓负责“三大节日”期间的老干部走访慰问活动，制定走访慰问老干部方案，协调落实专项资金，确保走访慰问老干部工作高效有力地开展。2015年2月，县委主要领导以召开座谈会、个别访谈、实地走访的方式，分别在拉萨市、县城及相关乡镇对离退休老干部职工进行走访慰问，向离退休老干部职工通报墨竹工卡县2014年经济社会发展情况和2015年经济社会发展目标和思路，全面了解离退休老干部职工的身体、生活情况和存在困难，为255名离退休老干部职工发放慰问金77.3万元，走访慰问离退休老干部职工家庭50余户，真正做到政治上尊重老干部、思想上关心老干部、情感上关怀老干部、生活上照顾老干部。

【做好机构编制管理】 全力抓好机构编制工作。组建县食品药品监督管理局。研究印发了《墨竹工卡县食品药品监督管理局主要职责内设机构和人员编制规定》，整合县食品药品监督管理、质量技术监督、工商行政管理部门的职责、机构、人员等，组建新的县食品药品监督管理局，调整为县政府工作部门（正科级），明确了职能职责，选调了工作人员，严格界定了食品药品监管各相关部门的职责分工；设立中共墨竹工卡县委会党校。印发《关于设立中共墨竹工卡县委员会党校的通知》，确定县委党校职责，核定人员编制、选调4名党校班子成员，同时，加强党校基础设施建设，装修原墨竹工卡县职业教育培训中心教学楼，并将阶梯教室、学员教室、校长办公室及教师办公室等供县委党校办公、教学使用；积极推进统计部门机构调整工作。根据《关于加强统计机构编制和人员编制的通知》要求，将县统计局机构建制从副科级调整为政府工作部门的正科级建制，并加挂社会经济调查队牌子。为切实加强乡镇统计工作，每个乡镇明确了1名专（兼）职工作人员从事统计业务，以加强经济社会发展相关统计工作；机构编制管理协调配合机制有效落实。严格使用机关事业单位人员调配《机关事业单位编制确认函》《干部调入编制核实请示》等，形成了机构编制部门审批编制、审查人员结构，组织、人社部门办理调配手续，财政部门保障经费，纪检监察部门监督落实的工作联动格局，协调配合机制运行规范，成效明显。完成对全县61家事业单位类别划分工作。初步完成机构编织实名制网络管理系统人员机构及人员录入和实名制系统人员建档工作。年内，新分配公务员14名，专业技术人员39名；共调入公务员、专业技术人员21名，调出公务员、专业技术人员36名（含去世、辞职、公开选调）。

【自身建设】 以“讲党性、重品行、作表率”为要求，进一步加强自身建设。实行工作责任制。工作实行每月一计划一报告制度，即每月3日前，统筹安排当月主要工作，责任落实到人，限期完成；每月25日左右召开干部会议，汇报工作完成情况。对按时完成工作的干部予以表扬，无合理原因拖延工作的进行批评，责令限期完成；定期召开部长办公会，及时研究组织部重要工作。每月召开1—2次部长办公会，及时研究干部调动、全年组织工作要点、党内激励帮扶申报等重要事宜，确保各项工作有序开展；以优良作风树立组工干部形象。以谨慎、谦虚、务实、高效为要求，加强对组工干部的自律意识。每月组织一次集体学习会，做到身要正、学要深、行要快、做要实。

（拉　珍）

【领导名录】

部　长　邹玉明

副部长　谢光友

　　　　米玛旺堆

老干部局局长

　　　　李雪玉

中共墨竹工卡县委宣传部

【概况】 年内，墨竹工卡县委宣传部始终坚持高举中国特色社会主义伟大旗帜，以邓小平理论、“三个代表”重要思想、科学发展观为指导，深入贯彻落实中共十八大，十八届三中、四中、五中全会和习近平总书记的重要讲话精神，贯彻落实全国、全区、全市宣传思想工作会议精神，坚持围绕中心、服务大局、坚持以团结稳定鼓劲、正面宣传为主，有效维护意识形态领域安全，保持健康向上的良好态势，唱响主旋律，凝聚正能量，为全县发展稳定提供了坚实的思想基础、良好的舆论环境、强大精神动力和先进的文化条件。

【机构编制建设】 切实贯彻落实藏党宣发〔2011〕3号文件要求。县委宣传部实有人数18人（其中副县级1名，正科级2名，副科级2名，科员7名，事业编2名，志愿者1名，驾驶员2名，公益性岗位1名，编制为13人（宣传部4人、县互联网信息办公室3人、县文化市场综合执法大队3人、县互联网评论中心3人）；互联网信息办公室为正科级建制，已配备3人（其中副科级领导职1名）；县文化市场综合执法大队已配备3人；按照县机构编制委员会《关于设立墨竹工卡县互联网评论中心的通知》（墨机编发〔2014〕5号）要求成立了互联网评论中心，3个编制人员已到位。

【大庆工作不辱使命】 全县宣传思想文化战线围绕中心、服务大局，认真落实中央和区、市、县党委决策部署，全力实施“文化兴县”战略，积极主动作为，推动工作创新，各项工作抓得很紧很实、富有特色，实现了新开拓新突破新提高，为建设“六个墨竹”做出了重要贡献，为全县改革发展稳定提供了坚实的思想基础、良好的舆论环境、强大的精神动力和有力的文化支撑。年内，结合县委大庆办对宣传文艺组提出的具体要求，组织相关单位召开动员部署会议，制定各项活动的具体实施方案，成立墨竹工卡县庆祝自治区成立50周年宣传文艺工作领导小组。积极更换县域内33面户外广告牌，并统一为8个乡（镇）、40个村委会、29座寺庙、10所中小学校、10个乡（镇）派出所、4个便民警务站、2个检查站、客运站及菜市场等公共场所发放并悬挂341条迎大庆宣传横幅，向县（中）直各单位、驻县企业印发大庆宣传标语。充分利用LED显示屏滚动播放各类宣传标语。制作110套路灯两侧灯笼悬挂架，在县城主要街道悬挂大中小灯笼共660个，悬挂国旗、彩旗700余面，悬挂大庆徽标彩旗1660米，三角彩条1440米，另外向商户发放国旗450面。8月29日，组织宣传文艺领导小组分三组对县（中）直各单位、各乡（镇）、各村及商户就悬挂国旗、彩旗、横幅工作进行督导检查。营造了喜迎西藏自治区成立50周年的浓厚氛围。组织丰富多彩的文体活动。8月中旬至8月底组织各单位、乡镇开展迎大庆幸福拉萨规范舞学跳活动、开展“迎大庆·促和谐”运动会及迎大庆广播体操比赛活动。充分利用全县7支电影放映队深入乡（镇）、村、组、寺巡映民族团结优秀电影165场次，观众达4700余人次。8月25日，邀请市委讲师团成员刘培勇为全县干部职工作了庆祝西藏自治区成立50周年宣讲报告。为充分展示50年来社会主义新西藏取得的辉煌成就，讲述好西藏发展稳定和谐的精彩故事，讲述好西藏伟大成就蕴含的制度优势，与市委宣传部、市委党校沟通协调，在全市率先开展西藏自治区成立50周年暨中央第六次西藏工作座谈会精神宣讲活动，于9月14日至17日，邀请西藏党委讲师团成员、市委党校教师格桑次仁深入全县七乡一镇开展藏语巡回宣讲，受教人数达6089人次。县委宣传部联合县委党校于9月23日在县机关食堂三楼会议室组织在家县级领导、县直单位主要负责同志、各乡（镇）、各寺管委会及基层宣讲员约120人参加中央第六次西藏工作座谈会精神专题培训，学习中央第六次西藏工作座谈会精神。自7月22日起，利用墨竹工卡县党政微信公众号“微墨竹”“墨竹·新华手机周报”、网站等现有宣传阵地大力宣传全县各乡（镇）、各部门各单位开展的一系列庆祝活动，实时刊登相关稿件21篇，其中西藏日报采用5篇，拉萨晚报7篇，拉萨电视台4篇。充分发挥网评员作用，实行24小时值班制度，在新浪微博、腾讯微博上转发正面言论50余条，引导负面信息21条，制作网络宣传标语14幅，切实做好了大庆舆情信息的监控引导。组织墨竹工卡县20名干部职工参与拉萨市大庆双联户方队，并对20名参与人员进行统一政审。及时、快速为全县干部群众发放大庆礼品。

【理论武装】 理论学习制度化，结合实际，制定并印发了《2015年度全县干部职工理论学习安排意见》及《县委理论学习中心组2015年度理论学习安排意见》，深入推进学习型党组织建设。组织县委理论学习中心组集中学习14次。全县党员干部围绕“三严三实”和“忠诚干净担当”专题教育学习主题，通过参加集体学习、个人自学、培训轮训、交流研讨等方式，强化政策理论学习，实现了理论学习经常化、制度化、全覆盖。为提高全县党员干部理论学习的效果，提供理论学习书目、书籍，向全县各级党组（党支部）发放《党建》280套、《大讲堂》280套、《中国新闻周刊》403套、《习近平谈治国理政》（藏汉双语）共计142套、《十件实事实事办事》（藏汉双语）共计345册、《民族团结教育知识问答》（藏汉双语）共计3108册、《幸福河畔“幸福歌”》38册、《历史的必然 不朽的丰碑》52册、《理性看 齐心办》54册、《辩证者 务实办》59册、《听故事 知历史 感党恩》343册。12月7日至10日邀请西藏党委讲师团成员、市委党校教师格桑次仁深入全县七乡一镇开展党的十八届五中全会精神藏语巡回宣讲，确保宣讲活动全覆盖。通过认真学习、深入宣讲以及研讨交流等载体，全县各级党员干部和广大群众的理想信念更加坚定，理论基础更加扎实，政治觉悟稳步提高，对中国特色社会主义的道路自信、理论自信和制度自信不断增强。为全县干部职工保稳定、促发展等中心工作提供了坚强的思想保证。

【壮大主流舆论，营造良好社会舆论氛围】 在县委、县政府的大力支持下，与区、市多家新闻媒体建立了长期合作关系，墨竹工卡县新闻宣传工作取得长足进步。2015年，在全县各级各部门的大力配合下，新闻宣传工作取得显著成效。年内，在南京日报A2要闻版每月一期的“情系墨竹”专栏推出12期版块；在拉萨晚报“今日墨竹”专版推出48期，291条稿件；编发《墨竹·新华手机周报》48期；全县新闻被区、市媒体采用443条，其中向西藏日报投稿并采用77条，拉萨晚报投稿并采用291条，拉萨市电视台投稿并采用75条。“微墨竹”对外发布图文信息1047条，先后制作元旦县委书记、县长“新春祝福”，平凡人不平凡岗位，西藏首家民间博物馆开馆，“西藏—墨竹人民祝福您”等专题5个；墨竹工卡县政务网全年，对外发布图文信息1089条。特别是做好了甲玛古代兵器博物馆开馆的宣传报道工作，在国务院网站、西藏各媒体网站刊登，取得了良好的宣传效果。

【加强精神文明建设】 广泛开展主题教育活动，把社会主义核心价值观贯穿思想道德建设全过程，推动社会主义核心价值观进机关、进校园、进军营、进企业、进农牧区、进寺庙。在醒目地段张贴培育和践行社会主义核心价值观的图片及墨竹工卡县开展的相关活动内容，从而宣传富强、民主、文明、和谐的新墨竹形象，营造自由、平等、公正、法治的和谐墨竹氛围，培育爱国、敬业、诚信、友善的公民道德观。扎实开展中国梦、“3·28”百万农奴解放纪念日、新旧西藏对比、民族团结社会面宣传，深化“八看”“一算账”“一揭批”“四增强”感党恩主题教育活动；在全县未成年人中广泛组织开展网上签名寄语、关爱留守儿童、残疾儿童等主题活动；联合多部门整治校园周边文化环境；还积极抓好心理辅导和乡村学校少年宫建设。截至年底，墨竹工卡县建设乡村学校少年宫4个、心理健康辅导站9个，群众性精神文明建设蓬勃发展。积极开展新农村精神文明建设和文明乡村、文明户、文明家庭创建评选工作，“美丽墨竹”创建评选活动已完成，待县委研究决定表彰事宜，10月30日召开“孝老爱亲—共建美丽墨竹”表彰大会，对全县39名孝老爱亲模范及159名孝老爱亲先进个人进行了表彰，评选范围涵盖七乡一镇机关干部及所辖自然小组群众。与此同时，积极主动参与第四届自治区文明村镇、文明单位及第五届文明户申报推荐工作。5月12日，拉萨市文明办对墨竹工卡县农村精神文明建设工作及市级文明村镇、文明单位进行了抽查，先后对扎西岗乡、县农行、县国税开展检查工作。5月18日，受拉萨市文明办委托，对县农行、县国税进行了复查。2015年年初墨竹工卡县羊日岗宣舞参演拉萨电视台跨年演唱会，唐加乡卓舞参演拉萨市电视台藏历新年晚会节目录制。广泛组织开展“3·5”学雷锋志愿服务，文明交通劝导，关爱空巢老人、留守儿童、残疾人等群体服务活动。动员全县开展“我们的节日”主题活动5次。扎实做好“讲文明树新风”和图说我们的价值观公益广告宣传，在县城主要街道路灯杆两侧制作社会主义核心价值观、“三严三实”和“忠诚干净担当”专题教育主题广告牌200余面，利用新闻自办台、微墨竹等平台积极刊播“梦娃”公益广告。积极参与推荐“拉萨好人”工作，全年已推荐23名。开展“道德模范在身边”系列活动6场，道德讲堂总堂开展11场。

【互联网信息】 互联网机构和阵地建设全面加强。年内，在现有100名网评员基础上增加65名网评员。组织6名干部积极参与全区互联网违法信息义务监督员选聘工作。墨竹工卡政府门户网站、团县委微博、教体局微博、西藏墨竹工卡网站、墨竹工卡县政务网、“微墨竹”微信平台等5个新媒体运行良好；围绕墨竹工卡县重大新闻事件、民众期盼等热点问题做好监测引导工作。2015年，舆情监测阅读量4万余次、组织引导发帖评论200余条、转发200余条、跟帖100余条，拉萨发布收集120条，日常监测280余条；网络正面舆论引导切实加强。年内，按照市网信办要求，组织墨竹工卡县网评员对当前重点、中心工作进行网上宣传，共转发市、县开展西藏百万农奴解放56周年各项纪念活动30条，“中国人民抗日战争暨世界反法西斯战争胜利70周年”20条，西藏自治区成立50周年庆祝活动50余条，并撰写4篇网评员文章，利用县级互联网宣传平台积极转载邓小刚、董云虎等看望慰问日喀则市受灾区群众情况，转发中共十八届五中全会信息105条，点赞115条，网评队伍作用发挥明显。2015年，按照市网信办要求，动员全县各单位分别于2月10日、6月4日、6月12日在318国道沿线开展禁毒知识宣传、第二届国家网络安全周活动和首届“网络诚信伴我行”宣传日活动，并在墨竹工卡县微信公众平台“微墨竹”、县政务网等新闻宣传平台刊登转载禁毒知识和毒品危害相关信息。

【文化市场综合执法】 年内，县文化执法大队共开展文化市场执法检查45次，出动执法人员294人次，检查经营单位651家次，出动执法车辆62台次，收缴盗版歌碟180张，盗版影碟37张，责令整改1家，停业整顿2家，并罚5000元，依法取缔非法经营单位1家。受理群众举报3件（其中6130505电话受理1件，上级交办1件，日常检查1件），办结率和满意率达

100%。年初，对全县所有文化经营场所进行拉网式排查，并与39家经营业主签订《守法经营承诺书》和《歌舞娱乐、网吧经营场所安全责任书》，不断增强业主依法经营管理的责任心和自觉性，并结合文化市场实际免费制作发放了100余张温馨提示牌，要求贴在场所内较为醒目的地方。2014年，县执法大队3名人员参加区内外骨干培训；11月19日，组织文化娱乐场所经营业主召开了墨竹工卡县2015文化市场安全知识培训会议。

【文化成果共荣共享】 联合县文广局、司法局、农牧科技局、卫生疾控中心以及县松赞艺术团等部门开展了“五下乡”活动，活动期间为群众表演文艺节目，受到群众喜爱。年内，共开展“五下乡”活动4场；1月邀请自治区歌舞团老师对唐加乡卓舞队进行培训，参加拉萨电视台举办的2015年木立羊藏历新晚会；开展文化志愿边疆行，促进文化交流。“2015年春雨工程——江苏文化志愿边疆行大舞台”到墨竹工卡县演出，来自江苏省的30多位艺术家为墨竹工卡县1000多名农牧民群众及干部职工奉献了一台精彩的文化盛宴；送文艺下乡，丰富群众文化生活。县松赞民间艺术团创作了一批形式多样、内容丰富、贴近现实的优秀文艺作品，为群众送去精神食粮，2015年，共下乡演出52场；重要节日开展了电影下乡活动，并结合学习雷锋、“三严三实”“忠诚干净担当”专题教育活动、“3·28”百万农奴解放纪念日等集中展映了一批爱国主义教育影片，2015年，共放映电影1970场（包括在虫草采挖点、寺庙、“五下乡”、敬老院、部队、工地放映数量），观影人数达169380余人次。重点放映了《雪山泪》《建党伟业》《先遣连》《忠诚与背叛》《雨中的树》《百团大战》等影片。

（杨　雷）

【领导名录】

部　长　央金卓嘎

副部长　邓后勤

　　　　格　桑

　　　　李红霞

　　　　达瓦次仁

中共墨竹工卡县委统战部（民族宗教事务局）

【概况】 墨竹工卡县委统战部、县民宗局在县委、县政府的坚强领导下，围绕寺庙的和谐稳定，开展了一系列行之有效的工作，取得了一定的成绩。县委统战部、县民宗局严格按照2015年宗教领域工作要求。认真贯彻落实了党的民族宗教政策，依法加强对宗教事务的管理，进一步加大对宗教事务的管理和服务工作，特别是开展加强和创新寺庙管理工作以来，全县围绕平安寺庙建设，探索和开创了新的制度、新的管理模式，有效维护了宗教领域和谐稳定和长治久安。

【维稳工作】 为全面落实宗教领域各项维稳措施，在县委、县政府的坚强领导下，县委统战部、县民宗局始终以“三无、三不出”为目标，以加强和创新寺庙管理为抓手，着力突出敏感节点安全防范工作，着力加强寺庙安全和社会稳定工作，多次召开维稳专题会议，确保全县宗教领域和谐稳定。

【惠寺利僧政策】 按照区市政府出台的相关政策，按照健康第一的工作原则，在全县寺庙僧尼中开展了为期七天的僧尼健康大检查和健康档案造册工作，为了及时了解广大僧尼自身身体状况，为每名僧尼建立了个人健康档案，并且及时将健康体检录入档案，同时反馈给僧人本人，这不仅促进了僧尼的健康意识，更重要的是有效防范了各类疾病的发生。此次共有619名僧尼参加体检，参加率达99.5%；县委统战部、县民宗局深入基层，体恤基层驻寺干部工作和生活，着力解决和创造良好的工作环境，在县委、县政府的大力支持下，先后投入了大量的资金改善了驻寺干部基本条件。直孔替寺、德仲寺、吉布寺等三座寺庙海拔均为4500米以上，驻寺干部患有高血压、心脏病等，常年克服身体不适，县委统战部、县民宗局看在眼里，急在心里。坚持以人为本的工作原则为驻寺干部解决困难，解除后顾之忧。经县委统战部、县民宗局与相关部门负责协商，向三座寺庙解决了集中供养设备，此做法得到了广大僧众的一致好评；县委统战部、县民宗局严格按照修旧如旧和维修不能改扩建、新建以及三不增加的要求于2014年开展重点寺庙维修工作，于2015年全面完善重点寺庙维修工作，并开展工程质量及资金落实情况进行监督工作，僧舍维修资金方面区、市下拨资金达315万元，县级财政解决资金达630万元，截至年底，大部分僧舍已完工并使用。

【评选活动】 认真开展2015年下半年“和谐模范寺庙暨爱国守法先进僧尼”评选工作，上、下半年共评选表彰县级“和谐模范寺庙”22个，先进寺管会4个，优秀驻寺干部48人，爱国守法先进僧尼895人次，共发放表彰奖金95.9万元；上、下半年墨竹工卡县向拉萨市及推荐444名僧尼、17名干部，6座和谐模范寺庙，2个寺庙管理委员会；向自治区推荐291名僧尼、37名干部、4座和谐模范寺庙、4个优秀寺庙管理委员会；积极开展“民族团结进步模范集体和个人”评选表彰活动。在推动各民族共同团结奋斗、共同繁荣发展的过程中，涌现出了一大批模范集体、模范个人和模范家庭，他们为全县的民族团结进步事业做出了积极贡献，起到了很好的模范带头作用。经县委、县政府研究决定对10个模范集体，13名模范个人和2名模范家庭进行表彰，共发放表彰奖金12.6万元整。

【践行“三严三实”实践活动】 扎实开展“三严三实”“忠诚干净担当”专题教育实践活动。县委统战部、县民宗局在做好加强和创新寺庙管理工作的同时，积极参与全县开展“三严三实”“忠诚干净担当”专题教育实践活动的热潮当中，认真学习习近平同志在中央“三严三实”“忠诚干净担当”教育实践活动的系列重要讲话精神以及区、市、县“三严三实”“忠诚干净担当”教育实践活的动各项会议精神，结合统战民宗工作实际，经常性深入基层、深入群众，深入寺庙、深入僧尼进行调研慰问，与群众、僧众广交朋友，谈心谈话200人次，同时通过对查摆出来的问题整改落实和测评，整改落实情况测评满意度达到了100%。

【座谈会】 顺利召开藏传佛教活佛与社会主义社会相适应的阐释及高僧大德座谈会。于9月22日上午，在县食堂三楼会议室召开高僧大德座谈会，座谈会参与人数达50人，此次座谈会的主要目的是传达学习中央第六次西藏工作座谈会精神和全国政协主席俞正声在西藏自治区成立50周年庆祝大会上的讲话精神，共叙友情、共话发展，共同交流如何进一步发挥宗教界人士在推动墨竹科学发展、和谐稳定中的作用，齐心协力建设富裕、幸福、文明、美丽、法治新墨竹。

【慰问活动】 慰问体弱多病僧尼，关心僧尼及驻寺干部生活，家访等工作。在三大节日和敏感日期间，县委统战部、县民宗局专门组织干部到墨竹工卡县各寺庙开展慰问和送温暖活动，先后到13座寺庙管委会和16座专职特派员、活佛进行慰问，慰问金达到15.8万元，体弱多病僧尼及高僧大德慰问金达6.6万元，家访资金达31.45万元。

【选派优秀干部，解决干部待遇】 2015年，按照区市文件精神，严格落实驻寺干部派得下、留得住，对驻寺干部高看一眼、关爱三分的原则，在寺庙中表现优秀，工作成绩突出的干部，及时提拔和使用，并始终把驻寺工作经历作为干部选拔任用的先决条件，2015年5月，从县直机关和乡镇一级分别抽调11名和7名干部进驻寺庙，从各寺庙抽调5名干部到机关任职，7名干部到乡镇任职。

【非公企业党建情况】 在县委、县政府的关心、支持下，墨竹工卡县已于2013年11月2日成立非公党工委，截至年底，已建立非公有企业党组织的有15个，党支部3个，共有党员106名，预备党员13名，入党积极分子26名。2015年发展正式党员2名，预备党员6名，入党积极分子13名。

【引导非公企业经济人士投身光彩事业】 为使更多的非公经济人士积极投身光彩事业，主动承担社会责任，县工商联始终坚持在非公经济人士中广泛开展“致富思源，富而思进”和“回报社会感恩行动”，使广大非公经济人士积极响应并付诸行动，例如：墨竹工卡县让穆珠扎有限公司在县委、县政府、县工商联的领导下，于2015年向各大养老院、各大学校、便民警务站捐助资金达到90万元。

【培训工作】 加强各寺管会、专职特派员干部队伍建设，在7月份顺利完成2015年新派驻寺干部的培训和教育引导工作，提高驻寺干部的工作能力，提升驻寺干部业务素质，使新派驻寺干部更加适应新的工作环境，能在新的岗位上做出好成绩以及为了进一步加强僧尼综合素质以及充实僧尼生活，于2015年先后选派各寺庙僧尼到南京、广东、自治区社会主义学院进行交流培训。

（旦增卓玛）

【领导名录】
部　长　普　斌
副部长　党次成

中共墨竹工卡县委政法委员会

【概况】 严格按照各级政法工作会议精神，深入推进平安墨竹、法治墨竹建设，深入分析社会稳定形势新变化新特点，不断加强和创新政法工作的思路，选好配好政法领导班子，进一步增强忧患意识、责任意识，防控风险、服务发展，破解难题、补齐短板，切实担负起墨竹社会稳定的政治责任，切实保障好墨竹社会稳定、墨竹社会公平正义、墨竹人民安居乐业。

【综合治理】 深入贯彻落实中共十八大和十八届三中、四中、五中全会精神，大力实施“产业强县、环境立县、文化兴县、民生安县、法治稳县”五大战略，以实现“三无”“三不出”“三稳定”为目标，以创新社会治理为抓手，着力加强政法队伍建设，着力加强矛盾纠纷排查化解工作和平安创建工作，着力加强社会治安综合治理基层基础建设，着力推进网格化和“双联户”服务管理，为墨竹工卡县经济发展和社会稳定奠定了坚实基础。2015年，在县委、县政府的正确领导下，获得拉萨市综治考核第二名的好成绩。

【维护稳定】 贯彻落实习近平总书记一系列讲话精神和各级领导的批示指示精神，县委、县政府始终坚持始终坚持“关口前移、源头治理、网格管理、群防群治”，着力突出全年各阶段安全防范工作，着力加强维护社会稳定工作，按照分时段、分任务多次召开维稳专题工作会议，安排部署各项维稳安防措施，圆满完成了各敏感节点的维稳安防工作，实现了“三无”“三不出”“三稳定”的目标。

【平安创建】 在县委、县政府的正确领导下，按照关于平安建设的一系列部署要求，强化责任意识、完善措施、健全机制、落实责任、夯实基础，全面推进“平安墨竹、和谐墨竹、小康墨竹”的建设，进一步提升社会治理能力和水平，为墨竹经济社会发展和长治久安提供有力保障。2015年，墨竹工卡县评选出平安单位18家；同时获得市级平安村委会11个、平安学校1个，平安家庭2户。

【网格和“双联户”服务管理】 继续深化网格化及“双联户”服务管理工作，并扎实开展综治信息网建设、“十星”创建评选、幸福家园微信平台报平安工作，给各村委会配备40台电脑开展综治信息网建设，给各联户代表配备手机757台开展微信平台报平安，使墨竹工卡县网格化和“双联户”服务管理工作取得了新的更大的成效。按照《创建评选实施办法》完成村、乡（镇）、县三级创建评选活动，产生村级“先进双联户”142个、1836户；乡（镇）级“先进双联户”29个、379户；县级“先进双联户”10个、126户；乡（镇）级先进村委会13个，县级先进村委会4个，县级先进乡（镇）3个，发放奖金608000元。同时，获得市级“先进双联户”5个，先进集体4个；自治区级“先进双联户”3个，先进集体4个。2015年，获得拉萨市“先进双联户”创建评选先进县荣誉称号。

【深入基层开展法宣】 深化“法治稳县”战略，夯实平安墨竹基础，利用“三月综治宣传月”“六月综治宣传周”“九月平安宣传日”活动，运用真实典型事例，通过通俗易懂的言语，采取以悬挂横幅、设咨询点、发放宣传资料等方式，开展宣讲活动。宣讲活动覆盖联户代表、农牧民群众和矿企职工共10000余人，发放手册共8000余份，悬挂横幅50条，展示相关图片200余张，切实提升广大群众和矿企职工遵规守法、依法办事能力。

（施久雄）

【领导名录】

书　记　梁光文

副书记　次仁群培

副书记、综治办主任

扎　仓

综治办专职副主任（主任科员）

张银华

副主任科员

格桑央金

丁　玲

墨竹工卡县总工会

【年度综述】 年内，墨竹工卡县总工会紧密结合“三严三实”“忠诚干净担当”专题教育学习活动，以强化基层工会组织为前提，深入开展基层工会组织建设、困难职工维权帮扶、职工技能素质提升、劳动关系和和谐企业创建，明确工作着力点，团结带领广大职工积极投身全县经济社会发展稳定大局，为加快墨竹工卡县经济建设做出了应有的贡献，总体工作继续保持稳定上升的态势。

全县驻县企业613家（含国有企业5家）。已建工会组织215家（其中企业工会154家，乡镇工会8家，村级工会小组4家，寺管会工会4家，县直机关工会45家），共发展会员8620人，其中干部会员1839人，企业会员2132人，农民工会员4649人。已建“职工书屋”7个（企业2个，乡镇3个，村委会1个，寺庙1个）。

【加强业务知识学习】 工会按照上级工会组织及县委、县政府的工作部署，充分发挥“大学校”作用，全面提升职工队伍整体素质。认真学习十八大、十八届三和四中全会、全国“两会”、县全委会精神。将《中华人民共和国工会法》列入工会干部职工和务工人员教育培训内容，并积极参与区、市总会组织的各种业务培训，强化了工会干部队伍能力建设。

【培训活动】 在2015年4月份期间，组织工会干部1名和企业工会负责人参加通讯员业务培训，组织乡镇工会干部参加外出务工人员统计培训；6月期间，工会主席和乡镇工会干部赴南京学习考察；7月，组织乡镇工会干部和企业工会干部赴林芝参加工资集体协商制度培训，组织一奶牛养殖合作社68名农民工参加养殖技能培训；8月，工会参加全国“送教到基层”干部培训工作及法律保障培训工作；9月，工会主席参加固定资产管理培训工作及财务培训；参学率达到100%，并以优异的成绩完成各项培训任务。

【践行党的群众路线】 实践证明，人民群众是历史的创造者和推动者。为民办实事是事关人民群众切身利益的民心工程、德政工程，涉及面广、任务艰巨。年内，在单位负责人的领导下，上下联动，齐心协力，各项惠民工作顺利进行。截至年底，总工会为全县干部职工发放健康体检卡2000余份，为有需要的职工发放“工会手拉手·健康中国梦”健康存折452份；为名困难职工子女发放“金秋助学”金共计17.2万元；“两大节日”期间开展“三下乡”慰问活动，为村民义诊，送去了4000多元的药品；同时将2015年考上大学符合条件的50名困难职工子女上报区、市总工会，并建立困难职工档案；“两大节日”期间县总工会走访慰问华泰龙公司、供电所、水厂、电视台坚守岗位的一线职工35名，送去慰问金资金3.5万元；“两大节日”期间走访慰问困难职工100人，发放慰问金10万元；“两大节日”期间慰问拉萨市总工会纳入困难职工档案的65名困难职工，送去慰问金5.85万元；“两大节日”期间慰问帮扶困难群众4户，送去了价值1300余元的慰问品；为一奶牛养殖合作社提供11.285万元创业资金购买奶牛。

【保障职工权益】 开展综治、“6·5”世界环境日、“六月综治宣传周”宣传活动，张贴标语，悬挂横幅，发放工会法、劳动合同法、职工代表大会条例等宣传资料700余份，推动社会治安综合治理工作及职工维权工作的顺利开展。同时，对乡镇工会及企业工会进行安全生产检查3次，查处安全隐患10余条，并已落实整改，为做好安全生产和职工安全权益及职工队伍稳定提供了保障。

【深入基层调研】 经常深入基层进行调研，深入了解工会工作存在的困难和改进方向，打好工会工作的基础。年内，深入乡镇、村组、企业等进行调研数次，同时利用开展党的群众路线教育实践活动的有利条件，开展了2次工会业务专题调研和1次工会帮扶工作调研报告会，并撰写调研报告3篇。

【改进作风】 自觉践行“三严三实”要求，广泛开展“双学双争”活动，进一步巩固党的群众路线教育实践活动成果。以问题为导向，开展集中专项治理，推动建章立制。坚持开门搞活动的原则，接受职工群众监督，上下联动解决服务联系职工群众“最后一公里”问题，使教育实践活动成果真正服务于民。深入推进工会工作创新发展。完善党组中心组学习制度、工会干部集体学习制度。加强工会干部培训工作，针对工会干部需求和基层工会工作实际，提供菜单式、个性化培训。加强工会系统党风廉政建设，确保工会干部队伍风清气正。加理论研究和调研成果的转化，以理论创新推动工会工作创新。以职工群众满意不满意作为检验工作的标准，提高执行力，推动工会工作改革创新。

（谢巍山）

【获得荣誉】

2015年，门巴乡、扎西岗乡、尼玛江热乡、唐加乡被自治区总工会评为“八有”达标乡镇。

【领导名录】

主　席　扎西旺堆

副主席　尼玛潘多

共青团墨竹工卡县委员会

【概况】 年内，团县委紧密结合青年工作实际，以强化基础为前提，以主题教育活动为载体，推动团的各项工作实现新发展为目标，切实履行共青团四项基本职能，引导青年发挥优势，展现风采，争创业绩，建功成才，着力提升青年工作在经济社会发展中的突出作用，各项工作有序推进，取得了较好成绩。

【开展“红领巾相约中国梦”主题教育活动】 加强中国特色社会主义理论学习，着力将“大道理”转化为青年易于接受的“小道理”，引导墨竹青少年坚定永远跟党走的信念；以建党纪念日、建团纪念日、五四青年节等节庆日为契机，以丰富多彩的活动为载体，继续深入开展“美丽家园幸福拉萨我的梦”主题教育实践活动；以入学、入团、入队等契机，继续开展“红领巾相约中国梦”主题教育活动。

【深入推进社会主义核心价值观培育践行】 以“民族团结闪光行动”为抓手，继续积极深入推进社会主义核心价值观培育践行。积极组织开展大手拉小手，民族团结结对子等工作，截至年底，全县9所中小学已经有了内地的结对子学校，正在开展“书信结对交流”工作；每年组织青少年学生前往内地参观，学习交流，加深西藏学生对祖国内地的了解，促进了不同民族之间的交往交流交融；每年分批次组织青少年学生前往拉萨参观爱国主义教育基地（西藏博物馆、清政府驻藏大臣衙门等），让学生了解西藏历史，坚定反对分裂、促进民族团结、维护社会稳定的决心和立场。

【持续推进青少年法制宣传教育】 利用法制副校长和法律专业人员深入中小学开展“青春与法同行——青少年法律大讲堂”活动，利用青少年维权岗在辖区内开展法制宣传宣讲活动，截至年底，团县委组织开展各类法制宣讲6场，受教育中小学生、群众2000余人，为广大青少年提升法律意识，增强法律观念做出了积极贡献。

【增强青年典型引领】 选树青年先进典型，通过开展墨竹工卡县优秀青年、优秀共青团员、优秀少先队员等评选活动，激发全县广大青少年争当先进，其中涌现出了全国最美乡村教师、全国民族团结先进代表宋玉刚、自治区级道德模范武继斌等，2015年“五四”联合县中学团委对2014年度优秀中学生团员、团干进行了表彰；通过“奋斗的青春最美丽”分享活动，扩大实际传播覆盖面，激励青少年学习先进、奋斗成才。

【经费保障】 加大经费保障，确保基层团的工作顺利开展。在保证各乡镇2万元工作经费的基础上，团县委根据各乡镇工作开展情况和实际需要，从团县委工作经费和援藏工作经费中予以支持，部分乡镇团的经费列入了乡镇300万元办实事工作经费预算（团区委书记晓辉“走转改”调研组一行对墨竹这一举措进行了充分肯定）。

【加大对基层团队干部培训力度】 年初制定学习培训计划，通过业余团校、“青马工程”、外出参观考察、自主学习等，基层团干部的工作能力和水平得到了较大提升。

【完成村级团支部换届】 用村“两委”换届，顺利完成了村级团支部的换届工作，40个村团支部书记都实现了进村“两委”班子。

【基层团组织活力增强】 通过近年来的团组织开展的一系列活，特别是为青年办实事，解难事的活动，团组织的吸引力和凝聚力得到了增强和提升，团县委立足青年实际需求，针对性的安排工作，通过抓住重大节假日，开展有吸引力的活动，如开展创业就业技能培训、各乡镇团委举办的“五四”青年节全民运动会等等。

【全团带队工作原则】 按照全团带队的工作原则，团县委高度重视少先队工作，适时召开少先队工作会议，倾听辅导员老师意见，安排部署工作，同时，通过争取上级团组织和本级财政的支持，率先在甲玛中心校建起了“红领巾快乐空间”，2015年，投入2.5万元支持门巴乡中心校红领巾广播站建设，投入2万元支持尼江乡中心校鼓号队建设，为甲玛、扎雪中心校争取了2套投影设备。

【团干部交往交流工作取得较好进展】 年内，共有14名团干部在内地参加各类培训学习，学习都取得了良好的效果，进一步加深了对共青团的认识和了解，业务能力和素质得到了提升。

【配和团市委做好第一届拉萨市青年创业大赛】 在团县委选送的6个参赛项目中，2个项目获奖，其中墨竹工卡县残障人士家具合作社获得一等奖，奖金15万元，雪域理发店项目荣获优胜奖，奖金5万元，截至年底，正在积极准备参加团区委举办的青年农牧民创业大赛；同时，团县委11月底通过整合资金，投入12.1万元开办了一期40人的青年农牧民驾驶技能培训班。

【做好重点青少年服务管理】 团县委每年召开预青成员单位联席会议，分析预青工作存在的问题，提出对策，同时对排查出的重点青少年进行结对帮扶，在节假日期间进行看望慰问，在技能培训方面予以重点照顾。

【开展阳光关爱行动】 大力实施“三关爱”行动，针对孤儿、残疾儿童、困难学生、留守儿童分别开展救助帮扶，2015年共发放各类慰问金3万余元，助学金22万余元。

【**开展“保护母亲河”义务植树活动**】“十年树木，百年树人”，为了增强团干部和广大青少年对绿化环境、保护环境的意识，带动大家对自然的热爱，增强环保意识、生态意识，团县委组织干部职工在工卡镇墨竹河边开展了“保护母亲河”义务植树活动。

【**开展各类志愿服务活动**】 年初，志愿者开展了“情暖高原”募捐物资发放活动、“记录童年 定格回忆”免费为小朋友照相活动、学雷锋环保宣传以及交通文明劝导活动、在中小学生中开展民族团结宣传教育活动等等，志愿者已经成为了墨竹的一道靓丽风景线。

【**平安志愿者队伍作用积极发挥**】 西藏处于反分裂斗争一线，维稳工作已经是一种常态化，团县委在原有的志愿者队伍基础上，在村部分村里成立了青年平安志愿者巡逻队，并予以经费支持，为3个村平安志愿者队购买了电筒、大衣等，为一个村巡逻队投入6000元解决冬季防寒服20套。

【**对外交往交流**】 2015年7月，组织18名优秀青少年学生代表前往南京开展为期一周的“手拉手”研学暑期夏令营学习交流活动。期间墨竹工卡县青少年与江宁区青少年开展一对一交流活动，参观了南京博物馆、雨花台革命烈士陵园、南京大屠杀遇难同胞纪念馆、紫金山天文台、森林动物园、南京青奥村、南京科技馆。这次夏令营活动让墨竹工卡县青少年开阔视野、增长见识、提升能力，同时还培育了他们的爱国主义和民族团结情感。

2015年8月，南京市青年代表团一行10人在南京团市委书记林武平的带领下到墨竹指导工作，落实全团援藏会议成果，向墨竹团县委捐赠12万元活动资金；10月30日，书记任映绮陪同南京江宁团区委学少部部长尹颉鸣和秣陵街道团委书记、“江宁合伙人”陶飞赴墨竹工卡检查指导工作，指导墨竹少先队工作；2015年9月，组织9名团干部，在团市委的带领下前往江苏徐州、连云港学习交流；2015年11月，组织8名同志（团干部、青年致富带头人、下沉干部、青年农牧民）到河北学习交流；2015年12月6日，组织3名青年干部到重庆学习；同时，2015年还有4名人员到南京、无锡、莆田等地学习。

【**“格桑花开”爱心基金**】 2011年1月，墨竹工卡县一名13岁学生被确诊为急性骨髓细胞白血病M2型。因家庭贫困无力承担医疗费用，团县委为救助病患随即在全县发动了一场捐款活动，时任县委书记林涛得知情况后，第一时间积极协调南京方面对色珍开展救助。南京历届援藏干部及爱心单位、广大市民、中小学生得知色珍的情况后，两地人民共捐献医疗救助款209万元。两年的治疗，仍没能把患者从死神的手里解救出来。经第六批援藏干部研究决定，将救助剩下的186万元用来成立墨竹工卡县“格桑花开”爱心基金，以救助像这个小朋友一样的身患重病的墨竹贫困家庭青少年。2015年，为让更多墨竹群众从爱心基金中受益，感受到南京人民及社会各界人士的爱心，按照县委书记严应骏的指示，基金在原有帮助墨竹籍病患青少年基础上，扩展覆盖面，除救助病患青少年外，着重做好贫困青少年助学及慰问孤寡老人、孤儿、助残等，2015年，基金共投入救助帮扶慰问类资金45.32万元。

（曹 伟）

【**领导名录**】

书 记 曹 伟

副书记 米玛措姆

墨竹工卡县妇女联合会

【**概况**】 年内，全县妇联组织学习贯彻落实十八大届四中、五中全会，中央第六次西藏工作座谈会精神，以“三严三实”和“忠诚干净担当”专题教育为契机，立足基本职能、发挥特殊优势，动员和引导广大妇女在牢牢把握深化改革常态中发挥积极作用，各项工作取得了新的进步。

【**加强妇女阵地建设**】 全县各级党委和组织部门坚持“党建带妇建”，把妇联工作作为党建工作的重要组成部分，纳入党建和基层社会管理体质的配套组织建设。40个行政村全部成立了村妇代会，妇代会主任进入村“两委”达100%，全县党政机关、教科文卫等事业单位建立妇委会16个、尼姑寺寺庙管会（民管会）建立了妇委会6个、两新组织中建立妇委会3个。建立了妇女维权站13个，家长学校9所，妇女儿童之家55个。

【**以创业带动就业**】 加大教育培训力度，促新型女农民创业就业。县妇联结合农牧民妇女当地实际需求，由过去的项目培训转变为订单培训。在市妇联的支持和县直部门的配合下，举办了内容丰富的农牧民妇女培训班，在培训中，紧紧抓住当地妇女需要什么技术知识，就开展什么样的培训，共举办农牧民养羊实用技术培训2期、妇女编织培训1期、农村妇女健康培训1期、拉萨天骄职业技术学校举办2015年农村妇女创业培训1期，共培训妇女820人次。为了扶持妇女专业合作社做大做强，多方筹措资金扶持引领妇女创业创新。年底市妇联为墨竹工卡县琅瑕传统针织加工专业合作社、发放扶持资金10万元，成效显著。注重培养典型，有目标地培育女致富带头人、女能手、示范户，鼓励和引导她们为广大留守妇女传播科学文化知识和实用技术，以示范典型推动行业纵深发展。2015年，荣获市级《五好文明家庭》1名、自治区级《最美家庭》4名、自治区级《最美格桑花》2名、自治区级“三八红旗手”1名。

【**开展形式多样活动**】 开展“迎新春、送温暖、关爱留守儿童、关爱老人——晴暖夕阳”等主题活动，走访慰问了41户贫困母亲（单亲母亲、残疾母亲、空巢老人）、40户留守儿童（残疾儿童）、14户“两癌”妇女、4名大学生及1户企业困难女职工，送去慰问金5.29万元；为隆重庆祝西藏自治区成立50周年，县妇联、县总工会、团县委联合举办了墨竹工卡县“迎大庆促和谐”运动会。运动会吸引了许多女性干部职工参与体育健身，推动了全民健身活动的深入普及。

【**体现特色、关注民生、为妇女儿童办实事**】 创新工作方法，建立墨竹妇联微信平台，进一步加强妇女干部之家的交流沟通，通过文、图、声音、视频多元化媒体介质，更有效地延伸妇联工作的“手臂”，让妇联工作常做常新、充满活力；开展倡导奉献爱心、传递爱心。县妇联牵头在全县范围内开展“恒爱行动——百家亲情一线牵”，寻找百名爱心父母为孤残儿童编织爱心毛衣公益活动。利用微墨竹网络信息平台、组织“巾帼志愿者”、乡镇妇联干部等在全县范围内发放倡议书。共发放了500余份恒爱行动倡议书，价值5200元的毛线80斤。活动得到了明显成效，干部职工，社会爱心人士主动加入了奉献爱心的行列，会织毛衣的主动拿毛线，不会织毛衣的主动捐赠衣物。共收到爱心毛衣和捐赠衣物400余件；县妇联联合10所家长学校相继开展“争做美德少年”“红领巾相约·中国梦”庆祝“六一”系列活动，同时，为各家长学校送去了慰问金共计7200元和走访校园为扎西岗乡仁青林村、尼江乡章达村幼儿园孩子们送去了鞋子、安全帽等价值1.9万元的慰问品；为加强留守儿童与父母家人的亲情沟通，帮助留守儿童学会表达爱和感恩，由中央人民广播电视台中国乡村之声主办的“乡村少年秀”正文活动，发动农村留守儿童、城乡流动儿童参与征文活动，帮助留守儿童增进亲子交流，感受幸福亲情，健康快乐成长；关爱救助弱势妇女群体；县妇联申请拉萨市妇联从“贫困母亲两癌专项基金”中争取到50000元救助金，发放给墨竹工卡县5名“两癌”患者。

【**开展家庭教育宣传实践活动**】 为深入贯彻落实市妇联《关于开展2015年家庭教育宣传实践月活动的通知》，进一步加强和改进未成年人思想道德建设，各家长学校开展了“道德讲堂”活动，帮助和引导广大家长和儿童传承民族美德、传统良好家风，营造文明和谐的家庭氛围，全县3800余师生受益。以青年为主题开展“护苗2015·网络行动”。发出绿色文明上网倡议书，在中小学校园张贴宣传标语200份，引导孩子们健康文明上网，正确吸收网络健康文明的知识。

【寺庙开展“送知识、送健康、送温暖”活动】 围绕“爱国、团结、和谐、发展、文明”为主题的核心教育内容，向全县3座尼姑寺105名尼姑宣讲爱国主义和民族团结为主要内容的政策法规以及宗教管理事务相关条例，并送去价值2.6万余元的药品和慰问品。

【依法维护妇女儿童合法权益】 全县各级妇联组织始终把维护妇女儿童合法权益作为工作的着力点，以普法宣传为着手，牢固树立新的维权工作理念，切实加强妇联维权能力建设，积极履行维护妇女儿童合法权益、促进男女平等的基本职能。2015年，各级妇联利用“三八”维权周、“6·26”禁毒日、“9·16”平安西藏宣传日、“12·4”法制宣传日等重大节点，开展法律宣传活动15场次，开展男女平等基本国策及两规宣传活动15次，发放各种宣传教育资料2000余份；大力宣传开展土地承包经营权登记、颁证工作的重要性和必要性，确保农村妇女土地权益得到有效的维护，助推农牧区妇女实现“证上有名、名下有权”从源头上保障妇女土地权益问题。县妇联把中央、区市有关通知文件翻译成藏文，全区率先编订成有藏汉双语文字的《维护妇女土地权益的宣传的宣传手册》共印发300余份发到各乡镇农牧区妇女手中。

【开展廉政文化进家庭活动】 县妇联组织全县妇女干部签订《家庭廉政条例》，签订300户家庭，600份责任书，增强干部及家庭成员更好地贯彻落实廉洁自律各项规定，互相监督，提高干部家属的廉洁意识、法律意识和自警意识。

【信访接待】 年内，各级妇联组织共接待来信来访5人次，对于妇女合法权益受到侵害的信访案件，县妇联高度重视，主动介入，对于能解决的问题，积极协调解决。对于家庭暴力等典型案例，积极与公安、法院等部门协调解决，充分发挥基层维权工作站的作用，切实维护妇女权益。各乡镇妇联、机关、企业妇委会也充分发挥“娘家人”作用，耐心接待本乡镇、本单位的上访，倾听妇女们的心声，想办法帮助她们解决问题。既维护来访者的合法权益，又化解社会矛盾，为维护社会稳定做出了一定贡献。

（彭 珠）

【领导名录】

主 席 德 吉

副主席 尼玛彭多

墨竹工卡县人民代表大会常务委员会办公室

【概况】 2015年，墨竹工卡县人大办公室坚持以邓小平理论、“三个代表”重要思想和科学发展观为指导，认真贯彻落实中共十八大、十八届五中全会、中央第六次西藏工作座谈会和习近平总书记一系列重要讲话精神，以“三严三实”要求开展各项工作，认真按照“围绕中心、服务大局、提高质量、当好参谋”的工作思路，紧紧围绕年初制定的目标任务，积极发挥办公室综合协调作用，充分调动人大机关工作人员的积极性和主动性，圆满完成了全年的工作任务。

【办文办会服务工作】 县人大办坚持把提高文字服务水平作为办公室一项重要工作，把好草拟、审核关，力求公文符合政策、法律法规，领会文件精神，贯彻领导意图，切合实际情况，努力提高文字的思想性、理论性、政策性、可操作性，通过文字服务，发挥办公室的参谋助手作用。年内，形成常委会各类文件202份，办公室各类文件63份。对所有来文来电都能及时准确地签收办理，未发生耽搁送阅、影响工作的现象。公文制发、文件收发和传阅都有时间要求和规定手续，操作符合规范。年内，办公室紧紧围绕常委会工作要点，不断深化服务意识，改进服务方法，进一步发挥了综合协调、督促检查、后勤保障的作用，保证了常委会工作的有序开展。2015年积极参与了7次县人大常委会会议，16次主任会议的组织、协调服务工作。在每年人大会的筹备和服务工作中，办公室按照工作安排，制定大会工作方案，就大会各项文字材料、会议安排、会务保障、宣传等工作进行了周密安排，落实人员，细化工作责任，保证大会各项程序依法顺利进行。在为常委会会议服务的工作中，办公室根据常委会对人大工作的新思路和新要求，及时调整工作思路，充分发挥参谋、助手作用。在常委会领导率领下，积极组织开展会前调研活动，及时对调研情况进行整理汇总，形成调研报告；会中认真做好与会人员的发言记录，会后组织相关单位做好意见建议的督办落实工作，保证常委会会议的举行和各项意见建议的及时落实。在主任会议服务中，认真做好主任会议的服务工作，确保会议达到预期效果。同时还认真做好常委会领导交办的事项，积极协调相关单位认真做好开展代表视察、执法检查、政府采购等工作，充分发挥办公室信息枢纽作用，及时了解掌握全县人大工作动态，收集各类工作信息，努力为常委会决策提供服务，发挥参谋助手作用，并认真做好后勤保障服务，确保常委会各项工作的顺利开展。

【做好服务人大代表工作】 抓好学习培训方面，在坚持办培训班、以会代训、为代表订阅资料等做法的基础上，着重抓好乡镇人大主席团的学习。对各人大主席团的学习情况，定期或不定期地进行检查指导，确保学习的正常化和经常性。督办代表议案和建议方面，重点是强化议案建议提出的质量和落实的力度。把代表议案建议提出的基本要求、范围和程序，纳入代表学习培训内容，组织引导代表从大局出发、从选民的普遍愿望出发、从解决问题的现实需要出发，提出高质量的议案和建议。对代表建议的落实，在坚持高规格转办、多层次督办、面对面答复的基础上，突出重点建议，抓住关键环节，采取例会听取汇报、组织人大代表视察等形式，督促承办机构强化措施、狠抓落实。同时，对本年内没有解决或没有解决好的重点议案建议，实施滚动监督，直至解决问题。保障代表权益方面，从有利于代表执行职务出发，继续坚持邀请代表列席有关会议、定期走访联系代表、重大部署和重要工作向代表通报制度，让代表知情知政。对人大常委会召开的有关会议和组织的重要活动，尽可能多地吸收不同方面特别是基层代表参加。

【为基层群众服务】 按县委要求，县人大办经常到联系点甲玛乡赤康村开展慰问服务活动等，及时了解群众所想、所盼、所求，经统计，年内共慰问赤康村12 次，慰问群众22户，涉及资金3.8万余元，切实为社会、基层、群众解决存在的突出问题，努力把好事做好、把实事做实。

【办公室内部管理】 认真组织县人大办工作人员进行业务学习，狠抓公文处理，不断提高办文质量。坚持公文处理的规范化，明确公文制发各个环节的责任，保证公文印制的质量和运转效率，并积极采用电子政务进行收发文件，大大提高了办文效率。年内，在文件收发和传阅、文档管理、清洁卫生、值班制度以及财务管理等方面都认真执行有关规定，较好的完成各项任务，确保适应办公室工作新形势的需要，提高工作效率、工作质量和服务水平，保证了工作的开展。

【做好调查研究】 年内，县人大办按照县人大常委会年度工作计划的安排，把深入调查研究作为实现科学发展、创先争优和转变工作作风的突破口，围绕常委会会议议题，协助人大常委会，组织人大常委会委员，部分区、市、县、乡人大代表，县政府分管副县长、相关乡镇、单位负责人以查、看、问的方式进行视察调研，并根据委员们提出的意见建议起草视察报告，为常委会会议审议提供比较全面、翔实的材料依据。

【维稳工作】 县人大办及时传达维稳相关会议精神，坚持维稳值班制度，把维护社会稳定作为大事来抓。在人大机关落实有专人负责维稳工作，明确职责任务，使工作做到事事有人管。积极开展平安宣传日、周、月活动，加强社会管理创新工作，为保护公民的合法权益，化解社会矛盾，维护社会稳定，起到了积极的作用。

【政治理论学习】 认真学习邓小平理论、“三个代表”重要思想、科学发展观和中共十八大、十八届三中、四中、五中全会、中央第六次西藏工作座谈会和习近平总书记一系列重要讲话精神，不断提高政治理论水平，切实把思想和行动统一到中央的决策部署上来，进一步树立科学发展、跨越发展的思想。认真组织县人大办干部职工学习宪法、代表法、组织法等法律法规，进一步提高人大干部职工掌握开展人大工作的履职能力和水平。

【机关效能建设】 认真贯彻民主集中制原则，集体行使职权，集体决定问题；坚持党的群众路线和“三严三实”“忠诚干净担当”专题教育活动，大兴求真务实之风；加强党风廉政建设，认真执行中央“八项规定”，厉行节约反对浪费；强化制度约束，实施精细化管理，推进人大工作制度化和规范化，不断提高人大工作实效，提升服务水平。

（贺 娇）

【领导名录】

主 任 达瓦次仁

副主任 扎 仓

墨竹工卡县政府办公室

【概况】 2015年，办公室创新实行主任会议制度、秘书会议制度和后勤会议制度，定期组织办公室人员开展学习活动，学习贯彻中共十八大精神、中央“八项规定”、十八届三中和四中全会精神等，认真践行“三严三实”和“忠诚干净担当”活动。办公室人员加强业务知识的学习，采取集中学习与自学等多种方式，全体人员业务能力有所提高，保证了各项业务工作正常有序地开展。

【抓好信息和调研工作】 办公室围绕全县各项工作，尤其是关注全县经济社会发展中存在的热点、焦点、难点以及民生问题，加强信息收集工作，加以整理、分析并及时上报。加大墨竹工卡县门户网、市政府门户网站信息公开力度。合理利用拉萨市政务网，加大信息和公文的上报上传力度。2015年，办公室共采用、编辑、上报乡镇和部门信息670条。办公室积极参与全县各类下乡调研活动，并向县政府提出合理化建议，为领导决策提供了有效的参考，充分发挥了参谋助手作用。

【严把办文办会】 办文方面，办公室建立了公文处理失误责任追究制度，专人监管、专簿登记、签字流转，急件及时办理，定期备份、装档，确保了公文处理不延误、不泄密。起草文稿上，把握当前工作重点、反映工作状况、体现领导意图；重大材料起草，文秘人员集体讨论提纲和修改初稿；审核文稿时，对内容、文字、格式、时限严格把关，确保了文稿质量。2015年，办公室共办理政府红头报告（请示）65件、通知86件、批复135件、函56件，办公室红头报告（请示）19件、通知26件，函3件，办理上级来文200余件。在实地调研的基础上，撰写调研报告4篇，为帮助领导正确决策、解决全县社会发展中的问题提供有力依据。

办会方面，办公室带头精文简会，严格控制会议次数和规模，尽量开短会、开套会。会前拟定议程及时送审，并提出针对性建议，会议通知准确无误，会中服务细致周到，会后及时形成会议纪要。政府办对县政府、常务会、县长办公会等一些高规格会议，坚持牵头做好会议前的准备工作，审核会议议题，并经县政府领导审定同意后才提交会议研究，从源头上确保了会议的权威性。2015年，办公室承办县长办公会议、县政府常务会议17次，及时整理、编辑、下发会议纪要17期；承办专题会议35次，及时整理、下发会议纪要35期；做好视频会议系统管理，进一步推进了全县办公无纸化进程，承办各类视频会议20余次。

【法制工作】 2015年，墨竹工卡县政府法制办公室积极配合拉萨市法制办要求，积极开展法制相关工作，及时完成上级交办的工作任务，为加快拉萨市法制建设进程履行好了职责。继续保持与珠穆朗玛律师事务所的合作，为墨竹工卡县提供法律专业指导。积极帮助各部门、乡镇审核修订相关规范性文件和草案，履行好为推进墨竹工卡县政府依法行政保好驾、护好航的职能。

【机关服务】 办公室以服务为大局，严格管理政府、政府办印章，使用印章有登记。及时传达上级党委政府、相关业务部门和县委、县政府的决策部署，及时将各乡（镇）、各部门、广大农牧民群众反映的情况反馈给领导。会议通知、文件收发、文件传阅、档案管理等工作做到高效、高质。充分使用县文件交换站，促进公文交换工作规范化、制度化、科学化。利用西藏自治区乡镇党政信息网收发各类非涉密文件，提升文件传阅效率，降低公文交换成本。安排办公室每名正式干部（包括副主任）对口联系1名县级领导及县级领导分管部门，安排科级干部对接市政府办公厅各科室，做到了每人都有事干。

【对口帮扶】 以创先争优强基础惠民生活动和党的群众路线教育实践活动为契机，深入推进办公室党支部建设，干好驻村工作，做好结对帮扶工作，多为民办实事办好事。办公室派出驻1名干部赴扎西岗乡驻村，派1名干部赴扎西岗乡担任吉古村党支部第一书记。结合所驻村的实际情况，从不同方面给予帮助，急群众所急、想群众所想，扎实做好“五项任务”。每逢节假日期间，组织人员对驻村干部进行慰问，送去慰问品和慰问金折合人民币1万余元，同时了解他们情况，帮助协调和解决他们工作中存在的困难。

【党建工作】 政府办高度重视党员的党性锻炼和对入党积极分子的培养，积极组织支部成员开展理论学习，鼓励支部成员在会上发言，努力提高党员队伍政治理论素养，并积极吸收优秀职工加入党员队伍，截至年底，共有14名党员。办公室支部认真开展了创先争优活动，积极响应县委和政府的号召，在人员不足的情况下仍派人参加“强基惠民”驻村工作队，加强了组织建设，充分发挥先锋模范作用，工作中带头、生活中垂范，效果较好。

【机关作风和党风廉政】 按照“班子抓班子，班子带队伍，队伍促发展”的要求，努力提高了干部队伍思想素质和业务水平，争创一流业绩。坚持进行不定期的集中理论学习，通过学习，使大家牢固树立了“为民、开拓、务实、清廉”的工作作风，提高了全办人员的思想、政治、理论素养和办事效率，大力倡导真抓实干、无私奉献的精神，营造“支持人干事业，支持人干成事业”的良好氛围。完善工作岗位责任制，强化工作绩效考核，最大限度地调动干部职工的主观能动性，坚决查处纪律松懈、作风涣散的人和事。同时，认真落实党风廉政建设责任制，形成分工负责、齐抓共管的局面。加强日常监督管理，开展多种形式的反腐倡廉教育，严格执行领导干部廉洁自律的各项规定，提高全体人员廉洁从政、拒腐防变的自觉性，促进勤政廉政，推动各项工作取得新成绩。

【综合治理】 年内，全县维稳工作较重，办公室按照县委、县政府的要求，以安全管理为第一重点，认真抓好日常安全管理工作的落实、检查、监督工作。制定值班制度，抽调了县直有关部门人员在县政府综合楼、机关大门值班。不定期召开安全防范工作会议，研讨和排查各类安全隐患。成立了县政府护院队，敏感时段加大巡逻次数，每晚巡逻2次以上。办公室坚持24小时值班制度，严格落实门岗责任制，对外来人员认真核实来访情况，做好来访登记。在敏感时段坚持每天带领督查室和办公室干部开展维稳督查工作，确保机关院内维稳工作顺利开展。

【宣传思想文化】 办公室经常组织干部职工进行理论学习，认真传达和学习十八大会议精神、中央“八项规定”和十八届三中、四中、五中全会精神及党的各项方针、政策，提高了干部职工的理论素养，做到了全年学习有机会、有措施、有成效。进一步加强了反分裂斗争的宣传教育，使反分裂、护稳定、促发展的意识深入人心。

【后勤保障】 以热情服务为理念，积极协调干部职工吃水、用电、住房、用餐等问题，为干部职工安心工作提供优质服务；严格控制车辆管理和对驾驶员的管理，为领导出行提供良好的服务；全面提升机关食堂服务质量，精心搭配营养。

（阿旺晋美）

【领导名录】

主　任　向巴卓玛

副主任　伦　珠

　　　　王吉泽

墨竹工卡县信访局

【概况】 年内，墨竹工卡县信访工作紧紧围绕“贯彻落实中共十八届三中、四中全会和习近平总书记系列重要讲话精神，特别是习近平总书记“治国必治边，治边先稳藏”重要战略思想和“努力实现西藏持续稳定、长期稳定、全面稳定”的重要指示，贯彻落实全国政协主席俞正声“依法治藏、长期建藏、争取人心、夯实基础”的重要原则，不折不扣地贯彻执行区、市、县党委、政府关于信访工作的一系列指示要求，始终坚持依法行政、为民执政的理念，不断完善体制机制，创新思路举措，全面提升信访工作效能和公信力，全力维护群众合法权益。做到了诉求合理的解决到位、诉求无理的思想教育到位、生活困难的帮扶救助到位、行为违法的依法处理，矛盾发现在基层，解决在萌芽状态。

【办理落实】 年内，县信访局共办理信访案件79件，其中来信来访41件，86人次，已全部得到化解，化解率达到100%，帮助群众追回拖欠款2351.911万元，动用信访疑难经费3万元，用于帮助解决信访疑难案件和群众实际困难。排查出的矛盾隐患38起，全部为拖欠民工工资、机械租赁费、材料费、误工费纠纷，已全部得到解决，化解率达到100%，帮助群众追回拖欠款1152.6781万元。实现“零”进京上访、无个人极端事件、无群体性事件的工作目标，为全市和全县社会和谐稳定做出了积极贡献。

【召开会议】 年初，召开工作安排部署会并与各部门、各乡（镇）签订目标责任，全面安排部署全年工作计划；年中组织各乡镇、县直有关单位、有关企业共召开全县处理信访突出问题及群体性事件联席会，认真分析全县信访形势，要求各参会单位认真做好矛盾纠纷排查工作，对易出现集体上访、越级上访的领域，制定相关预防措施，确保全县信访稳定；年末召开总结大会，全面认真总结全年工作开展情况，对存在的不足及时更正。

【主要做法】 成立信访工作领导小组，完善信访各项制度。成立了矛盾纠纷排查化解领导小组，群众来信来访接待领导小组，提供组织保障。进一步完善《领导接访下访工作制度》《矛盾纠纷排查化解工作制度》《群众来信来访接待制度》等相关制度，从制度上促进信访工作有序开展；加大矛盾纠纷排查化解力度，确保矛盾发现在基层，解决在萌芽状态。严格按照“变上访为下访”的工作方法，借助乡镇、村委会、驻村工作队等基层组织的力量，采取定期排查与不定期排查相结合，切实深入基层排查基层矛盾纠纷，确保了矛盾发现在基层，解决在萌芽状态；充分发挥县级领导接访的作用，在受理信访疑难、复杂案件时，由县级领导进行接访，确保疑难、复杂信访案件及时有人抓、有人管、有效得到化解；加大信访条例、法律知识等方面宣传力度，有效引导群众通过合理、合法途径解决问题；认真规范运行网上信访，对上级部门转办、交办的案件及时接受并转送至责任部门，协助责任部门开展协调工作，及时将案件处理结果录入；借助县法院、检察院、司法局以及相关涉矿单位的力量，针对涉矿领域多发的双拖欠问题，通过部门联合的力量进行协调化解。

（其加次仁）

【领导名录】

局　长　次杰罗布

墨竹工卡县政府编译室

【概况】 年内，编译室高举中国特色社会主义伟大旗帜，以邓小平理论、“三个代表”重要思想、科学发展观为指导，认真贯彻落实中共十八届和十八届三中、四中、五中全会精神，深入贯彻执行《中华人民共和国宪法》《中华人民共和国民族区域自治法》《西藏自治区学习、使用和发展藏语文的规定（修正）》，以及全面落实自治区主席洛桑江村在全区藏语言文字工作电视电话会议精神，坚持党的新时期民族语文方针政策，紧紧围绕党委、政府的中心工作，结合“三严三实”和“忠诚干净担当”专题教育活动，以说就办，马上就办的工作要求，不断提高工作效率和质量，积极有效地开展了藏语文（编译）各项工作。

【提高自身业务知识】 为营造学习工作化、工作学习化的浓厚氛围，在干部队伍中确立“人人学习，终身学习”的理念，以全县上下开展“三严三实”和“忠诚干净担当”专题教育活动为契机，制定学习计划，定期不定期组织学习专教活动的相关文件精神和《西藏自治区学习、使用和发展藏语文和规定》《拉萨市社会用字管理办法（试行）》以及新时期民族语文方针政策等业务理论知识，同时，在翻译工作中较好的工作做法和翻译技巧进行交流学习，不断加强巩固自身理论知识。另外，按照《关于派员参加拉萨市藏汉双语翻译培训班的通知》的要求，各乡（镇）和有关单位总共选派了8个翻译干部参加藏汉双语培训班，积极推进知识更新、工作创新，努力造就一支政治强、业务精、作风实干的干部队伍，使藏语文和编译工作更好地为党的中心工作服务，打下了坚实的基础。

【加强社会用字宣传】 为进一步提高广大干部群众规范使用藏语言文字的意识，把《西藏自治区学习、使用和发展藏语文的规定》的文件精神落到实处，结合墨竹工卡县实际，编译室探索编制藏汉双语形式的《语言文字规范宣传手册》，并已完成组织发放。在各宣传节点积极参加开展宣传活动，深入学习宣传党和国家的民族语文方针政策和法律法规，向广大干部群众、个体商户宣传和引导大家树立规范社会用字的意识，使规范使用藏语言文字的意识逐步深入人心，努力营造良好、规范的语言文字使用情况。

【做好藏语言文字翻译】 2015年，按时完成国民经济和社会发展计划（草案）、人代会期间的政府工作报告、议案报告及县直有关部门需要的各种大小型材料的翻译工作，翻译文件40项，总量达到68886字，并且确保翻译数量的同时，始终坚持高质量、严要求，对每个翻译文件都做到严格审校，严格把关，确保翻译工作保质量，做到准、快、省。

【开展社会用字检查】 按照拉萨市藏语委办《关于进一步做好藏语文社会用字检查整改工作方案的通知》的精神要求，把规范藏语文社会用字工作作为加强民族团结，促进文字和谐，严厉反驳达赖集团声称“藏民族文化毁灭论”的谎言，塑造城市形象、提升城市品位、增强城市文明程度的一项重要举措，及时成立由分管领导益西副县长为任组长，政府编译室和县工商局等县直相关部门为成员的领导小组，从2015年3月份开始对全县各乡（镇）、各单位、县城区域的所有个体工商户、公文、横幅进行检查藏语文社会用字情况，并下达30份整改通知书，整改率达到98%以上，全县的藏语文社会用字检查整改工作取得了较好的成效。

（阿旺晋美）

墨竹工卡县政府法制办公室

【概况】 年内，审查修改县政府各部门报送审议的规范性文件草案；监督县政府各部门、各乡镇人民政府规范性文件备案审查工作；办理有关法律草案、法规草案和部门规章草案征求意见函；监督全县行政执法责任制的落实；负责全县重大行政处罚备案、行政执法错案责任的追究；承办县政府管辖的行政复议事项；承办全县行政执法证件、行政处罚听证主持人证件及行政复议应诉人员资格证件的发放与管理；负责行政执法人员公共法律知识培训；为县政府领导和部门提供法律咨询服务；承办县委、县政府及县政府办公室交办的其他事项。

2015年，墨竹工卡县政府法制办公室积极配合拉萨市法制办，积极开展项目申报排查申报工作，及时完成上级交办的工作任务，为加快拉萨市法制建设进程履行好了职责。继续保持与珠穆朗玛律师事务所的合作，为墨竹工卡县提供法律专业指导。积极帮助各部门、乡镇审核修订相关规范性文件和草案，履行好为推进墨竹工卡县政府依法行政保好驾、护好航的职能。

（阿旺晋美）

中国人民政治协商会议墨竹工卡县委员会办公室

【概况】 年内，县政协办高举中国特色社会主义伟大旗帜，以邓小平理论、“三个代表”重要思想、科学发展观为指导，深入学习贯彻中共十八大、十八届三中、四中、五中全会及中央第六次西藏工作座谈会精神和习近平总书记重要讲话精神。在县政协党组的领导下，认真贯彻落实县政协一届四次会议全会精神，根据2015年工作要点安排，围绕政协工作重点，结合自身实际，在抓好服务、提高效率上狠下功夫，进一步挖潜创新，充分调动干部的积极性，使机关工作水平进一步提高，努力完成全年的各项工作任务。

【办文办会】 认真贯彻执行上级关于切实提高会议实效的要求，严格按照务实高效的原则，切实压缩减少各类会议数量及时间，确保会议效率。2015年，共召开3次常委会、5次主席会议、15次主任会议；在一届四次会议期间为确保大会顺利召开，办公室提前准备，分工协作，精细安排好会务、资料、后勤保障等工作，在办公室主任的带领下，全体人员团结努力，为一届四次会议取得圆满成功提供了坚实保障；认真做好文件简报精简工作，采取多种措施减少纸质文件数量，提高文件简报质量及文件的运转时效。年内，县政协认真规范公文运转流程，严把文件质量关、程序关，提高公文办理时效；对于没有实质内容、可发可不发的文件简报坚决不发，全年发文件24份。

【抓好提案交办工作】 2015年，政协委员共提出了44件提案，立案43件，其中问题已解决或者基本解决完毕的20件，问题正在解决或已列入规划逐步解决的21 件，2件所提问题留作参考。从总体情况看，政协提案工作成效显著。主要表现在：提案质量稳步提升，有针对性的举办提案工作培训会议，向委员讲解撰写提案的基本知识和注意事项；及时向委员传达重要工作部署、重大决策部署和重要会议精神，并依托宣传栏、电子信息、新闻媒体等传播途径，确保委员知政情；定期组织委员深入乡村、农（牧）户实地视察、调研，帮助委员掌握社情民意和群众关心的热点难点问题；进一步规范了提案审查立案的程序，对提案进行严格审查立案，确保多出精品提案。提案办理措施有力，坚持党政领导牵头办理，组织召开了由县长主持，18家主办单位参加的交办会；在立案的43件提案中遴选出4件作为主席（副主席）跟踪督办重点提案；先后5次联合县委督查室督促检查各单位提案办理情况，及时汇总并通报最新进展；由政协一把手主持召开提案办理工作座谈会，了解提案办理情况，部署下一步工作；针对部分关系全县经济社会发展和大多数农牧民群众利益的提案，组织提案人到实地就落实情况进行视察调研，确保提案的高效落实。制度建设有序推进，形成了主席（副主席）亲自带案督办的常态机制；始终坚持每年的第三个季度召开一次阶段性提案办理协商会议；进一步完善了优秀政协委员评优表彰和民主测评制度，把提案工作作为一项重要的指标纳入委员履职评优考核体系中，在每年的全委会上表彰一批“优秀政协委员和优秀提案委员”，给予一定的物质奖励并颁发证书，提高委员撰写提案的积极性和主动性。成果转化成效显著，如，委员提出的《关于扎雪乡扎雪村滴吉水渠维修方面的意见》得到了县委县政府的高度重视，被列为县政府300件实事之一，于2015年8月施工建设，工程总长度为1989米，工程总投资约37.7万元，11月建设完成。

【办实事情况】 联合工会、团委、妇联、医院、司法等单位到尼玛江热乡章达村开展春节、藏历年送温暖活动，为群众送去米、面、油等日常所需用品的同时，也送去了文艺节目、医疗药品法律知识等；县政协办公室主任（副主任）带队深入扎雪乡、尼玛江热乡、唐加乡部分村送去金利来（中国）有限公司、全国政协港澳台侨委员会、人民政协报社和西藏政协经济委员会联合捐赠的40箱物资；协助单位派驻的驻村工作队开展送医送药送温暖办实事活动，在藏历、春节前为工作队送去2000元“与民同乐，共度佳节”活动经费。

【“三严三实”和“忠诚干净担当”专题教育】 组织全体干部职工在每周五下午集中学习2小时，认真学习纪检监督信息，《中国共产党廉洁自律准则》和《中国共产党纪律处分条例》；结合“马上就办”活动，转变党员干部“慵、懒、散”行为，努力使党员干部形成“立说立行、马上就办、办就办好”的工作作风和时不我待的紧迫感、狠抓落实的责任感；组织党员干部学习中央“八项规定”、区党委“约法十章”“九项要求”和市委“八项要求”，并贯彻落实到工作实践中。

【开展委员培训活动】 2015年，邀请自治区讲师团成员、市党校马列教研室讲师为县政协委员举行为期3天的培训，详细讲解关于惠民政策方面的知识、新时期统一战线理论知识、新形势下如何更好地发挥委员主体作用、如何履行好委员职责、怎样反映社情民意信息的方法、如何正确撰写政协提案、开展政协专题调研的方法和政协章程报告等，使委员能对惠民政策有明确的认识，对统战政协知识及反映社情民意信息等有系统的认识；组织区、市、县三级政协委员学习中央第六次西藏工作座谈会、区党委八届七次全委会、全国政协主席俞正声在自治区成立50周年大会上的讲话和中共十八届五中全会精神，发放藏汉双语版学习资料60余份；组织办公室工作人员、政协委员学习新党章、宪法，中央、自治区、拉萨市重要会议和习近平总书记重要讲话精神等，提升政协队伍理论水平。

【干部队伍建设】 组织办公室工作人员、政协委员学习新党章、宪法，中央、自治区、拉萨市重要会议和习近平总书记重要讲话精神等，提升政协队伍理论水平。截至年底，共开展各类学习60余场，发放藏汉双语学习资料150余份，累计参加人数约500余人。继续转变领导干部作风，组织全体干部职工在每周五下午集中学习2小时，认真学习纪检监督信息，《中国共产党廉洁自律准则》和《中国共产党纪律处分条例》；结合“马上就办”活动，转变党员干部“慵、懒、散”行为，努力使党员干部形成“立说立行、马上就办、办就办好”的工作作风和时不我待的紧迫感、狠抓落实的责任感；组织党员干部学习中央“八项规定”、区党委“约法十章”“九项要求”和市委“八项要求”，并贯彻落实到工作实践中。继续建章立制，建立健全了《墨竹工卡县政协党组主要职责及分工》《政协墨竹工卡县委员会界别活动暂行办法》《政协墨竹工卡县委员会委员履职考核办法（试行）》《墨竹工卡县政协廉政风险防控机制建设实施办法》《墨竹工卡县政协党组工作规则》；建立了办公室干部职工周五学习制度，进一步提升政协工作制度化水平。

【维稳工作】 维护社会稳定，彰显责任担当。围绕社会稳定和长治久安的重点任务，县政协明确自身职责，积极主动作为，切实抓好维稳工作。县政协机关干部在日常工作中坚决贯彻落实值班、带班制度，做到在岗在位，确保社会稳定大局。

（贾慧婷）

【领导名录】

主　任　刘彦峰

副主任　边巴玉珍

武 装

武 装

墨竹工卡县人民武装部

【概况】 2015年，墨竹工卡县武装部党委认真贯彻落实中共十八届五中全会议精神，紧紧围绕警备区党委年度工作思路和命令指示，在上级首长、机关及县委县政府的关心帮助下，在全体官兵及民兵的共同努力下，圆满完成了以军事训练为中心的各项工作，得到了上级首长和县领导的充分肯定。

【严格落实战备维稳工作】 针对藏历年、“3·14”“3·18”、各种宗教活动及节日以及 十八届五中全会、西藏自治区成立50周年等重大活动，扎实抓了战备值班、战备演练和巡逻执勤，战备维稳工作得到有效落实。

【狠抓民兵整组，强化民兵训练】 依据上级有关指示要求，以提高应战、应急能力为目标，以提高质量为重点，坚持可靠、管用、精干的原则，认真清理了部分年龄偏大，素质偏低的民兵，增加了部分热爱民兵事业且各方面条件较优的适龄青年入队，增强了民兵组织的稳定性和活力。进一步掀起大抓军事训练热潮，根据警备区军事工作指示和人武部年度训练工作安排，按照《民兵军事训练与考核大纲》组织新入队民兵进行了单兵技战术训练，组织3个民兵分队进行了维稳、反恐、处突、抢险等课题训练，组织30人的常态化民兵分队在敏感时段参加了县公安局组织巡逻、防自焚演练等活动，民兵训练得到有效落实，整体作战能力得到不断提升。

【圆满完成征兵工作】 认真贯彻《征兵工作条例》及各级的通知、细则，以新兵质量为核心，采取各种措施，确保兵员质量。在宣传中，通过发布通告，设立电子宣传栏、到各乡镇定点宣传等多种形式，充分调动广大适龄青年参军入伍的积极性。在报名中，组织公安、教育、监察、卫生等部门一起会审，准确掌握每个应征青年的基本情况。在政审中，同公安、乡长、村长及专武部长，紧紧围绕应征青年的有效证件、外出情况、入伍动机，以询问和走访的形式对他们进行全面了解，确保了兵员的政治质量。

【双拥共建稳步推进】 积极组织民兵预备役人员参加县里面组织的植树、清扫街道活动，协助地方义务宣传法律法规及民族宗教政策，为特困户无偿捐送大米、清油、罐头等食品，开展了“双进入”活动，一系列的举措得到了当地政府和群众的大力好评。

【正规化建设得到不断巩固】 坚持从严治军，广泛深入开展条令条例学习活动，注重从日常养成、落实制度、礼节礼貌、军容风纪、作风纪律、队列训练抓起，坚持边学边用，边整边改，使学习过程变成了纠问题、练作风、抓落实、促管理的过程；坚持从规范工作秩序入手，建立完善各种规章制度，严格落实，强化监督检查，发现问题及时纠正，武装部建设不断跃升新台阶。

【加强民兵专武干部队伍建设】 2015年，人武部按照人员配齐、素质配强、设施配套、活动经常的要求，在县委、县政府的支持下，配齐了基层武装部部长及专武干部，加强了民兵的训练教育，利用民兵整组的时机，调整了民兵队伍，加强了民兵组织建设，在保持基干民兵编制不变情况下，建立一支常态化民兵分队。

（罗布次仁）

【领导名录】

部　长　陈文凯

政　委　张朝宣

副部长　李鸿剑

墨竹工卡县公安消防大队

【概况】 墨竹工卡县公安消防大队成立于2005年4月8日，并于2007年10月31日正式进驻消防大队综合楼。2015年11月9日，墨竹工卡县消防中队挂牌成立，并计划于2016年年底完成中队营房修建及入驻工作。大队成立后多次在各项重大消防勤务工作中发挥了重要作用，“3·29”矿难中更是出色完成了救援任务。由于大队出色的工作，更是受到了县委、县政府以及各级领导的高度评价，被各级机关授予诸多殊荣。

【加强正规划建设】 2015年是“十二五”规划最后一年，墨竹大队紧紧围绕总队、支队两级党委的工作安排部署，并根据县委、县政府的工作计划要求，以科学发展观为指引，围绕三月敏感期、自治区成立50周年、抗战胜利70周年、“萨嘎达瓦”等重大敏感节点和重大节日作为工作重心，同时加强防火巡查检查、宣传教育工作，进一步加强“网格化”建设，确保县城火灾形势稳定，同时，为推进部队正规化建设及其他各项基本建设，墨竹消防大队积极开展建设规划工作并投入大量精力开展专项工作的具体实施。2016年是“十三五”规划开局之年，需要提前做好谋划和建设的前期工作。墨竹大队有信心也有能力完成新时期部队正规化、新建消防站等各项建设工作，坚信墨竹工卡县公安消防大队在消防总队、支队及县委、县政府正确领导下，为维护全县经济社会发展、社会局势稳定和人民安居乐业，保一方平安做出更多的贡献。

【完成各项重大安保任务】 2015年，墨竹消防大队全体官兵在两级机关和县政府、公安局的正确领导下，克服了任务繁重人员紧缺的以及气候等困难顺利地完成了“春节藏历年”“三月敏感期”“自治区成立50周年大庆”“抗战胜利70周年”等各项重大任务，确保了辖区内火灾、救援、维稳安全形势稳定。

【加强廉政建设】 加强廉政建设，保持部队的纯洁性，是部队打得赢不变质不腐化的保障，墨竹大队党支部高度重视此项工作，坚持廉政学习，认真落实各项规章制度，杜绝部队内部腐朽，坚持政治理论学习，以提高党支部领导班子的决策能力。同时，为保持党支部的纯洁性、廉洁性，大队认真开展部队党风廉政建设，通过理论学习，深刻教育、自查自纠等方式保持党员干部的纯洁性。思想政治教育和廉政教育工作的开展，切实统一了官兵思想，端正了部队工作作风，提升了官兵工作能力，纯洁了部队良好形象。

【加强部队人员业务素质培训】 越发严峻的社会防控形势、抢险救援任务及维稳工作任务，新时期社会发展进步对消防部队提出了新的要求和新的任务。同时，官兵的个人业务素质能力是十分宝贵的财富，是一个消防部队能够完成各种急难险重任务的骨干力量。墨竹消防大队为能够胜任新时期形势要求，完成各项重要任务，保证辖区的一方平安。大队坚持对官兵进行业务对口培训，参加各种专业能力培训考试，逐步培养官兵适应岗位职责的能力，坚持骨干力量作用，坚持以老带新，强化部队官兵整体素质的提升。

（陈　为）

【领导名录】

大队长　徐辉亮

墨竹工卡县武警中队

【概况】 2015年，武警中队在武警拉萨市支队和县委、县政府、县公安局的领导下，圆满完成了以执勤处突维稳为主的各项工作任务，被评为拉萨市文明单位一级执勤单位。

【双拥共建】 圆满完成了3月敏感期县城维稳任务，保护了人民的生命财产安全，共计参加10次巡逻，根据形势任务的需要，与县公安、武装部、消防等部门开展了防自焚、防冲闯、防脱逃等联合演练3次，同时确保了看守所固定目标的执勤安全，圆满完成西藏自治区成立50周年大庆安保任务以及日多检查站执勤任务，贯彻落实总队的“六共”活动，扎实推进“进寺庙、进学校、进社区、进村庄”四进活动，努力当好战斗队、宣传队、生产队。在法治日、国防日等重要时期组织官兵在县城对法制、国防安全进行宣传教育，使县城人民牢固树立法治意识、国防意识，共计进行4次宣传教育，参与官兵40人次，在中心小学进行了爱国主义教育，中队官兵视墨竹工卡县为第二故乡，经常到敬老院进行慰问，定任务帮扶贫困学生、贫困户，先后号召官兵共捐款3500余元，官兵的实际行动更好地诠释了军民鱼水情的深刻内涵，为构建和谐墨竹、幸福墨竹、文明墨竹而努力奋斗。

（庞春雷）

【领导名录】

指导员　庞春雷

中队长　娄勇军

法治

法 治

墨竹工卡县公安局

【年度综述】 2015年，墨竹工卡县公安局认真贯彻落实中共十八大和十八届三中、四中、五中全会以及中央第六次西藏工作会议精神，结合墨竹经济社会发展和公安工作实际，在县委、县政府和上级公安机关的坚强领导下，按照2014年制定的“强化四个忠于，推进四项建设，提高七种能力，力争实现五个零”的目标，负重奋进，履职尽责，圆满完成了各项工作任务，有效维护了全县社会政治稳定和治安大局平稳，为促进全县经济社会发展做出了积极贡献。

【维稳防控能力】 在全年的维稳防控工作中，公安局严格落实自治区十项维稳措施，全局民警统一思想，整合力量，形成维稳工作合力，力促维稳工作常态化，确保了社会大局平安稳定。

【基层基础进一步夯实】 公安局以“四项建设”为契机，改被动防范为主动作为，对全县的基层基础信息开展了一次大采集，确保了辖区各基础信息“底数清，情况明”。

【专项整治行动】 在道路交通整治、消防安全隐患排查、涉危涉爆物品管理等专项工作中，公安局始终强化措施、落实责任，做到实地检查到位、整改隐患到位、解决问题到位，全力保障人民群众生命财产安全。

【刑事打击】 2015年共立各类刑事案件36起，刑事拘留11人，逮捕5人。其中，公安局侦破的“6·2”特大盗窃案件，凝聚了办案民警辛勤的汗水，得到了县委、县政府及广大人民群众高度肯定。

【治安防控】 2015年，共查处各类治安案件33起，行政拘留41人，罚款30400元。年内，未发生命案、两抢案件和恶性安全件，人民群众的安全感、满意度进一步提升。

【队伍素质整体提升】 为进一步提升队伍的凝聚力、战斗力，公安局通过开展“三严三实、忠诚干净担当”“轮值轮训、战训合一”等专项活动，使民警在体能、理论素养和警务技能方面始终保持较高的水准，满足一线实战的需要。

【加大信息化建设投入】 截至年底，全局连接公安网的电脑已达到153台，全局民警公安网计算机配备率达70%，民警数字证书配备率达100%。根据基层工作需要，配发了身份证核验仪、笔记本电脑、便携式打印机、执法记录仪等信息装备，并为4个派出所、3个矿区警务室、4个驻寺派出所迁入了公安专网。为更好的保障公安主干网络及核心设备的正常运转，公安局出资近20万元，购买了UPS及若干电池组来保障正常运行。为方便群众就近就便办理业务，为七乡一镇便民服务中心接入了公安网，并为警务站安装了办证系统，极大了方便了辖区群众。

【完善已有视频监控系统建设】 公安局自2013年8月搬迁至嘎则新区以来，就把网络监控系统作为提升社会面管控的一项重要工作来抓，在前期已有46个监控点位的基础上，根据经济发展和维稳防控工作的需要，逐步开展视频进乡、入寺工作，截至年底，该项工作正在门巴乡派出所进行试点，另外，为进一步加强对民爆物品的管理，公安局严格按照公安部“两个标准”的要求，在全县的涉爆物品仓库安装了摄像头，实现了实时监控。

【不断提高信息化装备配备水平】 墨竹工卡县县域面积大、矿山企业多、寺庙僧尼多、流动人口多、管控道路长，警力不足的矛盾尤为突出，在县委、县政府和上级公安机关的无私帮助下，公安局不断加大信息化装备的投入，先后购买了通讯保障车、中继台等通讯装备，全局手台的配备率已达到80%，基本满足了日常工作的需要。根据交警大队、便民警务站、各派出所的工作实际，公安局还出资为民警购买了执法记录仪、肩灯、反光背心等科技装备，为两个护城河检查站安装了视频监控，全天候摄录民警的执法过程。在规范民警执法行为的同时，也达到了保护民警自身安全的作用。

【加强情报信息综合深度应用水平】 按照上级公安机关对情报平台运用的要求，公安局根据实际情况，全面落实各级、各部门使用信息化自动预警平台24小时值班机制，将信息化自动预警查处工作责任落实到人，结合业务部门的工作，积极推广网上布控嫌疑人员、车辆等信息化手段的应用。年内，两个护城河检查站通过系统抓获互联网上通缉的在逃人员及临控人员9人；扎实开展基础信息大采集专项行动。3月以来，公安局结合全县维稳防控工作实际，全面转变工作思路，变被动防控为主动作为，组织开展了为期5个月的基础信息采集大会战，积极整合联户代表、网格员、治安积极分子等群防群治力量，按照“院不漏户、户不漏人、人不漏项”的原则，采取弹性工作机制开展入户核查，并综合运用“白加黑”错时分段采集、“事先预告、事后预约”等方式，进一步提高采集效率，提升基础信息采集的系统性和实效性，全面推动基础工作信息化建设成果转化为现实战斗力。其间，共采集治安、国保、交警、刑侦、法制类基础信息60000余条，为自治区成立50周年大庆安保工作打下了坚实的基础。

【强化情报信息收集研判】 2015年，在加强辖区情报信息收集的同时，网安大队密切关注网上的信息，收集研判网上舆情36期，情报信息研判室、网安大队定期开展集中研判和定期研判，牢牢把握反恐防控主动权。

【强化矛盾纠纷排查化解】 公安局结合全县矿山企业、建设工程领域矛盾纠纷相对突出的特点，对矛盾高发的重点单位、重点行业、重点部位开展定期的检查，确保动态有人注意、情况有人收集、问题有人报告、困难有人解决，切实做到对不稳定因素早发现、早报告、早处置。2015年，全局共开展矛盾纠纷大排查、大化解专项行动10余次，协助相关单位化解和处理矛盾纠纷120余起。

【圆满完成各级安全保卫任务】 出色完成了纪念抗日战争暨反法西斯战争胜利70周年、西藏自治区成立50周年、全国“两会”“萨嘎达瓦”、虫草采挖等一系列重大活动安保任务60余批次，确保了全县的社会稳定。

【重拳出击，侦破打击再创佳绩】 2015年，全局共破获刑事案件14起，刑事拘留11人，逮捕5人，直诉4起，持续推进打黑除恶专项行动。2015年，公安局根据维稳工作的需要，对全县可能涉及的沙霸、路霸、车霸、地霸等领域进行了全面的排查，对是否存在强制交易、强迫消费等违法行为进行落地核查，并将核查的结果形成专题报告上报县委、县政府，为今后有效的开展相关工作提供了依据。开展多发性侵财案件攻坚战。2015年，公安局把多发性侵财类案件作为打击的重点，成功破获了一批大案、要案，“6・2”特大盗窃案的成功破获，得到了县委、县政府及广大人民群众的高度肯定，在加大破案力度的同时，公安局还进一步加大了违法犯罪人员信息的采集力度，通过一系列有效措施，全局侦破打击整体效能全面提升，全县呈现出整体发案下降、破案、打处上升的良好局面。

【加强对危爆物品安全管理】 针对墨竹工卡县涉爆企业多、安全责任重的实际情况，公安局在加大监管力度的同时，严格按照公安部“两个标准”的要求，并紧密结合“安全生产大排查、大检查、大整治”专项行动，有序推进全县炸药库的无线传输视频系统安装工作。由各派出所加强辖区卫生所酒精使用情况的跟踪掌握，由各便民警务站加大全县各加油站安全监管力度，并严格按照区市党委、政府关于成品油管理的既定工作要求，严格落实“实名购买、实情登记、实时报告”的三实制度，专人负责、全程监控，确保散装成品油销售底数清楚、去向明晰、有据可查。社区民警通过入户走访、信息采集等形式，进一步加强宣传引导工作，积极向人民群众宣传私藏易燃易爆物品的危害，鼓励他们主动上缴、积极揭发私藏枪支行为，消除了安全隐患。

【加强特种行业、休闲娱乐场所管理】 深入开展特种行业娱乐服务场所摸底排查、清理整顿不按规定经营的娱乐场所、扫黄禁赌、“打四黑除四害”等专项行动，在行动中，清查全县范围内特种行业600余次，下发整改通知书20余份，停业整顿2处。

【强化内部治安防范意识】 加强对内部单位治安防范工作的指导、监督和检查。督促指导各单位建立健全内部保卫机构，配齐配强保卫人员，完善保卫制度和安全防范设施，达到预防和减少治安、刑事案件的发生。同时，在全县范围内继续深入开展校园及周边重点区域、重点时段“护校安园”安全工作专项整治，切实加强学校和幼儿园安全保卫工作。

【重视视频监控维护建设应用】 县城范围内监控探头始终保持90%以上在线率。截至年底，公安局正努力推进乡镇与县局联网，继续加快推进重点寺庙、重点区域的视频监控系统建设，相关工作正有序推进中。

【联勤联动，强化道路交通安全】 公安局针对旅游高峰期车辆迅猛增长的实际情况，在深入调研的基础上，创造性地提出了所队站联勤联动机制，即由交警大队、派出所、便民警务站、护城河检查站共同参与到道路交通秩序管理工作中来，将警力最大限度地投入到路面上，确保每个责任路面均有警力检查或巡逻，既不会造成空挡、断档现象，又避免了一个责任路段多点检查、重复检查的情况。自所队站联勤联动机制运行以来，全县道路交通检查更加有序、交通管理更加规范、安全责任更加明确、打击整治更加有效。年内，共检查各类车辆160000余辆，查处交通违法行为4500余起，行政拘留71人，扣分1000余分，罚款750000余元。

【强化护城河检查站防护网、过滤器作用】 当前，护城河检查站严格按照“五逢必查”的工作要求，扎实开展对重点人员及可疑车辆的查控工作，实现了关口前移，有效防止了重点人员、危险物品流入市区，切实把各类安全隐患隔离封堵在外围、控制化解在外围，从源头上消除了“潜入型”“输入型”隐患，起到“拉萨东大门”防护网、过滤器的作用，切实构筑维护拉萨市安全稳定的牢固防线和坚实屏障，有效策应了拉萨市区社会面维稳防控工作。年内，公安局两个护城河检查站共检查车辆24万余台，人员32万余人，办理一卡通2984张，收缴各类违禁物品2万余件，抓获网上在逃及临控人员9人。

【开展反自焚、防暴恐专项演练】 严格按照区市县党委、政府及上级业务部门的指示精神，结合墨竹工卡县实际情况，制定了防自焚、反自焚、防暴恐等一系列应急处置方案、预案，全面加强了油站、气站等重点部位的监管、守护，同时，将自焚事件的处置具体化、明确化，并进一步加强应急处突演练，特别是防自焚、防暴恐事件的处置演练，确保处突工作迅速有效。

【提升民警执法素质】 局党委认真贯彻落实上级公安机关执法规范化的相关文件精神，把法律法规和公安业务知识学习教育培训作为学习的一项重要内容，形成制度，常抓不懈。局党委班子成员坚持“做学习型领导，带学习型队伍”，在学习法律法规方面身体力行、率先垂范，先后组织学习了《刑法》《刑事诉讼法》《行政处罚法》《治安管理处罚法》和公安机关办案程序等法律法规。在民警培训方面，先后开办了法制员、办案民警及执法规范化培训班，经常性的邀请上级业务部门同志进行法律知识培训，有效地提高了法制员、办案民警的执法能力。年内，开展相关培训4次120余人。

【完善监督审查机制】 公安局在执法工作中坚持日常考评、阶段考评和年度考评相结合，全面深化对基层一线执法部门的考评，实现执法质量考评工作的常态化、制度化。根据公安局制定的相关制度，每个季度由分管局领导带队、法制、政工民警联合组成工作组，深入基层所队，查阅基础台账、案卷，及时了解基层所队的执法情况，发现问题，及时纠正。对检查过程中，对执法质量较好的所队，予以肯定和鼓励；对执法质量不达标的部门，由相关科所队帮助分析其原因，限期进行整改。为进一步加强社会监督，公安局专门聘请一批社会监督员，对民警的警容风纪、执法规范进行监督。每年公安局还会邀请各乡镇、村委会、社会群众召开意见建议征求会，就公安执法工作提出好的意见和建议。

【提高办案质量】 局党委班子成员以身作则，坚持以人民群众切身利益为首要工作目标，在发生严重侵害人民群众切身利益、危害社会安全案件、重大交通事故、重大安全事故、重大盗窃等案件时，主要领导都要第一时间到场，亲自指挥案件侦破。在具体的案件办理上，公安局严格按照四级审核把关制，即在处理案件的过程中，基层法制员、部门负责人、法制办、分管局领导共同审核把关。按照“谁主办谁负责、谁主管谁负责、谁审核谁负责、谁审批谁负责”的原则，抓住办案的每一个环节，做到层层有监督、层层抓落实。近年来全局未发生执法过错案件。

【加快执法办案场所建设】 县局党委把执法办案场所建设改造工作纳入“一把手”工程，斥资1333万余按照执法场所规范化的相关要求进行刑侦技术楼的建设，组织专班对基层派出所进行实地踏勘，量身定制各派出所执法办案场所的改造方案。截至年底，唐加乡、扎雪乡派出所执法办案场所的改造及门巴乡派出所的重建工作正在有序开展中。

【强化执法装备佩戴及使用】 为切实增强执法人员树立规范意识、证据意识、自我保护意识，公安局出资为一线民警购买了执法记录仪、手台、警用多功能腰带等执法装备，在执法的过程中既维护了群众的合法权益，也最大限度的保障了执法者自身的安全。另外，在日常的工作中，公安局从规范主体做起，严禁协、辅警违规佩戴警衔标志、参与执法活动，保证了公安机关执法活动的严肃性和公正性，从源头上防止了不作为、乱作为等现象。

【狠抓教育培训】 定期组织召开理论中心组学习会，对习近平、俞正声等中央领导的重要讲话进行系统学习，扎实开展“我是谁、为了谁、依靠谁”系列大讨论活动，“三严三实、忠诚干净担当”群众路线主题教育实践活动，在开展经常性政治、理论、安全教育的基础上，积极开展“大讲堂”“大竞赛”“大比武”系列活动，年内，共开展“轮值轮训、战训合一”系列培训5期，通过系列活动的开展，使民警在体能、理论素养和警务技能方面始终保持较高的水准，满足一线实战的需要。

【狠抓规范管理】 公安局始终秉承严格、科学、规范的队伍管理模式，着力提升民警的责任意识、担当意识，全力推进公安工作提档升级。制定科学的绩效考核办法，并将考核的成绩作为选人用人的重要依据，在民警中形成“比学赶超”的浓厚氛围，调动了民警的工作积极性，通过做操、统一着装、佩戴党徽等细节培养，进一步提升队伍的团队意识、责任意识。

【狠抓从优待警】 把爱警暖警作为一项工程来抓，使民警充分感受到组织的关爱、家的温暖。公安局高度重视民警的成长进步，将政治表现好、工作成绩优、业务能力强的民警提拔任命到各个业务部门，为解决民警的伙食问题，公安局专门设立了食堂，家属在食堂就餐一律免费，有力助推了和谐警营建设。为切实掌握民警的身体状况，2012年以来，公安局连续三年组织全局民辅协警前往拉萨市阜康体检中心进行全面体检。在做好维稳防控工作的同时，公安局进一步加大了对先进典型的宣传力度。近年来，公安局既涌现出了阿尼卓玛、米玛次仁、成睿这样的先进典型，也挖掘出了一批优秀的部门、优秀的支部和优秀的民辅警。年内，公安局连续撰写了《大庆安保，我们在行动》《致青春》专刊，在全局范围内引起了强烈反响。

【狠抓作风建设】 始终坚持将党风廉政建设作为一项重要工作常抓不懈，局党委成员严于律己、树立榜样，在示范引路上坚持走在前、带好头、先过关，切实做到自身正、自身净、自身硬，是民警学有目标、行有方向。通过制定《墨竹工卡县公安局队伍管理办法》《墨竹工卡县公安局警用车辆使用管理规定》等相关规章制度，为民警的思想和行为套上“紧箍咒”。通过观看《手莫伸》等廉政影视教育片，开展“党的群众路线教育实践活动”主题演讲比赛等方式，提高民警拒腐防变的能力。年内，先后有4名民警在日常执法活动中严词拒贿，全局各部门收到辖区单位和群众送来的锦旗、感谢信达30件（封）。

2015年，通过全局上下的积极努力，全县公安工作呈现出持续向好、正气凝聚、健康发展的良好态势。但是，各类风险和挑战可能还会加大，维护社会稳定的任务依然十分艰巨而繁重。维稳形势越来越严峻。当前墨竹工卡县处于社会加速转型期，在道路建设、资源开发、土地征用等方面社会矛盾比较集中，各类矛盾纠纷呈现出多发、频发的趋势，今后一段时间仍然会居高不下；安全生产形势会越来越复杂，随着经济建设的步伐不断加快，道路交通、民爆物品的管理、火灾事故的预防等方面的管理难度会越来越大；公安队伍还存在一些有待改进的地方。一些部门和少数民警主观能动性不够，一些部门在执行局规禁令上失之于宽、失之于软，个别民警自我要求不严、作风不硬、纪律不强，社会上故意无事生非、刁难民警执法的案件增多，民警合法权益经常受到损害。面对以上这些问题，仍需要实事求是、正确面对，下大气力、尽快解决。

（张 瑞）

【领导名录】

党委书记、局长
梁光文

党委副书记、政委
孙雁哲

副政委、副局长
其米多布杰

副局长 赤列索朗
晋美多吉
汤金伟

党委委员、特警大队大队长
土登次仁

墨竹工卡县人民检察院

【概况】 年内，墨竹工卡县人民检察院深入学习贯彻中共十八大和十八届三中、四中、五中全会及中央第六次西藏工作座谈会精神，紧紧围绕中心工作，以科学发展为引领，以贯彻落实习近平总书记系列批示指示精神为主线，以忠诚干净担当为要求，将“严格规范司法”作为贯穿全年的工作重点，深化司法改革，不断明确职责定位，创新工作举措，改善作风，扎实履行法律监督职责，努力让人民群众在每一起司法案件中感受到公平正义，为墨竹的跨越式发展和长治久安做出了积极的贡献。

【维稳工作】 坚决贯彻落实党中央和区市党委决策部署，严厉打击十四世达赖集团、各类敌对势力的分裂破坏活动，深化维稳措施落实，常态化值班备勤1000余人次，抽调7名干警参与维护稳定、专项治理、专案办理等工作，未出现脱岗、漏岗等不良现象，为全县的维稳工作做出了应有的贡献。

【刑事案件】 年内，共受理公安机关移送审查批捕案件8件14人，与上年同期相比案件数下降了33%，人数下降6%。受理移送审查起诉案件10件15人，与上年同期相比案件数下降了9%，人数上升了25%。其中，起诉案件8件12人，1件1人移交其他人民检察院，1件2人正在审查中。提起公诉案件均做有罪判决，法院采纳检察院量刑建议6件8人。

【职务犯罪】 坚决贯彻中央依法惩治腐败的重大部署，坚持有腐必反、有贪必肃，立案侦查贪污贿赂犯罪1件1人，提请逮捕1件1人。在依法打击犯罪的同时，注重加强警示教育。与县纪检委合作，投资47万元，建设廉政警示教育基地，现已完成建设，2016年初开始对外开放。与县七乡一镇等10余家单位建立监督联系制度，注重以案说法，引导公职人员远离“潜规则”，依法廉洁履职。

【服务民生】 积极开展“预防涉农职务犯罪，促进和谐农村建设”专项预防调查活动，走访县财政局、县农牧局、县林业局等相关单位，搭建法律咨询平台和法律监督平台。县人民检察院驻村工作队积极与相关部门沟通协调，帮助米洛村委进行基层组织建设，投入建设经费0.4万元，建成惠民项目2项，投入资金39万元，办实事、办好事25件，投入资金18.05万元，制定帮扶思路1条，化解群众纠纷7起，开展普法教育3场次，广泛开展感恩教育，入户率达100%，群众受教育率达95%，进一步密切了党群干群关系。

【法治宣传】 利用每月开举报箱的时机，给群众散发宣传资料，面对面地讲解举报知识，提高群众的法律意识。同时，抓好县综治委组织的主题宣传日活动，以举报知识及基础法律知识为主要内容，上街普法。截至年底，法制宣传共10次，其中，法律进寺庙2次，法律进企业1次，法律进校园1次，散发宣传资料1000余份，展示宣传挂图8幅，提供法律咨询20余人。

【法律监督】 坚持惩治犯罪与保障人权并重，强化对诉讼活动的法律监督。在县看守所积极开展监管执法专项检查工作，突出监督重点和监督实效，强化对在押人员的人权保护，促进监管场所的安全、稳定。始终做到一周两次常态检查，重大节假日前重点检查和隐患排查，并每周三向县委政法委报送周小结，及时汇报看守所人员变动及思想动态，做到随时掌握在押人员的心理动态，维护其合法权益。共开展常态检查86次，全面大检查6次，与在押人员谈话3次10人。并对辖区的监外执行罪犯进行准确、认真的核查，制定监外执行工作台账，并对其进行监督考察，细致地了解和掌握辖区监外执行罪犯的基本情况。截至年底，该县监外执行罪犯共3人，其中判缓刑的有2人，暂予监外执行1人。

【专题教育】 从严从实加强思想政治和业务能力建设。扎实开展“三严三实”和“忠诚干净担当”专题教育和规范司法行为专项整治活动，采取集中组织学习、个人自学、集体讨论、“书记上党课”等形式，促使全院干警深入系统地学习十八届三中、四中、五中全会和习近平总书记系列重要讲话等精神，不断提高干警的政治敏锐性和鉴别力。要求全院干警加大对刑事诉讼法、民事诉讼法、检察机关执法工作规范、人民检察院刑事诉讼规则等业务知识的学习力度，提升自身业务能力和水平。共开展集中学习60次，撰写心得体会、发言材料36篇。通过政治业务学习，提升了理论水平、业务能力、大局意识和决策能力。同时，针对自身执法关键环节，对近年来的各类案件进行自查自评，归纳整理问题5类12项，并通报全院进行整改，现已整改5类7项。

【党风廉政建设情况】 县人民检察院党组始终把贯彻执行党风廉政建设责任制作为加强党风廉政建设和反腐败工作的“一把手工程”来常抓不懈。年初，制定《墨竹工卡县人民检察院2015年党风廉政建设工作计划》和《墨竹工卡县人民检察院2015年党风廉政建设工作任务分解表》，形成了党风廉政建设有人抓、有人管的良好局面。同时，在全院实行党风廉政建设目标责任制，认真落实“一岗双责”制，检察长与班子成员、班子成员与分管科室负责人层层签订党风廉政建设责任书，把责任书规定的各项任务落实到每个直接责任人的肩上，形成检察长亲自抓、分管领导具体抓，一级抓一级的领导体制和齐抓共管的工作局面，使责任书的各项任务落到实处，共签订党风廉政建设责任书22份。

【检务保障工作】 狠抓队伍建设，完善基层基础设施建设。在强化队伍建设方面，选派 8人参加各类培训。其中，1人到南京市检察院参观学习，3人到南京市参加培训，1人到林芝参加藏汉“双语”培训。在完善基层基础设施建设方面，投入资金387.39万元，进行院内绿化和附属工程改造；投入75.9213万元，购置办公桌椅、电脑设备等；投入42.9532万元，安装监控及内网改造。通过上述工作，大力提升了县人检察院的办公办案环境。

（曹 静）

【获得荣誉】

2015年，县人民检察院先后被评为市级基础建设优胜奖；县级创先争优强基础惠民生活动先进驻村工作队，并继续保留市文明单位称号。

【领导名录】

党组书记、检察长

索朗次仁

党组副书记、副检察长

索朗云登

党组成员、副检察长

肖 静

墨竹工卡县人民法院

【概况】 年内，墨竹工卡县人民法院深入学习贯彻中共十八大及十八届三中、四中、五中全会及中央政法工作会议、中央第六次西藏工作座谈会精神，深入学习贯彻习近平总书记系列重要讲话精神，特别是“治国必治边、治边先稳藏”的重要战略思想，深入学习贯彻区、市、县党委八届全委会精神，紧紧围绕“努力让人民群众在每一个司法案件中感受到公平正义”的目标，牢牢把握司法为民、公正司法的工作主线，忠实履行宪法法律赋予的职责，各项工作实现新跨越、再上新台阶。全年共受理各类案件128件（含旧存9件），同期增长14件，同比增长10.9%，审执结123件，综合结案率96.09%，无超审限案件，案件审执结率实现了历史性的突破，在全市法院中也位居前列，为推进“依法治县”提供了有力的司法保障和优质的司法服务。

【立案工作】 县法院进一步完善审判管理制度，加强法院案件质量评查工作，切实发挥对案件的评估、引导功能，不断提高审判工作质量、效果，不断推进司法公开三大平台建设，着力实现“四个转变”。同时，创新司法为民举措，积极推进社会矛盾化解、社会管理创新、公正廉洁执法三项重点工作，以深入整治“六难三案”为出发点，切实关切和解决人民群众反映强烈的“问累”“诉累”“跑累”等问题，将立案大厅统一整合为诉讼服务大厅，实行一体化运行、集约化管理，实现“柜台式”办公，着力解决立案难问题，完成立案登记制度改革，全年共登记立案128件，登记立案率100%。加快落实随机分案排期机制，杜绝“三案”。实行预约立案、上门立案，共开展诉讼引导50余人次、案件电话咨询200余次，实现了有案必立，有诉必理。使诉讼服务中心成为县法院司法为民的新平台和化解矛盾的前沿阵地。

【刑事审判】 坚持宽严相济的刑事政策，依法严惩各类严重刑事犯罪，积极参与社会治安综合治理，努力维护国家安全和社会稳定。全年县法院共受理刑事案件12件，同期增长6件，同比增长50%，审结12件，结案率为100%。其中，审理盗窃案件6件，交通肇事3件，信用卡诈骗1件，故意伤害2件，分别占刑事收案总数的50%、25%、8%、17%，与上年同期比较刑事案件比例有较大提升，信用卡诈骗是

2015年县法院新型案例。

【民事审判】坚持“能调则调，当判则判，调判结合”的审判原则，注重案结事了，能动司法、主动服务，努力将化解矛盾端口前移。全年县法院共受理民事案件99件，同期增长4件，同比增长0.4%，审结94件（调解42件、撤诉26件、判决24件，其他类型2件），结案率为94.95%，调撤率为68.7%。其中，合同类纠纷43件，婚姻家庭纠纷类案件21件，民间借贷12件，机动车交通事故责任纠纷6件，分别占民事受案总数的43.4%、21.2%、12.1%、6.1%，其余为侵权赔偿、租赁、排除妨碍等类型，与上年同期相比较，案件类型和所占比例无较大变化，出现排除妨碍等县法院新类型案件，此案的出现可以从一个方面说明本县公民法制意识有所增强，“法律七进”初见成效。

【执行工作】按照齐扎拉书记的重要指示：“执行工作不能与民族因素挂钩，也不能以维稳为借口不执行国家生效的法律文书”，县法院以提升司法公信力、树立司法权威、维护人民群众正当合法权益为目标，依法穷尽一切执行措施，不断强化案件执行力度，拓宽执行思路，促进执行工作良性循环，紧紧依靠当地党委政府及相关部门，全面打响了“集中执行”“保民生执行”等6个重点执行攻坚战，全力破解“执行难”问题。全年县法院受理执行案件17件，同期增长4件，同比增长23.5%，执结17件，执结率为100%，执结标的总金额141.02万元。同时，依法推动司法救助与社会援助、法律援助的有效衔接，设立了100万元的执行救助基金，为确有生活困难的2名申请执行人发放执行救助金32650元。

【便民诉讼服务新举措】为切实解决偏远地区群众诉讼不便问题，县法院始终坚持能动司法、主动服务，努力将化解矛盾端口前移，结合严重缺员的实际情况，统一调配司法资源，将审判工作、法宣工作、巡回办案三个方面统筹谋划，以“法律进矿山”为抓手，以“车载流动法庭”和“驻乡镇派出法庭”为依托，结合“法律七进”，坚持“有案办案，无案法宣”的务实工作方式，因地制宜，深入农牧区开展巡回办案。针对本县矿企较多，矿山地处偏远艰苦的实际情况，县法院着力将审判工作服务于县域经济特色：建立矿区便民诉讼联系法官制度，在矿山生活区设立法官联系牌，悬挂写有联系法官姓名、照片、职务、法官等级、联系电话的公示栏，承诺24小时提供便民诉讼服务，可咨询、可预约上门立案、可上门调解解决纠纷；用足用好现有司法资源，服务农牧区，充分发挥县法院直孔派出法庭的辐射作用，审判工作辐射本县北部三个乡镇，大力开展预约立案、上门调解、就地开庭；拓展延伸车载流动法庭功能、开展巡回办案、上门调解、就地办案、就地法宣，沿途为群众做好事，打造亲民便民形象。全年预约立案20件，上门调解、一次性解决纠纷23件（未包含在全院受案总数中），就地办案56件，开展巡回办案60余次，行程7000余公里。同时，以法律七进、干部下基层等丰富的形式，开展法制宣传25次，发放宣传材料4200余份，受教育人员3000余人。

【信息化建设】大力实施“天平工程”，加强法院信息化建设，深化司法公开，实现审判执行全程留痕，推动审判执行工作机制深刻变革，以司法公开和机制变革、促进司法公正。基本联通县法院与拉萨市中级人民法院的三级信息化管理网络，视频会议中心、科技法庭全部投入运行，建成涵盖审执业务管理、队伍管理、司法政务管理的信息化体系，基本实现了审判工作全程留痕、全程监督，办案业务和审判管理在网上运作。使用科技法庭开庭40余件，同步录像录音30余件。建立电子卷宗128件，并完成2010—2014年补录案件742件，符合要求的裁判文书，已全部在中国裁判文书网上向全社会公布。

【物质装备建设】在县委、县政府的高度重视下，在上级法院的大力支持下，在对口援助法院的无私帮助下，2015年6月，县法院顺利完成审判综合楼新址的搬迁工作。本县财政出资370万元对审判综合楼强弱电、法院四十亩地的院墙大门等功能结构进行了局部性改造和建设；自治区高级人民法院为整栋审判综合大楼配备了100万元的办公家具和50万元的科技法庭、电视电话会议室全套设备；县政府为全院干警修建了24套干警周转房。截至年底，县法院已拥有占地40亩，2753平方米的审判综合楼，1600平方米的干警住宿楼、600平方米的干警食堂以及相关配套用房。

【受援工作】 在上级法院的关心和重视下，在南京市中级人民法院的无私援助下，2015年，县法院利用上一批援藏资金120万元建起了干警食堂、洗衣房等温馨工程，并与南京市对口援助法院已制定完成了2015—2017年三年的对口援助方案，现第一期援助资金50万元已到位。县法院90%干警均前往南京市法院及基层法院进行轮训，对口援助法院派出22人分3次到县法院传经送宝。

【服务本县中心工作】 长期以来，县法院干警将“治国必治边，治边先稳藏”的理念，内化于心，外化于行，严格落实各项维稳措施，准确定位，圆满完成节庆节日执勤、宗教活动以及敏感期间和节点、“羊年转湖”、西藏自治区成立50周年等各项维稳任务，投入干警20余人次、车辆10台次，达成了“三无”“三不出”的工作目标。长期抽调1名干警在县强基惠民办公室，抽调2名干警长期驻守加油站，院党组书记、院长在敏感节点包乡蹲点督导全乡维稳工作。同时认真开展“强基础惠民生”“一对一帮扶”活动，与群众结对交朋友，为群众办实事解难事，4名干警组成驻村工作队，全力协助尼玛江热乡党委、政府开展工作，院内20名党员与20余户基层群众结对，驻村工作队全年协助落实惠民项目9件，投入资金54.5万元，为民办好事60余件。

【专题教育活动】 县法院党组高度重视党风廉政建设，认真研究党风廉政建设问题，年初由党组书记、院长与分管副院长以及各部门负责人层层签订党风廉政建设目标责任书，并邀请县委组织部、县纪委等单位参与县法院开展的述职述廉工作报告会，进一步加强岗位风险评定，细化内部行政管理运行。为了加强全院干警的思想政治理论水平、抓好纪律作风建设，县法院党组将2015年开展的“三严三实”和“忠诚干净担当”专题教育活动与司法廉洁教育紧密结合起来同部署同开展，每周四下午固定组织全院干警开展集中学习、讨论，县法院全年开展“三严三实”和“忠诚干净担当”集中学习及讨论专题会议39次，专题讨论15次，观看影片8部，召开高质量的专题民主生活会1次，全院干警平均每人撰写个人集中学习笔记40余篇；开展廉洁司法教育共12次，专题讨论7次，组织中层以上干部开展述职述廉报告会1次，心得体会交流6次，平均每人撰写个人集中学习笔记12篇，切实增强了全院干警的党性修养和廉洁、自律意识。

【法院文化建设】 县法院针对本年在岗人员不足的突出矛盾，着力在后勤保障和文化建设上出实招、想办法，努力营造风清气正、守土有责、拴心留人的工作生活环境，结合全年200多天必须在岗在位的维稳戒备等级要求，制定了县法院文化建设规划方案，利用20余台更新换代的电脑建设电子阅览图书室；成立摄影、徒步、骑行、奇石、红歌等五个兴趣小组；结合搬迁后的新址建设，规划院内走廊文化建设，截至年底，正在院内设立各类提示牌，楼梯间设立笑脸墙、风纪镜、五代领袖像；四层走廊分别按法律文化主题、廉政文化主题、党建文化主题、兴趣文化主题做出了设计初样，并结合三大平台建设已设计完成门户网站形象及模块、设计完成微信公众平台标志及模块。文化建设内容极大增加了县法院干警的凝聚力和向心力，激发了全院干警的工作热情，在全县广播体操大赛中，县法院代表队荣获了集体二等奖的好成绩。

【规范化建设】 一直以来，县法院党组坚持以党建促队建，用坚定的政治理论武装全体干警，确保法院各项工作的顺利开展，积极完善各项内部监督制约机制建设，以制度管人，以制度管事，以制度管权。首先，进一步明确了院党组成员的分工，建立完善了《党组议事规则》《院长办公会议事规则》《审委会议事规则》和《工作目标考评细则》

等各项制度，进一步明确了各级领导一岗双责的岗位责任，把责任分解落实到人，坚持分工不分家，加强协作、齐抓共管、形成合力。其次，严格执行“八项规定”“约法十章”“九项要求”“六项措施”“五个严禁”和法官法的规定，建立完善县法院车辆管理办法、车辆使用台账，派车单；最后，确定每周二下午为全院干警的业务学习固定时间，组织全院干警结合在审案例、新司法解释、新颁布法律以及信息化应用开展业务学习，促进全院干警的业务素质不断提升。通过“三步一课多方位”的学习模式和上述举措，不断增强县法院干警的政治意识、大局意识、廉洁意识和群众意识，提升工作积极性、主动性。

（彭 宇）

【获得荣誉】

2015年，县法院先后被评为全自治区优秀法庭、全市法院综合工作集体嘉奖、优秀庭审、全市法院驻村工作先进集体、拉萨市文明单位、市信访工作先进集体等先进集体荣誉称号，26人次荣获区、市、县优秀法官、青年五四标兵、先进个人荣誉称号。

【领导名录】

党组书记、院长

韩新强

党组成员、副院长

廖 江

索朗德吉

墨竹工卡县司法局

【概况】 年内，司法局以科学发展观，邓小平理论和“三个代表”重要思想为指导、深入贯彻落实中共十八大和十八届三、四、五中全会及习近平总书记系列重要讲话精神，落实“治国必治边、治边先稳藏”和“努力实现西藏持续稳定、长期稳定、全面稳定”的法制内涵，落实全区、市政法工作和司法行政工作会议及维稳综治工作会议精神，坚持依法治县和法治稳县战略，以开展党的“三严三实”和“忠诚干净担当”教育实践活动为契机，强化素质管理，夯实基层基础建设，以积极服务保障民生，努力维护社会稳定为主线，深入推进司法行政各项工作，全面履行司法行政职能，奋力推进全县司法行政工作的创新发展，为构建和谐平安墨竹提供了有力的法律服务和法制保障。

【专题教育活动】 司法局始终把党员干部职工的政治思想教育放在首位，认真贯彻邓小平理论、“三个代表”重要思想和科学发展观，深入学习中共中央总书记习近平系列重要讲话指示精神，扎实开展“三严三实”和“忠诚干净担当”教育实践活动。通过系列学教活动，牢固树立了责任意识，做到思想统一，立场坚定、旗帜鲜明、反对分裂、维护稳定。按照党的三严三实学习活动总体部署要求，结合县司法行政队伍建设实际，司法局认真组织、层层动员，广泛宣传，积极组织开展“三严三实”和“忠诚干净担当”教育实践活动的学习、讨论、座谈活动，使司法行政机关干部职工牢固树立了政治意识、执政意识、大局意识、宗旨意识和责任意识，为努力造就一支政治坚定、业务精通、作风优良、执法公正的高素质司法行政队伍，丰富“三严三实”和“忠诚干净担当”活动成果做出积极的努力。

【组织队伍建设】 为落实责任，强化措施，进一步完善司法行政各项工作机制，激发全县基层司法行政工作人员的积极性和创造性，不断推进司法行政工作的改革发展和队伍建设，司法局结合加强和创新社会管理、创先争优强基础惠民生、党的“三严三实”等活动，进一步建立完善了社区矫正、安置帮教、人民调解等司法行政职能工作机制，力争在机制上有创新、在方法上的突破，在措施上有完善。为加大司法行政干部职工的业务培训力度，年内司法局领导干部职工参加了全区社区矫正工作培训，有效地提高了司法行政工作者的工作水平和业务能力。

【普法依法治理】 深入开展法制宣传教育。坚持以科学发展观为统领，推进普法依法治理工作，把新时期中央对西藏的工作指导方针和强基惠民政策措施贯穿到深入开展以宪法为主要内容的法律宣传活动中。大力宣传宪法有关国家根本政治制度、基本经济制度、公民基本权利义务和国家政策的基本原则等法律知识，在全民中牢固树立宪法意识，维护宪法权威。广泛开展“法律七进”宣传教育活动。为推动“七五”普法规划开局，使法制宣传教育更加贴近实际，贴近生活、贴近群众，引导群众自觉参与、自我教育，司法局积极推动法律进机关、进农牧区、进单位、进学校、进企业、进寺庙活动，加大法制宣传的覆盖面和参透力，着力提升法制宣传教育的针对性和维护社会和谐稳定的实效性。年内，司法局共组织开展各类普法宣传教育活动12场次，共发放各类法律宣传资料800余份（册），受教育干部群众达5480余人次。

【人民调解】 全县各级调解组织按照创建平安墨竹、构建和谐社会的要求，大力加强领导，强化措施，充分发挥了人民调解工作作为维护社会稳定“第一道防线”的作用，人民调解、司法解释、行政调解初显成效。截至3月底，墨竹工卡县共发生了各类矛盾纠纷案65件，其中婚姻家庭纠纷案36件、邻里纠纷案9件、劳动争议纠纷案5件，征地拆迁纠纷案3件、房屋宅基地纠纷案3件，生产经营纠纷案1件，其他纠纷案3件，涉及当事人560人。现57件纠纷全部由各乡镇、村组调委会成功调解，并规范建立了当事双方调解文书档案，调解成功率达到100%。为促进墨竹工卡县经济稳定中的积极作用个规范发展，年内，司法局共开展春节、藏历新年、“两会”、虫草采挖期、雪顿节、国庆节等敏感日的矛盾纠纷摸底排查调处活动8次，对矛盾较突出、人数较多情况较复杂、久调未果的民事纠纷案件进行认真梳理排查和跟踪回访，为全县社会局势稳定营造良好的平安和谐环境。

【安置帮教】 为切实做好“两牢”释放人员的安置帮教和管控衔接工作，全面落实社会治安综合治理各项措施，年内，司法局与各乡镇签订《安置帮教目标责任书》，加强了对基层安置帮教工作的督导检查力度，建立完善各项制度，有效地促进安置帮教工作的全面落实。司法局认真开展对刑释解教人员和重点人口的摸底排查和登记造册工作，加大了重点区域、重大节日、重要活动的排查，坚持做到底数清，情况明，措施到位。截至年底，全县2015年刑释解教人员82人，一一建档立卡，采取了一对一，多帮一的管控帮教措施。为开展“安置帮扶一个人，温暖教育一家人”帮教活动，司法局在藏历年前分别前往七乡一镇刑释解教人员家中，看望帮扶和走访贫困刑释解教人员，为他们送去大米、酥油茶等过年物品和现金，共计15000元。司法局对全县家庭生活困难刑释解教人员进行摸底，对1名有求职意愿且家庭生活困难的刑释解教人员开展了帮扶资金5000元。做到了掌握主动，了解民情，稳定民心，为维护全县社会治安稳定做出努力。

【法律援助】 积极利用法律援助志愿律师的资源优势，围绕群众的热点难点问题，着力开展法律援助和法律咨询服务，努力拓宽援助覆盖面。年内，县法律援助中心共办理法律援助案件8件，其中刑事案件5件，民事案件6件，涉及当事人8人；代写法律文书12份，接受来电来访咨询30人次。截至年底，已结案6件，为当事人挽回各类经济损失和赔偿约16万余元。

（旺 扎）

【领导名录】

局 长 王标堂

副局长 旺 扎

经济管理

经济管理

墨竹工卡县发展和改革委员会

【年度综述】 年内，面对发展中的重重压力和困难，全县上下紧紧围绕“四个全面”战略布局，主动认识新常态、适应新常态、引领新常态，深入实施“六大战略”，加快转型升级，突出项目建设，强化农业基础，着眼社会民生，努力保持经济平稳较快发展，全面完成了2015年计划目标任务。

【任务指标完成情况】 2015年，全县地区生产总值实现23.53亿元，同比增长12%；公共财政预算收入实现2.7亿元；农牧民人均可支配收入实现10681.53元，同比增长16.2%；全社会固定资产投资完成75.18亿元，同比增长42.1%；社会消费品零售总额达到2.95亿元，同比增长17.2%；工业增加值达到8.43亿元，同比增长20.3%。

【固定资产投资超额完成】 以项目带动建设，以投资拉动经济，全年开复工项目125个，完工项目81个，完成固定资产投资75.18亿元，其中重点项目18个，完成投资71.91亿元。投资1.44亿元实施交通项目39个，新增公路里程71.073公里，改造提升77.03公里，新增独立桥15座/137延米。投资4035.5万元实施水利项目16个，新增水渠41.12公里，防洪堤23.7公里，灌溉2.78万亩。投资2615万元完成巴日卡道路二期工程，新增市政道路1.76公里，供水管网1.76公里。投资1.11亿元实施社会事业项目17个。实施1‰以内援藏项目7个，落实援藏资金6640万元。

续建项目25个，续建投资2.37亿元，复工23个，其中完工20个，完成投资1.67亿元。

新建项目120个，总投资110.35亿元（国家投资2.87万元，本级投资0.91亿元，社会投资105.94亿元，援藏投资0.56亿元，其他投资0.07万元），开工102个，其中完工61个，完成投资73.51亿元。）

【交通运输网络进一步完善】 组织实施2015年交通基础设施项目39个，总投资1.44亿元，新增道路里程71.073公里，改造提升77.03公里，新增独立桥15座/137延米；编制上报《“十三五”交通项目规划》，计划实施项目115个，规划投资14.19亿元；组织开展嘎则新区客运站前期工作，完成项目选址、方案设计，并已上报财政厅申请建设资金；开展全县农村公路普查，经统计，全县总里程900.253公里，其中：国省道208.5公里，县、乡、村道路648.324公里，专用道路43.427公里，行政村通畅率达到87.5%，自然村通达率100%。

【受援工作扎实开展】 积极推进2015年8个援藏项目，包括1‰以内援藏项目7 个，1‰以外援藏项目1个，累计投资6640万元。其中：已开工项目3个，完工项目2个。完成验收项目审计和结余资金拨付，并开展2016年援藏项目前期工作。

【“十三五”规划项目储备初步完成】 做好项目储备和前期推进工作，“十三五”期间共储备项目498个，规划总投资541亿元。截至年底，已提前开展41个项目的前期工作。其中包括日多乡维巴村公路、尼江乡仲达村公路、扎雪乡龙珠岗村公路等8个交通项目，工卡镇恰嘎村、扎西岗乡巴洛村等7个村容村貌整治工程，经四路、南京路北段等23个市政基础设施项目编制上报《“十三五”交通项目规划》。

【招商引资实现新突破】 协调解决矿山车队，保障矿企生产要素，全年落实招商引资到位资金71.04亿元。积极对接南京企业，探索建立净土产品销售平台；启动大日多景区开发和甲玛景区盘活计划，服务业招商全面推进；探索发展经济综合实体，净土健康产业研发基地完成主体工程；规划先行，科学编制《全县招商引资计划》和《嘎则新区商业用地盘活计划》。

【商务工作扎实推进】 2015年，碘盐配送任务在覆盖农牧区的基础上，增加本地城镇贫困居民。共配送全县9927户、人数为48140人，配送数量264.77吨，实现碘盐推广率100%；建立尼江乡物流配送中心，开展“万村千乡”农家店运行情况自查和新增点申报工作，进一步完善商贸流通网络。

【电力、粮食工作】 不断深化粮食流通体制改革，确保粮食市场稳定。2015年，共销售粮食10万公斤，新增成品储备粮25万公斤；赴南京考察学习粮食储备运营工作，并与南京市粮食局顺利对接，签署合作协议，兑现购买粮食设备20万元；尼江乡新建粮库顺利启动运营，扎西岗乡粮库新建项目前期工作全部完成，待2016年4月份组织实施。完成3887.14万千瓦时购电量，售电量2735.76万千瓦时，累计上交各项税金总额156.77万元；完成米拉山拉林公路10KV线路改造和日多乡变电站主变更换，改造3座寺庙僧舍、经堂线路，安装廉租房及周边商户磁卡电表，新装供电用户60户。

按照市委“马上就办”活动精神，减少审批时限、优化审批流程，及时办结审批（备案）项目。年内共组织评审项目35个，审批项目102个，备案项目3个。

根据县政府安排，制定《关于墨竹工卡县政府投资项目施工、监理单位抽签实施细则》，规范墨竹工卡县200万以下政府投资项目招投标秩序。年内，共组织摇号15次，确定承建单位85家，累计中标金额5331.37万元。其中：农牧民施工单位中标项目66个，累计中标金额4072.72万元。研究制定《本地农牧民施工企业考核办法》，组织县人大代表、政协委员、项目所在地乡（镇）人民政府、属地村民委员会以及基建领导小组成员，在县监察局的全程监督下，对28家本地农牧民施工企业负责承建的66个项目进行考核，管理规范本地企业，保证建筑工程项目的质量和安全，真正培育壮大一批有实力的本地农牧民施工企业，促进建筑业健康发展。

严格遵守中央“八项规定”等廉政规定，优化项目审批、改进调研工作、精简文件简报、倡导勤俭节约，规范公务用车。单位三公经费开支较上年同期相比下降12%。

（索　珍）

【领导名录】

主　任　尼玛次旦

副主任　次卓嘎

　　　　扎西玉杰

墨竹工卡县财政局

【年度综述】“十二五”期间，全县财政工作坚持以科学发展观为统领，全面贯彻落实中共十八大和十八届三中、四中、五中全会精神，贯彻落实习近平总书记系列重要讲话精神，紧紧围绕“四个全面”战略布局，坚持稳中求进的总基调，抓住发展和稳定两件大事，为确保全县经济社会全面协调可持续发展，确保全县社会局势长治久安，提供可靠的物质保障和有力的财力支撑。五年来全县财政实力不断壮大、保障能力不断增强、支出结构不断优化、财政改革不断推进、监管水平不断提高、公共财政基本框架不断完善，财政状况是墨竹财政建立以来最好的时期。

【优化财政结构】 五年来，在县委、县政府的正确领导下，全县财政圆满完成“十二五”时期的各项目标任务。财政总财力累计达到36.08亿元，比“十一五”时期增加26.97亿元，增长3.96倍，年均增长32.63%。公共财政一般预算收入连续五年保持在35%的增长速度，累计完成10.8亿元，比“十一五”时期增加8.83亿元，增长5.48倍，年均增长37.36%，形成了以矿企税收为主，行政事业性收费、罚没收入、土地基金收入为辅的多元化收入结构。五年来公共财政累计支出35.44亿元，比

"十一五"增加26.33亿元，年均增长31.12%。从支出流向看，全县财力在着力保工资、运转、民生、稳定等刚性支出前提下，大力调整和优化支出结构，增加对各项社会事业的有效供给，让经济发展的成果惠及全县人民。

【优先保障"三农"发展】 不断加快农业现代化建设进程。"十二五"期间，累计支出1.47亿元，是"十一五"时期的1.16倍，年均增长41.5%，实施了水土保持、造林绿化、自然保护区管护、重点区域生态公益林建设、退耕还林（草）、防汛抗旱、整乡推进扶贫、产业扶贫、面上扶贫、农田水利建设、人饮项目、农业产业化项目、设施农业等项目建设。各项惠民政策措施得到了全面落实。农牧业特色产业和农牧民专业合作组织在财政资金的大力支持下不断壮大。各基层公共服务资金得到有力保障。实施"四业工程"建设，农牧民劳动技能和综合素质得到有效提高，农牧民劳务输出竞争力明显增强，农牧民增收渠道进一步拓宽。

【大力支持新农村建设】 "十二五"期间，各级政府、社会投入安居工程及新农村建设搬迁资金3.84亿元，圆满完成2470户农牧民安居工程、安居提升工程建设及章达村、孜孜荣村、斯布沟群众搬迁任务。投入6347.42万元，在40个行政村开展人居环境建设和环境综合整治工作。投入1850万元，对3个行政村、组开展了村容村貌整治。

【加大支持经济发展】 五年来，财政投入基本建设支出累计达13.48亿元，支持了墨竹工卡县新区搬迁建设、嘎则新区大桥、各学校建设、乡镇综合办公服务楼、驻寺管委会建设、保障性住房、福利院建设等一大批重点建设项目。全县交通、水利、能源、通信、教育、卫生等基础设施取得重大突破。落实区、市、县企业发展资金2800万元，大力支持净土健康产业、农牧业特色产业、旅游产业、优势矿产业及藏医药业等产业发展。落实"家电家具下乡""摩托车下乡"等财政补贴政策，实施"万村千乡"市场工程，推动了农牧区市场发展，进一步挖掘了农牧区消费潜能。

【不断提高应急处突保障能力】 逐年加大对维稳经费的投入力度，五年间，财政累计用于社会治理方面的投入达到7107万元，是"十一五"期间的1.5倍。大幅提高政法部门经费保障标准，落实治安、消防辅警员经费保障，有效补充维稳力量。支持强基惠民、驻村驻寺、各寺庙法制宣传教育、治安巡防、流动人口服务与管理等工作。落实1532.31万元建成6个派出所（2个寺庙派出所）、4个便民警务站、2个公安检查站和2个驻寺警务室。全面落实各项利寺惠僧政策和"9+5"工程。落实信访专项资金150万元，支持化解信访积案，促进了社会局势的长期稳定，为全县经济持续、快速发展提供了基础保障。

【加大教育投入】 五年间，县财政对教育投入达到2.63亿元，是"十一五"时期的6.57倍。全面落实了上级各项教育投入指标，切实做到了农牧民子女"三包"政策从义务教育阶段到学前教育全覆盖。"两免一补"等助学政策全面落实。特别是2015年为全面解决农牧民子女入学难问题，县政府投入884.73万用于农牧民子女大学生学费、生活补助等相关费用，实现农牧民子女从学前教育到大学学费全免。

【加大科技投入】 五年间，财政对科技支出累计达到575万元，是"十一五"时期的19.16倍。大力支持科普惠农兴村、促进科技成果向现实生产力转化。

【加大文化、广播电视事业投入】 五年间，财政用于文化广播电视事业方面的投入累计达到3129.29万元，是"十一五"时期的9.02倍。覆盖城乡公共文化服务体系基本建立，全县公共文化设施实现免费开放。民间文艺蓬勃发展，农牧民群众文化生活不断丰富，门巴宣舞、直孔藏香、直孔嘎热姜、直孔佛教音乐、直孔刺绣唐卡等20余种非物质文化遗产得到精心传承。顺利实施"村村通"工程，广播电视综合覆盖率明显提升。

【加大卫生事业投入】 五年间，财政用于卫生方面的投入达到1.2亿元，是“十一五”时期的2.4倍。大力支持医疗卫生体制改革，县、乡、村医疗服务机构基础设施得到明显改善，疾病防控体系得到有效建立，农牧民新型合作医疗实现全覆盖，城乡居民、寺庙僧尼免费体检政策得到全面落实。全县孕产妇、婴幼儿死亡明显下降，特别是2015年县级投入1300万元实现了农牧民住院医疗费全免。

【加大社会保障投入】“十二五”期间，财政累计用于社会保障方面的支出达1.06亿元，是“十一五”期间的4.2倍。以养老、医疗、失业、工伤、生育等五大保险为主要内容的社会保障体系得到全面落实。城镇职工医疗保险、农牧民群众医疗救助体系逐步健全。民生调标资金得到有效落实，在职村干部误工补贴年均达到4万元，村小组组长误工补贴达到600元/月，村医、兽医待遇平均达到2300元，投入1300万元，实现60岁以上老人“幸福养老金”制度，完成了“双集中”供养。各级财政投入廉租房、公租房、周转房等保障性住房建设资金达到15825.42万元。

【加大环保投入】“十二五”期间投入生态文明建设资金2000余万元，不断强化污染防治和危废处置，促进生态环境保护和可持续发展。

【2015年财政预决算执行及财政工作情况】 2015年是“十二五”规划的收官之年，全县财政工作在县委、县政府的正确领导下，积极应对严峻复杂的宏观经济形势，解放思想、凝聚力量、开拓进取、攻坚克难，全力以赴抓收入，多措并举优支出，财政预算执行情况良好。

【2015年财政预算执行总体情况】 经墨竹工卡县第十二届人民代表大会第四次会议批准：2015年度年初财政预算为：公共财政预算74392.7 万元，比上年预算增长31.55%，其中，公共财政一般预算收入26000万元，上级转移性收入48392.7万元。

在预算执行过程中，由于上级财政和本级财政追加等财力因素发生变化，结合2015年上级下拨资金及本级收入实际，经财政局报请县人民政府同意、县第十二届人大常委会第二十五次会议批准，年终对预算进行了调整，调整后的预算执行结果为：2015年度全县总财力为105717.7万元，比上年决算增长了23.37%，其中全县公共财政一般预算收入完成27514万元，税收返还数为10111万元，比上年决算增加9.09%；上级转移性及各专项补助收入62179万元，比年初预算数增长了28.48%，结余结转下年25万元。全县财政支出达到99290万元，比上年决算数85666万元增长了15.9%，列入预算稳定调节基金6427.7万元。

【强化财税征缴力度】 紧紧围绕区、市经济工作会议精神和县委、县政府提出的“稳定提高农牧业、整合开发矿产业、规划开发旅游业”的发展思路，抓改革、促发展，保稳定、保民生、重调控，不断发挥财政协调监督职能，切实做好开源节流，全面完成了年初预算上级下达的地方财政收入目标。2015年，全县公共财政一般预算收入达到27514万元，其中，税收收入达到13572万元，非税收入为13942万元。

【加大民生投入】 加大对民生领域的资金投入力度，不断改善农牧民生产生活水平，让广大群众共享经济社会发展成果。

【保障惠农项目顺利实施】 全面推进城乡一体化建设步伐，保障惠农项目顺利实施。为不断推进“一产上水平、二产大发展、三产抓重点”的发展思路，墨竹工卡县始终把支持“三农”发展作为财政工作的重中之重，不断提高“三农”资金投入，强化强农惠农政策的落实力度。

2015年，全县财政共落实涉农资金24942.73万元，其中县本级预算内涉农资金投入就达到13170.23万元，占本级财政收入的47.41%，其中：支农专项资金安排为1616.1万元，农机具购置补贴

500万元，农机具油料补贴43万，农牧民培训经费200万元，农牧区防汛抗旱及救灾资金25万元，农牧民保险配套、农业特色产业扶持资金60万元，农村税费改革350.13万元，安居提升工程配套1000万元、产业发展基金4000万元（含净土），草场生态补助奖励机制、草场承包经营责任经费20万元，农村电影放映工程10万元，村村通专项经费25万元，农村文化建设60万元，牲畜传染病防治10万元，科技三项费520万元，药品两网建设10万元，计划生育经费12万元，强基惠民项目业务经费20万元，基层政权建设450万元，农田用水及人饮水经费66万元，县级财政投入2%扶贫专项520万元，乡镇转移支付资金160万元，各乡镇2014年工作经费2400万元，联户长补贴200万元，村级公用经费补贴80万元，三农专项资金697万元，农作物良种补贴56万元，田间管理60万元。教育配套6500万元，教育基金800万元，生态文明1000万元。

通过一系列资金的投入切实推进了农牧区村镇规划和建设，改善了农牧区生产、生活条件，拓宽了农牧民增收渠道，为建立和谐稳定的社会局势，加快建设“六个墨竹”奠定了良好的社会基础。

【“以民为本”加大投入】 加大教育事业投入力度，2015年墨竹工卡县教育事业支出达到15795.49万元，同比增长了9.14%，其中，县本级对教育事业的投入达到6500万元、大学生教育资助884.73万元；财政用于支持文体广播事业发展的支出达到988.18万元，同比增加了19.53%，文化事业进一步发展，民族传承文化得到进一步保护，文艺服务基层、服务农牧民群众的工作得到切实落实；财政用于支持卫生事业发展的投入达到3439.55万元，解决了农牧民基本医疗的保障，公共卫生服务体系不断健全，提高了县乡医疗机构的硬件及软件设施。投入1300万元实现了广大农牧民群众住院医疗费用全免；针对墨竹工卡县乡镇存在的实际困难，为提高乡镇的工作积极性，县政府加大乡镇的转移支付力度，投入2800万元用于支持乡镇基层政权建设，投入2000万用于解决300件群众期盼的事项，有力促进了县域各项事业整体和谐发展；财政用于支持民政事业投入4780.4万元，有力促进了医疗救助制度的落实，福利院建设顺利实施。投入1300万元用于60岁以上老人幸福养老，做到了“老有所依、老有所养”。

【强化维稳防控投入】 以习近平总书记“治国先治边，治边先稳藏”重要战略思想和全国政协主席俞正声“依法治藏、长期建藏、争取人心、夯实基础”的重要原则为指导，不断强化稳定压倒一切的思想，积极支持政法系统有效开展工作。2015年财政用于公检法司及政法部门等方面的支出达到2536.1万元。同时为进一步加强宗教事务管理，2015年共支出宗教事务经费达1065.92万元，保障了依法管理宗教事务、加强寺庙法制宣传教育、积极引导宗教与社会主义社会相适应方面的物质需求。

【加强财政资金管理】 始终坚持按预算法办事，坚持集体领导下的“一支笔”经费审批制度，严格执行“收支两条线”规定，完善财政监督机制，确保各种专项资金专款专用，发挥财政资金最大效益。为节约开支，强化部门资产管理，按照县政府工作部署要求，2015年对各部门车辆、设备、办公用品等进行了一次全面细致的统计检查，并制定《墨竹工卡县财政局固定资产处置工作实施方案》，同时为严格控制“三公”支出，制定《墨竹工卡县关于公务接待的管理办法》《墨竹工卡县“三公”经费补充管理规定》《墨竹工卡县政府采购流程》《墨竹工卡县1‰内及以外援藏资金使用管理办法》，调整完善《墨竹工卡县财政体制改革方案和财务管理办法（暂行）》《墨竹工卡县公务车辆管理使用制度》，为全县各项财政工作走向规范化、制度化起到了良好的推进作用。2015年“三公”经费支出合计859.71万元比2014年支出降低了28.58%。

针对乡镇财务工作实际，专门组织全县七乡一镇财务人员共计16人开展了财政财务管理相关内容的专业培训，并邀请中介审计机构，于2015年6月对全县惠民政策、企业补偿及全县惠民政策落实等资金情况进行了一次全面的自查审计。在9月份组织相关专业人员对“三公”经费进行自查的基础上，区纪委、审计对墨竹工卡县“三公”经费进行了全面的审查。

在国际矿产价格因素持续下降，我国经济增幅呈下降趋势，实施结构性减税政策，财政收支矛盾日益加大的情况下，墨竹工卡县顺利完成了各项财政收支任务。但墨竹工卡县也清醒地认识到财政工作仍存在着诸多困难和问题：县域经济依然比较薄弱，财政收入结构不尽合理，财政收入增长缺乏稳定性，对上级财政依赖程度较高；新增支出基数大、刚性强，支出需求持续扩张的前提下，收支平衡的压力不断加大；公共财政体制尚不够健全，财政规范化管理水平仍存在薄弱环节，财政资金预算约束需进一步提高。这些都需要通过今后不断深化财税制度的改革落实加以解决。将在今后的工作中充分估计面临的困难、问题，未雨绸缪，沉着应对，牢牢把握财政工作的主动权，坚定做好财政工作的信心和决心，坚持依法理财、民主理财和科学理财，努力促进墨竹工卡县经济社会跨越式发展。

（洛桑次仁）

【领导名录】

局　长　陈晓燕

副局长　洛桑次仁

　　　　卓玛次仁

墨竹工卡县工业和信息化局

【概况】 原墨竹工卡县乡镇企业管理局，于2010年7月更名为墨竹工卡县工业和信息化局，挂墨竹工卡县政府国有资产监督管理委员会和墨竹工卡县矿产企业发展局牌子，核定编制5人，领导职数1正2副，现有干部职工8人，其中干部6人、工人2人，党员5人，平均年龄29岁，截至年底，在墨竹工卡县备案的工矿企业有46家，其中开展探矿、采矿、选矿工作的有26家（探矿点14个、采矿点6个、选矿厂6家），现有6家规模以上企业，分别为中凯矿业、金和矿业、华泰龙矿业、宁玛矿业、桑海矿业、鑫湖矿业，另外新引进的企业有贵州久联民爆、振发光伏、葛洲坝易普力民爆、那菲药业、天然饮用水（日多温泉医疗饮用水）。

【2015年拉萨市制定工业经济指标任务】 完成工业销售产值15亿元，同比增长20%；完成工业增加值8.43亿元，同比增长20%；完成工业税收2.6亿元，同比增长20%，完成工业投入47.9亿元。

【工业经济指标完成情况】 2015年规模以上企业有6家，全年可实现工业销售产值17.19亿元，同比下降22%；完成全年任务的114.6%，超额完成，实现工业增加值8.43亿元，同比增长12.1%；完成全年任务的100.2%，实现税收3.7亿元，同比下降17.2%；完成全年任务的142.3%；超额完成完成，工业投入69.579亿元，同比增长7.2%，完成全年任务的145%，工矿领域解决当地农牧民用工人数为1923人，同比增长32%。采原矿275.5万吨，加工原矿269.4万吨，生产精粉101164金吨，销售精粉100861.8金吨。

【强化工业经济运行监测调控】 工业经济运行监测调控是工信局工作的首要任务，自始至终紧抓工业经济运行不放松，工信局要求企业健全和规范统计制度，专职人员每月按时上报统计数据；对全县9家生产企业实施动态跟踪管理，通过分析工业经济运行数据，找出问题，并及时反馈县委、县政府领导，供领导参考决策；同时为下步工作安排找准目标，并有针对性的开展工作。

【定期进行企业调查研究】 年内，按照县委、县政府的工作部署，定期深入企业进行调查研究，及时掌握企业生产经营情况和市县重点项目建设情况，找出企业发展过程中存在的困难和问题，进行总结梳理，并提出合理化建议，为县委、县政府当好参谋；推进市县重点项目的建设进度，力促项目早建成、早投产、早日发挥效益。

【充分挖掘工业经济增长点】 年内，工信局多次会同县发改委、统计局到各矿区和各乡镇调查企业发展情况，并督促各企业建立统计台账。通过掌握企业的生产经营情况，指导有条件的企业入规，根据所掌握的资料，2015年底，西藏东茂工贸有限公司可申报入规。同时通过所掌握的实际情况，明年重点发展投资3000万元以上的工业重点项目3个，着力培育工业经济新的增长点。

【确保工业主要经济指标稳步增长】 年初，工信局按照市政府下达的年度工作目标进行了细化分解，制定并下发了《关于下达2015年全县工业企业主要经济指标指导计划的通知》。在经济下行压力下，为确保工业主要经济指标稳步增长，工信局紧盯目标，采取工作倒逼方式，将各目标任务分解细化到各企业，将企业工业指标完成情况与年终评优评强挂钩。同时，进一步加强了企业统计人员培训，完善规范了规模企业统计制度，以避免出现漏报、误报等现象。

【促进县域经济健康发展】 积极推行县级领导干部联系重点企业制度，经常性的同所联系的企业或企业所在地的乡镇联系，采取电话交流、走访调研、座谈会、询问当地群众等形式，掌握企业项目建设进度及生产经营情况；为积极应对当前的经济形势和困难，促进全县工业经济平稳发展，工信局制订《关于建立全县工业经济稳定增长工作方案》，方案要求按照“一企一策”原则，深入企业开展面对面、一对一帮扶工作，掌握和了解各帮扶对象当前急需县及县以上部门协调解决的突出问题，切实帮助企业抓好生产、扩大销售、拓展市场；开展县拟上市企业调研和辅导。为进一步夯实墨竹工卡县企业上市工作基础，扩充上市后备资源，推动更多的优质企业进入资本市场，提出墨竹工卡县推进企业上市的工作措施和计划，并在全县范围内开展了全面、细致的摸底统计工作。对基本符合上市条件且具有上市意愿的西藏金和矿业有限公司，引导其按照上市企业的标准做好上市的前期准备工作。

【加大工业投入力度】 工信局经常深入企业，跟踪和督查2015年所确定的重大工业投资项目建设情况，帮助和协调企业解决项目建设中存在的征地、环评、安评、融资等突出问题，分析原因，强化调度，确保项目建设顺利推进，做到已签约的项目早开工，开工的项目早投产，投产的项目早达标。同时，及时将墨竹工卡县工业重大项目建设中所遇到的难题向县委、县政府汇报以取得支持。2015年，工信局重点抓好了3个续建项目（华泰龙二期项目、驱龙铜多金属矿、帮铺钼铜多金属矿）和2个新建项目（日多天然饮用水项目、中金新联民爆项目），全年可完成投资69.579亿元。华泰龙二期项目、日多天然饮用水项目年底前可竣工试产或投产；其他3个未竣工的项目将在明后两年陆续建成投产。3个续建项目均为西藏自治区十三五重点规划项目。

【加快转变经济发展方式】 抓住主要环节，加快转变经济发展方式。鼓励和支持企业积极进行技术改造，在争取技改资金的同时要求企业自身加大技改投入力度，延伸产品链，提升产业和产品技术含量。2015年已申报了4家小微企业产业扶持资金，经过专家评审有3家中小企业符合条件，争取拉萨市扶持资金160万元（分别是：唐加乡冲尼糌粑加工专业合作社、达次糌粑菜籽油加工合作社、墨竹工卡县金铜直孔民族手工业技术有限公司），提升墨竹工卡县小微企业技术改造的长效机制，推进墨竹工卡县新型工业化；推进兼并重组和淘汰落后产能，抑制部分企业产能过剩和重复建设。提高能源消耗、环境保护等方面的准入门槛；大力推进工业领域节能降耗和减排治污，促进资源节约型和环境友好型工业发展；以产业基地和工业园区建设为载体，促进产业集聚、集约式发展。

【做好节能减排和资源综合利用】 按照区、市要求及《墨竹工卡县“十二五”能源发展规划》，抓好重点规模以上企业的节能降耗工作。墨竹工卡县各规模以上企业每月定期报送能源消费统计报表和企业能源利用状况报告；工信局年初与主要耗能企业签订了节能责任状，落实了企业节能目标；每年工信局都不定期会同能源监察部门开展对重点用能企业的能源监察工作。

【推进工业和信息化融合】 把两化融合工作作为“保增长、促发展、调结构”的重要抓手，利用信息技术改造和提升传统优势产业。通过组织和协调，墨竹工卡县大部分规模以上企业都根据自身需求与电信或移动公司签订合同，合作取得了双赢局面，信息化技术在企业得以大面积推广，企业运行效率进一步提升，大力促进了工业和信息化的融合。

（格松次仁）

【领导名录】

局　长　达　多

副局长　唐耀军

墨竹工卡县旅游局

【概况】 2015年，墨竹工卡县共计接待游客100.1万人/次，同比增长22%，旅游收入2106万元，同比增长22%。

【采取措施】 2015年，墨竹工卡县旅游局认真贯彻落实中央、区、市、县各项文件精神及习近平总书记系列重要讲话精神，在上级政府、部门的正确领导与指导下，坚持全面贯彻中共十八大、十八届三中、四中、五中全会及中央第六次西藏工作座谈会精神，借助将西藏建设为“世界旅游目的地”的良机，认真落实“旅游兴县·旅游富县·旅游强县”战略目标，按照全年工作要求，采取多项有效措施，调规划、建项目、强宣传、推线路、促人气，进一步解放思想，创新思路，团结拼搏，积极推进旅游产业发展。

【干部队伍素质】 加强学习，提高综合素质。加强政治理论学习，以学习中共十八大精神为重点，学习习近平总书记的一系列重要讲话精神和区、市、县各项会议精神，进一步提高贯彻落实各级重要会议精神的自觉性；加强法律法规知识学习，提高依法行政、依法办事的自觉性；加强对旅游发展先进地区的经验学习研究，学习和借鉴先进的旅游产业发展理念、管理办法等。

【党风廉政建设】 为贯彻落实好习近平总书记系列讲话精神及学习好“三严三实”“忠诚干净担当”，旅游局严格落实廉洁自律的各项规定，从体制、机制、法制上推进反腐倡廉工作，有效规范领导班子和党员干部的从政行为。全年开展集中学习30余次，每次学习会上干部轮流发表演讲，并做好相关的心得体会和笔记工作。

【思金拉措景区道路等级提升项目】 旅游局与市旅游局、乡政府、村委会负责人以及施工方经过多次对实地调查研究，4月11日，总投资219万元的思金拉错景区道路建设项目正式开工，于8月中旬项目已完工。

【推进扎西岗自驾游营地建设项目】 旅游局2015年开工实施的投资349.68万元的扎西岗自驾游营地建设，已完成了项目前置工作，下一步将推进施工单位进点。

【思金拉措景区基础设施建设项目有序进行】 投资396.41万元思金拉措基础设施建设完成了招标、投标工作。截至年底，正在推进合同签订工作。

【加强工卡镇民俗度假村建设项目】 由于该项目拟用地址涉及保护区，旅游局已与工卡镇和村委会负责人商谈后进行了重新选址，现阶段正在进行项目环评工作。

【加快德仲温泉建设项目】 旅游局多次与宏绩公司负责人以及德仲村委会班子、德仲寺管会进行对接商谈后，截至年底，各方基本达成一致，由宏绩公司建设的总投资为600多万元德仲温泉酒店正在建设中。

【旅游环境整治】 为确保给游客提供安静舒适的旅游环境，提升墨竹工卡县旅游形象，2015年，旅游局共计下乡100余次，投入10万多元对全县的旅游环境卫生进行整治清理工作。对米拉山的经幡进行彻底清扫及重新布局；对米拉山口的商贩制作新的摊铺，改变了以往脏、乱的局面。同时旅游局对达普天文历算台简介进行了重新更换以便让外界熟知墨竹工卡县这一景点。为了给过往的游客提供干净的如厕环境，旅游局定期对米拉山、日多旅游厕所进行了清扫、整治。

【旅游扶持】 为了适应区内外日益增长的旅游短途、小长假、郊游需求，提升墨竹工卡县旅游接待能力、丰富墨竹工卡县旅游产品内容，2015年，旅游局加大对农牧家乐的扶持力度，先后对门巴乡农牧家乐、德仲寺温泉旅馆设施改善、直孔梯寺周边环境改造及塔巴陶瓷购买制器具等共计投入资金18万余元；德仲温泉是墨竹工卡县重要的旅游景点，每年来往的游客众多，加之2016年将举行猴年大法会。为了提高景区的入住率，旅游局在2015年向拉萨市旅游局申请了德仲寺旅馆和德仲碧水秀景两家温泉旅馆改善基础设施的产业发展资金，共计申请到了35.5万元的扶持资金。用于改善两个温泉的基础配套设施。

【宣传营销策划】 墨竹工卡县地处318国道沿线，区位交通优势明显，为增加旅游人数、确保使过往游客加大、加深对墨竹工卡县旅游景区（点）的印象，旅游局在年初投入2万余元，做了新的景区示意图，分别贴在米拉山和甲玛景区醒目位置。为将墨竹工卡县丰富的旅游资源宣传到位、到全，提高墨竹旅游知名度，2015年，旅游局积极参加区、市、县组织的各种旅游推介会。在2015年“西藏自治区成立50周年大庆”“雪顿节”和“第二届藏博会”期间旅游局以塔巴陶瓷为主宣传墨竹工卡县旅游产品，其间共计销售陶瓷产品300余件，金额达2万多元。并在活动期间旅游局发放了墨竹旅游宣传手册和碟片2000多、墨竹旅游环保袋800多余。同时2015年旅游局选派局干部和涉及乡村旅游的村官、第一书记等先后7人参加在内地举行的各种学习交流培训，学习内地先进的工作方式与理念并加强宣传墨竹工卡县旅游资源。

【旅游市场整治】 按照县委综治办的指示，旅游局对全县的旅游市场、景区（点）开展了严打整治行动。全年共计对旅游市场的排查次数97余次，其中发现29次脏、乱、差现象、4次游客投诉现象。针对游客投诉及其他情况，旅游局结合工作实际，做出了妥当的处理。将继续加大力度对旅游市场的严打整治工作，将这一工作常态化。

【推进甲玛景区合同解除工作】 2015年由副县长陈平牵头，旅游局与甲玛景区承包公司上海兆氏金投资有限公司商谈景区合同解除事宜，通过双方多次协商已与上海兆氏金墨竹分公司签订完解约合同，同时与墨竹工卡县旅游公司完成了相关固定资产的交接工作，截至年底，由旅游公司对景区进行管理。

【保护重要文物、丰富旅游内涵】 甲玛乡赤康村霍尔康白塔因年久失修且上年大量降雨，白塔东边塔基坍塌，随时有倒塌的危险。赤康村作为墨竹工卡县乃至西藏重要的旅游风景区，且霍尔康白塔是非常珍贵的历史古迹，白塔的维修迫在眉睫。旅游局在逐级向相关单位递交了请示得到了批准后，5月4日正式对白塔进行了维修，于5月28日完成了对白塔的全面维修，共计投入2.8万余元。

（央　宗）

【领导名录】

局　长　尼玛曲珍

副局长　梅　　子

墨竹工卡县安全生产监督管理局

【概况】 年内，县安全生产监管局和县安委办坚持科学发展、安全发展、和谐发展原则，认真贯彻“党政同责、一岗双责、齐抓共管”要求，注重预防，突出抓好安全生产监督检查、隐患排查治理、“打非治违”等重点工作，强化安全生产责任落实，狠抓标本兼治，推进依法治理，不断提升安全生产保障能力和水平，全力以赴做好安全生产各项工作，促进安全生产形势持续稳定，为全县经济社会发展提供了坚强保障。

【安全生产控制指标】 年内，墨竹工卡县共发生事故12起（道路交通事故9起，火灾事故1起，工矿商贸事故2起），死亡5人（道路交通事故死亡3人，工矿商贸事故死亡2人），未发生一次死亡10人以上的重大生产安全事故。事故起数和死亡人数分别占年度控制指标的55.55%和55.56%。

【成立村级安委会】 根据拉萨市安委办下发的《关于尽快成立乡（镇）、村（居）安全生产委员会的通知》（拉安委办〔2015〕25号）要求，县安委办积极组织落实。4月底，全县8个乡（镇）的40个村委会均成立了村安全生产委员会。安委会主任由村党支部书记担任，副主任由村主任担任，成员不少于4人，由村党支部第一书记、村委会委员、小组组长等组成。同时，各村安委会制定了工作职责、制度规章等，明确了工作任务，做到了机构完善、制度健全、职责分明，实现了安全监管区、市、县、乡、村“五级五覆盖”。

【构建安全监管新体系】 按照安全生产“党政同责”“属地管理”要求，县安委会制定并下发《关于印发〈墨竹工卡县安全生产党政同责暂行办法〉的通知》（墨安委字〔2015〕50号），进一步明确了县、乡（镇）党委、政府及安委会成员单位在安全生产工作中的职责、工作制度、责任追究等要求。采取签订安全生产责任书的方式，层层落实“三个必须”（管业务必须管安全、管行业必须管安全、管生产经营必须管安全）责任，建立健全了主要领导亲自抓，监管部门综合抓，成员单位具体抓，一级抓一级，层层抓落实的安全生产监管体系，形成齐抓共管的新格局，促进了安全生产形势持续好转。

【县级领导安全生产专项督查】 为深入贯彻落实各级安全生产会议精神，进一步落实责任，抓紧抓牢安全生产各项工作，全面确保重大节庆日期间墨竹工卡县安全生产形势持续稳定好转，县安委会制定《关于县级领导带队开展矿山安全生产专项督查的通知》（墨安委字〔2015〕48号）。按照“党政同责、一岗双责”的原则，8月25日至9月10日，四大班子领导亲自带队，相关部门负责人参加，采取“四不两直”方式，分别深入墨竹工卡县四家重点矿山企业进行安全生产专项检查督查。此次专项督查，进一步强化了企业主体责任、属地管理责任、部门监管责任的落实，为全县更好地加强安全生产工作起到了表率、模范作用。

【专项行动】 3月1日至12月5日，在全县范围内开展了“安全生产大检查、大排查、大整治”专项行动。道路交通、非煤矿山、危化品、建筑施工、学校、消防、旅游、食品药品等行业（领域）主管部门，按照职责要求，认真开展了安全隐患排查整治工作，及时将各类隐患消除在萌芽状态，确保了全县生产经营建设安全。

8月1日至11月30日，在全县安全生产领域开展了“打非治违”专项行动。按照“条块结合、属地负责”要求，在县政府统一领导下，行业分管部门组织实施，相关单位协调配合，在民爆、特种设备、非煤矿山等领域开展了“打非治违”专项行动，严查严处了各类非法违法违规生产经营建设行为，进一步净化了安全生产环境。

【安全监管执法】 安全生产监管局深入贯彻落实安全生产及维稳工作要求，认真履职尽责，结合安全生产严打整治、打非治违、大检查大排查大整治等专项行动，采取联合督查、突击检查等方式，坚持“四不两直”的原则，对安全生产各领域、相关行业开展了检查监管执法工作。年内，在全县矿山选厂、人员密集场所、建筑施工、危化品等相关领域开展安全生产监督检查 385 次（联合检查 95次，专项检查194次，维稳督查96次），共查出安全隐患 648 处，责令现场整改580处，下发整改指令书 52份，整改率92.60%。

为严肃安全生产法纪法规，使企业时刻绷紧安全生产这根弦，做到“警钟长鸣”，县安全生产监管局采取“严管重罚”措施，年内，责令2家违规企业停产整改，依法对2家违规企业及相关责任人进行行政罚款400余万元，提高了企业违法违规成本，达到了警示教育目的。

【强化矿山、选矿企业的安全监管】 将日常监管工作与维稳要求紧密结合，做到了检查监管不留死角、不留盲区，不搞形式、不走过场。全面加强对矿山、选矿企业的安全检查监管。要求企业认真落实安全生产主体责任，强化安全管理，加强安全生产标准化和职业健康建设工作，加大对安全生产投入力度，认真落实领导带班等各项安全生产规章制度，强化隐患排查治理，完善各类应急预案，提高突发事件的应急处突能力，不断夯实安全生产基础和保障能力。

【强化危化品领域安全监管】 为认真贯彻落实好各级党委、政府关于维稳工作指示和会议精神，突出加大了对县域4家加油站和1家加气站安全经营的监管力度，指导督促企业进一步完善了安全经营制度及应急救援预案。完善加油站安全监管员职责，进一步夯实了成品油管控基础。

【加强烟花爆竹零售安全监管】 严格按照《烟花爆竹安全管理条例》的有关规定和区、市安监局关于烟花爆竹经营许可实施细则的通知要求，为5家符合安全经营的商家办理了烟花爆竹零售许可证，严格开展了烟花爆竹零售岗前培训、办证及收回等手续，加大销售期间检查、巡查力度，确保了烟花爆竹零售、燃放无事故。

【宣传教育】 在督促企业加强安全生产“三级”教育（班组、企业、公司）的基础上，安监局狠抓安全生产宣传教育各项工作，2015年投入12.15万元，定制了藏汉双语的新安全生产法，危化品、建筑施工、人员密集场所安全知识等相关法律法规宣传册、宣传单，并免费向各企业、农牧民群众、社会公众发放了30000余份宣传资料，营造了“人人懂安全”“人人讲安全”“人人维护安全”的良好社会氛围，推动全民安全进程。

【工作会议】 年内，由县长、分管副县长等县级领导主持召开安委会全体成员会议8次，安全生产专题会议12次。会议及时研究分析安全生产形势，安排部署不同时段的安全生产重点工作任务，有效解决了工作的困难和问题，为安全生产各项工作顺利开展提供坚强的组织领导保障。

【文字信息】 遵循精简文件、把握重点，突出实效的要求，县安全生产监管局严把文字质量关，全年共形成并下发县安委会文件59期，县安全生产监管局文件25期，安全生产监管简报196期。

【队伍管理】 着力加强干部职工理论及业务知识的学习、综合素质建设，严格考勤制度，实施以制度管人、用考勤督促、用奖惩激励的机制，严格看好自己的门，管好自己的人，办好自己的事。

【党风廉政建设】 严格遵守党风廉政各项要求，加强党风廉政学习教育，结合实际制定了《墨竹工卡县安全生产监管局加强廉政风险防控机制建设的实施方案》，局长分别与每位干部职工签订了廉政责任书，做到了严格遵纪守法，树立了廉洁自律、勤政为民、作风务实的良好安监干部队伍形象。

（程利平）

【领导名录】

局　长　达　瓦

副局长　扎西罗布

　　　　程利平

墨竹工卡县国家税务局

【概况】 2015年，国税局共收入28730.81万元，较上年同期减收6135.52元，同比减少18%。完成全年税收任务的100%。实现中央级收13050.31万元。实现县级收入13921.32万元。2015年，由于金属价格较低，雨季较长，墨竹工卡县重点矿企生产线未能如期投入生产等原因，墨竹工卡县整体税收收入有所下降。

【税收征管现状】 增值税全年完成12365.75万元，较上年同期减收4966.73万元，同比减少29%；营业税完成4735.55万元，较上年同期减收1897.28万元，同比减少29%；企业所得税完成5030.15万元，较上年同期增收843.55万元，同比增长20%；资源税完成2488.81万元，较上年同期增收539.12万元，同比增长28%；个人所得税完成1346.7万元，较上年同期增收188.9万元，同比增长16%；城镇土地使用税完成106.68万元，较上年同期增收35.02万元，同比增长49%；车辆购置税完成251.35万元，较上年同期增收113.42万元，同比增长82%。

【优化纳税服务】 为保证2015年各项工作的正常开展，国税局强化组织领导队伍，自2014年起实行了值班局长制度，每周安排一名局领导在大厅开展窗口服务工作。2015年，国税局继续坚持该项工作不松手，每周由一名局领导在大厅值班，协助大厅开展各项工作，同时为纳税人排忧解难，有效缓解了征纳矛盾，同时为可能发生的突发事件做好了应急准备。打造基层学习型队伍，建立干部长效的学习机制，抓好落实对各项税务文件的学习和日常工作中对文件的学习力度。

【税法宣传】 2015年税法宣传月，国税局在办税服务厅设立了税法宣传点。大厅工作人员借申报人员较多之机，向纳税人解读了最新的税收政策法规及税收动态；4月，国税局在人流量集中的国道318沿线（县政府门口）设立了税法宣传咨询点，对过往民众进行了税收法律法规及相关政策的宣传，并发放了相关税收政策资料千余册，耐心解答了民众对税收知识的疑问；国税局租用了318国道墨竹工卡县段核心区域的LED显示屏，对本次税法宣传的主题“税沐春风 情暖圣城”进行了有效的宣传；定期开展税法宣传，4月，借县委“三严三实”和“忠诚干净担当”专题教育活动之机开展税收知识讲座；在专题教育活动第二项内容中，国税局为县委主要领导和参会的县直各部门主要领导以讲座的形式讲解了税收的基本知识和“营改增”“资源税改革”“小微企业优惠政策”“住房交易税收政策”“工资薪金个人所得税政策”等，拉萨市、墨竹工卡县值得关注的税收热点政策；结合日常梳理“便民春风行动”开展以来纳税人关心的热点焦点和反应的难点，设立每月一课组织全体干部加强对《全国税收征管规范（1.0）》的学习，优化税收业务流程，整合有效的税务人力资源，将规范服务，优质服务执行到日常工作任务中，针对企业设立墨竹工卡国税税收政策咨询的信息群，及时解答相关业务咨询。

【强化税源管理】 加强重点税源的管理，强化行业税收管理，6月，国税局以全面走访基层调研数据为基础，核查辖区内纳税相关数据，收集纳税人意见和建议，由局长泽旦组织领导，具体分工，细化落实，走访清查扎西岗、唐加乡、尼玛江热乡共计433个体工商户，收集意见建议7条，10月，国税局与墨竹工卡县协税护税领导小组主要成员共同开展了为期20天的税源调查活动。期间对墨竹工卡县主要矿山企业及西藏那菲药业有限公司进行了实地考察和负责人约谈工作，进一步掌握了墨竹工卡县主要税源企业全年经营情况及预计纳税情况为明年做好各项税收工作做了一次有效的铺垫。

【提高征管水平】 实行按月巡查制。为进一步强化税收征管，逐步实现科学化、精细化管理，国税局在实行税收管理员分片、分行业管理模式的基础上，实行按月巡查制，由管理员对辖区内的纳税户每月进行定期检查，跟踪纳税户经营变动情况，及时做好税收法规政策的宣传，规范纳税户征收管理，逐步建立起了以行业分类为手段、以采集纳税户动态信息为目标的征收管理模式，有效堵塞了税收漏洞，做到应收尽收。

【落实金税三期】 为推广落实好金税三期推广工

作，严格按照上级领导要求，明确每名干部的责任和各阶段的任务，做好前期历史数据迁移等工作；根据区、市局的工作安排和培训方案，积极安排全员全岗培训，及时下载和学习金税三期省级应用集中优化版的视频培训资料和课件，保证金税三期工程顺利上线，金三运行后国税局严格按照上级要求进行业务操作和总结汇报，加强学习，经过数月的实岗操作，国税局税务大厅人员已基本掌握日常业务操作流程和规范。

【继续加强以票控税】 2015年，县政府要求县财政局对全县每年国家固定资产投入，在按工程进度拨款时，除县领导签字外必须要有墨竹工卡县国税局开出的工程代开发票和税票。针对各乡镇这几年每年项目越来越多，也要求各乡镇财务必须要正规发票入账，并每年组织内部审计作为一项考核内容。通过沟通与协调得到政府支持，很多工作做到了源头控管，对全县大大小小的所有工程做到了有效管理。对建筑业税收及其他临时经营税收实行先纳税再代开发票，并建立、完善了代开发票情况台账，充分实现以票控税，确保了其他临时税收收入的足额入库，做好建安台账归类管理。

【做好维稳工作】 根据市局及县委、县政府的要求做好维稳工作，认真按照“稳定是第一责任”的工作要求，认真履行工作职责，落实工作责任。切实做好了十八大召开期间维护社会稳定各项工作，正确认识形势，不断提高防范意识、忧患意识、责任意识，继续以“三不出”为工作目标。扎扎实实做好各项维稳安防工作，实行24小时值班制度，做好巡逻防控工作、交接班登记、门卫登记、每日定时向县一线指挥部有事报事，无事报平安。

（次旺贡布）

【领导名录】

局　　长　泽　　旦

副 局 长　次旦桑珠

纪检组长　次旺贡布

墨竹工卡县工商行政管理局

【概况】 年内，墨竹工卡县工商行政管理局按照自治区工商局“五个勇当”和“八个新机制”的工作要求，坚持“四个不放松”，着力抓好“六个继续”，市场监管、行政执法、党的建设等工作持续推进。在推进“富裕墨竹、和谐墨竹、文明墨竹、美丽墨竹”的征途上谱写了新篇章，做出了新贡献。

【服务水平得到提升】 始终把市场主体满意作为服务的最高标准，把服务市场主体作为履职的根本责任，进一步优化发展环境，不折不扣贯彻落实优惠政策，积极开展“擦亮服务窗口、创建满意行业”活动，窗口部门全天候为人民服务，准入时效明显加快。加强了各项职能的有机协调，高效率高质量地展示工商形象。

【各类市场主体加快发展】 牢牢把握发展第一要务，立足墨竹实际，落实优惠政策，放宽准入条件，积极培育市场主体，市场主体总量不断增加，规模不断扩大。截至年底，全县私营企业116户，注册资金425312万元，同比分别增长141.67%、53.08%。全县个体工商户1481户，注册资金8004.83万元，同比分别增长39.19%、207.07%。

【服务新农村建设成果突出】 着力推动农牧区改革发展，积极实施农牧区市场主题孵化、市场体系优化、市场环境净化三大工程，支持农牧民专业合作社跨区域、跨所有制、跨行业发展，增强农牧区经济活力。积极探索和完善助农工作新机制，上门指导，跟踪帮扶，大力实施助农惠农工程，农村经济合作社组织进一步发展壮大。截至年底，共发展农牧民专业合作社157户，出资总额17228.6075万元，同比分别增长84.71%、146.71%。

【品牌战略深入实施】 全面推行《商标授权经营制度》，提高消费者识假辨假能力，抑制商家虚假宣传。加强对商标法律知识的宣传、注册商标专用权的保护，对市场主体申报驰名商标和著名商标进行指导，引导市场主体树立品牌意识，主动上门为市场主体提供注册商标咨询服务。共引导市场主体申请注册商标1件。

【加大流通领域食品安全监管力度】 深入开展重点食品、重点区域和重点场所食品经营专项整治，严厉打击非法添加非食用物质和滥用食品添加剂、销售伪劣食品等违法行为，食品安全突发事件得到有效遏制，食品经营主体资格、食品质量、食品 经营行为监管力度进一步加大加强。食品安全监管严格落实索证索票、进销货台账制度，严把食品流通许可证发放关，办理食品流通许可证15个。重点对肉类、水发产品、乳制品、调味品等品种进行食品快速检测，共检测8个批次。

【营造公平竞争环境】 坚持把市场监管作为第一责任，以新手段构建长效监管机制，努力实现监管职能全覆盖。突出流通领域食品安全监管，开展查处取缔无照经营、非法广告、强制交易和不正当竞争行为，保护知识产权，开展校园周边环境治理、扫黄打非等专项行动，加大打击传销规范直销力度，推进平安市场建设。围绕民生民利保安全，竭力解决人民群众的切身利益问题。强化信访矛盾纠纷排查调处工作，严防群体性上访事件。参与社会治安综合治理，努力维护社会稳定和谐。

【维护消费者合法权益】 把消费维权的日常受理、转办、反馈、综合分析及消费引导工作作为工作重点，进一步扩大“12315”的“五进”覆盖面，实现维权站点的工作程序化、服务标准化、管理制度化。提高“12315”工作人员素质，主动、热情、快速、到位服务，更加有为地解决人民群众关注的热点、难点问题。

【非公经济党建工作稳步推进】 严格按照自治区工商局和市工商局的安排部署，把非公党建工作摆在重要议事日程，成立非公经济组织党建工作领导小组，制订工作方案，不断学习摸索和总结开展非公党员登记统计工作，截至年底，共登记党员76名，建立党支部2个。要求党员充分发挥先进性，致富思源，富而思进，为墨竹工卡县经济跨越式发展和长治久安发挥带头作用。

【开展旅游市场专项整治】 针对非法经营旅游业务、围追兜售、强买强卖、以假充真、以次充好，欺骗消费者等问题，积极采取有效措施，不断加强旅游市场的监管和专项整治。截至年底，累计检查旅游经营主体83户次，整顿规范旅游经营户2户。

【市场秩序综合整治】 认真贯彻落实关于开展全县城乡环境综合整治工作的安排部署，与相关部门深入开展市场秩序综合整治工作，认真负责，主动作为，积极协调，明确整治目标和各成员单位的工作职责。

【加强党风廉政建设】 年初，与党员签订《党风廉政建设责任书》，进一步落实责任制，增强责任感。按照“严管、自律、服务、创新”的工作思路，以防范“两个风险”实现“两个安全”为目标，围绕“注册登记、市场监管、执法办案、工作纪律”四个方面，进一步强化领导班子和领导干部“一岗双责”的政治责任，继续深化工商廉政文化建设。

【维护社会稳定成绩突出】 建立健全《车辆管理制度》《保密制度》等规章。成立护院队，加强办公区域的巡逻检查。加强门卫管理，杜绝外来车辆随意进入，严防敌特势力搞破坏。加强对人员、车辆、用水用电的管理教育，开展内部安全检查，排查隐患，堵塞漏洞。

坚持领导带班、干部昼夜值班、“零报告”等制度，完善交接班、外来人员登记制度，印制值班交接登记表、来访人员登记表，要求值班人员认真核对外来人员有效证件，无法提供有效证件的一律不得进入单位院内。严格落实交接班、盘查询问、登记、请示报告等制度，保持通信畅通，确保各项维稳措施落到实处。年内，共安排值班300余天，未出现一例擅离职守等违纪现象。

（林智勇）

【领导名录】

局　长　索朗次仁

副局长　扎 西 吉

墨竹工卡县气象局

【概况】 2015年是墨竹工卡县气象局各项事业取得突破的一年，在县委、县政府和上级业务主管部门的大力支持和正确领导下，结合墨竹工卡县实情，坚持科学发展观，把发展作为第一要务，全面提高业务质量与服务质量，进一步加强地方气象事业建设，不断提高防灾减灾水平，全年各项工作取得了新的进展，为墨竹工卡县经济发展和社会进步做出了积极贡献。

【气象现代化建设】 2015年是墨竹工卡县气象局气象现代化建设的第三年，墨竹工卡县气象局按照自治区党组、拉萨市党组的指导要求，认真开展各项工作，各项基础设施建设基本完成。墨竹工卡县气象局大院环境改造，完成新观测场搬迁工作，院内绿化照明工作；墨竹工卡县气象局完成墨竹工卡县气象防灾减灾指挥部的建设；墨竹工卡县气象局完成新建炮点各项基础设施安装，制度牌上墙等工作。

【基本业务】 墨竹工卡县气象局为国家气象观测站，每天分别于08时、14时、20时进行三次观测和三次发报，夜间不守班。随着气象现代化建设进一步提高，2004年年末安装了自动气象观测设备，从2005年元月正式进行对气候要素的探测工作，从而进入人工和自动仪器的对比观测阶段。自动观测系统对墨竹工卡县候要素进行24小时的自动观测，并将观测数据自动发往国家气象局和西藏自治区气象局。2009年9月，根据国家气象局站点布置规划，分别在墨竹工卡县门巴乡、怎村、米拉山安装了三个区域自动气象观测站，2014年7月在墨竹工卡县米拉山顶安装了交通旅游气象观测站，2014年10月完成新型气象观测场的搬迁，2015年9月完成墨竹工卡县气象防灾减灾指挥部的建设，为进一步提高墨竹工卡县重大灾害性天气预报质量提供了有力的科学依据和气象防灾减灾能力。

【气象服务】 墨竹工卡县气象局结合墨竹工卡县实际情况，找准气象服务切入点，认真学习贯彻全区气象局长会议精神，切实增强责任感和使命感，提高气象服务意识，努力为地方经济建设和构建和谐社会做好全面精细的气象服务工作。按照要求努力为地方各部门提供所需的气象资料；及时主动地向有关部门报送天气预报；在墨竹工卡县原有的短信、显示屏等气象信息传播渠道基础上，2014年9月增加并投入使用全区县级公共气象服务平台和乡镇气象服务平台，利用该平台和各乡镇建立起了更加稳定、及时的气象信息传播渠道。年内，共计发送气象预报预警信息短信121047条，制作农气气象服务材料17期，制作节日专题预报3期，制作旅游专题预报2期，制作周预报24期，制作月预报4期，制作重要气象报告5期，制作天气公报1期，制作汛期气候预报3期，使各级领导能够在第一时间了解全县天气状况，为领导的决策工作提供科学依据，为县委、县政府及有关部门做好重大灾害性、关键性、转折性天气的气象服务，做好汛期等关键时期的气象服务。

【人工影响天气】 人工影响天气工作是公共气象服务体系建设的重要内容，直接服务于广大农牧民群众和农牧业生产，自墨竹工卡县开展人工影响天气作业以来，在农业防雹、抗旱、水库蓄水等方面发挥了应有的作用，产生了较好的社会和经济效益，2014年墨竹工卡县气象局完成了甲玛乡、格桑村、唐加乡三个新建标准化炮点的建设工作，2015年在县委、县政府和上级主管部门的大力支持下，墨竹工卡县气象局开始着手准备工卡镇拉拢村标准化炮点的建设。

在县委、县政府和区、市人影办的领导下，墨竹工卡县积极推进人影现代化建设，取得了新的进展，同时强化人工影响天气的管理，保障了作业安全。实践证明，科学的人工影响天气工作对农牧业生产能够提供很好的保驾护航作用。

在墨竹工卡县人工影响天气领导小组的正确指挥下，2014年8月—9月，人工影响天气作业共进行3次，并获得较好效果，为墨竹工卡县旱灾造成的损失减小到最低，为西藏自治区成立50周年大庆活动提供良好的天气保障。

【防雷减灾】 墨竹工卡县自2010年防雷减灾工作开始，县气象局认真履行防雷减灾职责，把防雷减灾作为全县安全生产工作的重点来抓，每年汛期前对全县的防雷设施进行一次全面的安全检测，严把对新建、扩建建（构）筑物防雷设施的设计审核关，做到防雷安全从源头抓起，强化对县内企业、加油站、学校、通讯、供电等易燃易爆和楼堂馆等场地的防雷安全检查，认真做好雷电灾害的调查与收集，对全县防雷工作进行技术指导和组织管理。全县防雷减灾工作按照预防为主，防治结合的方针，已逐步走向规范化、法制化。

【大事记】

1月6日，墨竹工卡县气象局内部开展2015年工作计划部署会议，会议由尼玛次仁局长主持，总结了2014年工作中出现的失误和不足，部署安排了2015年工作计划。

1月7日，墨竹工卡县气象局收到甲玛乡人民政府代表全乡人民赠送的锦旗一面。

2月5日，墨竹工卡县气象局业务组长永红副局长带领职工到全县各自动观测站开展巡检工作并向自动站看护人员发放看护费。

2月10日，墨竹工卡县气象局召集全县各炮点炮手在墨竹工卡县气象局1楼会议室召开慰问会议，拉萨市人工影响天气办公室主任桑旦和墨竹工卡县气象局局长尼玛次仁亲切慰问了各炮点炮手并献哈达，发放慰问金。

2月10日，拉萨市气象局人工影响天气办公室主任桑旦等领导到墨竹工卡县新建甲玛乡、格桑村、唐加乡三个标准化炮点开展基础设施建设检查工作。

墨竹工卡县气象局、电信局、工商局、邮政局召开本年度第一次党支部会议，气象局新进职工甘臣龙在会议上向党支部各领导提交入党申请书。

3月12日，拉萨市气象局书记王伟等领导到墨竹工卡县气象局开展大院环境改造设计的规划工作。

3月30日，自治区气象局书记王鹏祥、副局长向毓意、副局长赵一平、副局长林新富、各职能处室处长及拉萨市气象局党组副书记、副局长陈友珍等领导到墨竹工卡县气象局开展现场调研座谈会议：关于如何建设具有西藏特色的气象现代化示范点进行现场办公会议，讨论部署相关工作。

4月3日，自治区气象局监测与网络处副处长张勇、拉萨市气象局副局长胡军等领导到墨竹工卡县气象局开展观测场平移验收工作。

4月16日，拉萨市气象局党组书记、局长王伟、业务科科长次仁白玛等领导到墨竹工卡县气象局安排部署气象现代化建设工作。

4月27—28日，墨竹工卡县气象局副局长永红带领县局职工到墨竹工卡县各自动观测场开展雨量计标校和数据卸载工作。

4月29—30日，自治区气象局装备中心、拉萨市气象局装备组、业务科等领导到墨竹工卡县气象局协助进行新观测场搬迁工作。

5月4日，拉萨市气象局开展对墨竹工卡县气象局的人力轮流支援工作，拉萨市气象台副台长潘多带头开始对墨竹工卡县气象局进行工作指导，为期15天。

5月7日，墨竹工卡县政府副县长米玛次仁到墨竹工卡县气象局检查指导工作。

5月8日，墨竹工卡县气象局全体职工参加中国气象局召开的全国气象工作电视电话会议。

5月8日，墨竹工卡县气象局全体职工开展义务劳动，劳动内容为新观测场内播撒草种。

5月12日，墨竹工卡县气象局全体职工，在县318国道上进行全国气象日宣传工作。

5月13日，墨竹工卡县气象局尼玛次仁局长带领职工到墨竹工卡县甲玛乡人民政府，与甲玛乡书记商讨如何创建甲玛乡为标准化气象灾害防御乡镇。

5月14日，拉萨市气象局人工影响天气办公室主任桑旦等领导到墨竹工卡县气象局发放2015年人工影响天气作业火箭弹和高炮炮弹。

5月14日，自治区气象局网络中心主任普布次仁等领导到墨竹工卡县气象局指导工作并给气象局业务机安装micaps软件并现场教学指导使用。

5月14日，接墨竹工卡县人民政府办公室通知，墨竹工卡县气象局全体职工在局大院外马路上开展环境整治工作。

5月17日，墨竹工卡县气象局职工到工卡镇高原红种植基地开展温室大棚内监控仪器安装工作。

5月18日，墨竹工卡县气象局全体职工参加中国气象局召开的全国气象业务工作电视电话会议。

5月19日，墨竹工卡县气象局局长尼玛次仁到甲玛乡人民政府与甲玛乡书记、乡长等领导商讨单面全彩电子显示屏安装事宜。

6月1日，自治区气象局书记王鹏祥、副局长赵一平、各职能处室处长、拉萨市气象局党组书记王伟等领导到墨竹工卡县气象局开展气象现代化第二次现场办公会议，并参观墨竹工卡县工卡镇高原红设施农业基地。

6月4日，墨竹工卡县气象局局长尼玛次仁与纪检员甘臣龙到墨竹工卡县各炮点绘制冰炮路径图。

6月5日，墨竹工卡县气象局开展局内工作会议，局长尼玛次仁向各职工详细部署了气象现代化建设各项工作。

6月6日，拉萨市气象局党组书记、局长王伟，党组副书记、副局长陈友珍带领市局年轻职工到墨竹工卡县气象局开展义务劳动活用，劳动内容为协助墨竹工卡县气象局进行院内树木修剪工作。

6月9日，拉萨市气象台工程师多典洛珠开始对墨竹工卡县气象局全体职工进行micaps软件培训的第一天工作，培训为期7天。

6月10日，拉萨市气象局农试站副站长、高级工程师次仁多吉、业务科高级工程师李文华到墨竹工卡县气象局对县局全体职工分别开展农业气象知识和业务观测知识培训工作。

6月11日，拉萨市气象局党组副书记、副局长陈友珍等领导到墨竹工卡县气象局开展气象现代化建设指导工作。

6月19日，拉萨市气象局人工影响天气办公室桑旦主任等领导到墨竹工卡县气象局开展2015年度人工影响天气作业指导工作。

6月21日，拉萨市气象局党组书记、局长王伟到墨竹工卡县气象局检查并指导气象现代化建设工作。

6月23日，拉萨市气象局副局长胡军，农试站站长、副站长等领导到墨竹工卡县气象局协助墨竹工卡县工卡镇高原红种植基地安装智慧园丁。

6月24日，拉萨市气象局党组副书记、副局长陈友珍、副调研员格列曲扎等领导到墨竹工卡县气象局检查并指导气象现代化建设工作。

6月25日，墨竹工卡县气象局完成甲玛乡人民政府的单面全彩LED大屏的安装工作。

6月27日，自治区气象台台长贾巴等领导到墨竹工卡县气象局检查气象现代化建设工作并召开工作会议。

6月30日，墨竹工卡县气象局召开局内工作会议，尼玛次仁局长主持并向全体职工安排部署了气象现代化建设各项工作。

7月1日，拉萨市气象局党组书记、局长王伟陪同那曲地区气象局党组书记格桑洛珠、阿里地区气象局党组书记琼玛次仁等领导到墨竹工卡县气象局考察气象现代化建设工作。

7月2日，拉萨市气象局党组书记、局长王伟陪同林芝市气象局党组书记、局长翁海卿等领导到墨竹工卡县气象局考察气象现代化建设工作。

7月5日，自治区气象局网络中心主任普布次仁等领导到墨竹工卡县气象局检查指导工作，并为县局业务网络添加外网备份。

7月9日，拉萨市气象局纪检组长次仁达瓦到墨竹工卡县气象局开展人工影响天气立法工作。

7月9日，墨竹工卡县气象局副局长永红带领职工到尼玛江热乡自动观测站开展雨量计维护工作。

7月11日，自治区气象局副局长林新富、拉萨市气象局党组书记、局长王伟等领导到墨竹工卡县气象局检查气象现代化建设工作。

7月12日，拉萨市气象台次珍给墨竹工卡县气象局全体职工开展micaps软件学习培训工作。

7月16日，中国气象局于副司长在西藏自治区气象局书记王鹏翔、拉萨市气象局书记王伟、局长陈友珍的陪同下，到墨竹工卡县气象局考察气象现代化建设工作。

7月20日，昌都局局长阿旺一行9人在拉萨市气象局党组书记王伟的陪同下到墨竹工卡县气象局进行参观交流工作。

7月22日，墨竹工卡县气象局局长尼玛次仁到墨竹工卡县各炮点安装炮点门派及射界图。

7月27日，拉萨市气象局党组书记、局长王伟，党组副书记、副局长陈友珍，副调研员格列曲扎等领导到墨竹工卡县气象局检查指导工作。

7月29日，墨竹工卡县气象局局长尼玛次仁带领职工到尼玛江热乡进行雨量站搬迁工作。

8月3日，墨竹工卡县气象局局长尼玛次仁带领职工到墨竹工卡县新区开展人工消雨作业。

8月6日，自治区人影中心领导到墨竹工卡县气象局进行雪顿节前炮点安全检查工作。

8月28日，中国气象局第四督察组到墨竹工卡县气象局开展人工影响天气安全检查工作。

9月6日，根据拉萨市气象局人事调令通知，尼木县气象局邹芳娥正式调入墨竹工卡县气象局。

9月12日，墨竹工卡县气象局完成多功能培训室3*4的液晶显示拼接屏的安装。

9月15日，自治区气象局监测与观网处等领导到墨竹工卡县气象局开展业务检查工作。

9月21日，拉萨市气象局党组书记王伟等领导到墨竹工卡县气象局检查指导工作。

9月24日，拉萨市气象局党组书记王伟、党组副书记、局长陈友珍等领导到墨竹工卡县气象局检查指导工作。

9月26日，自治区气象局装备中心领导到墨竹工卡县气象局开展观测场观测设备标定工作。

9月26日，墨竹工卡县气象局全体职工参加自治区气象局机关党办召开的全区气象党员培训电视电话会议。

9月29日，尼木县气象局、当雄县气象局同事到墨竹工卡县气象局开展工作交流。

10月9日，拉萨市气象局业务科、装备组领导到墨竹工卡县气象局协助搬迁值班室业务设备。

10月14日，自治区气象局党组书记拉卓、局长向毓意、各职能处室处长及拉萨市气象局党组副书记、局长陈友珍等领导到墨竹工卡县气象局检查指导工作。

11月4—5日，墨竹工卡县气象局副局长永红带领职工到各区域站和雨量站开展巡检维护工作并向自动站看护人员发放看护费。

11月5日，墨竹工卡县气象局副局长永红带领着单位员工对墨竹工卡县各个炮点的弹壳进行清理回收，并为各炮点的炮手发放2015年度炮手工资。

11月10日，拉萨市气象局局长陈友珍等一行到墨竹工卡县考察标准化炮点建设以及气象防灾减灾指挥部建设情况。

11月16日—17日，拉萨市气象局人影办主任桑旦、军机械厂专家等领导到墨竹工卡县对各个炮点及弹药库的炮弹进行年度安全检查。

11月24日，拉萨市气象局人影办主任桑旦等一行到工卡镇工卡村拉龙组新建标准化炮点进行检查验收。

12月3日，拉萨市气象局书记王伟、副书记陈友珍到墨竹工卡县气象局对墨竹工卡县气象防灾减灾指挥部建设工程开展验收工作，并顺利完成验收。

12月13日，自治区气象局农网中心领导到墨竹工卡县气象局拓展农经网座谈会。

（甘臣龙）

【领导名录】

局　长　尼玛次仁

副局长　永　　红

社会事业

社会事业

墨竹工卡县民政局

【概况】 年内，墨竹工卡县民政局以中共十八届四中、五中全会精神、第六次西藏工作座谈会和科学发展观为指导，以“三严三实”活动为载体，紧紧围绕县委、县政府的中心工作，认真贯彻落实区、市民政会议精神，并结合墨竹工卡县实际和民政工作要点，始终坚持“以民为本、为民解困、为民服务”的民政宗旨，进一步完善社会救助、应急救援、社会福利、优抚安置、基层政权建设、社会事务管理、残疾人事业发展和机关建设管理等“八大体系”建设，充分发挥了民政在构建和谐墨竹的重要基础作用。

【社会保障】 为保障和改善墨竹工卡县城镇、农村低保户的生活水平，实现安标施保、动态管理的目标，确保低保政策的社会效益，民政局自2015年1月起调整城乡低保保障标准，城镇低保标准由现行的月人均540元调整为月人均640元；全县农村居民最低生活保障标准由现行的年人均2150元调整为2450元。在2015年城乡低保动态管理中，共调整农村低保对象84户200人（其中：停发1户1人，变更34户50人，新增农村低保对象49户149人），调整城镇低保对象23户30人（其中：停发17户21人，新增城镇低保对象6户9人）。全年为1033户4183名农村低保对象发放低保金资金490.3128万元，为719户822名城镇低保对象（含621名僧尼）发放低保金低保资金273.97万元。在2015年“三大节日”期间，为全县5621名城乡低保对象、五保对象、城乡优抚对象发放物价联动机制价格补贴27.41万元，为5557名城乡低保对象、五保对象、城乡优抚对象发放2015年“三大节日”一次性生活补助217.47万元，县“四大班子”对城乡低保户、五保户和优抚对象开展“扶贫济困送温暖”走访慰问活动，共发放慰问物资、慰问金共47.9万元，切实解决了全县贫困群众的节日生活问题，维护了社会稳定。为进一步推进低保规范化管理，完善低保监管机制，以《关于印发〈西藏自治区最低生活保障经办人员和村（居）民委员会成员近亲属享受最低生活保障备案管理办法（试行）〉的通知》为契机，扎实开展专项清查备案活动，并在全市率先完成低保系统信息录入工作。

【城乡医疗救助】 为切实贯彻落实惠民政策，民政局积极健全城乡医疗救助资金管理使用制度，不断改进和完善申办程序，方便救助对象及时快捷领到医疗救助资金，认真做好救助对象档案材料的整理归档。截至年底，墨竹工卡县民政局共为58名城镇居民核报销医疗救助金额22.6427万元，为773名农牧民群众核报销医疗救助金额311.98万元。为全面落实《西藏自治区深化医药体制改革工作方案》和《拉萨市城乡医疗救助实施办法》，完善墨竹工卡县医疗救助工作机制，提高医疗救助工作水平，简化群众申报审批程序，使医疗救助与城镇居民基本医疗保险有机衔接，实行“三位一体”的“一站式”即时结算，墨竹工卡县与各区、市、县医保定点医院签订“一站式”即时结算协议，切实方便了城乡低保、五保群众享受医疗卫生服务，有效缓解了就医难问题，截至年底，共为185名群众开展医疗救助“一站式”结算69.0115万元（其中：在区第二人民医院为7名群众结算5.5587万元；自治区藏医院为25名群众结算13.1099万元；拉萨市人民医院为6名群众结算10.3824万元；武警公安医院为1名群众结算2.025万元；阜康医院为1名群众结算

1.9773万元；县人民医院为145名群众结算35.9582万元）。

【农村“五保”供养】 截至年底，全县共有享受农村五保供养条件的人员286名（其中老年人189名，残疾人97名；男性103名，女性183名；最高年龄94岁，最小年龄31岁）。为认真贯彻落实《农村五保供养工作条例》，墨竹工卡县于2014年底新建墨竹工卡县社会福利院，现已全部完工并投入使用，已集中供养符合条件的五保对象271人，五保集中供养率达94.7%，意愿集中供养率达100%。按照区、市政府有关文件精神，墨竹工卡县农牧区五保供养经费已调整为每人每年4620元；在此基础上，墨竹工卡县建立了农牧区五保集中供养对象供养标准自然增长机制，在区市五保供养经费配套的基础上追加162万元（每人每日15元的标准）提高五保集中供养经费，五保集中供养对象人均年生活补助标准为10020元，五保集中供养人员的经费由县财政直接拨付到五保供养经费专账，由福利机构统一调配使用。墨竹工卡县已发放2015年分散五保供养经费38.88万元，拨付五保集中供养经费146.34万元。为使集中供养五保对象能欢度祥和、欢乐的春节和藏历新年，县委、县政府主要领导在藏历新年初一与五保集中供养老人欢度佳节，为五保集中供养对象发放慰问金1.37万元。在重阳节期间，县民政联合妇联等部门赴尼玛江热敬老院和扎西岗敬老院开展慰问活动，对五保集中供养对象致以节日的问候，并发放价值达5万余元慰问物资。

【救灾救济】 扎实开展2014—2015年冬春缺粮救济工作，按照每人每月30斤口粮的标准，及时为为全县523户3006名受灾困难群众解决金额达59.52万元的救济口粮27.06万斤；建立健全了灾害预警预报制度、信息上报、统计和救助制度，根据区市有关文件精神，确定了全县58名灾害信息员（其中：县级3名，乡镇级8名，村级40名），有效地提高了墨竹工卡县防灾救灾能力；为进一步增强全社会灾害风险防范意识，广泛普及自救互救知识，墨竹工卡县减灾委办公室精心谋划、组织，利用5月12日—5月17日防灾减灾宣传周的有利契机，扎实有效地开展开展以“城镇化与减灾”为主题的系列活动，共发放宣传资料800余份、悬挂横幅29条、张贴宣传图片20张；为进一步贯彻落实国家减灾救灾政策的落实，加强综合协调和应急保障能力，根据区市有关文件要求，完善了县、乡、村三级《自然灾害应急救助预案》；为大力加强防灾减灾能力建设，不断提升灾害紧急救援能力，墨竹工卡县已建立县乡两级救灾物资储备库各一座，已储备有棉大衣、棉衣裤、绒衣裤、棉被、棉褥折叠床、救灾帐篷等价值500余万元的各类救灾物资，以保障突发公共事件中灾民的基本生活；在“4·25”日喀则地震后，墨竹工卡县在全县范围内先后开展了向地震灾区人民“送温暖献爱心”自愿捐款活动，共有千余名党员干部职工和群众捐款48.31万元，充分体现出一方有难、八方支援的传统美德，表达了墨竹人民对灾区人民的深厚感情。

【社会福利】 为全面贯彻落实《中华人民共和国老年人权益保障法》，健全完善长寿补贴金制度，为全县456名80岁以上的老年人（其中：80—89岁389名、90—99岁53名、百岁以上6名）兑现2014年寿星老人健康补贴22.485万元；为保障全县60岁以上老人的基本生活，实现农牧区老人“养老不犯愁”的梦想，按照县委、县政府“2015年三大民生项目”的安排部署，自2015年起实施幸福养老补贴工程，由县本级财政出资为全县农牧区60周岁以上老人逐月发放养老补贴，2015年，共发放养老补贴资金1291.0375万元；为保护未成年人的合法权益，按照区、市《五保集中供养和孤儿集中收养方案》的要求和部署，墨竹工卡县在读小学和高中阶段的59名孤儿已交送拉萨市儿童福利院和SOS儿童村进行集中收养，率先完成了孤儿集中收养率达100%的目标，成年孤儿已全部开展了就业培训并进行安置。

【双拥优抚】 根据自治区民政厅《关于转发〈调

整部分优抚对象人员抚恤和生活补助标准的通知〉的通知》文件精神要求，为保障墨竹工卡县优抚对象的生活水平逐步提高，体现党和政府对广大优抚对象的关怀，墨竹工卡县民政局自2015年1月起调整部分优抚对象抚恤补助标准，为全县10名优抚对象发放抚恤金共115.16万元；为巩固和发展了军政军民团结工作，关心、关怀优抚对象和军人家属，在新春藏历新年来临之际，县四大班子主要领导对县武警中队、县消防大队和日多兵站等军警部队官兵开展新春拥军慰问并发放慰问金4万元，走访慰问了烈属、老复员军人、伤残军人和现役军人等80名优抚对象，发放慰问金4万元；为隆重庆祝中国人民解放军建军88周年，墨竹工卡县双拥领导小组主要负责人代表全县5万各族人民到县人武部、县武警中队、县消防大队和日多格桑兵站，对驻县军警部队官兵进行八一双拥共建慰问，共发放慰问金8万元；根据《中华人民共和国兵役法》《退役士兵安置条例》和《西藏自治区退役士兵自主就业扶持办法》的规定，墨竹工卡县民政局按优待金2.4万元/人和一次性经济补助5万元/人的标准，为全县19名2014年退役士兵发放资金147.8万元。在发放中，县民政工作人员对符合领取条件的退役士兵进行了建档，确保了发放对象的准确性，保证了资金不截留、不克扣，使优待金和一次性经济补助资金兑现率均达到100%；在2015年欢送退伍老兵座谈会，为格桑兵站、县武警中队和消防大队共11名退伍老兵每人送上了慰问金1000元；经过近2个月的紧张工作，墨竹工卡县2015年的夏季征兵工作任务中共有13名新兵（1名女兵）光荣入伍；在县人社部门的帮助下，全年累计组织共有30余名退役士兵接受了安保、驾驶等多个职业技能的专业培训，培训后的学员通过推荐就业或自谋职业实现就业的比例达到85%以上。

【政权建设】 在县委、县政府的高度重视、关怀和各有关部门的大力支持下，全县8个乡镇，40个行政村全部开展了依法治村、村民自治工作，突出抓“四民主、三公开”制度的建立与落实，各村都设立了公示栏和公示板，定期公开政务、村务和财务；依法健全完善了村民自治章程和村规民约，规范了村民代表会议和村民会议的内容，全县呈现出物质文明、政治文明、精神文明健康协调发展的良好局面。按照《西藏自治区关于进一步加强村（居）民委员会民主监督工作的意见》和《拉萨市关于建立完善村（居）民委员会民主监督工作的通知》等文件要求，墨竹工卡县40个村民委员会已经全部建立了村民监督委员会，共产生村民监督委员会主任40人，监督委员会委员149人。同时，墨竹工卡县先后出台《关于建立健全村务监督委员会制度的实施意见》《关于进一步加强村务监督委员会工作的通知》等文件，形成以落实村监委“七有”为抓手，以建立村监委工作运转机制为基础，以建立健全村监委履职保障机制与考核奖惩机制为支撑的工作格局，打牢村监委工作基础，确保村监委正常、高效运转。截至年底，全县基本形成了一套村民监督委员会制度体系，全面提高了监督运行的规范化水平。村民监督委员会制度的确立，使村两委的工作更加规范化、制度化，促进了农牧区经济社会的和谐快速发展，增加了农民收入，维护了农牧区社会的安定团结。为不断满足社区居民日益增长的物质和文化需要，丰富和提高人们的思想文化素质，构建和谐社区，全面推进小康社会建设，在各部门的配合下，全县40个农村社区全部新（改）建了健身活动场所、村卫生保健院和集会教育场所，按照中央专项及自治区级彩票公益金支持公益事业建设项目的规划，墨竹工卡县工卡镇社区服务中心建设项目于2015年落成。

【社会事务】 墨竹工卡县民政局严格执行《婚姻登记管理条例》，简化手续，方便了群众。同时，加强工作人员的培训和办公室硬件设施建设，规范档案管理，完善各项规章制度，不断优化工作水平和服务质量。2015年，共办理结婚登记1044对，结婚登记合格率达到100%；离婚登记72对；补办登记57对。根据《行政区域界线管理条例》和自治区政府办公厅《关于开展全区第四轮县级行政区域界线联合检查工作的通知》的规定和要求，于4月中旬制定《拉萨市墨竹工卡县—林芝市工布江达县行政区域界线联合检查实施方案》，于8月中旬牵头开展了墨工线联检工作，同时配合山南地区扎囊县实地进行墨扎线边界勘查工作，圆满完成2015年县级行政区域界线联合检查工作。按照《墨竹工卡县第二次全国地名普查工作实施方案》，墨竹工卡县人民政府组织召开第二次全国地名普查工作动员暨培训会，县人民政府副县长益西出席会议并作动员讲话，县民政局相关工作人员、各乡（镇）和相关部门主要负责人共30余人参会。自7月21日开始，墨竹工卡县地名普查办组织全县8个乡（镇）的地名普查工作人员开展普查，截至年底，共完成2100条地名信息录入。

【社团管理】 墨竹工卡县依法登记注册社会组织14个，主要涉及农牧、扶贫开发和水利等行业和领域，在2015年7月初完成了8家用水户协会的年审工作。全县14家社会组织中共有108名党员，按照“有利于加强党的领导，有利于开展党的活动，有利于加强党员教育管理”的原则创新工作思路，重新理顺了全县社会组织的党组织，已单独建立党组织的社会组织共有8家（均为用水户协会），挂靠村党支部社会组织6家（5家扶贫互助会及巴洛藏鸡养殖协会），社会组织党组织实现全覆盖。为引导、扶持社会组织健康、科学发展，墨竹工卡县民政局紧紧围绕“进一步加强社会组织建设”这一主题，成立调研组，大力开展社会组织建设调研活动，听取社会组织发展情况、存在的问题和矛盾、意见和建议等方面情况汇报，同时就社会组织在经济社会发展中的作用、面临的形势、遇到的困难和矛盾，以及社会组织培育发展的机制体制、扶持政策、能力建设、监督管理等方面进行了交流。研活动的开展为进一步理清了墨竹工卡县社会组织建设和发展的思路、研究制定相关政策、促进墨竹社会组织健康有序发展提供了科学依据。

【残疾人事业】 为充分发挥残疾人创业实体带动残疾人脱贫致富的载体作用，实现直接安排残疾人就业、带动帮扶残疾人脱贫和间接式扶持残疾人，从而达到改善贫困残疾人基本生产生活状况，缩小残疾人与健全人收入水平差距，全力支持和鼓励残疾人自主创业，墨竹工卡县从残疾人就业保障金中支出72.4万元，用于扶持唐加乡卓尼村残障村民党列创办藏式小型家具雕刻工厂、扎西岗乡巴洛村开办残疾人互助度假村、尼玛江热乡邦达村残疾人互助组创办藏靴社，保障了32名有一定劳动能力的残疾人就业。为提高社区康复员的康复服务工作能力，落实残疾人社区康复“十二五”实施方案，进一步推动“康复进社区，服务到家庭”的社区康复工作，县残联在区市残联和国际助残组织的帮助下，于每月15日举办农牧区社区康复培训班，对墨竹工卡县残联康复工作人员、各村干部和村医等进行培训，同时为了解决墨竹工卡县部分下肢重度残疾人出行难的问题，县残联积极与区市有关部门协调，为农牧区下肢重度残疾人无偿发放8个残疾人自助床、2辆轮椅和2副助行拐杖。

【机关建设管理】 认真贯彻落实中央“八项规定”精神、自治区“约法十章”“九项要求”和市委“八项要求”，按照党风廉政建设“一岗双责”的要求，健全完善了“一把手负总责，分管领导各负其责，班子成员齐抓共管”的领导体制和工作机制。按照廉政建设“四大纪律”“八项要求”的要求，积极开展了民主集中制教育、法制教育、“三严三实”“忠诚干净担当”等各项专题教育，在全局党员干部营造了良好的反腐倡廉气氛。认真贯彻《政府信息公开条例》，及时在局政务公开栏公开有关内容；深入开展作风建设，抓好民政系统的行风建设，提高服务质量和办事效率；大力开展专项执法检查，对救灾救济款等实行专项检查，严禁截留；公务接待严格控制标准，切实加大预防和治理腐败的力度，为民政各项工作健康协调发展提供了有力保证；建立健全了《关于进一步加强墨竹工卡县民政系统廉政风险防控机制建设的实施意见》《墨竹工卡县民政局议事规则和决策程序》《墨竹工卡县民政局党内民主决策制度》等制度和流程，进一步规范领导班子决策行为，提高科学决策、民主决策水平。同时，加大对重点领域、关键岗位和重要环节的风险防控，不断完善项目工作流程，确保项目管理各个环节阳光透明，确保权力在阳光下运行。建立了以局长为组长，各科室工作人员为成员的信访工作小组，切实认真开展信访和矛盾纠纷排解工作，实行24小时信访值班制度，确保群众来访能及时有效的化解，加大领导力度，确保把信访工作列入重要议事日程，常研究，把信访法规和文件列入宣传内容，常宣传；积极开展了廉政文化“六进”活动，侧重抓了进机关、进家庭和进农牧区活动，组织党员干部职工学习了《中国共产党廉洁自律准则》和《中国共产党纪律处分条例》等规定，观看警示教育片4次；倡议全局领导干部职工家属当好“贤内助，廉内助”，发放廉政倡议书15份，强力构筑家庭反腐倡廉的牢固防线；在全县40个行政建制村设置廉政（党务、村务、财务）公开栏，建立健全村级财务管理、村务公开、党务公开、民主议事、重大事项报告等制度，并取得了明显成效。

（吴　敏）

【领导名录】

局　长　旦　巴

副局长　达　娃

墨竹工卡县人力资源和社会保障局

【概况】 2015年，墨竹工卡县人社局在县委、县政府的坚强领导和上级业务部门的大力支持下，以改善和发展民生为抓手，紧紧围绕全县中心工作，全县就业再就业、社会保险、劳动关系、人力资源管理工作实现了既定目标。

【职业技能培训】 2015年，县人社局立足全县城镇失业人员和农牧民转移就业需求实际，开展了一系列职业技能培训，全县完成就业再就业培训210人（市下达目标190人），完成全年目标110%；农牧民转移技能培训505人（市下达目标330人），完成全年目标153%。

【转移就业情况】 2015年，县人社局积极联合县直相关部门开拓就业市场，全县完成新增农牧民转移就业545人（市下达目标490人），完成全年目标111%；新增城镇就业850人（市下达目标400人），完成全年目标212%；职业介绍完成795人（市下达目标500个），完成全年目标159%；职业介绍成功人数385人（市下达目标250人），完成全年目标154%；职业指导750人（市下达目标650人），完成全年目标115%。

2015年开展年度农牧民进城务工引导培训，培训人数600人，开发公益性岗位15人。2015年，墨竹工卡县完成劳动力转移15002人（市下达目标15000人），完成全年目标100%。实现收入1.51亿元（市下达目标5900万元），完成全年目标的256%。

【高校毕业生就业服务】 2015年，县人力资源和社会保障局对全县303名高校毕业生全面进行统计，并进行登记造册。对第一批未考上的毕业生在拉萨市就业局提供培训的学习机会。对22名高校毕业生在墨竹各企事业单位提供毕业见习机会。

【社会保险】 2015年，墨竹工卡县社会保障体系进一步得到完善，以五大类九小类社会保险为主要内容保障机制更加健全，全县社保覆盖面达到100%，综合参保率达到98%以上，主要体现在以下方面。

【城镇职工基本养老保险】 全县完成城镇职工养老保险参保人数506人（市下达目标348人）完成全年目标145%。征缴养老保险金421万元，（市下达目标360万元）完成全年目标117%。企业退休人员基本养老金水平同步区、市提高10%。

【城镇职工基本医疗保险】 全县完成城镇职工医疗保险参保人数1995人（市下达目标1993人），完成全年目标101%。征收医疗保险金1652万元（市下达目标1100万元），完成全年目标150%。核定职工医疗报销人数为22人，报销金额8.3万元。

【工伤保险】 全县完成工伤保险参保人数4578人（市下达目标4046人），完成全年目标141%，征缴工伤保险金275.44万元（市下达目标140万元），完成全年目标197%。

【生育保险】 全县城镇职工参加生育保险1728人，参保率100%，生育保险报销人数25人，报销金额178268.30元。

【失业保险】 2015年，全县失业保险参保人数1104人，（市下达目标950人）完成全年目标116%。其征缴基金为：1251486.46元（市下达目标75万），完成全年目标166%，全县的失业保险费率暂由现行条例规定3%降至2%。

【城乡居民社会养老保险】 全县城乡居民社会养老保险参保人数有29085人（市下达目标28258人），完成全年目标103%，其中，16—59岁以上参保的有24217人，60岁以上参保的有4868人，兑现60岁以上人员待遇资金394.3万元。墨竹工卡县实现城乡居民基本养老保险统一的制度，标准逐步提高，城乡居民基础养老金最低标准统一由125元提高到145元。

【城镇居民基本医疗保险】 全县完成城镇居民医疗保险参保人数1510人（市下达目标1510人），完成全年目标100%，核定报销人数22人，报销金额13万元。墨竹工卡县居民医保人均财政补助提高到340元，居民个人缴费达到人均不低于60元。

【事业单位专业技术人员管理】 由于开展事业单位改革工作的原因，职称评定工作主要统计人员，准备材料阶段，县教育系统根据上级教育部门要求，开展相应的职称评定和续聘工作。

【劳动监察】 2015年，在县委、县政府的高度重视以及各项目主管部门的密切配合下，县人力资源和社会保障局开展劳动监察专项检查14次。督促企业签订劳动合同3015人。上缴民工工资保证金近1351.7万元，已支付714.3万元。劳动保障举报投诉结案率95%以上。

【工资福利】 2015年，县人社局在落实机关事业单位工作人员工资福利工作中，共调整机关事业单位工作人员基本工资标准和津贴补贴1850元，为52名新考录到机关事业单位工作人员进行了工资定级，全县机关事业单位工作人员的工资福利待遇得到了较好落实。

【十件实事落实情况】 2015年，县人社局认真对照市人民政府“十件实事”开展了一系列工作，把符合条件的11名村医转为公益性岗位。

【工作亮点】 2015年，墨竹工卡县实现城乡居民基本养老保险统一的制度，标准逐步提高，城乡居民基础养老金最低标准统一由125元提高到145元。

全县工伤保险、失业保险参保率较2014年增幅较大，扩面参保人数剧增，其中工伤保险扩面人数1655人，失业保险扩面人数154人，基金征缴工作较2014年也实现了较大增幅。

（德吉拉姆）

【领导名录】

局　长　班旦曲扎

副局长　春　　芳

墨竹工卡县净土健康产业办公室

【概况】 发展净土健康产业是实现经济转型升级、适应并践行新常态的生动实践。墨竹工卡县委、县政府高度重视净土健康产业工作，通过加强产业领导、科学规划净土健康产业发展以及“项目四化”即：项目遴选科学化、项目实施责任化、项目资金扶持有偿化、项目管理全程化的途径，突出项目运作、创新工作方式方法、以一步一个脚印，力求项目抓出实效，以项目推动产业的发展。

【科学规划净土健康产业发展】及时成立县、乡（镇）两级净土健康产业发展领导小组，设立办公室、充实工作人员，形成全县净土健康产业责任层层明确，工作动力层层传导的工作格局；制定出台《墨竹工卡县关于进一步加快净土健康产业发展实施意见》《墨竹工卡县净土健康产业"十三五"总体规划》和《2015年度墨竹工卡县净土健康产业计划》等，为全县净土健康产业发展提供政策支撑。

【强化产业发展持续性】县财政出资1000万元，注册成立墨竹工卡县农牧业净土健康产业发展有限公司，截至年底，约投资2501.8825 万元（本级财政投资1625.78万元、合作社自筹876.1025万元），开展9个第一批净土健康产业发展项目。其中，特色种植产业项目4个、土地流转项目1个、奶产业2个、藏香鸡养殖产业1个、特色文化产业1个。

【项目遴选科学化】为使项目发挥最大社会经济效益，在项目筛选上，充分酝酿、反复筛选。紧紧围绕现有产业项目优势和实地考察分析，经县直各部门、乡镇、企业（合作社），报请净土健康产业项目专题研讨会进行研讨。在项目立项上，严格做到科学合理。

【项目实施责任化】在项目实施上，不仅仅强调受益企业（专合组织或企业）的责任，同时明确项目所在乡（镇）政府职责，通过净土公司、受益企业、项目所在乡（镇）三方间签订《墨竹工卡县净土健康产业项目资金扶持及还款协议》的途径，形成抓项目实施的合力，保障项目抓出实效。

【加强净土公司资金运作水平】按照独立的市场主体，国有投资公司的要求来加强县净土公司的制度化、规范化建设，使公司走上正常运转轨道。公司以"资金入股、资金借贷、利润分红"等方式向产业项目注入资金。

【优化资金投放方式】公司通过"借款""入股"的形式对具有一定市场前景和成长性的企业（合作社）投放资金。受益企业（合作社）在偿还扶持款项的同时，按照股权占有比例向县净土公司进行分红。如在2015年实施的9个净土健康产业项目中，净土公司借款的合作社有6家、参与入股的合作社有3家。如宗穆厦民族手工艺术和尼达生态发展有限公司斑头雁养殖项目，受益企业（合作社）计划于2016年开始，每年偿还政府借款的同时以递增形式向县净土健康产业发展有限公司分红2万—5万元。

【加强项目过程管理】高度重视项目的运行管理，建立健全项目运行管理机制。在项目建设过程中加强监督，确保资金投向，保证项目建设内容、标准，符合计划书要求；项目投入运营后，组织开展"回头看"工作，总结分析项目实施的优劣及原因，提高项目运作管理水平。

【增强产业连贯性】注重产业发展的系统性与连贯性。如在加大力度建设优质饲草种植基地的同时，着手开展饲草料加工项目、实施荣多奶牛养殖场建设项目。以一环扣一环的形式，有效保证政府产业政策的有效性、连贯性、一致性。

【加大宣传力度】通过拉萨电视台、西藏电视台、中央台等各大媒体，加大产业发展产品宣传力度。通过网络媒体宣传，营造浓郁的发展氛围，增强对发展净土产业的重要性认识，打造墨竹净土产品在市场上的知名度与认可度。

【搭建净土健康产品展销平台】通过现有甲玛景区净土健康产品展销厅、尼达斑头雁净土健康产品体验中心等项目的落实与参加雪顿节、藏博会等各大净土产品展销活动，推介与宣传墨竹工卡县特色产品，促进旅游文化产品的开发，实现精品旅游、特色文化产品、民族手工业相互促进、融合发展。

【资金投放上突出群众主体】为突出群众在净土产

业中主体地位，2015年实施的9个净土健康产业项目资金，其中经济林种植项目、优质饲草种植项目、食用菌及草莓种植项目、农畜产品直销车项目、唐加藏鸡养殖项目、宗穆夏传统民族服饰精品氆氇生产项目、工卡镇帕热高效温室原址新建项目、直孔梯寺购置制药设备项目等全部资金投向农牧民群众或具有发展前景的农牧民专合组织。项目受益人数共达2946户、14730人。

【斯布牦牛】 当地人称“仲赞”意思是野牦牛的后代。“斯布”为地名，原系历代班禅·额尔德尼的公有牧场。地处高山峡谷，山峻沟深，牧草茂密，草质优良，频有野牦牛群出没（20世纪50年代—70年代因野牦牛下山毁坏农田而大举猎杀）。斯布牦牛正是在这种优良高山草甸牧场以及因杂交不断渗入野牦牛血液成分的背景下，经长期选育所形成的地方品种。

2009年，在墨竹工卡县扎西岗乡斯布村进行的产业实地调查发现：该村有203个牦牛养殖户，饲养牦牛6505头，户均37.7头牛，其中1—4岁占38.1%、5—8岁占33%、 8岁以上占28.9%，牛群公母比例为62∶38；年产犊率为7.2%，出栏（含死亡）率为12.3%，其中自食占2.5%，出售占3.9%、死亡占5.9%。2008年和2009年连续两年开展斯布牦牛肉和其他牛肉的对比品尝试验。来自中国农大、中国农科院、科技部、外交部和加拿大驻华使馆的中外专家一致认为，相同部位的牦牛肉在肉质、口感和嫩度方面墨竹工卡县出产的斯布牦牛肉可以与国内高档牛肉相媲美，而风味甚至比日本和牛、法国利木赞牛肉更佳。这一结果为认清牦牛肉的潜在价值和提高市场附加值，提供了科学依据。

【墨竹工卡小油菜（籽）】 看秉承“发展自身特色，实现增产增效，提高当地农民收入”的目的，县委县政府联合当地各相关部门实施了“墨竹工卡小油菜良种繁育及种子产业化项目”。

2001年全县共种植墨竹工卡小油菜2万余亩，生产墨竹工卡小油菜籽350万公斤，生产精选、优质的种子52.5万公斤。所生产的墨竹工卡小油菜籽呈褐黄色，籽粒充实饱满，大小均匀适中，皮薄完整且油分充足，如此优质墨竹工卡小油菜籽在市场上已经达到了供不应求的状况。为了适应城市市场需求，发挥墨竹工卡县临近拉萨市、交通便利的区位优势，当地政府及相关部门多次邀请专家对墨竹工卡县的油菜种植进行专业指导和培训，誓将墨竹工卡县建设成为拉萨城郊“墨竹工卡小油菜”特色种植区。

【加大产品宣传销售】 年内，通过设立净土展销厅及参加拉萨各大展销活动，累计帮助墨竹工卡县25多家合作社代销本土特色产品共计126351元。

【提供技术学习平台】 按照建设一批、规划一批、储备一批的项目推进方法，深入调研、立足实际、明确目标、积极谋划，计划下一步将启动牦牛奶制品加工项目、斯布牦牛本品种选育项目、黄牛改良项目、墨竹净土健康产品微网销售平台建设项目等几个第二批净土健康产业项目。通过项目带动解决100多名农牧民就业问题的同时，加大力度培育净土产业发展所需专业人才。集中举办种养业使用技术培训，提高农牧民群众专业技能。通过把他们引领到产业项目发展中，促进产业的发展、社会的和谐发展。

（东　明）

【领导名录】

主　任　索朗拉姆

墨竹工卡县卫生局

【概况】 墨竹工卡县共有卫生医疗、保健机构71个，其中县级卫生医疗机构3个，包括：县卫生局（计生委）、1所二级乙等医院、1所疾控中心（妇幼保健站）。乡（镇）卫生院8个，行政村卫生室32个，自然村供药点28个。卫生系统总计人数287人，其中县卫生局（计生委）5人，县人民医院113人，县疾控中心16人，乡镇卫生院正式工44人，公益性28人，聘用81人。副高2人、占1.4%；中级职称

14人、占9.5%，初级职称53人、占36.1%，员级78人、占53%。

【医疗制度】 2015年，农牧区医疗管理筹资人数为47585人，总计筹资金额为94.7万元，筹资率达100%。财政下拨2057.6万元，其中家庭账户578万元，大病统筹基金1515.3万元，风险基金37.9万元；乡镇门诊核销14万人次，核销金额454.5万元，总住院人数4975人，总报销2865.3万元，其中县政府报销1300万元。

【妇幼保健】 对全县孕产妇系统管理，签订县乡村转诊转院责任书，做到高危产妇提前20天住院待产和普通产妇提前3天住院待产，住院分娩率达99.6%，婴儿死亡率控制在10.79‰，同比下降1.56‰。实施了孕产妇和儿童营养改善项目，受益产妇1154人，受益儿童6578人。

【疾病预防】 墨竹工卡县常住人口免疫规划9苗11病疫苗平均接种率97.64%，乙丙类传染病共9种167例，同比下降1.67%，法定传染病报告及时率100%，无死亡病例，未发生重大突发公共卫生事件和甲类传染病的发生；积极对学校和27家公共场所开展卫生监督5次，公共场所卫生合格率达96%以上，其中，对25 家公共场所实行量化分级管理，量化分级管理率达92.5%。对54个城镇和农村集中式供水点（枯水期和丰水期）检测；通过宣传和监测，主动发现结核病例，年内，共登记管理（治疗）38例结核病人，治疗管理率达100%，无死亡病例；针对重点区域（老疫点及矿区）开展鼠疫防治知识宣传和疫情主动监测，保护性灭獭2310公顷，年内，未发生鼠疫疫情；积极开展健康教育。以驻村工作队宣传惠民政策为契机，集中培训卫生政策知识，定期不定期开展健康教育宣传卫生政策、健康知识、传染病防治等相关宣传资料共发放8千余册。

【医院医疗】 2015年，县医院门诊就诊46632人次，其中（西医27967人次、藏医18665人次），急诊1408人次；抢救75人次，抢救成功率85%；住院2238人次，其中，妇产科住院918人次，占住院总人数的41.02%；病床周转率46.3%，病床工作日8.7，病床使用率98.2%，治愈率56.4%，好转率37.4%，出院者平均住院日8.7，手术210台次，其中，妇产科59台次；全年无院内感染。

【公共卫生服务情况】 组织县乡专业技术人员对全县寺庙僧尼、农牧民群众开展免费健康体检，体检率达99.95%，建档率达100%；对32名糖尿病患者，1675名高血压患者、41名疑似精神病患者建立了健康档案和随访卡，并定期对其进行跟踪随访。

【人口计生】 开展全员人口信息采集机制创新试点工作，严格落实 户“一孩双女”家庭扶助、60人伤残死亡扶助和半边户2人扶助等相关政策，共发放资金12.05万元；完成550对夫妇免费孕前优生健康检查和250对出生缺陷检查，完成率100%；全县人口自然增长率稳定在13.7‰。

【医药卫生体制改革】 完善县乡村医疗机构绩效考核机制。并以县政府名义下发了《墨竹工卡县人民医院绩效考核办法》和县卫生局、县财政局联合下发《墨竹工卡县乡村医疗机构绩效考核办法》。积极开展县人民医院创建二级乙等医院工作，截至年底，已顺利通过自治区专家组终审。县乡村医疗机构全面实施基本药物制度和药品“零差价”，受益人次16.6万人次，受益金额117万元。

【基础建设】 完成扎西岗乡、唐加乡、尼江乡卫生院计划免疫规范门诊建设，国家投资265万元的疾病预防控制中心暨卫生监督所改造工程和投资100万元的唐加乡卫生院职工食堂及围墙等附属工程、工卡镇卫生室的病房已2015年10月开工，现已停工阶段，援藏投入2200万元的扎雪乡、甲玛乡变迁新建卫生院已完成前期工作，争取3月开工。

【加大医疗救助资金投入】 年内，为医疗救治、职工周转房、县医院科室改造及医疗设备购置、信息化建设、唇腭裂、白内障、先心病、髋关节脱位等治疗方面共计投入3608.6万元。县政府投入1300万元实施墨竹工卡县籍农牧民公立医院住院100%报销制度。根据病情，需到内地接受治疗的墨竹籍患者凭自治区人民医院转院证，可报销患者和陪护人员的来回路费；为方便墨竹工卡县农牧民在区市级医院接受救治，在拉萨成立便民服务站，选派2名工作人员为患者提供前、中、后服务。实施白内障复明工程。为落实好墨竹工卡县农牧民群众免费白内障复明工程，从6月份开始，县卫生局选派县乡医务人员初步筛查210例患者，并邀请自治区藏医院眼科专家再次确诊97例符合手术条件者，集中在县医院进行手术治疗，未能手术的白内障进行跟踪检查。10月份派遣自治区藏医院进行手术，共计33例，两次的治疗的所有患者及陪护的往返路费和食宿由县政府承担，圆满完成130名农牧民群众白内障复明工程。抓好唇、腭裂、髋关节脱位、先心病等救治。通过全民免费体检共筛查18名先天性疾病患儿，其中10名唇腭裂、2名髋关节脱位、5名先心病、1名脑瘫患儿，2015年10月21日安排2名医护人员护送到南京市儿童医院接受治疗，截至年底，全部治愈返回；改善待产室环境。墨竹工卡县高度重视降低“两大死亡率”工作，2011年以来，县政府每年安排20万元作为待产室经费，为墨竹工卡县孕产妇待产期间提供一日三餐和水果、牛奶等营养品。同时，完善了《墨竹工卡县待产孕产妇管理工作机制》，对县医院、县妇幼保健站、乡卫生院和村卫生室在排查、登记、转诊、日常医疗护理、妇幼保健及健康教育等作了明确的安排，促进墨竹工卡县孕产妇待产室工作安全有效实施。

【加大医疗卫生基础设施建设】 配备救护车辆情况：县政府投入378.6万元，为县医院、乡卫生院购置9台医用救护车辆，于8月26日发放并投入使用。配备设施设备。2015年政府投入400万元，为县医院配置一台CT影像设备。同时，县政府投入350万元对县医院的信息化建设和改造县医院供应室、血库、微生物实验室和购置设备。积极推进创建二级乙等医院工作。2015年，县医院各项工作大幅度推进，服务功能全面完善，医院的各项规章制度、操作规程等大幅度提升，医疗质量明显提高，根据自治区专家最终评审，创建工作得到了肯定。

【改善卫生系统干部职工工作生活环境】 解决职工住房。投入1100万元，解决了县级卫生系统职工周转房4栋，72套。提高乡村医生待遇。墨竹工卡县共有109名乡村医生，其中81名为聘用人员，28名为公益性岗位。2015年，县政府按照原工资800元/人基础上工龄满20年以上提高1500元/人，未满20年的提高600元/人，公益性提高700元/人，现聘用医生每人每月工资达3300元、2400元，公益性岗位2300元，并专门安排资金聘用村医解决交通补贴每人每月150元。抓好县乡村专业技术和管理人员的培训。县卫生局利用南京援藏优势，与南京市卫生局签订县乡村医务人员和管理人员为期3个月到1年时间的三年进修培训协议，2015年共派15名赴南京各大医院进修学习，其中4名管理层人员，11名专业人员，极大提高了墨竹工卡县卫生工作人员技术水平。

（巴桑卓嘎）

【领导名录】

局　长　格桑巴珠

副局长　拉　巴

　　　　巴桑卓玛

墨竹工卡县食品药品监督管理局

【概况】 墨竹工卡县餐饮服务管理的对象有289户、438户商店，化妆品监管管理对象有4家、药品、医疗器械监督管理的对象有46家，其中医药公司销售经营企业2家，诊所2家，县级公立医疗机构1家，乡级公立医疗机构7家，村级公立医疗机构32家。

【餐饮服务食品安全监管】 年内，墨竹工卡县根据《中华人民共和国食品安全法》《中华人民共和国药品管理法》《2015年拉萨市食品安全目标责任书》的具体要求，及时出台相关食品药品管理整治方案，以“让群众吃上放心食品药品，确保全县人民群众的饮食用药安全”为工作宗旨，食品药品安全监管工作从少到多，从城区到乡村，从重点品种到基层环节，从突击监管到长效机制，开展各项工作始终坚持“关注民生，心系民众”，在县委、县政府的正确领导下，在上级业务部门的精心指导下，在全县食品药品监管人员的共同努力下，深入贯彻科学发展观，大力践行科学监管理念，以“完善监管体系、创新监管机制、落实监管责任、提高监管效能”为主线，大力推动监管机制和方式创新，不断强化行政监管、技术支撑和社会监督，全面落实餐饮服务食品安全责任，进一步提高了墨竹工卡县餐饮服务食品安全监管水平，提升了餐饮服务单位责任人的法律意识。

【工作部署】 年初，制定和下发《墨竹工卡县加强和创新社会管理食品药品安全工作机制》和《食品药品监督管理2015年工作计划》等文件；县政府与各乡（镇）和各监管部门签订了《2015年食品安全工作目标责任书》，明确了各自的职责、监管的重点区域和重点目标等。

县食品安全成员单位、各食品安全监管部门也制定了相应的工作制度和计划，把责任分解，层层落实，为食品安全日常监督和联合专项检查提供了良好的基础。

【监管人员】 现工作人员2人，乡级卫生监督协管员14人，已初步形成了“县乡两级”食品安全监管体系。县食品安全监管部门也内设了食品安全监管科室，均明确了1—2名食品安全监管员，保证了各项工作有人抓，每件事情有人办，确保了机构、人员的到位，为保障墨竹工卡县食品安全工作的顺利开展奠定了有力基础。

【安全责任制】 为全面落实区市食品安全工作会议精神，更好地开展食品药品安全工作，在县政府与各乡镇人民政府、各食品安全成员单位、矿区（点）等企业签订目标责任书和安全责任书的基础上，县食品药品监督管理局与小作坊、餐饮服务单位也签订了食品安全责任状，延伸了责任网络。

根据工作实际与职能变动，县政府完善了对各职能部门的食品安全工作考核机制，对各职能部门明确了职能分工，建立责任追究制。同时，对在食品安全工作中有失职、渎职行为的政府部门和工作人员，严格责任追究制。

【报送机制】 在信息报送方面，各成员单位定期将本单位督导检查食品安全的工作情况向县食安办报送，县食安办将其及时汇总后以书面的形式向县委、县政府报告。

【反应机制】 制定《墨竹工卡县突发公共卫生事件应急预案及其实施方案》《墨竹工卡县食品安全事故处理程序规定》和《墨竹工卡县重大活动期间食品安全保障工作预案（暂行）》，从事故定义、组织机构、工作职责、监测、预警、报告及事故应急响应和保障等方面作了更加具体的规定。

【执法机制】 由县食安办组织，县食品药品监督管理局牵头，联合工商、公安、旅游、农牧、质监（商务）、教育、城管和卫生等各食品安全成员单位，组织开展了“元旦和春节”“藏历新年”“五一和端午”“国庆和中秋”节前联合大检查、“非法食品添加剂专项整治”、县中小学校周边摊点食品检查等多次联合执法行动，并取得了良好的效果。

【维护消费者权益】 在餐饮消费环节，全面推进实施墨竹工卡县餐饮服务单位食品卫生监督量化分级管理工作；督促其建立健全食品原料和调料品进货登记台账，严格推行进货索证索票和进出库制度；严厉查处采购、使用不合格的食品和调料品，非法食品添加、滥用非法食品添加剂的违法行为。

年内，墨竹工卡县食品安全监管部门共出动卫生监督执法人员96人次，出动执法车辆24台次，辖区（乡级以上）卫生监督管理覆盖率达100%，村级卫生监督管理覆盖率80%：辖区内从事餐饮服务单位数289户，实际建档数231户，建档率80%，日常卫生监督全年4次/户；辖区内应体检人数833人，实际体检人数783人（其中餐饮服务单位从业人员体检578人，公共场所服务人员体检50人，商户经营人员体检205人，“五病”调离3人，调离率100%）；申请办理、换领餐饮服务许可证225户，办证率100%；受卫生行政处罚：口头警告68户次，责令限期整改35户次，停业整顿10户次，没收销毁过期食品价值达3000余元；农牧区聚餐备案登记覆盖率100%，全年聚餐未发生食物中毒事故。

【食堂整治】 年初，印发《〈关于做好2015年春季开学前夕学校食堂整治工作督办的函〉及〈关于做好学校食堂管理及从业人员培训工作督办的函〉的通知》（墨食安办〔2015〕03号），会同教育行政部门，加强对学校食品卫生安全工作的领导，坚持把食品卫生安全工作作为一项重要工作，健全“日常卫生监督、联合检查和专项整治相结合”的监管措施，坚持“统筹规划、科学安排、突出重点、综合治理”的原则，重点监管：学校食堂是否建立食品安全责任制、是否具有餐饮服务许可证、环境卫生是否整洁、从业人员健康证明是否有效、索证索票制度是否落实、清洗消毒是否到位、加工管理制度是否落实、是否按规定留样，是否具有留样设备，是否有详细全面的登记记录，留样设备是否正常运转、是否存在违法使用食品添加剂行为。

年内，墨竹工卡县食品安全监管部门针对学校集体食堂共出动卫生监督执法人员126人次，出动执法车辆42台次，辖区（乡级以上）卫生监督管理覆盖率达100%；村级学校（中瑞友好学校）监管4次。学校集体食堂建档率100%，量化分级管理率100%，辖区内所有学校食堂均达到B级；食堂应体检人数53人，体检率100%，无“五病”调离人员；辖区学校学生食堂持证经营率100%；受行政处罚：口头警告12户次，责令限期整改1户次，停业整顿0户次，行政罚款0户次，要求县教体局督导整改1户次。

【种植、养殖生产监管】 协同墨竹工卡县农牧部门在种植、养殖环节，主要开展了农业投入品专项整治、蔬菜瓜类生产安全用药专项整治、畜禽养殖环节用药专项整治、认证农产品质量安全专项整治、水产品质量安全专项整治和产品质量安全专项整治。

墨竹工卡县现有蔬菜瓜类种植面积0.27万亩，建立无公害蔬菜基地3个（分别为甲玛乡，占地26.4亩；工卡镇巴热组，占地20.8亩；扎西岗乡，占地20亩），个体养殖户1户。年内，协同农牧部门开展监督检查及整治工作，督导检查4次，出动执法人员22人次，全年未发现使用非法农药、饲料添加剂超标等现象。

【问题乳粉专项督导】 在县食品安全委员会精密组织下，由县食药局牵头，联合开展问题奶粉专项检查工作，共检查辖区内7家学校集体食堂、69户甜茶馆等餐饮领域乳制品使用单位，检查中没有发现问题奶粉，同时督促辖区内所有乳制品使用单位建立健全奶粉购销台账。年内，出动检查人员16人次，执法车辆4台次，检查商户、餐饮服务单位143余户，未发现问题乳粉。

【小作坊监管】 2015年，县食药局重点整治了油炸和烧烤摊位为主的食品摊贩，食品摊贩整治工作取得了良好的成效，同时，对生产加工和流通领域的食品生产加工小作坊和食品摊贩监管工作移交质监和工商部门。墨竹工卡县辖区食品生产加工小作坊主要集中在318国道和南京路，主要从事馒头、压面加工和制售；食品摊贩主要从事油炸土豆、牛肉、烧烤、烤肠等食品制售。年内，墨竹工卡县食品安全监管部门针对生产加工小作坊和食品摊贩共出动卫生监督执法人员30人次，出动执法车辆6台次，辖区（乡级以上）卫生监督管理覆盖率达100%。

【旅游景点安全整治】 为进一步开展旅游景点食品安全专项整治活动，切实解决旅游景点食品安全突出问题，全面提升食品安全水平，营造良好的旅游市场氛围，确保不发生食品安全事故。全年4次组织执法人员，对日多乡温泉、甲玛乡松赞干布出生地等旅游景点周边食品经营单位开展了一次全面细致的食品安全专项整治工作。年内，以各大联合检查为契机，县域内旅游景点全部纳入监管，监督覆盖率达100%，出动检查人员13人次，执法车辆3台次，检查旅游景点食品经营单位76余户，没收销毁“三无”及过期食品价值500余元。

【肉及其制品专项整治】 为预防和控制不合格肉类及其他食品流入墨竹工卡县，避免发生和传播人感染禽流感病例，确保广大消费者能够买到放心食品（禽、肉类），县食品安全委员会组织执法人员对墨竹工卡县农贸市场禽、肉类购进渠道和食品进行了全面检查2次。重点检查畜禽定点屠宰企业1家，私人屠宰2家，县农贸市场，对屠宰场生猪进场验收台账管理、肉品检验合格、无害化处理等进行监督检查。年内，出动执法人员38人次，执法车辆3台次，未查出病害猪肉，未出现肉及其制品引发的食品安全事件。

【“两网”建设】 严格按照药品集中招标采购要求，实施统一药品购进、统一药品配送，同时深入开展药品供应网络建设，主要是通过“两种途径”不断强化农村药品供应网络建设，一种途径是招标的药品经营公司免费向乡、村级卫生医疗机构配送药品，特别是负责对偏远地区村屯的卫生所进行药品配送。截至年底，全县的七乡一镇40个行政村的药品配送到位，无药品囤积现象。另一种途径是专人验收陪送，要求县食药局专人负责验收，主要验收：是否符合国家基本药物制度所列品种、生产批号、价格和保质期，切实确保广大群众的用药需求；为进一步深化墨竹工卡县农村药品“两网”建设工作，让“两网”建设与农牧区合作医疗有机地结合起来。

【药品监督网络建设】 县级食品药品监督员和乡（镇）协管员和信息员均认真做好本职工作，对监管工作起到了一定的帮手作用。为保障广大群众的用药安全有效，按照“就地就近购药”的原则，县卫生局、食品药品监督管理局积极争取上级业务部门及援藏等渠道，下一步在各乡（镇）建立工作站和工作室，使药品连同食品监管网络发挥应有的作用，这项工作正在开展。

【医疗器械监管】 为强化医疗器械监管，墨竹工卡县一直在探索和研究监管的模式和方法，坚持帮促和整治相结合，努力建立长效监管机制。在医疗器械日常监管上，建立“七项制度”，严格规范“六个环节”。从抓重点环节、加强事前防范做起，提出建立医疗器械的购进制度、质量验收制度、首营品种质量审核制度、保管养护制度、卫生管理制度、使用销毁制度和不良反应报告制度。同时，严格规范了进货渠道、质量验收、仓储条件、使用和销毁、质量跟踪以及供货的资质留存等六个环节。通过一年多的监管，推进了全县医疗器械管理制度化程度，提高了医疗器械规范化管理水平；在重点监管工作中，把一次性使用无菌医疗器械的监管作为研究的重点。设计了一次性使用无菌医疗器械用后销毁登记表，提出了“四个统一”，即建立统一的管理模式，制作统一式样的器械柜，执行统一的管理制度，使用统一的医疗器械用后销毁登记表。截至年底，全县1家县医院、7家乡卫生院、2家药店和2家诊所均达到了“四个统一”，不断地得到整顿和规范；县政府每年拨付的“两网”建设经费，用于药品供应点的设施设备的换新。

【药品不良反应监测】 根据区、市局文件精神，向涉药单位发放了《药品不良反应/事件报告表》，并认真监督实施。截至年底，全县乡级以上医疗机构和药品经营企业都能实施药品不良反应监测，建立了相应的管理制度，指定了专（兼）职人员负责本单位的药品不良反应执行和监测工作。年内，收集药品、医疗器械不良反应（事件）10余份。

【违法药品广告整治】 加强对药品广告的日常监督检查，做好药品广告监测工作，并对市局暂停销售的违法广告药品和医疗器械进行监督检查，共检查经营企业2家、诊所1家，检查4次，出动执法人员12人次，未发现有市局暂停销售的违法广告药品，同时加强与相关部门的信息沟通，建立畅通的信息传递机制。

【药品流通】 为严厉打击制售假劣药品违法犯罪活动，规范药品生产流通秩序，建立健全药品安全监管长效机制，食药局在制定下发《墨竹工卡县药品流通领域集中整治行动工作实施方案》的同时，对工作重点及内容作了相应的安排部署，并要求各涉药单位在自查的基础上，按照实施步骤，配合好整治工作。

经查销售企业不存在“走票”“挂票”等出租、转让证照的违法行为；进货来源把关严格，未从非法渠道进货；均能按要求销售处方药、含特殊药品复方制剂登记完整；购销资质档案齐全；购销票据与实物相符，购销票据和记录真实，大部分涉药单位负责人法律意识明显增强，但销售企业质量负责人（药师）不在岗的现象普遍存在，温湿度登记尚不完整，针对存在的问题，执法人员采取口头警告，下达书面整改等形式要求其限期整改。

【保健食品源头监管】 全县在保健食品化妆品日常卫生监督和专项整治工作中，把加强落实索证索票制度和建立健全销售台账监管作为工作重点，对辖区内保健食品化妆品销售企业进行监督检查，工作人员在检查过程中，对企业库房存储物料未规范码放、过期保化品未及时处理等问题要求企业立即整改。通过加大监管力度，将保健食品化妆品安全隐患遏止在萌芽状态，进一步规范了企业销售行为，进一步维护了保健食品化妆品销售秩序和辖区内群众饮食美肤安全。

【食品安全宣传培训】 为进一步提高食品经营单位和广大农牧民群众的食品安全知识水平和责任意识，县食药局按照《食品安全法》印发《墨竹工卡县2015年食品安全宣传周活动方案》《墨竹工卡县食品药品安全科普宣传工作方案》，并以各类宣传为契机，开展形式多样的宣传培训活动。举办各类培训班，从管理规范、专业技术、安全知识等角度，培训管理人员、技术人员、食品安全协管员、从业人员等，不断提高其维护食品安全的素质和能力，截至年底，举办食品安全培训3期，参加人数达110人；县食药局以各类宣传活动为契机，宣传食品安全知识，在县城318国道悬挂横幅6次，制作了各类宣传展板，发放宣传资料2000余份，使广大群众更加了解食品安全的重要性；通过各种宣传方式，组织健康教育、医疗卫生人员进社区、进农村、进校园、矿区（点）开展食品药品安全知识宣传活动和健康教育，截至年底，校园培训2次、培训人数180余人；开展“食品药品安全宣传下基层”活动7次，发放宣传资料1000余份；矿区（点）培训2次、培训人数50余人。

【合理用药知识宣传】 根据拉食药监局及《墨竹工卡县食品药品安全科普宣传工作方案（2011—2015）》等文件精神，开展以“防止滥用成瘾性药物”为主题，以“进一步提高公众饮食用药安全意识和水平”为宣传目的，以广大人民群众为宣传对象，以悬挂“安全用药月”宣传启动横幅和标语、制作宣传展板，开展街头宣传、深入开展食品药品安全宣讲知识“五进”活动为宣传的主要形式的安全用药宣传月活动，参与宣传人员400余人，发放安全用药知识小册1000余份，悬挂宣传横幅15条。

（拉　巴）

【领导名录】

局　长　拉　巴

墨竹工卡县人民医院

【概况】 墨竹工卡县人民医院占地面积19360平方米，总建筑面积8675.74平方米（其中：业务用房7659.65平方米，生活用房1016.09平方米）。2014年10月标准化卫生服务中心完工并投入使用。内设内、外、妇、儿、藏医等16个科室。年内，在院领导班子的带领下，全院职工以继续深化医院管理年活动为主题，以创建二乙医院为工作主线，巩固质量建设，高度重视自我发展，结合市县卫生工作会议精神及医院实际，全面启动各项工作，进一步打造工作亮点，全面推进医院医疗卫生工作，争取全面争先创优，办人民群众满意的医疗卫生事业，呈现出持续、稳定、协调发展的新局面。

医院工作人员共106人，有正式党员29人，预备党员1人，其中女性11人，少数民族党员22人。卫生技术人员86人，后勤等其他工作人员20人。从专业技术职称结构分：副高2人，中级12人，初级27人，助理级17人，员级28人；从专业技术学历结构分：硕士1人，本科34人，专科35人，中专及以下16人；从专业技术人员年龄、性别和民族结构分：平均年龄31岁；年龄最小21岁；年龄最大52岁。女性63人，少数民族74人。

【业务数据】 年内、医院门诊就诊46632人次，其中（西医27967人次、藏医18665人次），急诊1408人次；抢救75人次，抢救成功率85％；住院2238人次，其中，妇产科住院918人次，占住院总人数的41.02%；病床周转率46.3%，病床工作日8.7，病床使用率98.2％，治愈率56.4%，好转率37.4%，出院者平均住院日8.7日，手术210台次，其中，妇产科59台次；全年无院内感染。工卡镇合作医疗门诊合销534071.73万元。

【藏医藏药】 2014年医院藏医部开始投入使用。设有藏医门诊、藏医住院部、藏医文化中心、康复中心、藏药浴室、外治室、制剂室等科室。年住院人数30人次，药浴67人次，其他放血疗法、牛角吸管、针灸等其他理疗项目共365人次。

【优质护理】 2015年，护理质量指标完成情况：基础护理全年合格率达100%，特、一级护理全年合格率达90%，急救物品完好率达100%，护理文件书写合格率达97%，护理人员“三基”考核合格率达100%，一人一针一管一灭菌一带合格率达100%，常规器械消毒灭菌合格率达100%，一次性医疗废物回收率达100%，患者对护理工作满意度达90%，年褥疮发生次数为0，手术切口感染率0。

【全民体检】 医院据全院之力，自4月10日起，组织骨干医护人员历时10天对墨竹工卡县内所有寺庙在编僧尼、编外人员以及驻寺干部进行免费健康体检，并建立健康档案，共完成体检649人。县城内中、小学及幼儿园体检工作，自4月25日起开始，组织骨干医护人员6人，与县教育局协商后对县城内中、小学、幼儿园学生统一进行免费健康体检，并建立健康档案。共完成体检2860人。其中可疑先心病2人，先天性髋关节脱位确诊1人。5月27日开始对工卡镇流动人口和农牧民进行全民健康体检工作、工卡镇实际总人口5489人次、体检率达到了98.4%。

【援藏工作】 年内，第八批援藏医师在县人民医院院组织开展临床教学、技术培训、手术示教、疑难病例和死亡病例讨论；指导县医院医师开展农牧区常见病、多发病、疑难病症诊疗，开展各项手术，同时对县医院的管理工作提出合理化建议，帮助县医院建设重点科室，着力提高县医院的技术水平。为县医院争创二级乙等医院打下坚实的基础。援藏医生带来的是技术，是理念，更为县医院争取到了20万元援藏资金。

【立足公益】 县医院以“三好一满意”为目标，积极参与社会公益事业，充分发挥医疗救治作用。由县医院领导带队分别前往尼玛江热乡、扎西岗乡、扎雪乡以及各便民警务站、养老院开展义诊送药活动，义诊送药达20余次，受益人数达2000余人，送药金额近5万元。近年来、医院相继开展多项结对帮扶工作，2015年，医院已安排4名人员每三个月轮转一次在扎西岗乡恰尔多村驻村工作，并由医院20多名党员个人出资看望驻村工作组干部，共计5.5万元人民币。

【抓医疗安全提升医疗质量】 医疗质量是医院现代化管理的核心，医疗安全管理是医院管理的重要组成部分，也是医院生存和发展的基础。为此，医院加强领导，防微杜渐，要通过切实整改、狠抓落实，体现医疗质量的持续改进，确保医疗安全管理工作的各项措施落到实处。医院坚持实行领导负责制，医院领导亲自参与医疗质量督查，直接参与事故原因分析，同时制订和完善措施，所有工作要体现“一切以病人为中心”，充分体现“服务好、质量好、医德好，让病人满意”，坚持实行医疗安全督查和考核制度，积极防范医疗纠纷事件发生。

【继续推行“先诊疗、后结算”服务模式】 医院推行“先诊疗，后结算”的服务管理模式，凡是在墨竹工卡县参加新型农村合作医疗的农牧民以及低保、无保户农牧民群众均可享受，以便民、惠民、利民为目的，优化就医流程，提供人性化服务，提升服务水平和病人满意度，最大程度上方便群众就医，确保病人得到及时、安全、规范、有效的治疗。

【制定《墨竹工卡县医院绩效考核实施办法》】 县委、县政府高度重视医院工作，根据上级卫生部门要求，结合县医院创评工作实际，医院为提高医院干部职工工作积极性，根据《墨竹工卡县医院整改方案》（第五次），制定《墨竹工卡县医院绩效考核实施办法》，该办法坚持院科两级目标责任制度，坚决杜绝下达指标和药品提成奖金激励机制、坚持按劳分配、按业定酬，按绩奖惩的原则。实行多劳多得、奖惩分明的考核机制，绩效考核由考勤奖、绩效奖，岗位津贴，综合考评四部分组成（其中，新增岗位津贴、误餐补助），最终达到群众满意的目的。该办法自实施之后，医院各项工作都稳步提高。

【加大人才培养】 以创建二乙医院为工作主线，提高医务人员技术素质，强调临床与实践相结合，委派年轻医师到上级医院进修学习，送出进修学习外科专业、放射CT、妇产科、藏医、内科、检验、信息、医院管理专业40余人次。

【实行基本药物零差价制度】 为进一步深化医药卫生体制改革，积极稳妥推进基本药物制度的实施和基本药品零差率销售工作，保障农牧民基本用药，减轻群众医药费用的负担。严格执行自治区《基本用药目录》，落实药品零差价，各科室印发《基本用药目录》，并单独定做工卡镇零差价药物处方单，启动基本药品零差率销售工作，此工作开展以来得到了广大农牧民患者的一致好评。

【严格管理特殊药品的管理和使用】 严格执行药品价格政策和医疗服务收费标准，严格执行药品收支两条线，积极参加药品集中招标采购工作。进一步规范药品采购工作，通过医生的药品使用需求，实行药品采购品种统一制定计划并逐一申报审批制度。向社会公开收费项目和标准，完善并严格执行价格公示制度，住院病人费用清单制度，提高收费透明度。严格规范药品使用，定期或不定期召开院委会，广泛征求群众意见，集中解决存在的问题。积极完善医疗服务项目和费用核查制度，季度清库制度，药品入出库登记制度，报废药品登记核查制度，毒、麻限制药品管理制度，特殊药品双锁双管、每月报表以及安瓿瓶回收等管理制度。

【医院基础设施建设】 为进一步探讨公立医院建设的必要性，提出了优化资源配置、加强医院建设、合理医疗布局、完善服务体系对提高医疗服务的可及性和基层医疗服务能力具有积极的促进作用。由于随着公众对医疗服务的需求不断提升、国内医疗市场的逐步放开，医疗体制改革的持续进行，医院的医疗服务体系逐步地完善，医疗技术的不断提高，住院病人呈不断上升趋势，现已增加编制床位90张。县医院2013年以来、新建住院楼、新建放射科、改扩建门诊楼及改扩建藏医部，新建住院楼、放射科、门诊楼已投入使用，藏医部也投入使用。医院现已拥有大型设备：CT、DR、彩超机、500mmA—X光机、胃镜、口腔科设备、24小时动态血压监测仪以及全自动生化分析仪等。特别是对2015年创评工作，县委、县政府高度重视医疗卫生事业发展与等级医院迎评工作，县领导到医院调研指导，县委、县政府将医院等级医院迎评工作列为2015年全县工作的重点之一，近年来累计投入资金1600余万元。用于购置CT、急救车辆、微生物实验室设备、血库设备、血液回收机、病理科设备、信息化系统二期建设等以及手术室、消毒供应室等改造，现急救车辆与CT机已投入使用当中。

【医院创二乙工作进展】 通过两年的创建，医院各项工作大幅度推进，服务功能全面完善，通过自评，医院的各项规章制度、操作规程等进一步规范则潜移默化地大幅度提升了医疗质量。医院以医务科为抓手，重点推进各科室医疗质量持续改进。截至年底，各病区建立了危急值班报告制度。同时，纠正以往不少不合乎规范的制度与流程，管理成效明显，这也是整个创建过程中的重要收获之一。2014年10月23日，卫生厅二级综合医院初评审专家组一行5人到医院，对医院进行了创乙初评预审。在2015年10月23日，再次由区级等级医院评审专家组到医院开展为期4天的预审工作，专家在墨竹工卡县医院硬件设施和软件建设等方面，提出存在的问题及整改意见，同时要求墨竹工卡县医院在限期内整改完成。现阶段医院正处于整改落实阶段，将对专家提出软硬件的整改意见和建议进行认真整改，为顺利迎接正审工作作出努力。

（达瓦次仁）

【领导名录】

党支部书记　葛爱琴

院　　　长　贡　嘎

墨竹工卡县疾病预防控制中心

【概况】 墨竹工卡县疾病预防中心位于工卡镇（原）县小学院内。负责全县的疾病监测、预防接种、健康教育、地方病防治、慢性病调查、统计、分析、突发公共卫生事件的处置、各种传染病、流行病的预防监测、统计、分析、报告和处置、全县卫生（包括学校卫生）监督，传染病防治监督；负责全县妇幼保健工作、包括孕产妇建卡、产前产后访视的监督管理。0—14岁儿童的系统管理统计，全县孕产妇及儿童死因分析报告。中心现共有职工16人；学历结构：本科8人、大专6人、中专2人。专业结构： 公共卫生7人、西医临床3人、藏医4人；其它专业2人。职称结构：（专业技术）中级1人、初级4人、员级9人；（工勤）高级1人、中级1人。科室分类：中心办公室、地病科、流病科、结防科、卫生监督科、计免科、慢性病防治科、健康教育科、妇幼保健科。

年内，中心工作在县人民政府、县卫生局的正确领导及相关上级业务部门的大力支持和指导下，根据《拉萨市卫生工作目标责任综合考评标准》以及《基本公共卫生项目和重大公共卫生项目任务分解》等相关文件要求，积极努力地全面开展疾病预防控制及卫生监督工作。

【业务情况】 按照传染病疫情报告管理规范、突发公共卫生事件的报告要求，进一步加强了传染病疫情，突发公共卫生事件日监测报告（包括节假日）。2015年年初到全县各乡（镇）督导检查传染病网络直报工作开展情况，并对乡（镇）传染病网络直报人员现场讲述网络直报实践操作程序。2015年，疾病预防中心针对重点传染病、重点场所、重点季节及重要时期制定印发相关文件，主要有《墨竹工卡县2014年度做好今冬明春人感染H7N9禽流感等传染病防控工作实施方案》《关于下发墨竹工卡县手足口病应急预案》《墨竹工卡县虫草采集期间鼠防工作实施方案》《关于印发〈2015年拉萨是传染病控制和报告方案〉的通知》等相关重要文件。

【传染病防控】 2014年11月1日至2015年10月31日全县七乡一镇以电话、网络形式共报乙、丙两类传染病9种167例，乙类传染病发病5种148例，发病率为293.42/十万（总人口为50440人），占发病总数的80.44%；丙类传染病发病4种19例，发病率为37.67/十万（总人口为50440人），占发病总数的10.33%；其他传染病2种17例，发病率为33.70/十万（总人口为50440人），占发病总数的9.24%。无死亡病例，无甲类传染病报告。

2014年11月1日至2015年10月31日
墨竹工卡县传染病发病情况详见下表：

表1

疾病名称	发病数	发病率/10万	构成比（%）
肺结核	56	111.02	33.53
病毒性肝炎	59	116.97	35.33
梅毒	21	41.63	12.57
痢疾	10	19.83	5.99
麻疹	2	3.97	1.20
急性出血性结膜炎	1	1.98	0.60
包虫病	6	11.90	3.59
其它感染性腹泻病	1	1.98	0.60
手足口病	11	21.81	6.59
小计	167	331.09	100.00
水痘	8	15.86	47.06
结核性胸膜炎	9	17.84	52.94
小计	17	33.7	100.00
合计	184	364.79	200.00

【结核病防治】 进一步推行新的抗结核药品标准化管理操作，确保患者规则治疗及管理等。在上级业务主管部门的正确领导及墨竹工卡县结防工作人员的共同努力下，始终坚持以“预防为主，防治结核”的方针政策，全面实施现代结核病控制策略，加强结核病的追踪管理，强化了解肺结核患者的发现，诊断、治疗及管理工作，加大结核病科普宣传和学校结核病防治工作力度，现将2014年10月1日至2015年9月30日初诊病人登记数159人，其中乡村医生日常推荐可疑病人114人，转诊病人28例，因症就诊病人17例。学生健康检查45例，病人登记管理38人，其中确诊新发阳性6例，复发阳性0例，无死亡病例，新发凃阴19例。复发凃阴5例。结核性胸膜炎6例，其他肺外结核2例。FDC药物覆盖率100%。管理占100%。查痰总87例（其中随访查痰22例，出诊查痰65例），其中随访查痰30人次，初诊查痰83人次。管理占100%。查痰总87例（其中随访查痰22例，出诊查痰65例），其中随访查痰30人次，初诊查痰83人次。2014年10月1日至2015年9月30日共登记结核病人38例，发病率占总人口的0.08%，其中涂阳病人总数6例，其中新发涂阳6例，复发涂阳0例。阴性总数24例，其中新发阴性19例，复发阴性5例，结核性胸膜炎6例，其他肺外结核2例，治疗转归情况为：新发阳性6例，治愈2例、不良反应1例，拒治1例，非结核死亡1例，自动停药1例（已怀孕）；新发阴性19例，完成疗程4例，迁出1例，在治13例。非结核死亡1例。复发阴性5例，不良反应1例，在治4例；结核性胸膜炎6例，完成疗程1例，在治5例；其他肺外结核2例，在治2例。

【麻风病人监测】 根据西藏拉萨市麻风防治项目实施方案工作要求，疾病预防中心1名工作人员于2015年8月10日至13日在全县范围内利用为期4天的时间进行一次全面的麻风病人追踪调查，调查后发现没有发现麻风疑似病例。密切接触中未发现麻风疑似病人。

【慢性病监测】 按照国家、自治区慢病所慢病监测项目工作要求，结合墨竹工卡县实际，积极完成了各项工作任务。工作开展情况：各乡镇卫生院按照国家公共卫生服务项目工作要求对辖区内慢性病患者进行建立健康档案，墨竹工卡县高血压患病共1675例、管理人数共1675例：2型糖尿病患病共32例、管理人数32例：重性精神病疑似患者41例，管理疑似患者41例，通过对患者的管理和随访，使群众得到了良好的卫生服务，尽可能地满足了慢性病患者的卫生服务需求。

【存在问题】 居民慢性病（高血压、糖尿病、重性精神病）建档情况工作，部分乡镇对高血压、糖尿病患者健康档案上未加盖卫生院公章；对已建立档案的慢性病患者的随访次数不够；健康档案内容填写不齐全。通过督导，分析死亡和慢性病的漏报原因，客观评价死因和慢性病监测质量，为校正居民慢性病发病率、死亡率、期望寿命等健康评价指标提供科学依据。收集2013年、2014年全民体检相关信息；给市慢病科上报2013年、2014年僧、尼健康体检慢病前十位分布共计四张表格。根据拉萨市疾控中心慢病科要求，结合墨竹工卡县实际情况，给辖区内60多位僧尼做慢病相关知识的调查问卷。根据2015年僧尼体检结果，统计出墨竹工卡县僧尼慢病前十位疾病普，并将前三位疾病胆结石、高血压、高尿酸血症进行了档案管理。

【基础免疫】 根据中国免疫规划监测信息管理系统2013年11至2014年10月上报数据统计：根据中国免疫规划监测信息管理系统2014年11至2015年10月上报数据统计：全县七乡一镇BCG应种儿童834人，实种833人，接种率99.88%，其中常住儿童应种813人，实种812人，接种率99.88%，流动儿童应种21人，实种21人，接种率100%；脊灰疫苗四剂次应种儿童3195人，实种3194人，接种率99.97%，其中常住四剂次应种儿童3065人，实种3064人，接种率99.97%，流动四剂次儿童应种130人，实种130人，接种率100%；百白破四剂次儿童应种4011人，实种4010人，接种率99.98%，其中常住四剂次应种儿童3835人，实种3834人，接种率99.97%，流动四剂次儿童应种176人，实种176人，接种率100%；麻风疫苗四剂次应种儿童1000人，实种998人，接种率99.80%，其中常住儿童应种955人，实种953人，接种率99.79%，流动四剂次儿童应种45人，实种45人，接种率100%，；麻腮风疫苗四剂次应种950人，实种949人，接种率99.89%，其中常住四剂次儿童应种903人，实种902人，接种率99.89%，流动四剂次儿童应种47人，实种47人，实种100%；乙肝疫苗首针应种825人，实种825人，首针接种率 100%；其中及时应接种825人，实种823人，及时接种率99.76%；全程三剂次应种2661人，实种2660人，全程接种率99.96%，其中常住三剂次儿童应种2591人，实种2590人，接种率99.96%，流动三剂次儿童应种70人，实种70人，接种率100%；A群流脑疫苗2剂次应种1549人，实种1548人，接种率99.93%，其中常住2剂次儿童应种1474，实种1473人，接种99.93%，流动2剂次儿童应种75人，实种75人，接种，100%；A+C群流脑疫苗2剂次应种1304人，实种1302人，接种率99.85%，其中常住2剂次儿童应种1267人，实种1265人，接种率99.84%，流动2剂次儿童应种37人，实种37人，接种率100%；甲肝疫苗应种838人，实种838人，接种率100%，其中常住儿童应种801人，实种801人，接种率100%，流动儿童应种37人，实种37人，接种率100%。国家免疫规划疫苗接种情况：2015年五苗接种率为99.96%，扩大疫苗接种率为 99.91%。

【AFP监测】 2015年，继续按照监测方案要求开展各项工作，专人负责每月每日到县人民医院进行主动监测，查阅门诊日志及住院登记，本年度无AFP病例。

【生物制品】 根据从拉萨市疾控中心计免科提供的各类疫苗都有账目，账物相符，疫苗和账本有专人统一管理，做到了防霉、潮、盗和药品使用周转灵活，供应充足。统一配发的冷链设备也建立了账本和领发登记，运转正常。

【地方病防治】 年内，墨竹工卡县共发现病死旱獭3例，经快速检测，结果均为阴性而就地消毒深埋处理旱獭残体；狗血采样工作完成50份送市疾控中心检验，经检验结果均为阴性；旱獭密度调查完成2310公顷，见獭只数78只，平均密度为0.15只/公顷（控制在0.5只/公顷的控制线内）；对疫情的报告制度做到了“不迟报、不漏报、不瞒报”。年初，墨竹工卡县以县政府名义，与各乡镇、相关部门签订《鼠疫防止工作目标责任书》、制定了《鼠疫防治监测工作实施方案》，并完善《墨竹工卡县鼠疫防治工作应急预案》。由于墨竹工卡县虫草采集区处于喜马拉雅旱獭鼠疫自然疫源地范畴，并且前来采集虫草的群众较多，其中部分群众对鼠疫的认识淡薄、欠缺鼠疫防止知识，使发生鼠疫疫情的危险仍然存在，也是形成人间鼠疫疫情发生、蔓延、扩散及造成大流行的有利条件。为了防止鼠疫疫情的发生，县疾控中心按照县委、县政府以及县卫生局的工作安排，于2015年8月27日开始对墨竹工卡县辖区内积极开展保护性灭獭工作。此次活动以318国道为分界线将各乡（镇）分为两组，截至9月6日共计：监测样方个6点，保护性灭獭面积700公顷，最高密度0.3只/公顷，平均密度0.15只/公顷，废弃堵洞275个，药物堵洞565个，灭獭后平均密度0.01只/公顷，出动专业技术人员42人次及雇佣民工42人/次，出动车辆10车/次，宣传鼠疫防治相关知识，覆盖宣传人数共计达到950人/次。通过加强疫情主动搜索，做到“早发现、早报告、早处理”，严防鼠疫疫情的发生。鼠疫防治被动监测工作，采取行动迅速，措施到位。年内，墨竹工卡县共发现病死旱獭3例（即：扎雪乡林如若沟2、门巴乡德冲村德冲组）采样后经快速检测，结果均为阴性而就地消毒深埋处理旱獭残体。加大宣传力度，提高群众防护意识。利用“碘缺乏病防治日”“世界艾滋病日”“食品安全宣传月”和“世界人口日”等宣传日对县城内进行宣传并发放宣传册共1830余份；乡村两级领导和专业人员层层对群众宣传教育，全年宣传人数达4800余人次。

【碘缺乏病防治】 墨竹工卡县各乡镇现已完全形成碘盐配送网络，食用盐的种类均为精制盐，群众所食用的碘盐由政府部门统一配送，群众对此配送网络很受欢迎，对碘盐的价格非常满意。问卷调查，墨竹工卡县抽取5个乡（镇），每个乡随机抽取4个行政村，并随机抽取15户居民食用盐进行半定量检测。共检查300份盐样，均为碘盐，食用碘盐率100%；100名育龄妇女碘缺乏病知识问卷调查，平均知晓率83.5%；通过疾病预防控制机构的宣传和各所学校健康教育课的开展，在校小学生对碘缺乏病的有关知识也有了一定的认识。此次对150名在校小学五年级学生进行碘缺乏病防治知识问卷调查，其平均分数为76.2%。

【大骨节病监测】 墨竹工卡县按照监测指标要求，协调市级监测人员的工作，完成本年度大骨节病监测工作任务。年内，协调市地病所分别对尼江、门巴、扎雪、扎西岗、工卡5个乡（镇）的来自“大骨节”病区的7—12岁小学生以临床检查方法进行检查，共检查459人，未筛选出“大骨节”可疑病例。

【健康教育】 为切实抓好墨竹工卡县健康教育工作，增强自我大众保健能力；提高健康素质，健教科认真开展了健康教育工作。通过一年的努力，工作得到了不断的完善。年内，结合各种各样的爱国卫生运动，组织专业人员上街开展咨询，受益人群达次达1500余人，同时举办了艾滋病防治、预防接种、结核病防治等健康教育知识培训。参训人员有县中学、县小学、各乡卫生院、相关乡妇联主任、县工矿企业、流动人口、农牧群众等部门的600余人。健康教育资料分发至参加人员手中，并经常开展多种形式的健康教育活动。每到各乡镇去业务督导并完成相关问卷调查，问卷调查次数达450人次，经问卷调查了解2015年墨竹工卡县学生知识知晓率为94%，居民知识知晓率为89%，工矿企业知识知晓率为89%，高危人群知识知晓率为95%。行为形成都达到90%以上。配合“世界卫生日”“全国卫生日”主题做好宣传活动每年的世界防治麻风病日、世界防治结核病日、世界卫生日、全国预防接种宣传日、防治碘缺乏病日、全国爱牙日、世界艾滋病日、食品卫生法宣传周、“3·15”消费者权益日、墨竹工卡县爱国卫生月等活动，积极组织街头咨询宣传、义诊服务。不仅在县城还巡回至乡镇，利用宣传车、广播、报刊、挂图、标语、传单等形式，宣传疾病预防、卫生保健、卫生法规等科普知识，并对娱乐场所、学校等重视重点人群进行定期开展健康教育宣传。此外2015年疾病预防中心开展了“关爱僧尼健康”的宣讲卫生常识的活动，本次活动疾病预防科宣讲人员结合藏医学知识宣讲各种卫生知识及僧尼中易发的各种疾病，本次活动在全县35座寺庙开展，受益僧尼584人。以上活动深受广大农民群众的欢迎。突发公共卫生事件的健康教育与促进工作，是一项基础性、综合性的工作。通过开展应对突发公共卫生事件的健康教育与促进，使公众正确人是突发公共卫生事件，树立战胜突发公共卫生事件的信心，防止发生社会恐慌和动乱，有效控制突发公共卫生事件给社会和人民群众带来的危害，最大限度降低突发公共事件的破坏程度。

【卫生监督】 全县共有10所学校，其中一所中学、八所小学、一所幼儿园，在校学生6546名、其中中学在校生1890名、住校生1805名、小学生2656名、住校生2431名、幼儿园学生383名。学校食堂共10户、炊事员95名、对各所学校食堂和学校公共区域开展了定期或不定期卫生监督检查4次、其中联合监督检查2次、累计监督户数60户、卫生监督覆盖率达100%、卫生合格率达95%、各所学校食品从业人员体检率及两证持证率均达100%。墨竹工卡县共有27户公共场所，2015年，发放卫生许可证13户（延续和新办）、从业人员共有42人、体检42人、发放健康证42人、两证持证率达100％。对从业人员培训卫生法律法规知识6次、累计培训205人次、参训率达98%、知晓率达91%、公共场所卫生监督5次、其中联合监督2次，累计监督131户，监督覆盖率达100%，卫生合格率达96%以上。发放公共场所管理制度27份，已建立卫生监督举报投诉制度并公布监督举报电话。根据2015年重大公共卫生项目农村饮用水监测项目分配任务表要求，墨竹工卡县2015年需完成27个监测点采样54份（枯水期、丰水期），城镇集中式供水7个点、农村集中式供水19个点（农村学校7个点）、农村分散式供水1个点。。检测结果及数据录入：枯水期27个样品中13份样品不合格，其中2份样品微生物指标及理化指标肉眼可见物有杂质沉淀，其余均为微生物指标超标；丰水期27份样品中17份样品不合格，其中3份样品微生物指标及理化指标肉眼可见物有少量细沙，其余均为微生物指标超标；54份水质检测结果完成录入国家饮用水水质监测信息网。根据《2015年农村环境卫生监测工作实施方案》要求，对扎雪乡、唐加乡、日多乡、甲玛乡、扎西岗乡等5个乡镇18个行政村90户、5所小学进行农村环境卫生监测和学校卫生状况监测工作。完成项目县基本情况调查表1份、监测点情况调查表18份、家庭入户调查表90份、农村学校卫生调查表5份。土壤采集样品及数据录入：检测蛔虫卵50g（18份）和重金属检测样品1000g（18份）。土壤检测结果（蛔虫卵和重金属）及相关调查表数据及录入工作。七乡一镇共有16名卫生监督协管员，卫生监督协管员培训1次、共培训人数16人、培训内容主要有协官员的工作职责及范围，饮用水卫生安全、学校卫生、非法行医（采血）等卫生监督相关知识并发放卫生监督协管员工作职责、工作证，卫生监督协管员巡查登记本、信息报告等登记本。协管员对所属辖区范围内学校卫生巡查28次、生活饮用水巡查14次、公共场所巡查21次。卫生监督科对墨竹工卡县辖区新开6家公共场所进行了卫生监督量化分级管理工作，截至年底，墨竹工卡县25家公共场所实行了量化分级管理。评审结果为：B级单位1家理发店，C级单位 24家：歌舞厅4家、沐浴场所7家、美容美发6家、住宿店7家。

【储备物资管理】 定期落实储备物资的清查工作，对将要过期的消毒药品、预防性药品和一次性防护用品进行全面的清查。对需要充实的物资及时充实。截至年底，现有储备物资包括一次性防护服、正规隔离衣、各类医用口罩、手套、体温计、海拔仪等。

【孕产妇管理】 2014年10月1日至2015年9月30 日全县发现孕产妇总数1909人，其中孕妇976人，建卡数976人，建卡率100%，产妇数933人，其中新法接生898人，接生率96.2%，剖腹产34例，产前检查3次以上数933人，检查率100%；产前检查5次以上933人，检查率100%，产后访视3次以上932人，访视率99.9%；住院分娩数930人，住院率99.7%，与上年对比上升0.7%，孕产妇早期产前检查811人，早建卡率83.1%，与上年对比下降了4%，孕产妇全程系统管理数930人，系统管理率99.7%，与上年对比上升了0.7%。

【儿童系统管理】 全县0—7岁儿童6720人，应系统管理人数6720人，实际系统管理儿童6610人，管理率99.9%，低体弱儿82人，低体弱儿占1.2%。0—

3岁以下儿童3534人，应系统管理人数3534人，实际管理3524人，管理率99.7%，低体弱儿48人，低体弱儿占1.4%。儿童四病发病362例，进行管理362例，管理率100%，四病死亡0例，四病县级住院治疗119例，上级转诊18例，门诊跟踪治疗225例。

【农村妇女病普查普治】 根据2015年全民健康体检要求，墨竹工卡县进行了妇科病的普治普查工作。全县共50440人口，农村人口约45758人，育龄妇女人9634人，已婚妇女8945人。应体检人数3200人，实检人数3060人，妇科病总患病人数为347人次，患病率为11.33%。其中慢性宫颈炎128人，占到普查人数的4%，阴道炎219人，患病率7.2%，未检出子宫肌瘤。

【增补叶酸预防神经管缺陷项目】 按照上级要求，墨竹工卡县大力开展全县卫生院长及妇幼专干关于出生缺陷的知识宣教培训，在全县范围内大力宣传叶酸增补相关知识，提高待孕妇女的优生优育意识，预防出生缺陷的发生，全年共发放叶酸数1312合，1154人次，叶酸普及率61.1%。叶酸随访数2712人次。

【儿童营养项目】 2015年，墨竹工卡县贫困地区儿童营养改善项目惠及8个乡镇满6个月至2周岁儿童，共发放营养包5523盒，应领取6578人次，实际领取5350人次，发放率达81.3%。

（普　珍）

【领导名录】

主　任　普　琼

副主任　旦　增

　　　　央金拉姆

墨竹工卡县文化广播电影电视局

【概况】 国家投资214万，在扎雪乡建设了面积849.69平方米的刺绣唐卡厂房。国家投资200万元、群众投劳52万，在尼玛江热乡其玛卡村建设建筑面积达1080平方米的刺绣唐卡厂房。国家投资70万建设县民间艺术团排练场，年底投入使用。2015年7月3日，西藏首家民间博物馆正式开馆。5月，为5座乡镇文化站每座配备包含音响、电脑、乒乓球台、台球桌等价值15万元的设备。试点建设西藏卫星数字书屋，给县域内22座农家书屋发放并安装西藏卫星数字书屋设备22套，改变群众看书习惯，根据试点效果，推广书屋建设。

【开展形式多样文化活动】 从自治区歌舞团邀请老师培训唐加卓舞队，参加拉萨电视台举办的2015年木羊藏历新晚会。联合司法局、农牧科技局、卫生疾控中心以及县松赞艺术团等部门开展了“五下乡”活动4场。来自江苏省的30多位艺术家赴墨竹工卡县开展“2015年春雨工程——江苏文化志愿边疆行大舞台”演出。全年共组织松赞艺术团开展下乡演出52 场。

【突出新闻宣传工作重点】 宣传中共十八大、十八届三中、四中、五中全会精神和各项惠农惠民政策，做好世界反法西斯战争胜利70周年纪念活动、中央第六次西藏工作座谈会和西藏自治区成立50周年纪念活动前后一系列宣传报道工作，与墨竹工卡县中央第六次西藏工作座谈会宣传组一行深入七乡一镇进行跟踪报道。宣传墨竹工卡县“三大民生”“十件实事”，配合援藏20年领导小组办公室，收集“墨竹梦　南京情”南京20年牵手墨竹工卡纪实及援藏20年书本的图片资料。拍摄10名唇腭裂赴宁治疗康复返乡等活动的视频同时，跟踪报道和收集南京市委副书记、市长缪瑞林为组长的南京市党政代表团在藏期间的各项活动的拍摄。向区市各大媒体提供视频及稿件，其中拉萨电视台采用75条，拉萨晚报采用291条，西藏日报采用77条。

【发展广播影视工作、确保安全播出】 保质保量完成371套直播卫星二代接收机的安装和信息录入工作。对全县广播电视“户户通”“舍舍通”“乡镇干部职工”设备巡查维护8次，并形成报告定期上报。2015年，共升级机子54台、维修机子702台、调试34台、送拉萨市维修265台。联合县执法大队、公安、工商等部门查处69家商户，共查处到非法使用KU波段3套，无C波段卫星地面接收设施。出动执法人员18人，4辆车。电视转播工作有序开展，安排值机人员24小时在岗值班，做到“人不离岗，手不离机”，并每日向拉萨市广电局管理科汇报两次安全播出情况。墨竹工卡县广播、电视覆盖率达99.2%、99.0%。电影放映工作确保无空白点，2015年，共放映电影1970场（包括在虫草采挖点、寺庙、“五下乡”、敬老院、部队、工地放映数量），观影人数达169380余人次。对全县的电影放映员进行了4次培训，培训内容为：数字电影放映机操作、检修，电影放映电工基础、发电机检修、操作等。

【严格文化市场准入关、规范文化市场】 严把市场准入关，按规定、按程序为个体户办理《文化经营许可证》。净化社会文化环境，配合县文化执法大队、公安、消防、工商等部门、单位，对全县网吧、朗玛厅、KTV酒吧、打字复印店、音响出租店等文化娱乐场所及各乡（镇）文化市场进行了检查。先后开展“清源”“净网”“固边”“护苗”“秋风”专项行动，配合县执法大队检查了30余次。

【加强非物质文化遗产开发与保护】 2015年，墨竹工卡县申报三位拉萨市级非物质文化遗产传承人，分别为直孔藏香制作技艺、天文历算、白雪民族传统服饰传承人。申报13项县级非物质文化遗产项目、13名传承人。在50大庆前邀请拉萨市文物局非遗专家赴墨竹工卡县开展首届非物质文化遗产传承人培训，全县40位非遗项目传承人参加了培训。整理全县非物质文化遗产相关资料并汇编成册。11月2日开始利用一周时间，到非遗传习点，检查非遗培训活动开展情况，按照非遗培训方案，核对人员信息发放培训费。

【排查文物保护单位、消除安全隐患】 进一步完成文物普查试点登记工作，同步推进数据录入工作。在区、市文物专家的指导下，完成了对直孔梯寺、吉布寺、宗孜寺、芒热寺、嘎则寺、塔巴寺、仁青林寺、刚刚寺、热旦寺、松玛拉康、卡加寺、扎西曲林寺、查多寺、强巴林寺的拍照、登记工作。严格按照国家文物局的软件项目数据录入要求，完成以上寺庙的照片、数据整理登录工作。加大各级文物点安全、防范工作的巡查力度。牢固树立“安全第一、预防为主、防患于未然”的思想，确保文物和人员安全。在原有14名野外文物看管员的基础上又争取到了18名野外文物看管员的名额，组织野外文物看管人员进行培训，会后发放了每月1200元的看管员补助工资，工资由市局发放。向区、市文物局争取到文物保护经费共计30万元，其中向拉萨市文物局争取资金25万元，分别是；达布寺10万元、嘎则寺15万元，向自治区文物局争取到资金5万，用于唐加寺维修。

【开展党风廉政建设】 成立党风廉政建设领导小组，健全完善领导机构。签订党风廉政责任书。加强思想宣传教育，提高拒腐防变能力，把党风廉政建设相关政策、法规、理论作为干部理论学习的重要内容。围绕严格遵守党的政治纪律、改进作风、个人廉洁自律等作出承诺，接受广大群众监督。年内，党员干部中未出现赌博、公车私用、大操大办、铺张浪费的问题，杜绝了干部职工上下班纪律松懈、自由散漫等现象，作风效能建设显著提高。

【狠抓党建工作、转变工作作风】 以“三严三实”和“忠诚干净担当”专题教育活动为契机，以集中学习、个人自学、交流研讨等方式深化教育，强化效果，提高党员素质。先后开展党员干部结对帮扶活动，帮助结对户解决实际困难12件，涉及资金6万余元。开展矛盾纠纷“大排查、大调处、大化解”活动。开展“书记讲党课”活动，先后4次开讲，撰写读书笔记40余篇。落实党支部目标管理责任制和“一岗双责”制。

【落实社会治安综合治理责任】 及时传达各项维稳会议精神，完善值班带班制度，做好广播电视安全播出工作，运用多种方式宣传和谐稳定是福，发放《卫星电视广播地面接收设施管理规定》《中华人民共和国非物质文化遗产法》《西藏自治区文物保护条例》等书册共计1200余份。

（郭小霞）

【领导名录】

宣传部副部长、局长

格　桑

副局长　次仁朗杰

墨竹工卡县农牧（科技）局

【概况】 年内，农牧局深入贯彻落实中共十八大三中、四中全会精神，中央第六次西藏工作座谈会精神和中央、区、市、县的会议精神，按照“五大战略”目标任务和“三提速”要求，对农牧业农村工作严格落实：“以党的十八大精神为指导，突出发展和富民的鲜明主题，以推进城乡发展一体化为主线，着力推进农牧业内部结构调整，着力推进农牧业基础设施建设，着力推进农牧业产业化发展，着力推进农牧民增收，着力推进新农村建设，着力推进农村综合改革，着力夯实基层基础，确保农牧民人均纯收入增长15%以上。”的总体要求，使全县农牧业生产和农村牧区经济保持平稳较快发展的良好态势，农牧业各项工作取得了较好的成绩。

【实施粮食增产和高产田创建工作】 2015年，通过提高粮油单产行动、标准化生产和高产创建活动、测土配方施肥、畜禽品种改良、短期育肥、技术培训等措施，确保了粮食安全，进一步提高了墨竹工卡县蔬菜、肉、蛋、奶市场供给率。墨竹工卡县2015年落实播种总面积7.87万亩，其中粮食作物青稞播种5.21万亩，经济作物面积1.52万亩（油菜面积12933.24亩、蔬菜面积2306.54亩），饲草作物面积3101.84亩。完成粮食总产2.43万吨，其中青稞总产2.1万吨；油菜总产0.2万吨、蔬菜总产0.48万吨。

另外，农牧局安排237.1075万元，积极调配种子、化肥、农药等物资。种子购买：三农资金中安排78.9630万元从曲水县购买藏青320种子7.5万斤（种植2500亩），从日喀则引进喜拉22号新品种1.5万斤（种植500亩），从区农科院购买藏青2000种子15.6万斤（种植5200亩），群众内部调剂35万斤，共调剂种子59.6万斤。化肥购买：墨竹工卡县2015年化肥下达指标为1195吨，其中二铵275吨、尿素500吨、复混肥300吨、氯化钾120吨。农牧局安排141.7869万元，1—8月实际调运春播化肥共计1072.74吨，其中二铵237.35吨、尿素415.39吨、复混肥300吨、氯化钾120吨。农药购买。总投资109.0506万元（区财政49.07278万元、市财政27.26266万元、县财政和群众自筹各承担15%计16.3576万元），购置农药共计20.68吨。

【提高特色产业效益】 按照“优势区域、优势产业、优势资源、优先发展”和“区域集中、规模做大、质量提升、效益提高”的工作要求，广泛考察各乡镇农牧事业发展实际，因地制宜，切实做到“宜农则农”“宜牧则牧”。在大力发展暖棚暖圈、青稞种植基地、青饲加工等维持农牧业正常生产的基础上，加强斯布牦牛、肉牛肉羊、苜蓿草种植、玛卡种植、金银花种植等特色产业发展，以传统畜牧业和农作物种植为发展基础，以培养净土健康产业为发展窗口，以农牧业特色产业为发展突破口，拓宽发展渠道、找准发展路子，不断推进农牧事业生产发展工作，促进农牧民增产增收。

【畜牧业产业平稳发展】 截至年底，牲畜存栏18.64万头（只、匹），牲畜出栏率达35%；新生仔畜41782头，新生仔畜成活率达98%；成畜死亡率控制在1%以内；肉类产量0.49万吨；禽蛋产量58.65吨；奶类产量0.81万吨；山羊绒产量3吨。农牧局始终坚持把黄牛改良作为发展农牧业的突破口，20余年来，改良黄牛覆盖率从1993年的6%提高到现在的89%，全县已形成了以第三代为主体的改良黄牛群，截至年底，共改良黄牛头数1万余头。

【农牧民收入大幅增长】 2015年，提前谋划，尽早部署，平稳有序地组织开展了虫草采集工作，进驻虫草采集点的采集人员共计6774人，其中门巴乡采集点5905人、日多乡采集点869人。采集虫草人员较上年减少800余人，有效减少了对植被的破坏。2015年墨竹工卡县虫草采集总量达889.4斤，实现收入5781万元。同时，政府投入112491元购买相关生活物资，对虫草采集点人员进行慰问，农牧局按照县委、县政府的部署要求，圆满完成了虫草采集工作，达到了“三无、三不出”目标。

2015年，墨竹工卡县农牧民人均纯收入达到（10681.53元），同比增长16.32%。增加原因：农村劳动力转移量大、工资高，增加了收入。全年农村外出务工劳动力总人数18100人，实现劳务收入8971万元（不包括草虫收入）。农产品总体价格持续保持较高价位运行，带动了农牧民增收。藏药材、马铃薯、蔬菜、粮食作物价格保持高价位运行，农牧民人均特色农牧业产品销售收入同比增长8.6%。

【农牧项目建设稳中有进】 2015年，农牧项目主要有：总投资210万元的工卡镇、甲玛乡、唐加乡三个乡镇农牧业综合服务站建设续建项目（已完工，通过县级自验）；总投资1802.34万元在唐加乡东布岗村实施7540亩，工卡镇塔巴村实施2464亩的2014年现代农业青稞生产基地建设项目，计划年底开工；县级配套工程总投资158.49万元的农牧局大院附属工程建设项目（已完工）；总投资66.36万元的种子包衣库及晾晒场建设项目（县级配套，已完工并通过县级自验）；总投资72万元打井项目（在墨竹工卡县扎西岗乡仁青林和甲玛乡打三眼井）已完成；总投资100万元的扎雪乡龙珠岗、直孔牧场肉牛肉羊标准化养殖小区；投资145万元的唐加乡、尼江乡、扎西岗乡黄改点建设项目（新建7个，维修4个）；总投资588万元的门巴乡、日多乡高寒牧区标准化暖棚暖圈建设项目。以上项目正在实施。

【各项综合措施有效落实】 2015年，农牧局大力抓好种子田建设，提高良种统供水平，高产创建田2万亩；测土配方肥效田3万亩（比上年增1.5万亩）；良种繁育基地0.27万亩；新品种推广：藏青2000号5200亩，喜拉22号500亩（8月已通过区、市级验收）；三项作业任务基本达到市级目标。进一步强化田间科学管理，狠抓病虫草害防治工作，提高单位面积产量。

【狠抓重大、常规动物疫病防控防治】 2015年，始终坚持把发展畜牧业作为农牧业产业结构战略性调整的突破口。强化疫情监测和流行病学调查；做好春秋两季疫病防治工作，加强A型口蹄疫、炭疽等新发重大疫病防控，确保畜牧业持续健康发展。按照“县包乡、乡包村、村包组”的科技服务机制，落实防控责任及任务，全面提升动物疫病免疫、疫情处置和防治水平。墨竹工卡县兽医站工作人员走村入户，确保牲畜应免疫率达到100%。在季节性重大疫情防控方面，农牧局高度重视，提前部署，尽早安排，按照相关要求，对全县牲畜进行疫苗注射，确保全覆盖。

【扎实推进草场承包】 墨竹工卡县2014年度草原生态保护补助奖励机制工作相继通过了市级验收和自治区终验。已兑现2014年度草原补奖各项资金共计774.34万元（其中：牧草良种补贴资金8万元、牧民生产资料综合补贴资金78.05万元、草畜平衡奖励资金688.29万元）；2014年度实现草畜平衡454.64万亩；核定墨竹工卡县建档立卡纯牧户265户，通过核查，既是草原补奖的纯牧户又是建档立卡的纯牧户并与草原补奖身份信息一致的有184户，按照2014年度方案要求，已保底84户，保底资金为6.33万元；全面完成了2013年度国家信息录入工作，已录入牧户8228户，上传经营权证照片8228张，录入面积、资金、户数等各项数据与方案基本一致，无逻辑错误和重复信息问题，正在进行人工种草地块上图工作；全面完成了2015年度天然草原生态监测工作，已顺利完成了对墨竹工卡县温性草原、高寒草甸草原10个样地、30个样方的地面数据采集和生态监测任务。

【农牧业产业化经营取得进展】 2015年，大力扶持发展现有的2家农牧业产业化龙头企业及培育对象，鼓励企业注重品牌建设，积极落实扶持政策，争取自治区贷款。进一步扶持发展农牧民专合组织，对前景好、资金不足的8家专合组织，积极争取资金，解决项目扶持金。截至年底，墨竹工卡县依法登记注册的农牧民专合组织发展到107家，在联市场、促增收等方面发挥了重要作用。

【防抗灾工作】 2015年，通过狠抓防抗灾物资储备、建立健全防抗灾工作机制、加强预测预报等措施，大力抓好墨竹工卡县农牧业防抗灾工作，尽量减少灾害损失。此外，暖棚圈、抗灾饲草料基地等基础设施正在建设中，全面提升防抗灾能力。

【科技促农稳增收】 2015年，本级财政投入科技三项经费520万元，其中支出490万元，解决了15项民生项目。农牧局结合农牧民劳动力转移与科技兴农工作实际，积极开展技能培训工作，全面提升农牧民技能水平，提高群众转移就业与科学种养能力。为农牧民群众、科技特派员等开展了10余期的各类培训，主要开展了农田杂草防治技术培训、蝗虫防治工作、沼气使用技能培训、疫病防治培训、栽培技术田间管理技术培训等内容，培训人次达到4200人/次。

【常抓不懈确保质量安全】 严格按照农产品质量安全监管工作机制，扎实开展农产品检测工作，采取定期不定期的方式，对墨竹工卡县农贸市场、蔬菜水果超市等进行全面综合的安全检查，动检站严格执行肉类产品入市场前检查盖章等程序，并及时到市场检查抽检肉类食品安全情况，严厉打击非法走私或非法肉类入市活动，进一步规范市场秩序，维护消费者的合法利益。2015年共检生猪523头，牛羊2160头（只），活禽1100只；经营和仓储环节检疫动物产品12吨，销毁不合格动物产品643.7斤（其中美国产的鸡爪145.2斤、法国产的猪蹄80斤、德国产的猪蹄20斤、无检疫检验标志的肘子11.1斤、澳大利亚产的羊肉13.4斤、病死牛肉360斤、腐败变质猪肉14斤）。

【加快净土健康产业发展】 2015年，净土健康产业投资1555.8825万元（净土公司投入915.78万元、扶贫投资400万元、国家投资120万元、合作社自筹120.1025万元），全面实施8个第一批净土健康产业发展项目（特色种植产业项目5个、奶产业2个、藏鸡养殖产业1个）。金银花、饲草玉米种植项目：投资334.98万元，流转土地660亩，在工卡镇种植720亩金银花与饲草玉米。其中集中连片种植350亩金银花及310亩饲草玉米，分散种植60亩饲草玉米（奶牛养殖示范户种植）。紫花苜蓿种植项目：投资150万元（本级财政投入30万元、国家投入120万元），集中连片种植1060亩紫花苜蓿，该项目已于5月底完成种植工作。玛卡种植项目：投资120.8万元，流转土地225亩，在工卡镇格桑村集中连片种植225亩玛卡。工卡镇大棚温室果树种植项目：投资40万元，在工卡镇格桑村10栋大棚温室中种植苹果与油桃，该项目已于4月底完工。墨竹小油菜推广项目：总投资150.1025万元（企业自筹90.1025万元的土地流转费与种植费、本级财政投入60万元的大型农机具费），实施土地流转934.7亩，集中连片种植929.7亩墨竹小油菜、试种5亩球果油菜，此项目已完工。荣多奶制品加工项目：在2014年投资90万元，新建荣多奶牛养殖场的基础上，2015年继续投资210万元（其中本级财政投资90万元、县扶贫办投资120万元），实施荣多奶制品加工项目。截至年底，已由县扶贫办牵头建设奶制品加工厂房。待厂房建设完后，由净土公司购置奶制品加工设备。唐加奶牛养殖项目：总投资190万元（其中本级财政投资160万元、群众自筹30万元），在唐加乡尼唐组新建奶牛养殖基地，为墨竹工卡县奶牛养殖奠定了良好的基础。巴洛藏鸡养殖辐射带动项目：计划投资360万元（本级财政投资80万元、扶贫投入280万元），在巴洛藏鸡养殖专合组织辐射带动下，新建唐加桥头藏鸡养殖场，将其作为巴洛藏鸡养殖合作社分支点。同时，农牧局加大奶牛养殖示范户及养殖小区创建工作。农牧局严格按照拉萨市委、市政府的安排部署，在2014年创建10户奶牛养殖示范户的基础上，新筛选了10户奶牛养殖示范户。2015年8月，举办了首届奶牛竞赛活动，农牧局积极参加拉萨市2015年净土健康产业奶牛竞赛，荣获两个三等奖，奖金为15000元。10月国庆期间，墨竹工卡县净土办圆满参加藏博会期间各项活动，取得了预期效果。

【创新机制便民为民服务更加深入】 农牧局党支部、局机关始终以全心全意为人民服务为宗旨，不断改革创新，力求为民务实取得新成效，全局上下实现了“打开大门热情服务、群众上门有人迎、群众进门有接待、群众办事效率高、群众反馈有回音”的目标，为了更好地服务群众，农牧局从领导到值班室都设有“群众诉求登记本”，群众有疑问或需求除了跟领导反映外，还能如实地填写在“诉求登记本”上，工作人员会定期查看，发现反映问题后及时上报局领导，局机关研究后，指定专人落实，截至年底，收到乡镇和群众反映的网围栏建设、暖棚暖圈维修、农药饲料需求等农牧业相关的实际问题42个，截至年底，已解决38个，剩余四个正在解决之中，在下步工作中农牧局将继续探索深入服务群众的新办法、新举措，力求取得更大成效。

（卞育兴）

【领导名录】

局　长　巴　桑

副局长　洛旦扎西

　　　　索朗拉姆

墨竹工卡县扶贫（农发）办

【概况】 墨竹工卡县扶贫（农发）工作在市扶贫办和县委、县政府的正确领导下扎实有效推进。2015年建档立卡贫困户2036户、8966人，截至年底，已脱贫346户、1730人。

【贫困人口基本情况】 全县共40个行政村，2015年有建档立卡贫困户2036户、8966人，占全县总户数（11566户）的17.6%、总人数（53058人）16.9%；占乡村总户数（9927户）20.5%、总人数（48140人）18.6%；截至年底，已脱贫346户1730人。

【成立精准扶贫工作领导小组】 在县委、县政府高度重视下，成立了以县委书记为组长，县委副书记、县长为常务副组长，县委常务副书记、政协主席，县人大主任和各副县级领导为副组长，各乡镇书记、乡镇长、各县直属办、局、行负责人为成员的精准扶贫工作领导小组，设立精准扶贫办公室，由分管扶贫工作副县长任主任。

同时对精准扶贫工作任务进行分解、细化，设立了“五个一批”精准扶贫工作推进组，由县委副书记、常务副县长任组长。包括：产业扶持组、易地搬迁组、生态扶持组、教育扶持组、社会保障组，由各副县长任组长，建立健全了墨竹工卡县精准扶贫工作组织领导，确保了精准扶贫工作开展的延续性。

【县级领导带队入户摸底核查】 根据中共拉萨市委农工办《关于认真开展精准扶贫精准脱贫建档立卡贫困人口核查工作的通知》文件要求，结合墨竹工卡县实际，由县委副书记、县长旦增尼玛亲自指挥，各县级领导带队，组织发动村委会、驻村工作队、第一书记、第一主任逐村、逐户对墨竹工卡县的贫困人口进行了一次深入的信息核查、校对工作，深入全县40个行政村，对辖区农牧民实现全覆盖式入户摸底核查。核查2014年建档立卡数据是否存在失真问题（对已纳入建档立卡系统中的贫困户进行入户核查，统计是否存在家庭收入高不应纳入建档立卡系统的情况；是否存在家庭收入低需要扶持但未纳入建档立卡系统的情况）；对建档立卡贫困户进行“五个一批”帮扶措施统计。经过为期20天的入户核查，墨竹工卡县建档立卡贫困人口1690户、7236人（2015年脱贫346户1730人）。建档立卡系统1690户7236人均为墨竹工卡县最贫困人口。

【“五个一批”情况】 墨竹工卡县实施的“三大民生”工程，墨竹籍农牧民子女高等教育阶段学费实现100%报销，每生每月发放生活补助200元，共计1332人，发放学费及生活补助884.73万元；墨竹籍农牧民群众医疗保险和民政救助后剩余的住院医疗费用实现100%报销，2015年住院2748人、报销住院费118.3万元；墨竹籍年满60周岁以上的农牧民老年人发放幸福养老金，2015年发放幸福养老金3844人，892.67万元（60岁—69岁300元/人、70岁—79岁400元/人、80岁—89岁500元/人、90岁—99岁600元/人、100岁以上1000元/人）。

【易地搬迁和原址改造】 为切实做好易地搬迁和原址改造工作，县委副书记、县长旦增尼玛亲自组织各乡镇书记、乡镇长召开会议，安排部署易地搬迁和原址改造800户工作任务，截至年底，县城辖区内集中搬迁试点100户、有意愿前往拉萨居住550户、危旧房原址改造150户的前期基础统计工作已完成，为后面的工作实施奠定了基础。

【扶持生产和就业发展】 截至年底，墨竹工卡县通过扶贫项目、矿山企业、技能培训等工作的实施，为1573户、6988人提供就业。

【技能培训】 2015年，已完成各种技能培训共计240人次，其中贫困户子女农机具维修100人次，摩托车维修50人，传统针织手工艺20人，金属手工艺50人，传统藏靴制作20人。经统计，技能培训有617户676人受益。

【低保】 低保政策兜底1333户、4493人。

【申报扶贫项目基本原则】 没有群众意见不上项目。扶贫项目由行政村、合作社申报。拟申报项目须经村民同意认可并由群众代表签署意见后方可申报；没有乡政府、村委会意见不上项目。项目乡镇、行政村对拟申报项目进行实地调研，涉及合作社申报项目需审查合作社资质是否合格，需要占用土地项目由所在村委会出具土地使用证明，在了解项目可行性、发展前景、效益、带动贫困户增收等情况后，项目申报资料由乡镇党政主要领导、行政村主要负责人签字同意后方可上报；没有县扶贫办意见不上项目。县扶贫办收到项目申报资料后，组织人员对项目可行性等进行调研。确定项目具备申报条件后，由项目乡镇、行政村进行项目公示，受益群众或合作社无异议并出具自筹资金或投劳承诺书后，由乡政府编写项目实施方案，经乡镇人民政府、村委会签署意见并盖章、群众代表签署意见后报送县扶贫办。县扶贫办组织相关单位专业人员对项目进行县级评审，项目通过评审后由县扶贫办签署意见并盖章、分管副县长签署意见后上报拉萨市扶贫办。

【扶贫项目开展情况】 2015年，批复实施扶贫开发项目17个。其中，基建类项目7个，小型农田水利项目1个，母畜养殖项目1个，经济实体项目1个，技能培训项目5个，整村推进旅游试点村2个。项目总投资2795万元，其中国家投资1824万元，群众自筹971万元。

【扶贫开发项目县级自查验收情况】 2015年12月7—10日，由墨竹工卡县分管扶贫工作副县长、县财政局、县扶贫办组成验收组，对墨竹工卡县2015年扶贫项目5个已完工，基建类项目（羊日岗村扶贫物业经济项目、羊日岗村民族传统服饰制作项目、扎雪乡堆绣唐卡制作项目、尼玛江热乡帮达村传统民族藏靴制作项目、尼玛江热乡古藏式家具厂改扩建项目）3个已完工。技能培训项目（尼玛江热帮达村传统民族藏靴制作技能培训项目、墨竹工卡县直孔金属工艺制作技能培训项目、羊日岗村民族传统服饰制作加工技能培训项目，涉及6个乡镇）进行了县级自查验收。

【脱贫、减贫任务完成情况】 经过2015年扶贫项目、其他口子项目、三大民生工程、各项惠民政策及补贴的落实，已完成脱贫346户、1730人。

（马　超）

【领导名录】

主　任　林文全

副主任　斯朗拥宗

墨竹工卡县林业绿化局

【概况】 2015年，拉萨市下达墨竹工卡县的造林任务为10950亩，其中，周边造林任务10000亩（人工造林4400亩、封山育林5600亩），拉林高等级公路绿化405亩，已全部完成，共栽植苗木395900株，树种为：新疆杨、柳树、榆树。县林业绿化局根据造林作业设计的标准，严把苗木质量关，栽植的均为无病虫害的过冬苗，造林成活率达到85%。

【义务植树】 2015年3月20日，县林业绿化局组织全县干部职工开展了以“开展义务植树，共建生态文明”为主题的春季义务植树活动。县委、县政府领导亲自带队，县（中）直各部门共计41家单位近500名干部职工踊跃参加，种植苗木2500余株，树种为新疆杨、柳树，且全部为大苗，义务植树成活率达到90%。

【退耕还林】 年初，县林业绿化局将2014年退耕还林补助资金共119.42万元兑现给各乡镇，并由各乡镇兑现到退耕户手中。2015年9月，县林业绿化局兑现巩固退耕还林成果专项规划（直接补助）项目资金218.33万元，对全县自然环境条件差、交通不便、不宜发展后续产业项目、生活比较困难的退耕户进行直接补助。

【森林防火】 为做好2015年度森林防火工作，2014年底，墨竹工卡县组织召开了全县森林防火专项工作会议，并与各乡镇签订了目标责任书，将森林防火工作纳入年度考核。2015年初，县林业绿化局同县消防大队一起对七乡一镇1082名管护人员及各村委会、驻村干部进行了森林防火宣传及管护人员职责管理办法的培训，共发放了1130份藏汉双语版《自治区公益林管护办法（试行）》宣传册和270张宣传牌。年内，县林业绿化局利用各个宣传节点，不断深入宣传森林防火知识，共发放宣传册、宣传画5000余份，达到了良好的宣传教育作用。

【野生动物保护与疫情疫病监测防控】 县林业绿化局加大了野生动植物保护宣传力度，使广大农牧民群众了解、掌握野生动植物保护的相关法律法规，从源头上杜绝乱捕乱猎乱砍滥伐野生动植物行为的发生，并及时查处违法案件，对违法典型予以曝光，起到教育警示作用。同时，按照区、市林业部门要求，切实加强野生动物疫情疫病防控工作，坚持应急值守、日常监测巡查和信息日报告、零报告制度，主要加强候鸟（黑颈鹤）高致病性禽流感等野生动物疫源疫病监控，取得显著成效。截至年底，墨竹工卡县未发现野生动物疫情疫病及相关隐患。

【野生动物肇事补偿】 经过县林业绿化局认真核实和统计，墨竹工卡县2014年度野生动物肇事损失补偿涉及8个乡镇27个村1645户群众，涉及资金1414972元，已全部兑现到各乡镇，并由各乡镇兑现到农牧民手中。

【中央森林生态效益补偿基金】 墨竹工卡县经核定的中央森林生态效益补偿基金重点公益林面积为2574085亩，共有1082名管护人员。2015年初，县林业绿化局组织各乡镇主管林业的副乡（镇）长及所有的护林人员召开培训会，转达森林生态效益补偿基金相关政策，同时签订了A和B合同。2015年2月，县林业绿化局将2014年度森林生态效益补偿资金7722255元兑现到各乡镇，并由各乡镇兑现到管护人员手中。通过该项目，全县1082名管护人员人均年收入增加7137元。

【林业有害生物防（除）治】 2015年，墨竹工卡县唐加乡发生大面积林业病虫害，主要为青杨天牛、腐烂病、煤污病等。因病虫害问题，群众所育苗木不能用于造林项目，严重影响了后期销售，老百姓的育苗积极性受到了打击，存在一定的矛盾纠纷隐患。从2015年5月起县林业绿化局牵头开展林业病虫害除治工作，截至年底，已完成病害苗木统计、药物防治和病害严重苗木的清除及销毁工作。此次林业病虫害除治工作共牵涉到三个行政村293户，484.44亩，4355274株苗木。

【征占用林地事件审核】 县林业绿化局严格落实

区、市、县相关征占用林地的法律法规，加大对违规案件的处理力度，并加强了对墨竹工卡县重点项目征占用林地的审核、报件工作。2015年，县林业绿化局完成了国道318线林芝至拉萨段公路改造工程墨竹工卡至拉萨段及西藏华泰龙矿业开发有限公司甲玛铜多金属矿选矿技术改造一期工程项目、甲玛铜多金属矿尾矿设施技术改造工程项目、甲玛铜多金属矿二期建设工程项目等多个项目占用林地的审核报批工作。

【维稳综治工作和平安创建】 县林业绿化局高度重视维稳综治和平安创建工作，加强社会管理和矛盾化解，全面扎实开展社会治安综合治理工作和“平安单位”创建工作。严格按照“管好自己的人、看好自己的门、办好自己的事”的要求，落实好各项维稳措施，加强法制宣传教育，开展社会治安严打整治专项行动，认真排查化解各类矛盾纠纷，努力把问题化解在基层，把隐患消除在萌芽。

【“三严三实”和“忠诚干净担当”专题教育】 县林业绿化局深入开展“三严三实”和“忠诚干净担当”专题教育，组织全局干部职工集中学习共18次，党员干部撰写心得体会50余篇，使党员干部的党性、品格、境界和素质得到了进一步提升。2015年，林业绿化局党员干部多次到唐加乡东布岗村，走访慰问结对帮扶困难群众，为困难群众送去大米、砖茶、水果等生活物资，价值共6000余元，密切了党群干群关系。在“4·25”尼泊尔8.1级强烈地震发生后，县林业绿化局充分发扬“一方有难，八方支援”的精神，党员带头，广大干部职工踊跃参与，积极向灾区群众伸出援助之手，共捐款2100元。

【工作亮点】 为全面建设生态县城，打造宜居环境，2015年，县林业绿化局实施了乡镇亮点绿化545亩；实施了318国道、嘎则新区道路绿化等城镇绿化工作，栽植常绿树种雪松大苗840株、云杉20000株。同时，为了更好地建设绿色墨竹、和谐寺庙，2015年4月24日，县林业绿化局向寺管会发放树苗5840株，其中：柳树5585株、山杏255株。

（宋亚楠）

【领导名录】

局　长　索朗巴珠

副局长　格桑加措

墨竹工卡县水利局

【概况】 年内，墨竹工卡县水利局认真贯彻党的基本路线、方针、政策，坚持以科学发展观统领经济社会发展全局，深入贯彻区、市、县经济工作会议精神，积极采取有效措施，创新思路，锐意进取，实现了全县水利发展良好的目标，较好地完成了2015年各项工作任务。

【宗教场所通水工程】 2015年，墨竹工卡县宗教活动场所通水设施项目建设涉及15座寺庙。总投资：324.11万元。本工程涉及唐加乡、尼玛江热乡、扎西岗乡、日多乡、门巴乡、扎雪乡6个乡；截至年底，工程已完工投入使用，该工程于10月通过区市两级验收。

【小型农田水利基本建设】 2014年小型农田水利重点工程共有15处水渠，工程涉及扎雪乡及扎西岗乡、工卡镇。新建改造渠道41.128千米，计划解决灌溉1.68万亩。工程总投资1234.06万元。其中国家投资1195.55万元，地县投入38.51万元。该项目已完成工程总量的90%。剩余的2016年进行建设。

【工程建设管理】 墨竹工卡县墨竹玛曲水土保持生态修复工程，总投资为1199.91万元。建设内容包括；治理水土流失面积2538.46公顷，种植藏青杨88.66公顷，种植沙棘11.42公顷，抚育幼林100.08 公顷，种草8.18公顷，设置围栏长度13.33千米，封禁面积为2430.2公顷，藏青杨整穴177321个，沙棘整穴68520个，藏青杨种植177321棵，沙棘种植68520棵，管理房40平方米，宣传牌20处，标志牌5处，示范区标志牌5处，改建渠道5.616千米，维修渠道约4.984千米。截至年底，该工程已完成30%的工程量，其余工程量2016年3月续建。

【墨竹玛曲扎西岗乡防洪工程】 墨竹工卡县墨竹玛曲扎西岗乡防洪工程总投为2252.63万元，工程建设内容为综合治理河道长15.812千米，新建堤防长15.914千米（其中墨竹玛曲段14.949千米，普龙岗沟段0.437千米，加尔多冲沟段0.528千米），新建进水水闸6座，下河梯步12座。该工程与2015年6月初完成合同竣工验收。截至年底，完成该项目的外观评定及分布验收、合同竣工验收，并顺利通过了验收。待该项目运行一年后，进行竣工验收。

【工卡镇防洪堤工程】 新建防洪堤堤长7.9千米，5级堤防，防洪标准10年一遇。项目总投资：1134.45万元，该项目为2014年续建项目，项目法人是拉萨市水利局。截至年底，已全部竣工。（该项目由拉萨市水利局实施）

【甲玛乡供水工程】 墨竹工卡县甲玛乡供水工程（甲玛乡水厂项目），工程总投资为1968.63万元。其中建筑安装工程费用1718.55万元；设备购置费51.45万元；其他建设费用（含建管、监理、设计、招标、施工图审查、环评、咨询等费用）140.32万元；工程预备费57.31万元。新建送水管网工程41166米，二级泵房56.73平方米、围墙120米、门卫室20平方米、混凝土硬化180平方米、除砂井、总体给排水、总体电气等工程。该项目于2015年8月完工。

【水利行业安全生产】 自汛期以来，水利局共参与县委、县政府组织的汛期大检查7次，水利局共检查15次。重点检查各乡镇、企业（尤其是尾矿库、采砂厂）防汛责任制、组织机构、应急预案、值班制度和防汛物资储备、抢险队伍、通讯设施及其他各项准备工作的落实情况；各类水利工程、防汛设施的运行安全以及在建工程的施工安全和度汛措施的落实情况等；对河道内阻碍行洪的障碍物，河道采砂作业等涉及河道行洪安全的情况进行了检查清理。

【县政府调研民生项目】 拉萨市墨竹工卡县工卡镇格桑村扎朗水渠改造工程工程总投资为111.00万元。截至年底，该项目在9月3日已摇号确定施工单位。截至年底，工程完成工程量80%。

拉萨市墨竹工卡县门巴乡贴朗村次龙组及德仲村3组防洪堤新建工程为墨竹工卡县2015年政府调研民生项目，也是群众急盼的项目。工程总投资为47.00万元，项目资金为县级配套资金。该项目在9月3日已摇号确定施工单位，工程已竣工。

拉萨市墨竹工卡县尼玛江热乡芒热村3—4组水渠新建工程为墨竹工卡县2015年政府调研民生项目，也是群众急盼的项目。工程总投资为156.00万元，项目资金为县级配套资金。该项目在9月3日已摇号确定施工单位。

拉萨市墨竹工卡县扎雪乡扎雪村3—4组（西康）水渠新建工程为墨竹工卡县2015年政府调研民生项目，也是群众急盼的项目。工程总投资为48.00万元，项目资金为县级配套资金。该项目在9月3日已摇号确定施工单位，该工程已完工。

拉萨市墨竹工卡县日多乡念村村委会所在饮水工程改扩建项目为墨竹工卡县2015年政府调研民生项目，也是群众急盼的项目。工程总投资为51.44万元，该工程已完成50%工程量。

拉萨市墨竹工卡县日多乡怎村村委会所在地无塔供水工程改扩建项目为墨竹工卡县2015年政府调研民生项目，也是群众急盼的项目。工程总投资为29.97万元，项目资金为县级配套资金。该工程已完成90%工程量。

拉萨市墨竹工卡县唐加乡拉东村益吉组水塘建设项目为墨竹工卡县民生项目，工程总投资为72万元，项目资金为县级配套资金，该工程已完工。

拉萨市墨竹工卡县尼玛江热章达村组水渠建设工程为墨竹工卡县民生项目，工程总投资为4.89万元，项目资金为县级配套资金，该工程已完工。

【防汛抗旱】 水利局于5月初开始准备防汛各项工作。于5月中旬修订和完善《墨竹工卡县县城防洪预案》报县政府审批，并报拉萨市防汛办公室备案；召开墨竹工卡县防汛抗旱工作会议，与各乡（镇）防汛抗旱指挥小组签订《2015年防汛目标责任书》。

2015年，水利局储备防汛物资编织袋6万条，铅丝笼100卷，铁丝30圈，折合人民币12.97万元。在6月18日及时给各乡镇发放防汛物资共计编织袋6万条，铅丝笼80圈。

从县防汛抗旱资金中分别支出4.90万元和3.00万元，对尼江乡帮普沟钢筋石笼拦砂坝进行抢修及在门巴乡德仲温泉上游新建30米浆砌石防洪堤，以排除汛期安全隐患。

【前期规划项目】 按照自治区水利厅及拉萨市水利局“十三五”规划工作的相关要求，水利局上半年已完成墨竹工卡县“十三五”水利项目储备工作，截至年底，在拉萨市水利局储备“十三五”项目共有31个，估算总投资64410.77万元，其中防洪减灾项目24个估算资金51355万元，抗旱水源工程1个估算资金300.00万元，农牧业灌溉工程3个，估算资金10155.77万元，水土流失治理工程3个估算投资2600万元。

《2015年墨竹工卡县小型农田水利重点县建设项目》总投资1320.00万元（其中县级投入120.00万元），截至年底，该项目实施方案已通过自治区、拉萨市水利部门评审，并已下达投资批复。

【门巴乡达珠村水渠引流改造项目】 工程总投资50.00万元，该工程已完工。

【工卡镇工卡村益吉排洪沟项目】 工程总投资25万元（该项目属政府调研民生项目），该工程已完工投入使用。

【日多乡怎村简易桥梁建设项目】 工程总投资32.00万元，该工程已完工投入使用。

【工卡镇塔巴村饮水设改施造项目】 工程总投资37.4万元，工卡镇塔巴村强冲组饮水改设施造项目，工程总投资39.4万元，该两处机井工程完工，明年续建土建部分工程。

（张文波）

【领导名录】

局　长　边　　央

副局长　边巴洛布

墨竹工卡县教育（体育）局

【概况】 2015—2016学年度，全县各级各类学校36所，其中初中1所，中心小学8所，幼儿园27所。现有义务教育阶段学生6163人，其中初中1890人，小学4273人，在园幼儿2207人。全县中小学现有教职工545人，专任教师540人，其中小学专任教师310人，学历合格率100%，初中专任教师161人，学历合格率100%，幼儿园专任教师53人，县教研室教研员16人。年内，实现的指标：小学适龄儿童入学率为99.84%，初中毛入学率为101.78%；小学在校巩固率为99.86%，初中在校巩固率为99.57%；学前三年教育入园率达到91.5%。

【义务教育均衡发展工作顺利通过国家验收】 按照国家、自治区相关标准，认真对照自查，全面整改落实，前后召开2次全县义务教育均衡发展工作推进会及2015年度教育工作会，签订了全面教育目标责任书，进一步明确工作目标任务，对工作进行再安排、再部署。安排人员多次深入学校，根据自查、自评、督导检查情况及市级复核意见，结合存在的突出问题及薄弱点，有针对性、目的性地对存在的问题整改情况进行一对一、点对点督查。4月底接受了自治区教育督导委员会、教育厅及拉萨市教育局专家领导对墨竹工卡县推进义务教育均衡发展工作的过程督导，并针对反馈意见开展一系列工作，整改存在的问题。6月底顺利通过了自治区评估验收。10月13日至10月14日，国家教育督导检查组通过随机抽查学校、核查文件资料、数据以及召开座谈会、进行问卷调查、访谈等方式对墨竹工卡县义务教育均衡发展工作进行了督导检查，墨竹工卡县顺利通过了国家评估验收。

【安排部署2015年春、秋季开学工作】 为确保开学工作组织到位，保证正常的教育教学秩序，明确2015年教育工作目标任务，前后由县政府召开校长例会、教育局召开专题会议，安排部署开学前的各项准备工作。并接受了市教育局开学工作专项检查。与此同时，教体局分组安排局各科室负责人深入中小学、幼儿园就开学工作、安全维稳、教学常规等工作进行定期检查。

【顺利完成小考、中考工作】 经教体局精心安排及各学校积极配合，墨竹工卡县本着学生自愿、家长同意的原则，顺利完成了统计报考学生人数、考生信息采集录入、户口信息审查及发放统计卷种等各项工作，为小考、中考工作顺利实施奠定了良好的基础，2015年，墨竹工卡县共有25名学生考上内地西藏初中班，县中学共有12名学生考上内地西藏高中班。

【有序开展教学质量监测工作】 组织各年级教学质量监测4次，并召开专题会议对监测工作进行总结分析及表彰。

【开展骨干教师送教下乡活动】 由局教研室组织，利用为期三天的时间深入各学校，通过县级骨干教师上观摩课以及听课、评课、说课、交流等形式，开展县域内骨干教师送教活动，积极发挥骨干教师带头引领辐射作用，为完善课堂教学、提升教学质量发挥了积极作用。

【注重教研教改工作实效】 墨竹工卡县教研工作立足解决教学实际问题、提升教师教学技术能力、提高课堂教学质量，深入调研全县教研工作、查找薄弱点，针对问题汲取区内外教研工作先进经验，着重在丰富形式内容、增强教研活动实效性、针对性上下功夫。不断完善全县片区教研活动方案，按照定人、定学校、教研员分片负责的工作模式，深入开展片区教研活动。

【调整充实校级领导】 教体局根据全县教育事业长远发展和干部队伍建设实际需要，以“优化结构、增强活力”为目标，本着“整体稳定、调整提高、缺职补充”的原则，通过严密考察、局长办公会议并报请县政府分管领导同意，对全县各小学、幼儿园校级领导进行了调整充实，此次调整充实覆盖全县90%的学校，调整力度大、范围广，基本更新了学校县级领导，为推动学校管理水平注入了新鲜血液。

【与南京市开展“请进来、走出去”培训】 墨竹工卡县制定邀请南京专家到墨竹工卡县授课交流及派遣教师到南京培训学习的三年培训计划，2015年暑期邀请南京教育专家，通过课堂交流、上示范课、专题讲座以及交流经验等方式，针对如何加强学校常规管理、如何提高教研工作实效性、针对性、如何提高课堂教学效果、如何上好综合学科实验课程以及如何更好地将信息化教育应用到课堂教学等内容进行了专项培训。校长、骨干教师、班主任等共计50余人参加培训。于10月派遣9名教师赴南京市就学校管理、教研教改及课堂教学等方面进行为期15天的跟岗学习。组织30余名初中教师到拉萨江苏实验中学交流课堂教学及学校管理工作。

【邀请拉萨市骨干教师开展综合学科专项培训】 于8月下旬，邀请拉萨市区综合学科骨干教师到本县进行为期四天的综合学科培训。同时，通过学校间交流、观摩、学习等方式，充分开展实验教学，提高仪器设备使用效率。

【重点加强县级及校本培训】 墨竹工卡县借助现有音乐、美术、信息技术等专任教师资源，通过专题培训、上公开示范课、学校间交流观摩等方式，在培养全科型教师上下功夫。截至年底，墨竹工卡县虽然存在专业教师紧缺的问题，但并未影响开足开齐音体美及信息技术课程，全县无一所学校存在音体美、信息技术课程空堂、挤占等现象。

【提升业务水平】 为切实提高教师业务水平，墨竹工卡县通过多方征求意见，制定《墨竹工卡县教师业务能力测试实施办法》，并与拉萨市教育局沟通联系，聘请市教研所专家出卷、阅卷，于7月21日组织了全县中小学教师业务考试工作，并对成绩进行了分析。

【加大表彰力度】 9月11日召开表彰大会，隆重庆祝第31个教师节，县政府从投入以外划拨资金115.2万元，对12个优秀团体、105名优秀个人进行表彰奖励。

【顺利召开职称评聘会】 召开专题会议开展2014年度中初级专业技术职务推荐评聘工作，墨竹工卡县39名教师通过中级职称评审，38名教师通过初级职称评审、续聘，由5名拟聘中级职称的教师落聘。

【努力改善学校办学条件】 依据《西藏自治区义务教育学校建设标准》，全面改善义务教育办学条件。多方筹措资金，并严格落实900万元均衡教育查漏补缺资金，为中小学配备设施设备、维修校舍及绿化美化校园环境，不断完善各学校办学条件；顺利完成了嘎则完小与南京实验小学、扎雪乡中心小学与扎雪完小撤并整合和县幼儿园搬迁工作；县中学附属工程建设已完工并投入使用，扎雪小学二期建设工程主体已完成，正在进行装饰装修，计划于11月底投入使用；尼江乡芒热村、帮达村、扎雪乡龙珠岗村幼儿园于2015年11月4日开工建设。扎雪村幼儿园正在初设阶段。截至年底，门巴乡中心小学附属幼儿园工程进度以达到85%、扎雪乡中心小学附属幼儿园工程进度已达到50%。门巴乡达珠村幼儿园2016年规划建设；2015年6月共投入94万余元，为全县中小学购买雪松等树苗，美化绿化校园。县中学等学校建设规划中安排专项资金用于绿化美化校园。

【强化校园安全稳定】 逐步健全完善教育教学管理、学校常规管理、后勤服务管理、安全维稳管理和学校党建工作等规章制度。联合县各职能部门深入中小学、幼儿园开展安全生产大检查。加强学校食品、交通、消防、网络、校内建筑施工、校车等安全隐患排查整治工作。年初制定完善各类应急预案、工作方案，定期组织召开安全维稳专题会议、下发专项文件并组织安卫办人员深入学校开展专项检查。多次召开专题会议安排部署教育系统安全维稳工作。为提高学校后勤人员综合素质和实际履职能力，进一步推进后勤队伍建设，提升校园安全防范、食品卫生整体水平，年初、年末教体局前后2次邀请市食药局、市卫生局、县公安交警大队、县消防大队，对全县中小学、幼儿园保安人员、食堂从业人员及保育员进行了职业素养及专业技能培训，参训人员共近380人次。积极开展“综治宣传月”“安全生产日”“防灾减灾宣传周”“共建网络安全、共享网络文明”等活动。前后组织50余次校园安全卫生工作专项检查。年内，墨竹工卡县未发生一起重大校园安全责任事故。

【强化基层党组织建设】 通过召开民主生活会、组织生活会、廉政述职、公开台账、发展党员、总结表彰、专题讲座、慰问帮扶结对困难户、建设基层组织示范点等形式，切实加强教育系统党的建设和思想政治工作，加强学习型、服务型、创新型党组织建设，提高党建科学化水平。2015年，各小学党建经费提高至1.5万元、中学党建经费提高至3万元，充实配备学校党支部书记。深化校务公开，积极推进廉政文化进校园活动。邀请人大、纪检参与，加大对招生考试、职称评聘、基建项目、物资采购、财务管理、经费使用等重点领域和关键环节的监督管理。进一步巩固党的群众路线教育实践活动成果，扎实开展“三严三实”和“忠诚干净担当”专题教育活动。认真安排第四批驻村工作队，积极开展结对帮扶及走访慰问活动。积极推进党风廉政建设责任制落实，严格遵守中央“八项规定”，自治区“约法十章、九项要求”等廉洁从政的各项规定。

【实施县政府“三大”民生项目】 教体局及时足额划拨“三包”、营养改善等惠民经费，并完善了相关管理制度，做到了专款专用，提高了资金使用效益。2015年春季学期墨竹工卡县中小学、幼儿园享受“三包”及助学金政策的学生共7620人，秋季学期共8218人。2015年，上级为墨竹工卡县下拨的“三包”经费共为1794.18 万元，其中县中学455.16万元，各中心校（完小）1035.9万元，幼儿园“三包”经费为303.11万元。在下拨的“三包”经费中伙食费共1597.44万元，助学金共1.24万元，装备及服装费、学习用品共195.5 万元。2015年秋季开始“三包”经费标准为义务教育二类地区（县镇、甲玛乡、扎西岗乡、唐加乡、尼江乡、扎雪乡）每月每生290元、三类地区（日多乡、门巴乡）每月每生300元，幼儿园二类地区每月每生240元，三类地区每月每生250元；完善《墨竹工卡县大学生免学杂费、奖励等资助政策实施办法（暂行）》，组织专人通过制作发放宣传册，借助墨竹自办台、墨竹手机周报等媒体力量，在街头或深入乡（镇）、学校，多渠道多种形式开展政策解读和宣传工作，使此项惠民政策家喻户晓，使广大学生及时了解受助条件、申报程序，为扩大墨竹工卡县免学杂费、奖励资助政策范围和完善助学制度创造良好的社会氛围。年内，墨竹工卡县共为2011届至2015届1332名在校大学生报销了学杂费、发放生活补助及奖励共计884.73万元，其中报销学费449.43万元、书本费53.55万元、住宿费87.57万元、往返路费20.69万元，发放生活补助265.5万元、奖励资金8万元。此外，第七批援藏干部共为2015年考上内地西藏班（校）的21名初、高中生以及2名结对帮扶学生，按照每人5000元的资助标准共计发放助学金11.5万元。为160名贫困大学生及时兑现了市级助学金共计53.6万元；在教体局统一安排部署下，在工卡镇政府、县交警大队和幼儿园教师的大力支持配合下，由县中学调配2辆校车和驾驶员，5月12日，墨竹工卡县幼儿园校车正式投入使用，分别接送拉龙、塔巴等5个村的96名幼儿上下学。

（曲　珍）

【领导名录】

党总支书记　王应祥
局　　长　尼玛次仁
副局长　巴　桑

墨竹工卡县中学

【概况】 为确保义务教育均衡发展工作顺利通过国家验收，学校开展一系列工作，全力迎接评估验收。完善资料。用近一个月的时间，各科室根据新生入学人数及教师流动情况，重新修改、补充、完善相关数据指标；美化校园。与施工单位沟通协调，加班加点完成道路、篮球场硬化工程；对教学楼前的操场铺上石板；移植和更换枯死树木；安装、更换校园亮化设施；提升文化育人氛围。重新布置走廊文化和寝室文化；及时更换校门口多个展板；全面增加地域特色文化。

【提升管理水平】 管理上水平，制度要先行。毛主席说过：“纪律是执行路线的保证”，没有铁的纪律，什么事也干不成。在学校管理过程中，学校坚持实施严而有章，严而有序，严而有格，严而有度的管理模式，教学管理、安全管理、宿舍管理、封闭管理无不体现“严”字当头，它已成为学校提高教育教学质量的重要保障，并获得家长的好评和社会的广泛认同；在常规管理过程中，全校树立“精细化”的工作观念和品牌意识，事事力求“精致”。在教学管理上，针对学校生源质量不高的特点，实施“低起点，缓坡度，夯基础，重反馈，促提升”的教学策略，要求教师每个环节的教学工作做到“精心、精细、精致”。舍务管理，以干净、整洁、文化气息浓厚为基本要求，实施全天候、全方位的管理，以文化建设带动精细化管理。膳食、后勤工作以精细化服务为目标，力求做到安全、卫生、周到、节俭。在日常管理中，坚持持之以恒，脚踏实地，使各项规章制度不折不扣地得以长久落实；以管理为龙头，建立激励机制，为制度落实营造良好的氛围。对工作进行量化，实行目标管理，并对总目标进行分解，逐步落实到人，形成“千斤重担人人挑，人人肩上有指标”的格局。解决分工不明，责任不清，管理不善，干与不干一个样，干好干坏一个样的问题。

【党团工作】 党团工作作为学校工作的重要组成部分，明确了“围绕中心抓党建，抓好党建促发展”的主导思想，将党团工作与教育教学工作有机结合，使党团工作切实服务于教育中心工作大局。2015年，校团委被评为拉萨市“民族团结闪光行动先进集体”。学校支部召开支委会会议，专题研究“三严三实和忠诚干净担当”实践活动的开展，对第二环节的工作进行了具体部署安排，要求党员干部以高度的政治责任感和良好的精神状态投身到教育实践活动中，切实增强党员和领导干部自我净化、自我完善、自我改革、自我提高能力；以个人自学为主，通过集体学习、小组学习、专题讲座、微型党课、研讨交流等方式，开展多种学习活动。本学期学习的主要内容有：《中央西藏第六次座谈会主要内容》《俞正声在西藏自治区50周年大庆上的重要讲话》《刘延东转达中央对西藏自治区50周年大庆上的贺电》《习近平主席对贵州教师的回信》《齐扎拉在2015教师节上的重要讲话》《十八届五中全会主要内容》。共完成学习笔记12篇，平均每名教师笔记字数在5000字以上；认真开好专题组织生活会。围绕创建学习型服务型党组织，认真学习《中国共产党纪律处分条例》并开展积极讨论；在提高对党的“三严三实和忠诚干净担当”教育实践活动重大意义的认识的同时，还围绕“四风”问题，广泛听取党员意见，及时进行汇总，反馈给活动小组办公室；开展民族团结手抄报比赛、民族团结知识竞赛、组织全校师生观看阅兵仪式和西藏和平解放50周年开幕式、举办“共筑民族团结花”为主题的黑板报比赛、举办“庆十一”教职工篮球比赛、举行“红旗伴我成长，百首爱国歌曲大家唱”之纪念“12·9”爱国运动红歌歌唱比赛等各类主题活动；党员教师与学生“一帮一”结对帮扶活动是学校党支部的特色工作，党员教师深入学生中，了解学生的基本情况，针对部分贫困学生进行一对一的帮助，把党的关怀送到学生家庭中。党支部要求每位党员教师不仅要关心学生的生活，更要关心学生的学习，鼓励党员教师去学生宿舍，解决学生在学习生活上的困难。

【加强班主任队伍建设】 加强班主任队伍建设，努力提高班主任育人水平。制定并实施《墨竹工卡县中学班主任量化考核细则》，使班主任在日常教育和管理中思路清晰，常规明确，管理具体，实效显著。坚持每周日晚进行班主任例会，通过班主任例会，明确学校德教工作动态，把握班主任工作重点，明确班主任工作方向，提高班主任工作效果。

【撰写班主任笔记】 组织班主任，推动班主任努力摸索教育规律，不断将班主任管理经验上升为理性思考，逐渐形成富有特色的教育风格。

【落实一日常规】 狠抓学生养成教育，认真落实一日常规。认真组织学生学习落实《中学生守则》和学校专门制作的《校园安全知识手册》，实行一日一反馈，一周一总结，一大周一公布，使常规工作落到实处。

【提高学生文明道德修养】 多渠道开辟育人阵地，提高学生文明道德修养。新校服、新面貌，让学生成为一道亮丽的风景；“共筑民族团结梦”知识竞赛，培养学生强烈的民族团结意识；“向国旗敬礼做一个有道德的人”网上签名寄语活动，人人争做“四好青年”，用自己的点滴行动来回报祖国对自己的养育之恩；弘扬法制精神，增强法制观念，邀请县公安局、法院等单位的专业人士来校举办法律知识讲座。让全体师生认真学习法律知识，学会分析、学会辨别、学会拒绝，学会利用法律这个武器来保护自己，维护自己的合法权益，自觉遵守各项法律法规及社会公共道德规范。

【不定期进行管制刀具排查】 严保师生安全，不定期进行管制刀具排查。要求各班班主任加强管理，密切关注和掌握学校的安全动态，及时通报信息，把各种安全隐患消除在萌芽状态。为学生安全，健康成长创造良好环境。

【紧急疏散演练】 强化师生安全意识，全校进行紧急疏散演练。定期进行紧急疏散演练。演练活动使全校师生熟悉了发生突发危险事件时学校应急疏散的程序和线路，增强了师生在突发事件中的自救意识，提高了学校的安全管理水平。

【联谊活动】 组织家校联谊活动，给家长出谋划策，形成教育合力。通过教师家访或用电话和家长沟通交流，为家长们提供家庭教育的现代理念和家庭教育具体启示，受到了家长们的一致好评。

【做好开学前期准备工作】 为保证正常的教学秩序，教务处工作人员在暑假期间已开始针对教师与教学供需矛盾等诸多困难，及时开展调整课程、安排任课教师等常规工作。安排132 名教师课程表，调机动课时1972节课。

【做好2015届毕业班录取】 2015届参加中考学生总数604人，其中：内地高中班（含散插生）录取12人，区内重点高中（含西藏民大附中）录取32人，区内普通高中录取276人，中等职业学校（含内地中职）录取264人。

【做好2018届招生及编班】 根据新生分班考试成绩，分析分数段和各乡镇交叉进行编班、建档，安排任课教师，组织教材发放及新生入校军训工作。

【做好常规教学检查】 制定教学计划及教学进度，认真做好常规教学检查工作。配合教研室举办了“教师教学技能”大赛；不定期组织实施了2次教案和作业大检查；坚持每一天，每一节都对教师到位、是否旷课等教师出勤情况进行排查，做到及时发现问题，及时解决问题，有效地保证了正常的教学管理秩序。

【组织教学考试】 本年度与学校教研室组织实施了2次月考，八年级全拉萨市统考质量检测和全校期末教学质量大检测。

【加强教学质量监测及反馈工作】 认真分析每次考试中存在的问题，召开组长会议，找出问题存在的根源，各教研组在教研活动上进行月考成绩分析、试卷分析，并做出总结。

【加强和重视骨干教师的培养】 鼓励和组织教师参加培训，外出培训的人次达27人，其中：区内培训4人，区外培训23人。

【继续加强与外界联系】 继续加强与外界联系，充分利用远程教育网络的资源优势、互动优势。继续与南京摄山中学进行教学联络，本年度组织英语教研组、数学教研组和政史地教研组两次在机房观看了摄山中学数学、英语、历史优质网络直播课和数学中考复习讲座；加大与人大附中双师教学平台联系，本学期初，2名数学教师到人大附中参加了“1+1慕课教学”即“双师教学”培训，并增加了10名双师教学平台用户，为学校数学教师提供了教学同步视频和教案；在校长的带领下，20多名教师前后两次到拉萨江苏实验中学听了语文、数学、英语、政治和生物课，并从江苏实验中学的优秀教师处学习导学案。

【延请名师，促进教师专业发展】 继续加强语文课题“少教多学”的研究，11月，邀请课题组负责老师到学校指导语文课题研究，交流教学经验；12月份，邀请拉萨市第二中学的三位数学教师为学校全体数学教师做中考数学专题讲座。

【开展校级赛课，选拔新一届骨干教师】 通过努力，县中学在第三十一个教师节上，荣获市级“优秀团队奖”；在“东方杯少年”作文比赛中，学生作品荣获1个一等奖，2个三等奖，教师荣获“优秀指导奖”；学校顺利通过了拉萨市教育检查团对功能教室的评估和检查，得到上级领导的高度评价。

【义教工作】 顺利进行新生整班移交，接收新生602人并全部建立了电子档案。组织义教办人员下乡劝学流失生4次。开展关爱弱势群体活动。统计全县残疾留守儿童、孤儿等弱势群体，申请残疾儿童专项经费。加大校车管理。对校车进行保养审验；按车管部门要求，对校车加装行车记录仪停止牌、车内监控、车顶警灯等设备；对校车底部钢板胶套、轮胎进行更换修理。

【总务工作】 坚持常规工作不放松，及时做好日常维修、隐患排查工作，确保教育教学的正常进行。加强学生食堂、宿舍、水房的管理。对食堂员工进行食品安全法培训，组织食堂卫生评比活动，让每一个员工热爱自己的职业，让每一个学生吃上健康的饮食。注重食堂、宿舍环境卫生，做到窗明几净、地面清洁，并定期消毒。做好物品的采购和保管工作，规范校产管理制度。强化安全意识，紧抓安全工作不放松。严格按照相关部门及学校领导的要求做好食品、消防等安全工作，随时对相关安全工作进行自查自纠，及时整改。签订后勤员工安全目标责任书。对学生宿舍、教学设施 、体育设施、消防设施 、锅炉房、电路等，不定期进行检查，发现问题，及时整改、解决。完善、制订各项制度和应急预案。

（刘万振）

【领导名录】

校　长　罗布次仁

党支部书记

杨发菊

墨竹工卡县供电有限公司

【概况】 墨竹工卡县供电有限公司主要负责墨竹县7乡1镇的电力供应、销售和输变电、配电设施的电力建设，担负着为墨竹县城工农业生产、人民生活、市政建设供电的职责。共有职工43名，其中高中以上学历11人、各乡农村电工39名，各种农电专业技术人员19名。

供电公司2014年7月份墨竹工卡县总工会举办的“安康杯”知识竞赛中获得第二名、2015年8月墨竹工卡县工青妇举办“迎大庆、促和谐”运动会拔河比赛男子组第一名、2015年11月获得了墨竹工卡县政府颁发的“2015年度平安企业”的荣誉称号。

【供电公司变电站】 墨竹工卡县供电公司所辖变电站4座（墨竹工卡县变电站、甲玛变电站、门巴变电站、日多变电站）、变电总容量为17600千伏安。两座水电站装机容量为1610千瓦时。

【供电公司输电线路】 全县共有35千伏线路3条，总长度142公里；10千伏线路12条，总长度约613.1公里；共有变压器396台，其中专变118台、公变278台。电网覆盖下人口搬迁5万人10080户，最大负荷可达1.2万千瓦。

墨竹工卡县供电有限公司全年售电量为5300万度，年销售纯收入逾480万元。

【企业建设】 供电公司免费为农牧区更换变压器12台，免费改造低压线路13公里、10千伏线路新架6.5公里，免费为寺庙新增及更换变压器5台，寺庙僧舍内外线路改造4座寺庙3公里，对墨竹工卡县的电力建设贡献力量。

（索　曲）

【领导名录】

总经理　扎西次仁

副经理　杨　波

城市建设·环保

城市建设·环保

墨竹工卡县嘎则新区管理委员会

【年度综述】 年内，贯彻落实党中央科学发展观，全面推进小康社会建设，实现西藏“五个突破，两个率先”的发展战略，新区管委办坚持全面落实《墨竹工卡县总体规划》，科学引导和规范新区各项建设。在县委、县政府的领导和支持下，团结协作，坚持以规划为中心，以建设为重心，以质量为核心，有重点、有步骤地推进新区建设。

【新区规划】 由于近十年来我国经济发展大环境的变化，墨竹工卡县城发展的社会经济背景也随之发生了较大变化，原县城总体规划已难以适应当前发展的新形势，保证规划适应墨竹工卡县社会和经济发展需要，科学引导和规范墨竹工卡县各项建设，改善县城的生产、生活和投资环境，按照《中华人民共和国城乡规划法》的要求，结合墨竹工卡县委、县政府的发展思路，对墨竹工卡县城总体规划进行修编，新编后的规划总面积约5.29平方公里，规划区范围北自规划的纬四路，南至川藏公路南侧高山脚下，西起栖霞大道，东至嘎则路及其东南的物流用地备用地。将新区建设成为县域政治经济文化中心；拉萨市域东部重点中心城镇、藏医药及有色金属发展的重要基地；特色旅游服务基地。

【抓项目工程质量】 墨竹工卡县环境整治工程建设项目，工程总投资2393.51万元，建设内容包括新建道路工程11214平方米，给排水3015米、绿化11480株以及景观和电气工程；净土健康产业园区研发基地项目，总投资2999.68万元，该项目占地面积9569.3平方米，规划总建筑面积7006.44平方米，其中综合用房6892.44平方米，水泵房、配电房114平方米。

【建设项目实施管理】 在施工管理工作中，认真落实相关管理规定，时刻维护墨竹工卡县利益，忠实代表县委、县政府对工程实行质量、进度全程控制，并积极协调处理涉及群众利益的工作，保证建设工作的顺利进行。具体工作如下：在施工过程的现场管理中，针对工期紧、任务重的实际情况，建立监理、施工和质检部门之间的质量管理，严格执行“自检、互检”制度，检查工程进展和工作安排，及时发现解决施工过程中出现的问题。各个分项工程完成后，施工方自检合格后报请监理单位和相关质监部门进行验收，新区办代表投资方监督，使工程始终都能符合设计要求和施工验收规范规定，始终都能保持最佳的质量状态；建立施工管理、协调、政府监管的日常往来联络等相关程序。按照墨竹工卡县项目变更、项目签证等相关的建设管理办法，做好技术核定单、工程费用报销、工程联系单以及工程管理相关文件的放发和收件程序，报送相关文件发现问题及时向上级汇报，转达上级意见落实办理结果和回复。

【维护新区基础设施】 为了更好地管理维护新区基础设施，新区办在原有的巡查制度外，要求城管人员每日在新区范围内巡逻，巡逻中有发现毁坏基础设施的，在第一时间调查并追究其责任。

通过具体工作认真落实，新区在建工程、保质保量的基础上正井然有序地建设，为后续项目建设打好了基础。

（孙晓东）

【领导名录】

主　任　谭　川

副主任　洛桑多吉

墨竹工卡县住房和城乡建设局

【概况】 2015年，墨竹工卡县住建局认真贯彻落实科学发展观和上级部门组织召开的推进城乡建设工作有关会议精神，按照年初既定的工作计划，以保障性住房及基础设施建设、农村安居工程、人居环境整治为重点，不断加快城镇基础设施建设步伐，强化建设行业监管，逐步完善城镇规划体系。做到了目标明确，精心组织，层层落实，各项建设任务进展顺利，促进了墨竹城乡建设事业健康协调发展。

【城乡建设】 墨竹工卡县下辖7个乡1个镇，共计40个行政村，198个自然村，现有人口58091人，其中近22000人实现城镇化，其中城镇常住人口11479人，流动人口12107人，城镇化率达到38%。2015年，墨竹工卡县甲玛乡被列为全区特色小城镇建设示范点，墨竹工卡县将利用3年时间将甲玛乡打造成松赞故里雪域名镇，具有特色藏式风格的城镇化建设样板、拉萨东部重要的旅游集散中心以及西藏健康净土产业模范基地之一，使特色小城镇示范点在推进新型城镇化建设、统筹城乡发展方面发挥引领示范作用。规划编制突出产城融合发展，统筹基础设施和现代服务业建设，抓住矿产、健康净土产业、旅游业三大产业发展格局，努力营造南矿业、中旅游、北净土产业的整体格局，使得甲玛能够成为三大产业的融合点和汇集区，为整个区域的发展带来新的生机和活力。同时住建局还申报实施赤康村传统村落保护工程，重点修复和改善传统建筑集中连片区及保护开发项目的周边环境整治，街道、外观改造，完成霍尔康庄园、综合楼、客栈等产业旅游链，形成墨竹旅游经济圈，以旅游化推进甲玛乡城镇化建设。截至年底，项目总体规划、控制性详细规划、城市设计、实施方案、建设规划工作已编制完成并通过评审。

【保障性住房项目建设】 为不断完善城乡住房供应体系和进一步加快保障住房建设，解决城乡干部群众住房问题，县委、县政府认真贯彻执行自治区民生安县战略，2015年，墨竹工卡县加大保障住房建设资金投入，并结合上级部门补助政策，圆满完成了区市有关保障住房的各项任务指标。

【2014年续建项目】 2014年公租房、周转房建设项目由于县内工期限制，推迟至2015年6月开工建设，新建公租房120套、周转房48套，范围覆盖全县6个乡镇。总投资1913.7万元。截至年底，已完工并通过项目验收。

【2015年乡镇干部周转房建设项目】 在全县7个乡1个镇及6个派出所共13各建设点，新建318套周转房。项目总投资5288.8万元，其中国家投资4770万元，本级财政配套518.8万元；截至年底，处于施工阶段，截至停工前工程进度为65%，预计2016年8月份完工。

【2015年公租房建设项目】 新建卫生系统职工公租房72套（其中上级指标64套，县级配套8套），建设地点在老县城小学内。总投资1200万元。截至年底，处于基础施工阶段，预计2016年8月完工。

【周转房维修工程】 根据拉萨市住建局《关于下达2015年公共租赁住房（周转房）维修改造计划的通知》文件要求，“墨竹工卡县周转房维修指标47套，市级配套资金23.5万元”。结合各乡镇上报周转房维修数据，实施了第一批乡镇周转房维修项目。共计投入资金31.4万元完成扎西岗乡、唐加乡共7个建设点的周转房维修项目。

【待建项目】 嘎则新区住宿B区、C区附属工程、墨竹工卡县档案馆、墨竹工卡县项目资料库、司法局业务用房等建设项目，截至年底，均处于前期设计阶段，预计明年开工建设。

【农村危房改造】 根据《拉萨市2015年农村危房改造建设资金的通知》文件要求，“农村危房改造补助资金为1.5万元/户；贫困户2.5万元/户。”墨竹工卡县结合县内上报数据实际，拟定安排2015年农村危房改造一期工程户（民房改造305户；贫困户70户）。共需改造资金2021.75万元，其中市级1021.75万元，本级1000万元。截至年底，项目立项中。

【农村人居环境整治工程】 2015年，按照市委、市政府统一部署和安排，为巩固环境卫生整治成果，改善农村人居环境，安居办以“美化、净化农村环境，提高乡村民生活质量”为工作目标，拟定实施2015年人居环境整治建设工作，建设点10个，计划投入资金2336.08万元，其中上级补助1870万元，本级自筹466.08万元。截至年底，项目处于前期设计阶段。

【基层基础设施建设】 为改善城乡基础设施服务条件，满足干部群众的生活需要，经县发改委审批由住建局负责实施完成318国道南侧停车场维修，完成金陵路、南京西路街道改造、金陵路桥梁改造、嘎则新区办公区、道路维修改造，共由本级城市维护费投入资金32.71万元；投入资金106.4万元实施完成县城4间公共卫生间修建工程；投入资金81.65万元实施扎雪乡食堂修建工程；实施完成巴日卡村委会、贴尔朗村委会附属工程，共计投入资金90.87万元。

【城镇住房救助政策落实情况】 2015年，为进一步建立和完善墨竹工卡县城镇租房保障体系，结合县内实际实施首批公租房房屋配租工作，并制定出台《墨竹工卡县公共租赁住房房屋配租方案》，房源54套，套间面积40平方米，极大解决了进城务工人员、城镇中低收入家庭、新增就业人员住房需求。同时，墨竹工卡县符合租赁住房补贴廉租房条件的共有69户，170人。其中实物配租36户，121人，租赁住房补贴33户，49人，发放住房租赁补贴143820元。

【房改工作】 狠抓任务落实，提高工作业绩。鉴于房屋产权登记工作法律规定和程序繁多的现状，2015年对房屋产权登记工作进行调整，使之更务实、合理，更具有可操作性，其中包括：受理、审核、办证等程序；并在进入行政审批办证大厅以后，依据规定和有关程序，结合实际情况，对较纷繁的程序和手续进行了认真的简化，使各项业务更加流畅。2015年度房产管理工作房屋各类登记，共计核发房屋所有权属证书23件，房屋他项权证登记30件。

【建筑市场监管】 年内，住建局上下坚持“百年大计、质量第一”的工作原则，层层落实工程质量安全的管理制度。严格按照《建筑工程安全生产管理条例》《建筑工程质量管理条例》及《建筑工程施工转包违法分包等违法行为认定查处管理办法（试行）》等规定执行，对每项工程进行专人跟踪管理，做好施工中的每个分项工程的检查验收记录，对不符合质量要求的不验收，不签字，直到合格，坚决实行质量否决制并严格督促责任主体行为，严把了建设工程的质量关；针对工程招投标工作中的不足，协同县有关部门、领导，研究、查找工作中的遗漏，完善招标文件和程序，健全管理制度和办法，制定出《墨竹工卡县农牧民施工队管理办法》《墨竹工卡县招投标实施方案》等；强化工程质量安全管理，对全县在建工程的脚手架搭设、起重机械设备使用、施工现场用电、安全资料完善、施工安全人员培训等方面进行了规范化管理。年内，全县未发生一起建设工程质量安全事故。

【城市管理】 坚持“以人为本，执政为民”的理念，以创建文明墨竹，创建良好的发展环境为目标，以环境卫生、城貌整洁为重点，建立“以集中整治与经常化管理相结合，以常态化管理为主”的长效管理工作机制，形成“全民动员、人人参与”的浓厚氛围。并把村镇建设管理列入文明建设和年度村镇建设考核目标任务来抓，组织协调乡镇对集镇区域内乱搭乱建、乱堆乱放、乱倒垃圾、乱贴乱画等行为进行清理整治，彻底改变“脏、乱、差”面貌，所有村庄建有垃圾池、垃圾筒，有力地改善了农民群众的生产、生活条件。创新管理体制，建立健全乡村建设管理机构，有绿化、路灯和环卫等管理服务机构，做到有专人管理。

（张　浩）

【领导名录】

局　长　索朗扎布

副局长　旦增罗布

墨竹工卡县环境保护局

【概况】 年内，环保局紧密结合生态保护与经济社会发展关系，作为全区矿业大县，更加注重环境保护与矿业发展的关系，不断在矿产开发中突出环保先行，坚持在保护中开发、在开发中保护的工作方针，全面完成了各项工作任务，顺利通过2015年自治区环境保护考核验收。

【开展城乡环境基础建设】 年内，全面加大对全县环境综合整治力度，增加了资金和人员投入，积极实施城乡美化、亮化、绿化工程，先后组织人员对县城318国道沿线及重点旅游景区等重点区域进行环境综合整治。年内，集中清扫活动共11次，出动车辆151台次，清理垃圾9600余吨，加大了各乡镇村容村貌整治工作，结合各村自然风貌和自然环境，着重实施村庄硬化、绿化、亮化、净化和美化工程，为创建生态墨竹奠定了基础。

【建设项目环评】 根据新实施的环保法，强化建设项目环境影响评价管理。年内，申报107个项目，环评执行率达到100%，加强了环境审批后续监管检查工作，督促企业严格落实环境“三同时”制度。

【饮用水水源地保护】 以全县饮水安全和防止流域水体污染为重点，进一步推广农村饮用水保护工程试点项目，对全县共171个集中饮用水源点中选出20个点进行保护工程项目试点，共投入资金200余万元，按照自治区农村饮用水源考核办法，每季度一次对农村饮用水进行检测。

【矿山环境监察】 加大矿山环境监管工作，县委、县政府结合墨竹实际，探索形成“政府统筹协调，县级领导联系企业、环保部门强化监管、相关部门协调配合、群众广泛参与”的环境保护联动工作机制，守牢生态保护底线，本着“谁污染、谁治理，谁破坏、谁恢复”的原则，加大生态保证金收缴力度，截至年底，累计收缴生态保证金783.532万元。

【环保执法】 认真开展环保执法检查，强化执法监督，对县域内各企业进行了定期不定期的环保执法大检查，突出抓好环境日常监督检查、隐患排查整治工作，进一步完善突发性环境应急救援预案体系，全年共出动执法人员共300余人次，检查非煤矿山及县域企业57余次，下达整改通知书45份，有效维护人民群众环保权益。

【生态创建】 2015年，县财政安排1000万元用于生态创建工作专项经费，采购环卫设备共计投入资金451.11万元，极大完善了墨竹工卡县环卫硬件设施，为自治区级生态县、生态乡、生态村的创建奠定了坚实的基础；组建乡（镇）环卫队伍110人，负责对各乡（镇）生活垃圾的清扫和收集，县、乡、村同时投入环卫资金，及时配套完善各项环卫基础设施建设，全面推行“户集、村收、乡（镇）转运、县处理”的农村生活垃圾处理模式，建立城乡一体化垃圾处理体系。

【拉林高等级公路工程环境保护监管】 落实旁站式管理职责，按照《拉林高等级公路墨竹工卡段环境保护目标责任书》内容，每天对拉林工程进行全程监督，积极配合上级有关部门做好“拉林”公路的“旁站式”环境保护监督工作，重点做好米拉山隧道工程环境保护工作，严格督促施工方按照环评要求进行施工，截至年底，在墨竹工卡县域内未出现由施工而引起的环境污染问题。

【排污费征收】 根据区、市相关文件精神，结合《墨竹工卡县环境保护局排污收费征收实施方案》，采取相关措施，2015年依法征收排污费19800元。

【巩固“禁白”】 对全县巩固“禁白”成果工作统一监督管理，联合相关职能部门开展了联合执法检查，全年共组织开展了5次联合执法检查，畅通了“6132930”环保举报电话，收回白色塑料袋2万余条。

（格桑曲珍）

【领导名录】

局　长　扎西次仁（10月免）

副局长　旦增贡彭（5月免）

　　　　普布次仁（10月任）

墨竹工卡县国土资源规划局

【概况】 年内，按照年初确定的工作思路和各项目标任务，实行最严格的土地管理制度，扎实开展建设和谐矿区活动，进一步加大执法监察力度，全面推进机关作风与效能建设，圆满完成了各项工作任务，充分发挥了国土资源在全县经济社会发展中的保障作用。

【落实耕地保护】 为确保耕地数量不减少，严格落实耕地保护责任。拉萨市下达墨竹工卡县的2014年耕地保有量目标任务为158470亩，基本农田保有量为148230亩。按照该指标，将任务分解到各乡镇，及时以县政府名义与各乡镇签订耕地保护目标责任书。严格执行先补后站。凡新增项目，用地单位不履行耕地补充责任的不予上报审批。建立和维修保护标志。年内，对4处损毁的基本农田保护标志牌进行了维修，并且将新建基本农田保护标志牌发到各行政村。严格选址。凡不符合规划的项目用地，一律不予批准。

【完成2015年土地矿产卫片执法检查】 2015年1月，国土局工作人员分2组，利用1周时间，同野外测量专业队员对2015年度土地卫片检查264个疑似违法图斑进行实地变更登记。经实地变更，从原来的264个图斑变更减少至155个图斑。为确保卫片执法检查整改工作到位，副局长亲自负责，通过踏勘现场核实、判别、分类、定性疑似违法图斑，并一一网上上报信息。截至年底，正等待上级业务部门审批，待通过审批将逐一进行整改。

【土地挂牌出让】 2015年，国土局通过挂牌登报形式，已出让10宗商业用地。出让宗地总面积为6933.39平方米（合计10.4亩），按照嘎则新区商业用地基准价426元/平方米计算，总出让价为295.36万元。截至年底，正在签订土地出让协议，待签订完毕后国土局将土地出让金足额上缴至县财政。

【开展农村宅基地确权登记办证】 按照《墨竹工卡县农村宅基地确权登记发证工作实施方案》先后完成了农村宅基地权属调查、农村村庄地籍调查、农村宅基地权属审核确认、农村宅基地确权登记等各项工作。截至年底，墨竹工卡县农村宅基地调查测量总面积为2.745万亩，测量宗地数7196宗，登记确权数量为7196宗，确权率100%；为扎西岗乡7个行政村颁证完毕，颁证数为1165本，颁证率为16%。同时，为确保集体土地使用证能够在广大群众当中发挥最大效益，工作人员使用藏汉两种文字进行了打印颁证。

【开展地质灾害排查】 根据县委、县政府及上级业务部门要求，自2015年3月31日至4月3日，专门由政府副县长周承杰牵头，县国土、安监、环保、消防、治安等相关部门组成联合检查组，在全县范围内西藏华泰龙矿业开发有限公司、西藏巨龙铜业有限公司、西藏天仁矿业有限公司、西藏金和矿业有限公司、墨竹工卡县元泽选矿有限公司、西藏中凯矿业股份有限公司、西藏霞钰矿业开发有限公司等矿山企业开展了一次安全生产大检查。联合检查组全面检查各矿山企业的安全生产管理和隐患排查、炸药库的管理的使用情况、露天矿山采场和排土场边坡安全情况、尾矿库安全等情况现场提出存在的问题并要求其先自纠自查整改，后再次组织联合检查组进行验收。

经检查，此次联合检查共发现12处涉及地质灾害需整改内容，针对地质灾害安全隐患，国土局现场排查的同时专门编制并向各矿山企业发放了《墨竹工卡县地质灾害隐患点登记表》和《墨竹工卡县地质灾害风险隐患排查整改情况登记表》，要求企业根据各自实际情况整改汇总后提交至国土局。通过企业整改，截至年底，基本所有地质灾害安全隐患整改到位。确保了全年地质灾害零发生。

【矿山企业复工检查验收】 为认真贯彻落实区、市和谐矿区建设工作的要求，使矿山企业顺利开工生产，自2015年4月至10日，县国土、安监、环保、林业、消防、治安等涉矿部门对矿山企业进行了全面严格的检查，对不符合要求的企业责令限期整改，整改完毕后，涉矿部门反复检查验收，直至达到要求后方才准予企业进点开工生产。

【全市率先实现国有建设用地使用权拍卖】 8月26日，国土局委托西藏圣光拍卖公司，对一宗国有建设用地使用权进行了拍卖。该宗地面积590平方米，拍卖起价为28万元。县内外10名竞买单人经过33轮激烈竞价，最终以144万元成交价，为本次土地拍卖画上了圆满句号。此次土地拍卖会在全市七县里尚属首例按正规程序拍卖国有土地使用权，在全市开启了土地拍卖先河。

【加大矿产资源监管力度】 对西藏华泰龙公司、西藏巨龙公司、西藏天仁公司等三大矿区采选工程项目未批先建的违法行为，国土局对以上公司分别处以25万元、50万元、100万元的行政处罚，并将全部罚没款上缴至国库，截至年底，以上项目正在补办相关用地手续。

【兑现甲玛乡孜孜荣村搬迁群众各项补偿】 为认真落实搬迁协议内容，及时足额兑现搬迁群众各项生产生活补偿，2015年7月8日，县国土局联合甲玛乡政府专门安排工作人员，顺利发放了西藏巨龙铜业有限公司驱龙矿区2015年度甲玛乡孜孜荣村搬迁群众各项补偿。

据精确计算，此次发放各项补偿资金共计20033799.74元整。其中，包括草场补偿、耕地补偿、生活生产补偿、农村合作医疗保险费、燃料补贴、新型农村养老保险费等各项民生项目。按照统计，2015年甲玛乡孜孜荣村实行分户后现有户数为267户、人口为1092人，年户均75032.96元、年人均18345.97元。

【专项开展非法买卖和占用集体土地整治】 为严厉打击和查处非法买卖和占用土地行为，进一步规范土地市场秩序，由县国土资源规划局牵头，县公、检、司、法，发改委，住建局，信访局等相关部门组成的墨竹工卡县非法买卖和占用农村集体土地专项整治工作领导小组成员联合甲玛乡政府，对甲玛乡部分群众非法买卖和占用集体土地及未批先建违法行为进行了专项清理整治。

根据拉萨市相关文件精神，为确保此次专项整治工作取得实效，根据“三个是否”和“三个办法”为判断依据，此次甲玛乡境内共涉及违法用地疑似案件28起，其中3起疑似案件涉及用地面积较大，群众意见较多，社会影响较广。根据摸底调查和现场了解，并通过甲玛乡政府进一步做通思想工作，确定以土旦扎西（阿列）为和索朗群培以及朵多3人为突破口，自2015年11月3日开始采取“各个击破”措施，分别进行了单独谈话。由于前期宣传教育工作扎实有效，且处置措施公平公正、依法依规，因此得到了违法者的认可和理解，并表示愿意按照对县委、县政府处置决定予以处置。

下一步，凭借甲玛乡专项治清理经验，面向全县各乡镇深入开展非法买卖和占用农村集体土地专项整治工作，为进一步规范墨竹工卡县土地市场秩序，促进墨竹工卡县经济发展和社会和谐稳定做出积极贡献。

（嘎玛群培）

【领导名录】

局 长 次 达

副局长 尼玛央金

交通·通信

交通·通信

墨竹工卡县交通工作

【概况】 年内，坚持以科学发展统领工作全局，抓新建，抓养护，强化宣传，圆满完成任务，为经济社会跨越式发展奠定了坚实基础。

【县域交通】 全县辖7个乡1个镇40个行政村，198个自然村，公路总里程900.253公里，其中国省道208.5公里，县、乡、村道路648.324公里，专用道路43.427公里，行政村通畅率达到87.5%，自然村通达率100%；全县宗教场所36座，通畅16座，通达20座，通达率44%，通畅率55%。

【交通基础建设】 组织实施2015年交通基础设施项目39个，总投资1.44亿元，新增道路里程71.073公里，改造提升77.03公里，新增独立桥15座/137延米；编制上报《“十三五”交通项目规划》，计划实施项目115个，规划投资14.19亿元；组织开展嘎则新区客运站前期工作，完成项目选址、方案设计，并已上报财政厅申请建设资金；这些项目的实施，极大地改善了墨竹工卡县农牧区交通运输环境，有效解决了群众出行难的问题。

【强化道路日常养护】 按照谁受益，谁养护的原则结合养护承包责任制，强化组织领导，强化宣传引导，强化队伍建设，强化资金统筹，全面完成了县乡道路养护工作。

【强化交通安全管理】 强化宣传引导，强化隐患排查整治，完成全县44条公路安全生命防护工程现状和需求排查、汇总、上报工作，排查道路650余公里，造册登记道路水泥护栏7320米，标示标牌150块、桥梁32座，通过排查发现尼江、唐加乡两座桥涵破损，已统筹解决资金5.8万元予以重建，并投入23万元安装标示标牌109块。

（索　珍）

林芝公路分局墨竹工卡公路养护段

【年度综述】 年内，墨竹工卡公路养护段结合自身公路现状，克服公路严重老化、病害增多、交通流量和大吨位车辆与日俱增，养护难度大的实际困难，本着“治早治小、及时主动”“预防为主、防治结合”的原则，为确保路况稳定，采取继续坚持以路面养护为中心、预防性养护为主。各项工作开展的扎实而富有成效，较好地完成了全年的工作任务。

【养护生产完成】 全年墨竹工卡公路养护段主要针对路面出现的坑槽、龟裂、沉陷、桥涵跳车等各种病害进行持续补坑，国道318线共计补坑：21200.99平方米、清理泥石流339.84立方米、修复波形护栏420米、刷漆6945.36平方米、备路肩11立方米、铺路肩39228平方米、清理零星塌方3684.5立方米、更换涵洞盖板30块、整修路肩216119平方米、清扫路面6782001平方米。

重点对国道349、561路面进行修补工作，2015年，分别5次在抽调精干人员对国道349、561进场养护，每次养护时间为30多天，共计修补路面63580平方米、清理泥石流8352.7立方米、清理边沟198公里。

为提升养护段路容路貌，全年集中开展了全线刷漆亮化活动，确保沿线路容路貌焕然一新，共计刷漆9945.36平方米。

【路政管理】 坚持“依法行政、严格执法、热情服务”的工作原则，加大执法力度。以建设安全畅通公路为目标，狠抓路政队伍建设，规范管理，大搞宣传教育，加强上路巡查。全年路政案件9起、破案9起、结案9起、破案率100%、结案率100%、收取赔补偿费共17816元、办理大件通行证152张、收取公路损坏补偿费5523元、校正沿线标志牌93块。

【安全生产】 近年来，墨竹工卡公路养护段的安全生产工作，始终贯彻“安全第一，预防为主”的方针，牢固树立安全责任重于泰山的意识，重点在于落实，为做好养护段安全生产工作，全年完成工作如下：制定了切实可行的安全生产实施方案，并与各工区签订《墨竹工卡公路养护段安全生产责任书》《墨竹工卡公路养护段社会治安综合治理目标管理责任书》，与段机关商品房商户签订《安全目标责任书》并签订了责任状。

墨竹工卡公路养护段重点加强工区工作人员的安全防范意识，特别是在养护补员上岗前加强养护培训，要求在作业时必须身着统一橘色标志服，设置明显的公路抢险保通标志，落实好安全防范措施，杜绝安全事故的发生。

【党建工作】 墨竹工卡公路养护段全体职工在段党支部的正确领导下，经常性的在段部以集体和自学的方式开展各种党的各项方针政策和法律法规、党章、党史的学习，有效提高了养护段各工区和职工的整体素质。切实加强党员干部和职工群众的政治思想教育，建立健全学习制度，以推进党组织自身建设为着力点，不断吸收政治过硬、工作成绩突出的职工充实党员队伍。

特别是开始学习“三严三实”“两路精神”等一系列活动以来，墨竹工卡公路养护段党支部高度重视、领导有力、行动迅速特制定活动方案，制作学习材料22份、各种宣传栏19期、组织56名党员观看警示片、组织党员干部学习23次、组织党小组学习20次、组织专题学习会47次、专题讨论会5次、上交讨论稿32份、心得体会33份。

【党风廉政建设】 墨竹工卡公路养护段在林芝分局党委的正确领导下，为了深入扎实的推进党风廉政建设，围绕养护生产管理和稳定大局，深入学习十八大以来党的各项方针政策，为了保持清正廉洁、防止腐败、结合墨竹工卡公路养护段实际，建立《墨竹工卡公路养护段党风廉政建设措施》《党风廉政考核办法》，并认真总结每年实施党风廉政建设责任制的具体情况，探索完善实施责任制的方法，查找党风廉政建设责任制落实过程中存在的突出问题和薄弱环节，采取切实有效措施加以解决，提高党风廉政建设责任制的整体效果，总结经验，查找差距，完善措施，确保了养护段党风廉政建设任务落到实处。

【维护稳定】 墨竹工卡公路养护段夯实斗争基础，把反分裂斗争作为第一要务，充分认识维护稳定工作的极端重要性和紧迫性，强化责任意识，把维稳工作放在更加突出的位置，从更高起点、更高层次、更高水平上思考、谋划和推进稳定工作。2015年，严格执行24小时值班制度和领导带班制度。截至年底，全段干部职工及家属思想稳定、政治立场坚定。墨竹工卡公路养护段全年严格执行24小时值班制度和领导带班制度，对重点路段和桥梁安排守护人员，确保了管辖路段的常年安全畅通。

（索朗拉珍）

【领导名录】

党支部书记
达瓦次仁
段　长　阿　旺
副段长　西洛次仁

墨竹工卡县电信局

【年度综述】 墨竹工卡县电信局成立以来一直以“用户至上、用心服务”为服务理念，深入落实科学发展观，坚定不移地全面落实企业转型战略，坚持发展第一要务和稳定第一责任，努力提升企业核心竞争力和价值创造力，完善服务机制，加快网络提速，做精做细，做实做透，实现了企业持续健康发展，发挥了企业在信息化建设中的主力军作用。

【项目建设】 年内，全力启动“信息化项目”的建设，深入推进光进铜退“宽带领先行动、即销即装”进一步提升工作效能，县城光网覆盖率100%，全面享受20M/100M高品质网络的优质服务，县城跨入真正意义上的光时代。有效落实新县城的整体搬迁工作，墨竹工卡县政府修建经三路的同时投资58万元修建地下通信管道，设立光交布放光缆。2015年，实现了墨竹工卡县40个行政村“村村通宽带”工程的基础上开通了40个行政村的综治网业务，提升了政法系统的工作效率，全面提升了村级单位的支撑和维护能力。

【抢险保通】 狠抓通信抢险保通工作，通信应急能力全面提升。通信线路始终将应急抢险工作贯穿于整个通信管理工作，按照提前预防，提前整治的原则，完善通信应急预案和各种规章制度，成立通信应急保障小组，配备应急设施（车辆、小型发电机、卫星电话、便携式UPS），设立抢险机制，定期巡线，易发生险情的地段特别是修建高速公路的施工方重点巡防，采取通信设施保护的宣传和不同的措施，确保二级干线和重要单位的通信保障。

【企业发展】 为改善墨竹工卡县农牧区通信条件，加快农牧区全面建设小康社会步伐，年内，根据电信拉萨分公司的天翼惠农政策宣贯到行政村、自然村、办理了村级天翼用户1435部，全县755名双联户用户享受了优惠购机政策，开通了微信平台“幸福家园”，同时安装了藏文版“幸福家园”APP通讯录，让广大农牧民享受优质的通信服务。

（琼达次仁）

【领导名录】

局　长　白玛伦珠

副局长　琼达次仁

墨竹工卡县邮政局

【概况】 年内，墨竹工卡县邮政局认真贯彻市邮政局各项工作部署，坚持围绕中心、强化核心、凝聚人心的工作思路，不断深化改革，加强基础管理，锐意创新经营，提升服务能力，经过全体干部职工的团结拼搏，企业效益与运行质量明显提升。2015年通过全局干部职工的共同努力，克服各种困难和不利因素，圆满地完成各项目标任务。并取得了一定的成效。全年实现业务收入146.28万元，完成年度预算的107.56%，同比2014年同期增长87.82%。

【企业发展】 为进一步深化和完善劳动分配制度，加强和规范企业管理，充分调动员工积极性、主动性，创造性、开拓性，建立有效的绩效激励机制，有效提升企业经营管理水平和改革发展的意识和能力。切实做好普遍服务工作是党和政府赋予邮政的政治使命，是关乎党和政府形象，社会稳定的政治工程。邮政局除承担县城区域的投递服务工作外，还承担墨竹工卡县各乡镇、各学校、寺庙、企事业单位等机构的投递服务工作。全县乡邮投递服务工作灌盖7乡、1镇、40个行政村、48座寺庙、年服务行程达8万多公里。乡镇通邮率达100%，村村通邮率达90%以上，最大限度地满足了偏远山区邮政通信的需求，为墨竹工卡县经济发展和农牧区文化建设做出了贡献。

【最美乡邮员】 邮政局是进一步加大了乡邮工作力度，不断提高管理水平和服务质量，以高度的政治责任感，延伸服务深度、全体员工把认真做好邮政普遍服务作为已任，投入到乡邮管理工作中，在巩固乡邮成果的同时，不断提高乡邮通信的覆盖率，确保乡邮工作的畅通。

邮政始终站在“讲政治、讲大局”的高度上，以对党和国家高度负责的精神，着眼于“服务三农”忠实履行普通服务，全力以赴做好党报党刊的投递工作，全年共投递党报党刊200多万份。确保了邮政普通服务不降低，水平不缩水。其次就是结合实际拓展农牧区邮政业务，加大乡邮通信安全工作管理力度，确保邮政通信安全工作的正常运转。正因为乡邮投递队伍这种乐于奉献，始终把搞好普遍服务工作作为已任的精神，赢得当地政府、企事业单位和广大农牧民的赞誉，同时对乡邮服务工作也予以了肯定好评，因为真情服务，在上年9月26日扎西多吉，主题“要对得起这身邮政绿”登载“一人‘邮’走10年，奔走山间的信使”，报道了墨竹邮政人真情服务的平凡事迹，不断塑造着全心全意为人民服务的邮政形象。邮政以“青年文明号”创建活动为主要方式，不断改善服务支撑。较好地满足了日益增长的多层次、多元化、个性化需要；在文化大发展背景下，把“创先争优强基惠民生”作为农牧区乡邮工作的重点之一，为做好“创先争优强基惠民生”工作队的邮政服务工作，为此召开专题会议，会上希望各辖区投递服务人员要站在讲政治的高度，切实强化投递服务质量，全力满足驻村工作队的用邮需求，树立良好的邮政企业形象。并做到监督检查必须到位、投递服务标准必须到位、宣传力度必须到位。通过走访基本掌握了各驻村工作队的基本信息，大力宣传邮政服务内容和服务标准。其次通过深入了解和宣传党报党刊征订工作和用邮需求，得到较好的落实。

【管理工作】 狠抓安全生产，维护稳定秩序，年初签订《安全工作目标管理责任书》《消防安全责任书》，制定《车辆管理办法》，与乡邮员签订《乡邮汽车及摩托车安全管理责任书》等与安全生产息息相关的管理办法和制度，将安全生产指标考核纳入部门绩效考核中。并每月实行定期组织安全生产检查，使安全生产工作制度化、规范化。确保了邮政通信生产安全，维护了社会稳定秩序。

将一如既往地紧紧围绕市局的经营指导思想开展工作，严格落实各项经营决策，以企业发展为中心，在市局和县委、县政府的坚强领导下，求真务实、真抓实干、开拓创新，加大基础管理工作力度，扎实完成全年的各项工作任务。

（格桑贡嘎）

【领导名录】

局 长 格桑贡嘎

墨竹工卡县移动分公司

【概况】 墨竹工卡县移动营业网点设立于2004年，2007年6月墨竹县移动分公司正式成立。自成立以来始终秉承“正德厚生 臻于至善”的企业核心价值观，以“有价值、可持续”为经营理念，努力以“客户为根、服务为本”为职业操守服务墨竹县各族人民群众。全体员工自力更生、积极进取。在公司上下各级班子的正确领导下成功实现机构调整，网格划分，TD覆盖。用户规模从公司成立之初的4854户增长到现在当前的2.1万户，运营收入呈逐年上升趋势，8县公司中内部贡献占比为17.75%，已成为区域市场最有实力和最有竞争力的通信运营商。

墨竹工卡县分公司现有在岗员工8人，驾驶员1人，乡镇区域经理8人，解决当地就业人员10人占总员工人数的62%。墨竹工卡县分公司现有自办厅一个，合作营业厅三个。各级渠道代理店30余家，其中10家为空厅代理。2009年率先突破千万并获得省公司嘉奖。截至年底，全县共有基站40个，覆盖8个乡镇，37个行政村，网络覆盖率为95%.服务日多乡、扎西岗乡、甲玛乡、唐加乡、尼玛江热乡、扎雪乡、门巴乡，共七乡一镇的客户。

【市场经营规模逐见成效】 墨竹工卡县移动公司主动开拓市场资源，不断提高人员营销水平，全年累计新增客户3300户，客户总量2.1万余户，新业务使用客户数累计达15663户。其中彩铃业务普及率达78.76%.新业务收入比重达到30.97%，成为运营收入增长的主要方向。新增客户市场占有率为71.68%，期末客户市场占有率为71.10%，市场主导地位得以巩固。持续推进品牌整合，着力提升品牌影响力和竞争力，“全球通”高端品牌形象和价值不断提高，“神州行”和“动感地带”品牌市场带动作用逐渐增强。不断加快渠道建设，认真兑现服务承诺，积极改进渠道管理，核心社会渠道控制力和价值贡献不断提高。进一步加大集团客户市场开发力度，从单一产品植入到综合的信息化解决方案，实现集团客户的“无缝”服务打造有效的商业“价值链”促进双赢。积极宣传推广移动智能终端，实现“七乡一镇”全面展示，有效发挥综合捆绑和黏性作用。

【员工综合素质全面提升】 通信行业作为窗口，

作为服务行业，每一位员工对外展现的一言一行都代表着公司整体形象，因此墨竹县分公司在拉萨分公司各职能部门的有力支撑下定时或不定时的对营业人员、集团客户经理、渠道管理人员进行业务知识、服务技能、营销方法等方面的培训极大地增强了员工对自身以及企业可持续的关注度，激发了员工们的学习热情。2015年1月—12月成功营销1万四千笔。打造了一支业务技能过硬、综合素质较高的员工队伍。

【班组建设呈现和谐氛围】 墨竹县分公司“318”班组成立于2012年年初，共有成员8人。本着“开心工作、快乐生活”的一帮平均年龄只有27岁的年轻团队通过内容丰富、形式多样班组技术知识交流活动，分享工作经验，其心协力，共同解决工作难题。贯彻执行向“双标”学习，班组成员扶贫解忧多次为公司内部困难职工捐款、捐物。生产之余班组成员与友好单位的班组进行交流座谈活动、积极参加县政府组织地各项体育运动和联谊活动。营造良好的班组氛围及社会口碑。在各员工们的共同努力下2013年前二季度的劳动竞赛中获得第一名的好成绩。

墨竹工卡县移动分公司全体员工在拉萨分公司的正确领导下，将以前所未有的激情与豪迈，自力更生，积极进取坚决完成各项工作任务。持续为公司、为墨竹创造更大的价值。

（景淑娜）

【领导名录】

经　理　景淑娜

联通墨竹工卡县营业部

【概况】 墨竹工卡县营业部建于2010年3月，现有自办厅1个、合作厅1个、员工5人。年内，墨竹工卡县营业部全体员工一如既往地在拉萨分公司的直接领导下，坚持以发展为中心，积极应对困难和挑战，采取有力措施，加快业务发展步伐；努力抓好集团营销与服务，做好行业信息化和新业务推广，尽可能地提高经营效益；抓好精细化管理，做到管理到位、责任分明；认真搞好服务管理与考核，根据实际情况完善、细化管理办法，制定合理的鼓励措施，改善服务短板，确保服务质量的稳步上升，提高了客户满意度。

【产品营销活动】 墨竹工卡县营业部在拉萨分公司的领导下结合季度业务发展主打产品及重点指标的改善，提升用户规模，鼓励经营单元全面开展促销活动，充分抓住节日营销契机，以指标改善为抓手，促进规模发展与效益提升，实现产品客户规模增长和社会渠道快速拓展的双丰收。年内，营业部共完成主营收入201.06万元。

【实名制工作】 墨竹工卡县营业部严格按照《中国联通西藏分公司客户资料管理实施细则》要求，在办理用户入网时坚持对用户的有效证件通过拍照、扫描、复印等方式，并对用户个人电子信息进行留存，同时对用户资料的真实性、一致性进行核实。对于用户资料不全、不真实等情况严禁办理入网业务，努力做到无差错、人证匹配。

【渠道建设情况】 墨竹工卡县营业部工作在省公司的政策指导下，在分公司领导全局统筹、周密规划及各经营部全力推行下，充分利用渠道补贴成本建设，渠道工作取得了可喜的成绩：渠道数量显著增加，年初原有社会渠道5家，2015年新建渠道9家，社会渠道数量提升90%。

【宽带受理情况】 网络公司自7月份无条件预受理岗运行以来，固网装机竣工率均维持在85%以上，全年竣工率平均为85.82%；修障及时率平均达到85.11%；装拆移满意度都为100%，较好地完成了集团下达的任务指标。

【网络建设】 按照公司2014年—2016年的网络滚动规划，对墨竹工卡县，设计院会同负责人进行网络规划，移动基站、宽带业务和新城区县乡道路等专业现场摸底，2015年通过上门走访和洽谈新签订移动基站合同9个，为2016年网络建设提供翔实的资料。

【网络覆盖及问题】 墨竹工卡县共有7乡1镇，截至年底，墨竹工卡县联通网络共覆盖5乡1镇；其中3个乡的网络只是沿318国道覆盖，离国道较远的村落属于弱覆盖；距离县城20公里处的扎西岗乡基站由于市电原因经常断站，蓄电池老化无法工作；代维公司不愿发电，致使基站长期没有信号，已申请多次更换蓄电池，至今未得到解决。

【继续开展移动业务和固网业务】 年初，营业部将利用春节藏历新年开展合约终端营销，以299、399合约终端营销为契机，开展新入网存费、存费送业务等活动，提升3G入网量。4月，外地务工人员陆续进藏后，营业部将组成直销团队前往拉林公路沿线销售2G预开通卡。2016年，业务增长主要通过发展公路沿线施工人员用户为主，营业部将及时和公棚领班人员取得联系，发展集团客户。同时，营业部将结合中高端用户市场发展薄弱的实际，联合代理商挖掘潜在的中高端客户，充分利用代理商的关系网，与代理商一同发展中高端客户，力争发展一部分中高端用户，以此来提升用户质量，为2016年的收入增加起到推动作用。2016年，开展2G/3G向4G迁移，了解用户需求满足用户的需求，从而提高业务增长点；发展的同时一定要做好边发展边维系。固网发展，由于前期ONU设备数量较少，固网发展较弱。2015年，市分公司会加大县域固网资源建设，通过对之前有人无资源，有资源无人的情况进行相应的优化，使得优化后的资源能够得到充分利用，营业部将以此为契机，通过直销人员的努力大力发展固网业务。

【加强渠道建设】 代理渠道作为进入市场的“入场券”，作为“销售经理”，作为商业合作伙伴，在公司的发展中起着至关重要的作用。年内，营业部一直把渠道建设作为拓展市场的首要目标，拟定2016年渠道发展计划以及完善的《渠道考核细则》，重点通过广开渠道、扶持代理商，力争公司2016年的用户发展较上年有所提高。同时要加快缴费点建设工作，代理缴费作为渠道的补充，不仅在乡村市场能发挥巨大作用，在单位、工地、乡镇等集团客户发展中也能有效地发挥作用。将尽快帮助这些代理商发展起来，在销量不好的渠道上加强建设，将提高渠道质量作为营业部2015年渠道发展的首要目标。

【做好营业管理】 将加强对营业员的全面管理。进一步梳理和优化工作流程，科学分工，强化服务意识，提升服务质量。对营业员现有分工进一步细化，视工作需要，合理安排工作任务。要求营业员学好业务知识，提高业务推广能力，提高工作效率和质量。将加强财务管理，开源节流，以最小的支出换取最大的收益。

（色　珍）

【领导名录】

经　理　白立成

金 融

金 融

中国农业银行墨竹工卡县支行

【概况】 中国农业银行墨竹工卡县支行位于拉萨市墨竹工卡县工卡镇14号成立于1995年7月1日，于2009年10月与全国农行一道成功上市，更名为中国农业银行股份有限公司墨竹工卡县支行。服务面为县城及7个乡1个镇40个行政村，是唯一在乡镇上有网点的金融机构，截至年底，所辖1个县支行7个营业所，全辖现有人员41人，其中管理员10人，业务人员28人、后勤人员3人，根据业务性质分设有会计、出纳、信贷、联行代理国库业务等，主要经营存款、贷款结算及代理人行、农发行业务。

【业务辐射范围】 中国农业银行网点遍布中国城乡，成为国内网点最多，业务辐射范围最广的大型现代化股份商业银行，业务由最初的农业信贷、结算业务，发展为品种齐全，本外币结合，能够办理国际、国内通行的各类金融业务。主要包括：存款服务、综合业务、外汇理财、人民币理财、代客境外理财、银行卡、汇款及外汇结算保管箱租赁缴费服务、代发薪服务、出国金融服务、电子银行服务、私人银行、融资业务、国内支付结算、国际结算、基金相关业、企业理财服务、金融机机构服务。

【“三农”服务】 年内，墨竹支行在县委、县政府、营业部党委的正确领导下，通过全体员工的共同努力，业务取得新的拓展，各项业务经营稳步健康发展，信贷资产质量明显提升，内控管理水平进一步提升，特别是作为县域支行在“三农”服务和支持当地经济发展工作方面取得良好成效，并确保实现安全运营。

【经济发展】 截至年底，墨竹支行各项存款余额为88794万元，其中对公存款余额为65387万元，比上年末增加15984万元；储蓄存款余额为23407万元，比上年末增加2426万元。

各项贷款余额为126150万元，1至12月累计发放贷款31312万元，贷款余额比上年末净增11967万元。

其中涉农贷款余额为52266万元，涉农贷款占比为41.43%，比上年末增加10748万元；公司贷款余额67386万元，个人贷款余额为6497万元，比上年末增加887万元；截季12月末支行不良贷款余额为0万元，本年无一笔新增不良贷款，超额完成上级行下达的绝对额控制目标。截至年底，墨竹所辖所有乡村均已被评定为信用乡、信用村。累计颁发贷款证10985户，颁证面达100%，使用率达99.73%，其中，金卡5079张、银卡3953张、铜卡1433张，钻石卡538张（一星178户、二星224户、三星136户），截至年底，扶贫贷款余额为48240万元，通过给能人贷款带动农牧户残疾人、贫困户，通过与钻石卡户签订帮扶协议（执行扶贫利率）每年帮扶贫困户。截至年底，已办理惠农卡3800张，各项指标均得以圆满或超额完成。

【“三农”业务发展】 按照全国农行工作会议和区、市两级行长年初会议的安排部署，墨竹支行始终坚定不移地深化“三农”工作。不断提高金融服务水平，努力为农牧民提供普惠制、广覆盖、多功能、可持续的金融服务，通过与钻石卡户签订帮扶协议（执行扶贫利率）每年带动和帮扶本县贫困户，作为县域支行上下切实树立面向“三农”服务城乡的经营理念。

在具体工作中墨竹支行通过开展，思想教育、提高员工道德及思想高度、引导员工将服务“三农”引导员工带着感情、带着爱心、带着诚心为农牧民服务，积极依托“四卡”，有效增加对农牧业、农牧民的有效信贷资金投入，通过对所有乡村开展常态化的流动服务，向农牧民宣讲普及金融政策和信贷产品知识，大额资金兑现时为农牧民提供上门服务业务，同时，对广大农牧民开展诚信教育，有力提升本县农牧民整体信用环境；通过加强与县各级政府的沟通联系，积极争取党政部门的理解与支持，因此银政、银企关系非常融洽，实现共赢，墨竹支行在贷款投向上积极为符合农行信贷相关管理办法规定，符合准入条件的农牧户发放农、林、牧业以及建筑、运输、批发、特色产品、民族手工业等贷款，满足其有效金融需求。

通过强化“三农”金融服务及管理，提高风险管控水平，不断提升本行“三农”服务能力，不仅涉农信贷资产质量保持较好水平，同时有力支持地方经济发展。近年根据上级行有关“惠农通”工程方案，墨竹支行予以高度重视，切实感受到开展此项工作是农行又一项惠农具体措施和手段体现，能够对金融空白行政村农牧民带来就近便利的金融服务。截至年底，完成40个村累计安装54台的POS机布放，组织专人认真开展前期政策宣传解释工作，积极争取党政机关和农牧民的理解和支持。

【办公及硬件设施】 年内，已完成两个营业网点的转型工作，截至年底，已安装五台离行式ATM机和营业所营业室一台，分别为甲玛乡人民政府院内3台（投入使用），嘎则新区两台，扎西岗乡巴洛营业所2台（投入使用）。

此举为县城内客户提供良好的自助设施，设备使用率、有效运行率明显提升。

【配套设施】 针对支行近年来年轻员工逐年增加的现状，支行积极争取资金，完成支行职工之家和洗浴中心等配套设施建设，加强伙食堂管理，尽力为员工改善伙食就餐条件，彻底解决员工一日三餐的后顾之忧，尽量给员工营造优异的工作环境。

【综合营销】 年内，从墨竹支行各项存款呈现稳中有升，总体完成情况较好，2015年墨竹支行储蓄存款增长较快，超额完成全年任务指标，贷款业务发展情况，贷款增长较好，呈现“三农”贷款与个人贷款齐头并进的势头，个人贷款不仅改变近几年连续负增长的局面，而且超额完成全年任务，其他各项指标完成情况较好。

【基础管理】 开展组织实施员工合规文化建设活动，员工整体合规理念、合规意识明显提升，继续实行差异化绩效分配体制，切实激发员工工作积极性，充分体现奖励机制的作用，认真开展对所辖内的尽职监督检查，做到及时查漏补缺，减少差错和工作中瑕疵，促进各项业务操作合乎程序规定以及制度要求。

【安全运营】 年内，支行未出现任何一起大小风险操作事件，确保安全运营，2015年针对运营、会计、信贷、安全保卫等环节加大规范化、科学化、标准化建设，开展各业务条线的“三化三达标”创建前期准备基础工作。

【集中学习】 墨竹支行2015年专门组织所辖营业所主任集中学习《农行西藏自治区分行营业所综合管理办法》，与员工一道重温和学习《员工守则》，以典型案例教育引导员工。提升员工合规操作意识，强化职业道德素养。

【安全保卫】 年内，墨竹支行将严格按照安全保卫工作条理、条例，逐条开展检查对照工作，确保无任何隐患地开展墨竹支行安全生产工作。

【安防教育】 年内，不仅圆满完成重大节日、敏感日子的安防工作，同时确保全年无论守库、押运、值班以及营业期间的安全无事故，平时墨竹支行主要采取加强对员工的安防教育，引导员工自觉履行各项安防制度规定，严格相关纪律，层层签订安防责任书，加大对所辖网点的监督检查力度，对违反安全保卫的行为及时进行教育引导教育，及时达到惩戒目的，领导做到在注重业务经营的同时，狠抓安全保卫工作，从而确保了安全运营。

（索朗勇忠）

【领导名录】

党支部书记、行长　尼玛次仁

西藏银行股份有限公司墨竹工卡县支行

【概况】 2015年，西藏银行墨竹工卡县支行紧紧围绕西藏银行总行、支行年度各项工作的既定目标发展，在抓管理、防风险、提效益等方面狠下功夫；年内，全支行干部员工认真学习贯彻中共十八届三中、四中、五中全会精神和习近平总书记系列重要讲话精神，以及区党委八届六次、七次、八次会议精神，深入贯彻自治区党委书记陈全国、自治区主席洛桑江村、自治区常务副主席丁业现的重要批示精神，深刻认识新常态、主动适应新常态，在总行党委白玛才旺董事长的正确领导下，面对激烈的市场竞争和各种风险考验，转变发展观念，创新工作方法，管理水平不断提升，经营业绩实现较大幅度增长，综合实力进一步增加，加大宣传和上门营销力度，提高优质服务，在坚持规范经营、防范风险的前提下，以发展为主线，以利润为目标，以高品质、专业化服务为手段，积极扩展市场、创新产品、培育客户。并积极贯彻落实上级部门宏观调控政策和部署、不遗余力支持全县、市、区各项经济社会发展。墨竹工卡县支行高度重视全面风险管理，进一步完善风险管理体系，风险防范能力不断增强；加强合规教育，倡导风险文化，提高员工的风险意识；明确风险管理的战略目标和风险度，积极调整信贷结构，强化全流程管理，保持不良信贷额及不良贷款率为零；进一步完善风险防范制度，防范和加强了支付结算、银企对账、反洗钱、票据等重点风险环节和部位的管理。

【明确职责、分工】 根据西藏银行总行党委对墨竹工卡县支行领导班子于2015年以支行行长徐垲铸、副行长陈春渠为核心的领导班子；支行设置三大部门；营业部、业务部、综合部；领导班子率先带头勤于学习，着力提升支行管理水平和应对复杂局面的能力；通过员工任职资格培训、各项业务技能考试、前台柜员准入考试、客户经理签字权考试等手段，强化支行客户经理等专业岗位任职；对班子各部门负责人及成员进行了明确的分工，各司其职、各负其责，使得支行各部门各项工作营销目标和责任清晰明确，工作效率大为提高，坚持服务客户全支行保障一线的原则，牢固树立“大服务”观念，把服务管理的范围从前台向后台延伸，强化内部高质量服务意识，规范操作程序，提高内部服务管理能力。

【提高员工专业素质】 加强支行员工队伍建设，发展人才基础；开业以来西藏银行墨竹工卡县支行抓业务拓展与抓内控管理并重，抓业务指标与抓风险苗头并重，要求全行员工树立合规经营理念，加强内控管理制度的学习，不断提高制度执行力和风险识别能力，不断提高员工队伍金融从业素质；加大各项业务培训力度，制订了《西藏银行2015年培训计划》，全年通过总行、支行开展业务培训项目80余项，并通过总行邀请了北京、上海、成都、广州及交通银行总行、成都银行、南充银行专家学者举办了各类金融知识、社交礼节礼仪培训、派员到北京、上海、成都、广州、福州进行各项前台业务操作培训、中高层管理培训、互联网培训、银行卡培训、IT建设及服务培训、保安安保培训措施等11期讲座。同时，支行先后选派4名干部员工到国家行政学院、大连高级经理学院、成都银行等单位学习；抓好各类金融资格认证考试工作，组织支行员工积极参加全国会计从业资格认证考试、客户经理签字权考试、各种执业资格考试等。

【加强支行企业文化建设】 紧紧围绕总行党委的工作部署，推进创新，各项工作亮点频现，增强员工凝聚力、战斗力；支行员工统一着装，制作冬夏装，要求全体员工上班时间必须统一着装，并在每周五支行营业部员工着藏装，增强客户亲和力，树立了西藏银行的良好形象。支行严格执行员工上下班考勤制度，增强员工遵规守纪意识，强化管理、开拓市场、改善服务，以饱满的工作热情、以求真务实的工作态度、以奋发有为的精神状态，他们兢兢业业、恪尽职守、锐意尽取、埋头苦干，坚定发展信念，投入到工作中去，支行根据其他银行平时的工作时间及特点来看，全区所有县级支行在节假日、周末均不上班，而支行且在其他银行中午关门休息的情况下；而西藏银行墨竹工卡县支行在重大节假日、周末、中午午休均正常上班，中午员工轮流上班为客户办理业务；确保支行各项业务正常营运。支行组织员工参加各类文体及业务活动，展现员工的蓬勃朝气，全支行上下人心齐、士气旺、干劲足，并开展了员工金融知识演讲和各项业务技能竞赛活动，培养员工敬业奉献的良好习惯、增强员工战斗力、凝聚力，涌现出一批业绩突出，管理规范的先进个人和业务拔尖、作风扎实的标兵。支行每月制定了员工、保安值班制度，落实总行安全保部和墨竹工卡县维护稳定指挥部的安排；以“防范第一、周密部署、事前处置、确保稳定”为核心，高度重视、高度警惕、高度戒备、严密防范、严管严控、严阵以待，进一步深化和推进维护社会稳定各项安保工作措施，确保西藏银行墨竹工卡县支行、社会局势持续稳定，全面稳定和长期稳定。

【固化服务长效机制】 牢固树立“一个藏行、一个客户”工作理念，始终立足于全局高度，健全横向和纵向的协调沟通机制，提高支行运行效率，为客户提供一站式、综合化、全方位的金融服务，加强员工思想教育，提高员工队伍素质。支行始终坚持“以人为本、切实提高员工素质”的工作思路，积极推进学习型银行建设，努力提高队伍整体素质，促进了两个文明建设活动的深入开展。此外，还在预防不稳定因素、加强安全防范、廉政建设、法制教育、行车安全等方面制定了一系列措施，保证各项工作的正常开展。在以后的工作中，将在县委、县政府及县级主管部门的领导下，认真抓好维稳安全工作，为构建和谐社会和企业，确保一方平安而做出应做的贡献。

【领导班子自身建设】 支行领导班子以自身建设、贯彻一把手负责制。以“团结、廉洁、开拓、高效”作为支行班子建设的目标，要求班子成员做到四个带头：带头学习，带头讲党性，带头撰写调研文章，带头做好市场拓展。有效提高了各部门班子的凝聚力和战斗力。加强党的建设，发挥支行的领导核心作用、并制订了《西藏银行党委理论学习中心组学习计划》先后开展了集中学习和自学，并通过总行邀请了专家学者开展了党建工作专题讲座。

【文明共建】 加强文明共建工作，推进企业文化建设。支行紧紧结合西藏银行金融特色，积极送金融服务下乡活动，支持墨竹工卡县新农村建设并组织支行人员到各乡镇进行反假币宣传；配合招商引资，到乡镇进行金融知识宣传咨询；大力支持“三农”工作，积极营销支付结算产品，将西藏银行的服务向农村、农牧民、农业延伸，为全县新农村建设提供有力保障和金融支持。根植全员服务理念、做好队伍素质建设。为调动支行党员创建积极性，支行建立了文明学校、实行每周一、三、五班前晨会和周二、四班后集中制度学习，定期进行全行业务技能测试。同时引导全支行员工知荣知耻从我做起，从身边做起，从点滴做起，把“八荣八耻”转化为自觉行动，增强了广大员工的责任感、紧迫感、危机感。提高全行的管理水平和防风险、防案件的能力。健全和完善支行内控机制，狠抓各项制度落实、实行动态管理，使管理工作更加科学化、规范化、系统化、达到日常警示、长效管理目的。加强员工自查检查，重点落实内控管理内源性机制建设，解决业务发展和内控案防流程清晰化问题，将案防工作做到第一位，促进各项规章制度的落实，认真落实“三防一保”工作，完善安保体系，落实安全责任，加强员工思想教育，提高中工队伍素质，提升安保防范能力，确保安全工作稳健经营。

【员工廉政建设】 抓好支行员工廉政建设，坚持公开办事制度。支行加强党风廉政建设，每月、季开展党风廉政建设检查考核，做到廉政教育常抓不懈；积极推行决策民主化、公开化、人性化，支行领导及各部门主管经常深入实际，调查研究，并走进群众路线与一线员工广泛谈心，了解员工的思想、工作和生活情况，倾听员工的意见和提出的建议。

【抓好各项存款】 西藏银行墨竹工卡县支行2015年度积极争取区内、墨竹工卡县优质大、中、小型企业及集团客户，进一步加大营销企业存款和各项储蓄存款力度，走进墨竹工卡县各乡镇、村、寺庙、学校、企业、商铺大力宣传支行各项优惠政策，尤其是西藏银行储蓄卡各类收费全免政策、存款利率高于其他银行等；同时开展了“一季度业务发展和市场营销活动”以及“总资产跨越300亿、献礼三周年活动”、打破了一季度存款负增长的惯例，大力营销个人储蓄存款，取得了较好的成果；同时在县委县政府的大力支持和帮助下，墨竹工卡县支行于2015年取得了良好成绩，年末各项存款余额为3700万余元：其中个人储蓄存款3200万余元；对公储蓄存款500万余元。

【加大贷款投放力度】 西藏银行墨竹工卡县支行在2015年度加大信贷投放力度，积极支持地方经济建设。在服务中小微型企业方面出台了一系列管理办法，成立了小微信贷中心，建立了符合西藏实际的小微企业信贷流程和分级审批授权体系，实行了快审、快批、快放款政策；在个人金融服务方面，对个人信贷业务流程进行了梳理简化，将个人贷款业务整合为个人消费类贷款、个人担保类贷款、个人信用类贷款、个人购房类贷款和个人经营性贷款，年末支行共发放各项贷款5.58亿元。其中：于2015年5月向墨竹工卡县罗布工贸有限公司发放抵押担保贷款2500万元；2015年6月向西藏巨龙铜业有限公司投放贷款3.5亿元；2015年8月向西藏天仁矿业有限公司发放贷款1.5亿元；截至年底，向墨竹工卡县公务员及个人抵押、质押贷款等各类共投放贷款2400余万元。

【不良贷款清收盘活情况】 全支行不良资产余额为零。

【其他各项业务】 开立个人（贵宾卡）金卡113张；开立个人普通卡6200余张，共开立了银行卡6313张卡；对公账户开立户数23户；为了方便客户共安装了3台自助取款机（ATM），1台存取款一体机（CRS），2台自助取款机（ATM）并保持全年每天24小时正常运行，总计3台自助机供墨竹工卡县广大客户使用。

（索朗多杰）

【获得荣誉】

墨竹工卡县支行荣获2015年度中国人民银行拉萨中心“金融知识普及月”征文优秀奖；

西藏银行墨竹工卡县支行2015年荣获墨竹工卡县委、县政府颁发《平安单位》；

支行副行长陈春渠于2015年11月根据总行安排中高层管理人员到清华大学经济管理学院培训学习，荣获清华大学结业证书及荣誉证书；

支行副行长陈春渠、业务拓展部主管钱双、营业部会计主管索朗多杰三人荣获西藏银行总行“先进个人奖”；

墨竹工卡县支行2015年度荣获西藏银行总行贡献奖及优秀平安支行。

【领导名录】

行　长　徐 垲 铸

副行长　陈 春 渠

业务拓展部主管

钱　双

营业部会计主管

索朗多杰

乡（镇）概况

乡（镇）概况

工卡镇

【概况】 2015年，在县委、县政府的领导下，全镇上下全面贯彻落实中共十八大、十八届三中四中五中全会以及中央第六次西藏工作座谈会精神，以邓小平理论、“三个代表”重要思想、科学发展观为指导，以抓好农牧业为基础，以经济发展和项目建设为重点，以保障和改善民生为目的，圆满完成了“十二五”期间工作安排，全镇呈现出农牧净土产业健康发展，民生持续改善、社会和谐稳定的良好局面。

【经济发展】 2015年，全镇农村经济总收入为11597.42万元，同比增长了6.09%，其中第一产业收入5807.72万元，第二产业收入554万元，第三产业收入5235.7万元。农牧民人均可支配收入达11991.79元，同比2014年增长3.30%。固定资产总投资完成4620万元。

【推动特色产业发展】 2015年，全镇农作物播种总面积12016.97亩（其中青稞种植面积为9795.622亩、产量达1942.34吨；土豆等蔬菜种植面积292.784亩，产量达117.1吨；油菜播种面积1242.89亩，产量达74.57吨）。总耕地面积12016.97亩，机耕面积12001.97亩，机播面积11166.18亩。完成了农牧业抗灾饲草储备2714.5吨、饲料284.9吨、新建圈舍80套、粮食1006吨、油2188桶、药品730万元、种子145吨、化肥3288袋、盐18吨。依照西藏自治区农机购置补贴标准，为3个村购置农机具214辆。按照上级草补补助奖励标准，兑现2014年牧草补助229945.91元，受益群众达944户。顺利完成了2015年牲畜清点、基本草原划定和秋防工作，牲畜疫苗注射率达98%。养殖业、种植业及农房参保率达100%。

推广种植“藏青2000”800亩，产量达179.2吨。投资181.27万元用于工卡村660亩金银花种植项目、格桑村10栋温棚及经济林种植项目。投资118.4万元完成24050米网围栏架设项目，其中格桑村“藏青2000种植点”架设6600米网围栏，支出42.9万元；格桑村知索组架设3500米网围栏，支出7万元；格桑村玛卡种植基地架设5900米网围栏支出37.76万元；工卡村金银花种植点架设3050米网围栏，支出20.74万元；工卡村恰嘎组架设网围栏5000米，支出10万元。

【做好生态创建】 投入105万完成生态创建工作，三个村均被自治区环保厅评为“生态村”。完成植树造林2786株，与39名护林员签订目标责任书，定期安排浇水。

【完善基础设施建设】 通过实施土地平整、修建水渠、修建防汛河堤加强了农业基础设施建设，通过实施人饮工程、道路硬化、维修住房、修建公厕、更换变压器等加强了人居基础设施建设。

【加强用地管理】 2015年，全镇共审批宅基地原址新建21次、新建宅基地3次；调解土地纠纷12起；完成拉林高等级公路征用耕地“占一补一”工作和拉林高等级公路米墨段工卡镇辖区内征地测量工作。完成了3个村1525户13734.19亩土地确权工作。开展了2次“地霸、沙霸”大排查工作，先后排查涉及户数共875户。

【加强安全生产检查】 年内，开展各类各项安全生产检查活动共11次，其中4次为拉网式消防安全大检查，及时销毁了过期食品，整改不合格用电，及时更新了消防设备。

【教育工作】 全镇在校小学生716人，入学率99.5%，巩固率100%；南京幼儿园在校生383人，学前三年入学率91.5%。兑现2014年度拉萨市资助22名非义务教育阶段困难生助学金8.2万元；资助2015年度2名家庭经济困难大学新生0.2万元；34名困难家庭子女享受“金秋助学金”10.8万元；报销206名大学生学杂费133.1万元。此外，镇党委、政府共投入教育专项经费28.04万元。

【卫生工作】 兑现2014年“一孩、双女”（奖扶）资金6.43万元，农村部分计划生育家庭（特扶）1人资金1620元。完成5343名群众全民健康体检工作，筛查出白内障患者23名，截至年底，已有9人接受白内障免费手术。完成2015年农牧民合作医疗集资款并入账台工作，参保率达100%。

【民政工作】 发放2015年困难残疾人生活补贴和重度残疾人护理补贴共计20.04万元；发放2015年第三季度“幸福养老”工程资金共计42.99万元；发放2015年寿星老人资金2.01万元；发放2013年6—16岁康复补贴资金3.84万元；重阳节期间为五保户发放节日慰问金0.7万元。县委、县政府安排专项资金3.65万元在“三大节日”期间慰问了工卡镇91户困难群众。顺利完成2015年度新农保保费收缴工作，参保率达100%。

【扶贫工作】 全镇先后召开扶贫专项会议6次，联合3个村委会和驻村工作队对贫困户进行入户核查并建档立卡，入户率达100%；完善扶贫对象建档立卡动态管理，建立贫困系统“出”“入”机制；围绕脱贫目标，积极申报农开项目，全面落实好“三大民生”工程，加大贫困农牧民培训转移力度，全力保证769名贫困人口如期脱贫。

【加强社会管理创新】 工卡镇始终坚持以“三无”“三不出”“三稳定”为目标，以“六个严防”为重点，全面落实十项维稳措施，强化群防群治，确保全镇社会局势和谐稳定。强化网格化管理和“双联户”工作，率先开展了星级“先进双联户”创建评选活动，并成功运行了幸福拉萨微信平台和综治信息网，极大提高了工作效率。加强矛盾纠纷大排查、大调处、大化解，层层建立治保调解委员会、治保调解小组，配备村综治员和小组治保调解信息员，每月定期对各类矛盾纠纷和苗头性隐患进行大排查。

【加强基层组织建设】 强化制度建设，先后建立和完善了《干部请销假制度》《集中学习制度》等多项制度，形成了按制度办事、靠制度管人的良好局面；抓好党员发展，严格遵循“坚持标准，保证质量，改善结构，慎重发展”的十六字方针，2015年共发展党员18名，年龄同比下降3岁，文化程度略有提高；加强党员干部队伍建设，以“三严三实”专题教育活动为抓手，2015年，全镇累计开展集中学习34场次、参加人数达1000余人次，专题学习讨论活动4场次，观看教育影片5场次，人均撰写心得体会3篇；狠抓党风廉政建设，通过健全制度、落实规定、加强监督检查、开展专项治理等措施，逐步规范了领导干部廉洁从政行为，增强了党员干部廉洁自律意识；深化精神文明建设工作，利用“3·28”百万农奴解放纪念日、“七一”、雪顿节、国庆等重大节日开展跳锅庄、文艺演出等丰富多彩的文体活动，丰富了群众的文化生活。

全镇经济、社会发展虽取得一定成绩，但仍然存在一些困难和问题。主要表现在：经济发展整体水平较低，仍需转方式调结构促发展，需加大投入，发展强大一批项目带动当地群众就业增收；脱贫攻坚任务艰巨，镇下辖三个村委会农牧民群众就业渠道狭窄，增收致富难度依然较大；公共基础设施建设有待进一步完善；政府行政效能有待进一步提升。

（李　韬）

【领导名录】

党委书记　次旦卓玛

党委副书记、镇长

周　君
党委副书记、人大主席　央　吉
党委副书记　钟其荣
纪检书记　普布卓嘎
人武部部长　次仁达瓦
副镇长　汪治国
　　　　央金卓嘎

甲玛乡

【概况】 甲玛乡辖有3个村委会，14个村小组，其中4个为巨龙矿业公司搬迁小组，共有1170户，4401人（其中女性2408 名），全乡劳力1359人（其中女性834名），有农家书屋5个，乡域内辖两大矿企。乡政府共有在编干部职工40名，特派员2名，驻寺民警1名，驻村工作队3个。乡完小1所，教师30名，学生298名。乡级卫生院1所，医务人员共7名。全乡宗教活动场所有5座（寺庙1座、拉康3座、日追1座），共有僧尼11名。全乡共有5个党支部，14个党小组，其中农牧民党员254人（2015年新发展党员34人），占党员总数13.4%，其中女性5人，占新发展党员人数的14.7%。

年内，以墨竹工卡县2015年经济社会发展目标任务为中心工作，根据甲玛乡基础产业为农牧业，主导支柱产业为矿产业和旅游业的实际，按照“一村一产”的特色，力争实现甲玛城镇化建设。全年完成地区生产总值7714.12万元，其中第一产业收入1793.01万元；第二产业收入2524.86万元；第三产业收入3396.25万元；农牧民人均纯收入14154元，同比增长5.3%。

【创新基层党建工作模式】 创新甲玛乡基层党员管理与发展方式，将全乡254名农牧民党员进行网格化管理，即乡党支部，下设三个村党支部，村党支部下设14个党小组的网格，分别确定各级网格长。乡党支部由乡党委书记负责，三个村党支部由村“第一书记”负责，14个党小组选举网格长负责。明确每名网格长联系党员人数、负责发展新党员、开展党组织的各项活动等。并结合当前“双联户”工作，充分发挥党员的先锋模范作用；创新基层党组织工作管理、考核机制。根据各村工作实际情况，每季度分别制定并与各村党支部书记签订党建工作目标责任书，当季工作在下一季度由乡目标考核工作小组实施考核，并根据考核办法实行奖惩；创新基层领导干部管理制度。按照“定查评改”四步工作法，定期不定期的监督检查村“第一书记”工作开展情况，村“第一书记”每月向乡党委、政府汇报工作开展情况，并作为年终考核依据；甲玛乡党委结合实际，就“四风”开展情况、廉政、守纪等内容开展乡党委书记约谈各村党支部书记、村第一书记活动，取得了一定的效果。

【开展基层党组织阵地建设】 加大对党建工作经费投入。甲玛乡党委、政府对党建工作非常重视，年初从乡财政预拨60万元作为党建经费，并向三个村委会拨付全年党建工作经费6万元，用于村级党组织开展日常工作，加强了对村级党组织运转经费保障工作，进一步解决了村级党组织无钱办事、无力办事的问题；多措并举，努力建设党员群众满意的村级活动场所。孜孜荣村属于巨龙矿业公司的搬迁村，在巨龙公司的整体规划下，占地面积3000平方米和建筑面积940平方米的新村委会和每个占地面积1000平方米的4个村小组活动场所顺利落成（截至年底，全乡村小组活动场所占地面积最小的也有150平方米），投入35万元购买了相关办公设备，极大地满足了孜孜荣村民对村级活动场所的需求，2015年孜孜荣村唯一一个未搬迁的孜孜荣小组及村小组活动场所也在巨龙矿业公司搬迁的计划中；在上级部门的关怀下，2015年从援藏资金中投资约650万元对赤康村委会进行新建。截至年底，3个村委会，已新建2个（孜孜荣村委会新建工作已完成，赤康村委会新建工作正在进行当中）。14个村小组活动场所已完成新建11个，剩余3个村小组活动场所，预计两年内可以完成新建。

【壮大村集体经济实力】 近年来，甲玛乡各村充分利用资源优势，千方百计引导农牧民增加收入，大力发展集体经济，各项经济指标逐年攀升，基层组织为群众办实事、办好事的能力不断增强。2015年，龙达村砂石厂和石灰厂为村集体经济创收142万元。另外，2015年全乡共有97人前往门巴乡进行虫草采挖，乡党委政府高度重视此项工作做，精心组织群众统一前往采挖；抽派干部全程协调管理各项问题。2015年，甲玛乡采挖群众收入达7000元/人。

【“三严三实”“忠诚干净担当”教育实践活动】 甲玛乡党委高度重视此项工作，结合实际，迅速成立甲玛乡“三严三实”和“忠诚干净担当”教育实践活动工作领导小组，召开专题教育动员会，充分利用宣传栏及其他宣传工具进行宣传，营造浓郁的活动氛围。在全乡范围内，扎实开展学习教育，以集中学与个人自学相结合的方式，按照“六有、四落实”（有计划、有考勤、有资料、有体会、有笔记，人员落实、时间落实、内容落实、效果落实）要求，重点开展好专题学习，开展“学习习近平总书记系列讲话精神”、学习“依法治国”“党风廉政建设”、讲党课等专题活动，撰写心得体会共16篇。

【开展“强党固基扶村”工作】 根据《墨竹工卡县“强党固基扶村”试点工作实施方案》的文件要求，甲玛乡组织全乡干部学习传达文件精神并征求相关意见或建议，在组织推荐、个人自愿的基础上，乡党委组织下派12名乡干部入村，其中，副科级干部2名，一般干部10名，任村“第一书记”、党支部书记、“第一村主任”等职务。同时，为保证下沉干部更好地开展工作，乡政府为每村下沉干部拨付专项经费20000元。下沉干部入点后各司其职，与村“两委”班子相互协作，认真调研结合各村实际制定相应工作计划，克服各种困难，较好地完成了各项工作计划和任务。其工作主要有以下几个亮点：加强沟通，提高为民办事效率。下沉干部通过与村“两委”班子召开座谈会、到群众家中走访交接情况等方式，加大对驻点村广大农牧民群众的生产生活状况，经济收入及迫切需求等情况的了解，增强与村“两委”班子成员的沟通交流，共同解决各项问题，提高为民办实事的工作效率；明确分工、落实责任。各村按照村“两委”班子成员和下沉干部各自的优点及特长进行分工，在明确各自责任的同时，有效的带动“两委”班子成员和下沉干部的积极性。另外，各村还制定了详尽的下沉干部管理办法，将下沉干部的值班当班制度合并到村委会“两委”班子成员的日常作息当中；贴近群众排查、调解矛盾纠纷，确保社会持续稳定。下沉干部协助村“两委”班子综合运用沟通协调、说服教育、示范引导和帮助服务等办法，理顺村民情绪，夯实开展工作的群众基础，加大对矛盾节分的排查调出工作，着力化解社会矛盾，充分发挥基层党组织情况熟、威信高的优势，把好维稳工作第一道防线，通过“入户听诉”这一工作载体，对出现的矛盾纠纷及时进行化解。2015年，甲玛乡下沉干部排查调解矛盾纠纷12起，各村均未发生非正常上访事件及群众集体上访事件。

【创新党风廉政】 制定重大事项报告制度。为进一步加强和规范乡机关重大事项报告制度工作，确保乡党委发挥核心领导作用，及时准确地掌握并妥善处置紧急重大事项，经乡党委、政府研究决定，对全乡决策各项重大事项施行报告制度，确保主管领导及时准确地掌握并妥善处置紧急重大事项，避免工作失误；安装指纹考勤机，加强干部组织纪律。考勤制度运行短短的一周时间，效果非常明显，全乡干部上班更准时了，请销假制度执行更到位了，不仅取消了以前负责签到的值班人员，而且还节约了大量的纸张。

【稳定发展农牧业】 按照年初部署做好了春耕备耕、水渠清淤维修工作，及时落实了农药化肥及农机具等各种涉农补贴；动员全乡力量，包括相关部门、村组、辖区企业做好了防洪抗旱工作。甲玛乡耕地总面积516.6公顷，2015年全年粮食产量2376.11吨（冬小麦155.55吨、青稞1828.55吨、豌豆51.92吨、油菜332.3吨、马铃薯7.79吨）；根据净土健康产业发展目标，利用赤康村100多亩荒地作为试点种植果树，总投资78万元，已种植早酥梨、李子、苹果等品种，2015年李子、桃子等部分果树已成功挂果，预计2016年能产生收益；做好重大动物疫病防控工作。2015年，从县兽防站领取口蹄疫苗8箱，口蹄疫O型疫苗1箱，重组禽流感病毒灭活疫苗50瓶，猪O型口蹄疫疫苗10瓶，牛出败疫苗13箱，完成全乡14115头牲畜的疫苗注射工作；重点做好汛期气象信息预报和灾害防治工作，定时收集发布农业气象信息，不定期发布重点农业信息，提前做好各项防灾减灾准备。

【着力建设和谐矿区】 针对两大矿区热点、难点问题，专门制定问题反映工作机制。由村小组组长、联户长向村委会及时反映问题，村“两委”班子第一时间到现场处理，处理不了的问题及时向乡政府上报，再由乡政府牵头与矿企群工部沟通、协商，共同处理好各种矛盾纠纷；加强企地党建共建工作机制。2015年1月17日，在华泰龙矿业公司召开了企地党建工作大会，地方、企业、合作单位共同签订了“三方党建共建”协议书。在三方的沟通下，华泰龙矿业公司出资25万元，乡党委组织村民在华泰龙二期矿区种植沙棘林，不仅改善了生态环境，也增加了村民的现金收入；积极对现搬迁补偿款。2015年兑现搬迁户租用草场补偿17672130元、耕地补偿1762275元、生活补偿655200元、合作医疗21840元、燃料补贴131040元、牧业生产补偿873600元、养老保险71900元、农区新开垦地补偿资金1080000元，以上各项补偿款共计22267985元；积极协调群众与矿业公司间的用水矛盾，及时处理了公司正常生产与群众日常农田浇水的问题；成立甲玛城乡发展公司，进一步规范全乡矿业运输等发展秩序，为群众增收致富拓宽渠道；全面处理好矿区和群众间的各种纠纷，及时解决极容易产生矛盾的各项问题；甲玛乡政府给赤康村及龙达村各拨付了10000元，用于做好牲畜死亡的统计工作，减少矛盾纠纷的发生。

【大力推进旅游业】 甲玛乡积极与县旅游局、旅游公司配合，全面做好基础工作和相关服务工作，创造了良好的旅游环境。由县发改委、文广局实施的、总投资900余万元（建筑物投入约500万元、室内装修400余万元）的甲玛古代兵器博物馆已于2015年7月正式对外开放，全年接待区内外游客4000余人次，收入达38000余元。

【强化基建、构建宜居环境】 为进一步改善甲玛乡农牧民群众居住环境，为全乡经济社会工作提供优越的发展环境，甲玛乡政府高度重视全乡基础设施建设工作，人居环境得到明显改善。多方筹措，投资近2000万元实施水厂建设，于2015年7月完工，有效地改善了甲玛乡群众的饮水问题；加强道路建设，投资800余万元的龙达村奴如久、奶那果、岗果小组道路建设工作顺利完成，里程总计约10公里；投资80万元，修建龙达村奶那果小组1500余米排洪沟；以为民办事为根本，投资43.56万元实施两个村小组活动用房建设；新建甲玛职工周转房36套，公租房24套。项目由县住建局负责具体实施；开展生态乡镇创建工作。充分调动群众参与积极性、利用好护林员力量，完善了乡村环境卫生维护机制；组织干部在甲玛乡政府周边义务植树600棵，实施巨龙搬迁小区及拉林高等级公路甲玛乡范围路段绿化工程，逐步实现全乡绿化覆盖面达到90%以上的目标要求。通过不懈努力，甲玛乡赤康村获得“中国特色村”荣誉称号，龙达村、赤康村创成自治区级生态村。

【加大投入、促教育】 2015年，有新入校大学生25名，兑现大学生学费共计77640元、书本费6820元、住宿费15100、生活费50000元，各项费用总计149560元；按照7000元/人的标准，发放2014年高校毕业生一次性资助28000元；兑现25万元乡级教育配套经费；教师节表彰优秀教师（2人）、优秀管理人员（6人），发放奖金5000元；2015年兑现91名在校大学生学杂费324913元。

【落实各项政策、惠民生】 全额兑现全乡6名分散供养五保户全年供养金25920元；按照每人30斤/月的标准，为甲玛乡19户共计73人缺粮户发放粮食

6570斤；为2名孤儿兑现生活保障金7000元；为1名0至16岁第四期康复补贴人员全额兑现补贴金2000元；为45名寿星老人发放慰问金22500元；完成新型农村养老保险金收取工作。截至年底，甲玛乡参保人员为1923人，共收取养老保险金193600元；完成了提标后低保户统计、给低保户办理农行卡及完成“夕阳红”老人、“0—16岁”残疾儿童、寿星老人、今冬明春缺粮户等统计工作。

【加大环境整治】 大力开展卫生事业建设工作，2015年，甲玛乡全民健康免费体检率达100%（共体检4401人），孕妇住院分娩数93人，住院率达100%，新生儿死亡0例，死亡率0%，婴儿死亡数0例，死亡率0%。农村医疗合作保险参保率达100%。进一步加大环境整治工作力度，2015年甲玛乡共投入10万元用于环境卫生整治的各项支出（包括清扫、清运、填埋场、垃圾运输、基础设施建设等），另外甲玛乡政府给每村拨付了5000元环境卫生整治专项经费，保证了街道辖区、各村街巷无明显垃圾、无卫生死角、无乱贴乱画；成立了甲玛环卫队，提高全乡环境卫生清扫工作水平；采取每月集中清理措施，由乡领导带队对街道沿线各路段的乱搭乱建、乱堆乱放、占道经营等乱象进行集中整治，全年共拆除乱挂标语、广告牌50余副，成效显著。

【加强安全生产检查监察】 认真开展对安全生产工作的指导、检查、监察工作。针对矿山，乡政府与派出所、矿山警务站、各矿山安全管理员密切配合，不定期对矿山进行安全隐患排查，对排查出的问题及时解决。如警务站发现孜孜荣村部分搬迁户返回矿区存在安全隐患，甲玛乡党委、政府高度重视立即组织群众代表及企业进行协调，经过一个月的努力，与其协调达成一致；甲玛乡政府针对汛期安全隐患，组织各村委、企业召开了汛期安全生产专题工作会议，要求其结合各自实际做好汛期安全生产预案，并及时上报乡政府。另外，要求矿企对各自生产重点领域，如尾矿坝等排洪设施进行安全自检，同时，还要求其对自己区域内地质灾害等安全隐患进行排查，排查结果需及时上报乡政府；消防隐患排查方面，甲玛乡政府组织各村委对辖区内的线路进行安全检查。如赤康村发现松玛拉康线路老化，进行了及时的整改，确保群众生命财产安全；交通安全隐患方面，甲玛乡政府联合派出所对乡域内道路安全隐患进行了全面排查，甲玛乡派出所对存有隐患的地方均进行了拍照记录，并及时上报上级部门。在学校、集镇所在地等人口密集地区树立了交通指示牌及驾驶安全提醒牌，确保出行安全；针对甲玛乡域内加油站，乡政府派出2名干部进行长期驻守，确保生产安全。另外，甲玛乡政府不定期协同派出所民警对乡域内各炸药库进行安全检查，要求其按照各项安全生产制度严格执行，杜绝安全隐患；甲玛乡政府对学校及卫生院的安全工作进行了重点部署。每逢大周学生放假，甲玛乡派出所均会派出干警维持交通秩序，确保学生出行安全。在学校食、药品安全方面，甲玛乡政府不定期进行抽查，同时，要求乡卫生院要严格执行药品存放、管理安全执行标准，坚决杜绝过期药品的出现；针对建筑安全方面，甲玛乡政府要求各村、企业要对各自建筑进行安全监督，2015年，甲玛乡建筑领域无任何事故发生。

【信访维稳工作】 2015年，甲玛乡党委政府迅速行动，主动作为，深入剖析维稳工作形势，将信访维稳作为全乡重点工作之一，牢固树立“稳定压倒一切”的思想，扎实做好矛盾纠纷排查化解工作，提高认识，增强化解矛盾纠纷重要性和紧迫性的认识；明确责任，强化对此项工作的组织领导；认真排查，明确当前社会稳定形势，通过入村走访、组织座谈、听取汇报等形式，了解掌握各种不安定因素，做到了底数清、情况明。2015年，排查调解矛盾纠纷及隐患20余起，涉及搬迁、矿山开采等方面，力争做到把问题解决在基层，越级信访件得到了有效稳控，缠访闹访案件零发生。

（何 玲）

【领导名录】

党委书记 平措旺堆

党委副书记、乡长 王小芬

人大主席　阿旺次仁
副书记　赤列坚参
纪检书记　索朗央宗
人大副主席　扎西平措
武装部部长、副乡长　扎西顿珠
副乡长　桑追
德吉

唐加乡

【概况】 唐加乡位于墨竹工卡县中西部8公里处，行政区域总面积347.1平方公里，全乡下辖五个村，28个村小组，共1599户，7594人口，劳力2986人（其中男1521人、女1465人）；牲畜总头数32378头（只、匹）；全乡五保户22户，低保户166户，残疾人131人；乡机关干部43人，其中公务员32人，事业人员9人，工人2人（借调人员8名）；乡政府中公益性有1人、临时工8人、聘用干部3人，乡机关党员共有42名；截至年底，驻村、村第一书记、第一主任、村官共计14人；全乡共有6个党支部（其中村党支部5个）；党小组35个，其中农牧民专业合作组织中成立党小组7个；截至年底，全乡共有农牧民党员535名，其中预备党员25名，入党积极分子74名。乡总工会会员总数为719人（其中农民会员646人）。

【强化领导、狠抓措施】 1月，乡党委、政府分别与辖区5个村、学校、卫生院签订了《2015年度社会治安综合治理目标责任书》和《综治维稳目标责任书》，使各村委会、各单位主要负责人“保一方平安”的政治责任具体化，共同担负起维护社会治安的责任。为切实加强管理，唐加乡综治办对特殊人员的情况均进行了登记造册，做到了底数清、情况明，加强了对其的服务和管控工作。特别是在1月、3月、“萨嘎达瓦”“大庆”“藏博会”等重点敏感时期，唐加乡联合驻村工作队对重点人员、密切看管，指定乡干部、派出所干警、村干部、联户代表、家庭人员进行“五包一”帮教和管控，并做好了报平安、外来人员车辆登记。对于重点人员，唐加乡不定期派专人进行看管教育工作。年内，共组织召开综治维稳会议30余次，制定各类应急预案共计12个。8月，唐加乡为各村联户代表、民兵、各值班人员制定了“值班巡逻”及“联防巡逻”红袖标，组织值班人员、公安民警、民兵、联户代表等巡逻共计38余次。

【“双联户”工作】 制定《唐加乡深化社会管理创新工作成果全面实施“联户平安、联户增收”工作模式实施方案》，并及时修改制定《墨竹工卡县唐加乡联户代表工作职责》，分发到每个联户代表手中，明确工作职责、义务；10月，开展了“双联户”评选工作。此次，唐加乡共评选出20名村级“先进双联户”，4名乡级“先进双联户”。莫冲村村委会因在“双联户”工作中表现突出，评选为县级“双联户”先进集体。核实获奖情况、发放获奖资金等后续工作也已在11月24日全部完成。

【开展严打整治活动】 4月22日，唐加乡召开社会治安综合整治暨严打活动动员大会，并在随后近两月的时间内，唐加乡组织人员到4处采沙场排查是否存在“沙霸”情况、与乡派出所干警一同排查是否存在路霸、车霸等情况。年内，共排查化解矛盾纠纷7起，将矛盾化解在最初阶段；站在“安全生产重于泰山”的高度，乡党委、政府高度重视安全生产工作，将安全生产工作摆在维护广大人民群众的根本利益这一基本出发点来抓，纳入党委、政府工作重要日程，定期和不定期地开展安全生产大检查和安全生产专项治理，认真贯彻上级关于安全生产工作的会议精神，每月召开一次安全生产工作例会，分析唐加乡安全生产形势，安排部署安全生产工作并形成会议纪要。2015年8月16日始，唐加乡对全乡存在违法违规情况的砖厂、砂石厂进行清查工作，全乡共有4家无证砂石厂、10家砖厂（其中6家有工商许可证和税务登记证、4家属无证经营）。在认真调解后，砂石厂及砖厂已停止工作。现由于上级关于取缔砂石厂工作的新部署，唐加乡已于11月11日，组织召开班子会议，就砂石厂取缔工作作了进一步讨论，并将讨论情况上报县水利局。

【加强对寺庙管理】 在驻寺特派员、民警的积极配合下，认真开展寺庙“六建”活动和“六个一”“九有”工作，加强和创新寺庙管理，扎实做好僧尼、信教群众的教育引导和管理服务工作，确保各寺庙佛事活动正常，各寺庙文物保存良好，24名僧尼全部在位，确保实现寺庙“三不出”维稳工作目标。年内，唐加乡为阿央寺维修工作投入12余万元，并购置基础设施，改善了阿央寺无电生活，保障了僧尼的生活环境。

【党建工作】 年内，唐加乡党委在总结2014年党建工作经验与不足的基础上，制定了2015年党建工作计划、党建工作要点、理论学习计划、党员发展计划等5项计划，成立了党建工作领导小组、党员发展领导小组等4个领导小组，与5个村党支部第一书记分别签订了2015年党建工作目标责任书。年内，唐加乡新发展党员25名。

【“三严三实”“忠诚干净担当”专题教育活动】 按照上级有关专题教育的相关要求及部署，结合唐加乡实际，及时制定了实施方案、学习方案、学习计划、宣传方案，成立了领导小组，经过县委督导组的同意，于2月13日召开全乡动员大会，在学习组织形式上，以集中学习、专题学习、专题研讨、讲党课、个人自学、观看爱国主义影片等方式，确保专题教育成果。年内，共开展集中学习20场次（其中包括专题学习8次、讲党课5次、研讨会4次），至此，唐加乡书记讲党课及四个专题研讨会已全部完成；全乡干部已平均进行个人自学13场次；干部撰写专题学习心得体会共48篇；干部看电影共上报21篇心得体会。唐加乡为干部发放意见建议征求表30余套，征求到意见建议26条。

【开展党风廉政建设和反腐工作】 年内，唐加乡把干部作风转变作为一项重要的工作来抓，完善了干部考勤制度，通过教育学习、督促检查、谈心谈话等形式，在工作落实中狠抓干部作风的转变，全乡干部干事创业的精神头有了进一步的提升，作风有了明显的好转。同时开展调查研究，年初，在完成对全乡5个村的走访后，针对各村的实际困难，研究解决办法，梳理出全年的工作计划和工作安排。在平时工作中每周抽出至少一天的时间深入村、组、户进行走访，随时掌握农牧业生产和群众生活情况。全面落实党风廉政建设责任制，新建完善了唐加乡财务制度、双报告制度、专题会议制度、问责处理制度、干部约谈制度、“一案双查”制度等。通过座谈会、专题学习教育、自查自纠等形式严格规范党员干部行为，切实增强党员干部廉洁自律的自觉性和主动性；自4月开始，陆续组织乡干部、各村第一书记及村官召开季度工作述职会、各村党风廉政工作情况报告会等；6月，唐加乡积极响应上级号召，下派5名干部到各村任第一主任；10月，在乡纪委牵头下，组织财务人员、纪检专干到各村查看村级账目督查工作以及惠民惠农各项资金专项清查工作；针对唐加乡驾驶员违规停车问题及卓尼村无人值班问题，在第一时间召开班子会议，研究提出处分意见，要求相关人员做出检讨整改。

【坚持党建带群建】 年内，唐加乡协助县教育局，做好资助非义务教育阶段贫困生资金发放工作，为39名学生共发放13.7万元；“清明节”开展慰问去世军人家属活动，为他们家属送去慰问及关怀；为唐加乡贫困户送去面粉、砖茶、清油等慰问品和慰问金；看望慰问患有胃癌的欧珠和患有骨结核神经压脖症的索朗。通过组织捐款，为胃癌患者欧珠筹集到11000元；多次组织干部开展乒乓球、篮球、基隆等竞技运动比赛；为迎大庆，乡团委组织干部群众开展“庆祝自治区成立50周年”群众文艺会演；唐加乡为贫困生争取到3个助学金名额，每个名额解决5000元学费；唐加乡卓尼村残障人士觉列在拉萨团市委组织青年创业大赛中荣获一等奖，创业资金15万元；多次走访慰问单亲母亲家庭，为他们解决生活上的困难；组织全乡妇女开展法制宣传、妇女维权活动，确保在依法治国中充分发挥妇女“半边天”作用；积极倡导全乡妇女参加拉萨市四业办主办、拉萨市妇联承办、县妇联协办的“农牧民妇女养羊实用技术培训”，此次培训，唐加乡共有75名妇女参加；开展全民免费体检项目，为看不了病的群众提供便利；借“三八”妇女节，开展为孤寡老人送温暖活动。2015年，唐加乡有推优入党人员4名；新入团28人；新入工会人员79人。

【加大教育宣传力度】 年内，唐加乡结合藏历新年、春耕春播、“三八”妇女节、“3·28”百万农奴解放纪念日、“五一”劳动节、“五四”青年节、“七一”建党日、自治区成立50周年、中秋节等，宣传党的路线方针政策和国家的法律法规，对干部群众进行思想政治和形势政策教育；开展了群众性文艺表演、到孤寡老人家中慰问、感党恩教育座谈会、全民运动会等，全乡80%以上的群众参与其中，在丰富群众精神文化生活的同时，开展新旧西藏对比，坚定了广大群众“听党话、跟党走”的理想信念。

【经济发展】 2015年，全乡地方生产总值达到11559.27万元，同2014年相比，增长16%。其中一产收入7476.63万元，同比增长9%。二产收入530.7万元，同比增长18%。三产收入3915.94万元（主要收入为劳务输出和交通运输输入），同比增长33%。农牧民人均收入达到8774.62元，其中现金收入8310.72元，占人均收入的6%，比上年同期增长18%。

【农牧业生产】 在一季度投资近20万元，组织群众对全乡5条农田灌溉水渠进行了大面积维修和清淤工作，为春耕春播工作打下了基础，2015年，耕种面积为17607.15亩，其中青稞种植9762.45亩（其中含，2015年新推广种植的藏青2000号共计2000亩），冬小麦种植5079.45亩，油菜种植2194.65亩，蔬菜种植570.45亩，豌豆种植507.3亩，饲草种植57.9亩。截至年底，粮经作物长势良好。唐加乡现有藏鸡养殖、藏香猪养殖、奶牛养殖；全乡50栋温室大棚的蔬菜长势良好，实现销售收入30万余元。2015年，为推动唐加乡畜牧业发展，共投资2万余元对两个村进行黄牛改良试点工作，对638头公牛进行了去势手术。

【创生态乡镇】 唐加乡高度重视生态乡创建工作，成立了由乡党委副书记、乡长为组长，分管领导为副组长，环保干事及各村第一书记为成员的领导小组。同时，制定了《唐加乡创建自治区级生态乡镇环境保护规划》，建立了各村2人、乡政府所在地5人，共计15人的唐加乡环卫队，由各村第一书记和乡政府环保干事为环保监督员，组织开展日常工作，在乡政府的争取下，城关区环境保洁公司为唐加乡15名环卫工提供了环保服、扫帚、防风撮箕、取物夹等环保工具；年内，唐加乡投入89万余元，用于庭院围墙改造和村庄绿化，已完成的街道绿化面积为487500平方米；在县委、县政府的大力支持下，唐加乡投入28万余元修建了2处公共卫生厕所，安排专人管理。唐加乡创建生态环境已接受自治区验收，并已通过考试。

【林业工作】 2015年，唐加乡分别在公路沿线、卓村等地开展植树造林工作，共计植树40606株。为保证成活率，乡里组织专门成立了由护林员组成的苗木浇水队，负责每日苗木的浇水工作；自10月中旬以来，唐加乡和县林业局对受青杨天牛病虫害的3个行政村先后召开5次林业有害生物除治专题工作会议，共同完成了前期有害生物除治统计工作完成。经过前期实地查看和统计，唐加乡林业感染青杨天牛病虫害共三个行政村，9个育苗点，合计416.24亩林地，株数3775763株苗木，涉及户数269户群众。

【开展“四业”工作】 2015年，唐加乡参与各方面培训896人次（其中，农牧民科技特派员19人、驾校培训25人、妇女养羊培训75人、工会导游培训1人、农牧民技能培训83人、联户代表培训100人、兽医技能及养殖培训560人、传统藏纸工艺培训33人）。截至年底，全乡长期外出务工人员达到817人次。县直部门与唐加乡联合共转移就业人数为4人（拉萨城投2人、唐加乡人民政府2人）。虫草采集是农牧民现金增收的直接有效的渠道，根据虫草采集管理办法及有关指示精神，唐加乡虫草采挖前期准备工作在4

月末进行，召开了动员会，选派确定驻点干部和运输车辆，并对各村帐篷进行清理，1062张票全部售出，5月19日，在全乡干部的努力下，唐加乡把1114名虫草采集人员安全送到采集点，并组织乡、村代表定期不定期到采集点检查工作和送食物。年内，唐加乡虫草收入达到了937500元。

【卫生教育投入情况】 年内，农牧民医疗保障体系已基本健全，新型农村合作医疗覆盖率达到100%；乡党委、政府始终高度重视新农保工作，截至年底，已参保人数3678人，参保率达到100%，集资357000元；2015年，唐加乡为卫生院投资4万余元，改善了卫生院的基础设施条件，并投资37万购置了一辆救护车，为群众看病提供了方便；为确保唐加乡兽医发挥作用，切实为群众解决“牲畜生病无人看”问题，2015年共投入3万余元，为他们进行屋面维修，改善了办公条件，同时购置两辆摩托车，解决了无交通工具的问题。在县委、县政府的全力支持下，为唐加乡拨款15万元用于购置教育设备及器材；8月，唐加乡为2015年新考上的95名大学生发放助学补助68800元；在“六一”为乡小学492名小学生每人购置了一双鞋子；在教师节，为优秀教师送去4000元奖金。

【土地确权】 3月至11月，唐加乡通过开展分户、入户权属调查、外业测绘，对5个村依次进行土地确权工作。截至11月20日，全乡5个村1539个承包户、15868宗地、28742.57亩承包耕地均已完成调查、登记、测量、确认、公示、复测、二轮公示、审核、合同签订及资料归档等工作，在12月1日接受拉萨市验收，并已通过验收考核。

【重点项目建设】 由拉萨市经济技术开发区驻莫冲村工作队争取资金建设的莫冲至尼唐小组的公路于5月20开工建设，现已全部施工完成，道路长1.6公里、宽4.5米，共投资160万元；于5月开工建设的投资120多万的奶牛养殖项目，已完工，奶牛养殖数量为30头；由县住建局负责的干部职工周转房项目于4月份开工建设；2015年9月，唐加乡为各村购置一台收割机，共计5台；2015年，在农牧局的协调下，唐加乡投入70万余元，修建了网围栏，解决了牲畜等野生动物对农田的损坏，促进了群众增收；通过与发改委协商，发改委再与拉林公路项目负责人协调，为唐加乡提供三车沥青，组织群众和养护段人员，利用两天时间，对唐加乡东布岗村至莫冲村间的损坏路面进行了修补工作。

【专合组织】 随着唐加乡经济社会的持续快速发展，为实现经济效益最大化，结合唐加乡发展实际，乡党委、政府高度重视专合组织工程，各工程也取得了明显成绩。截至年底，唐加乡成立了莫冲村农机专业合作社和孜尼麦组温室蔬菜专业合作社等合作社24个，将直接带领群众年平均增收致富700元以上。

【助推民生民利】 年内，在住建局的援助下，唐加乡共有8名群众订购了在拉萨市堆龙县桑木村的房屋；扶贫工作上，通过实地查看、各村上报的方式，对符合危房改造条件的户数进行准确统计，确保群众的自身利益得到保障。截至年底，共有87户参与危房改造；截至11月19日，唐加乡第三季度“幸福养老”工程惠民资金已全部落实。此次受惠60岁老人共有639人，发放惠民资金677400元；在莫冲村工作队的帮助下，邀请神猴藏医院医生，为群众免费看病、免费发放藏药。

【惠民资金300万使用情况】 2015年，唐加乡惠民资金300万元使用情况如下：用于教育补贴68800元；在基础设施建设投入319890元；为对生态环保工作投入306000元；用于各村及派出所为民办实事经费600000元；投入维稳经费18000元；投入卫生事业378500元；在突发自然灾害方面投入10000元；用于寺庙工作经费40000元。共计花费1741190元，现有余额1258810元。

（扎西拉宗）

【领导名录】

党委书记 韩　青（2月任）

党委副书记、乡长

巴　桑（2月任）

党委副书记、人大主席

扎西次仁（11月免）

党委副书记　黄　洋

党委委员、组织委员、宣传委员

次尼卓玛

党委委员、副乡长

次旦琼吉

旦增措姆（10月任）

党委委员、副乡长、莫冲村第一书记

央金次仁

党群综合办公室主任

德吉央宗

政务综合办公室主任

金巴罗珍

综治办公室主任

涂金龙（10月任）

扎西岗乡

【概况】 扎西岗乡地处318国道沿线，距县城18公里，东接日多乡，西临工卡镇，北接门巴乡，南与山南乃东县毗邻。全乡总面积1100平方公里，属半农半牧乡，平均海拔3980米。主要资源有藏药材、铅锌矿资源及旅游资源。全乡下辖7个行政村，42个村民小组，2037户，8036人（其中劳动力2869人）。

【经济运行】 2015年，全乡实现经济总收入13307.55万元，其中第一产值7476.67万元，第二产值1071.5万元，第三产值4759.38万元，农牧民人均纯收入实现9880.41元，现金收入7917.17元，主要收入来源于农牧业、虫草采挖、劳务输出以及各项惠民政策资金。

【传统农业】 全乡全年完成青稞种植11878.69亩，油菜种植3204.46亩。兑现粮食补贴473014.72元，粮食良种补贴79877.1元；发放农机具378台，完成机播12323.9亩，机耕12007.9亩，机收11059.9亩，为群众调运价值23.1万余元的春播农作物化肥，调运价值3.61万元的农药。

【林业】 在县林业绿化局的大力支持和帮助下，完成种植6万余株，其中：完成周边造林295.6亩、防护林351亩、退耕还林补植补栽97.37亩、经济林种植3133株、柳树育苗2万株，成活率85%。同时2006年退耕还林顺利通过国家级验收。

【草补】 扎西岗乡严格按照自治区制定的《西藏自治区草畜平衡管理办法》和《西藏自治区天然草原管护员管理办法》规定，认真组织开展各项工作。全乡可利用草场面积91.66万亩，承包到户1304户，在村委会、驻村工作队及全乡农牧民群众的积极配合下顺利完成草畜平衡减畜任务；已兑现牧草良种补贴24000元；为200户牧民兑现生产资料综合补贴每户每年500元，共计10万元；为40名监督人员兑现补贴每人每年5400元，共计21.6万元；草原生态保护补助奖励资金每亩1.5元，共计137.49万元。

【加尔多经济林】 在加尔多村加尔多组种植了桃树100棵、梨树1876棵、李子树924棵、苹果树233棵，共计3133棵，占地面积约60亩，树木长势良好。为保障经济林后续管理，要求公司招聘了2名管护人员，每月每人发放1800元工资。同时在加尔多村杰定组种植苗圃柳树2万株，占地面积约40亩，年内，共卖出柳树2000珠，每株20元，共收益4万元。

【巴洛藏鸡专业合作社】 巴洛藏鸡专业合作社现存栏藏鸡2.2万余只，合作社以分红形式为不具备养殖能力的社员进行分红，2014年3月为31户社员每户分红500元；2015年2月为51户入社成员每户分红1100元，同时实现本乡11人就业，每人年工资达18000元，同时资助22名大学生，切实为提升全乡经济发展水平注入了新动力，农牧民群众有了新收入。

【“四业工程”】 加大技能培训，提升农牧民就业技能。截至年底，乡党委、政府协同区农科院开展食用菌种植技术培训，共有22名农牧民科技特派员参加培训；想方设法扩大劳务输出。年内，全乡实现劳务输出95人，实现收入43.12万元；努力推进农村专业合作社建设步伐。对斯布牦牛协会、斯布民间畜产品专合组织、巴洛藏鸡养殖专业合作社、阿佳蔬菜科技种植示范基地、天然藏药材种植保护基地等合作社发展进行了规范，并制定了规划。年内，扎西岗乡已注册的专业合作社共19家，其中3家涉及种植、3家涉及养殖，13家涉及其他领域，参与群众达1260余人，2015年实现人均增收1500元。

【虫草采挖】 为有序开展2015年虫草采挖管理工作，扎西岗乡及时制定切实可行的工作实施方案，建立以乡长为营长，副乡长为副营长的带队管理模式，全面指导采挖工作，并建立虫草点临时党支部、流动医务室、流动警务站更好的服务群众。年内，共组织1177名群众采挖虫草，其中到门巴乡采集虫草群众达1116人，日多乡61人，实现总收入740万元，人均增收6000余元。

【精神文明创建工作】 加强领导、健全机制，精神文明在坚强有力的组织中扎实推进；明确责任，分工负责。乡党委将精神文明建设工作分解细化，将任务量化到人，量化到环节，并将与工作年度考核有机结合，形成了全乡上下共同创建的工作局面；宣传到位，氛围浓厚。扎西岗乡精神文明建设宣传工作贯穿始终，通过横幅、标语、宣传栏以及乡大门LED大屏，在“3・28”西藏百万农奴解放纪念日、4月5日清明节、4月23日第20个“世界读书日”、中国共产党建党94周年纪念日、西藏自治区成立50周年纪念日、第四个“民族团结进步节”暨第25个“民族团结宣传月”“9・16”平安西藏宣传日等特殊日子广泛深入地开展开展形式多样、内容丰富的活动，营造了浓厚的氛围，使得精神文明工作做到家喻户晓，人人参与、个个支持。

【教育事业】 基础建设及学生入学情况。扎西岗乡辖区内现有乡中心校1所（南京希望小学），村级幼儿园6所（仁青林村幼儿园、斯布村幼儿园、朗杰林村幼儿园、加尔多村幼儿园、吉古村幼儿园、乡中心幼儿园）。全乡在校大学生186名；在校高中生203人；在校初中生381人，在校小学生736人，幼儿园在园人数217人。全乡已基本实现义务教育均衡发展；完善保障机制。严格执行地方财政一般预算收入的20%用于发展教育事业的规定，为深入推进义务教育均衡发展，保障适龄儿童、少年接受良好的义务教育，扎西岗乡近年来为各村级幼儿园修建食堂、门、窗，并解决幼儿园用电用水等问题共计投入资金7万余元；为南京希望小学配备学生食堂消毒柜、打印机复印机等设备，为学生购买被套、床单、垫子、桌布、储物柜等用具，同时积极投入资金建设校园文化，为学生发放义务教育均衡发展宣传资金、每年教师节、“六一”儿童节为学校解决活动经费、每年发放校园安保经费等共涉及资金359800余元。同时扎西岗乡推进义务教育均衡发展工作领导小组及扎西岗乡“三包”经费及贫困助学金管理工作领导小组认真监督贯彻落实现有的每生每月三包经费261元，营养餐每生每月80元。三大民生工程实施后，扎西岗乡协助县政府，共为186名在校大学生发放学杂费822000余元。

【生态工作】 2015年，扎西岗乡80%的行政村已达到了创建自治区级生态乡镇各项指标。自开始创建自治区级生态乡镇以来，全乡紧紧围绕社会主义新农村“生产发展、生活富裕、像风文明、村容整洁、管理民主”的总体要求，扎实开展了人居环境和环境综合整治工作，切实美化村容村貌，改善居住环境。截至年底，扎西岗乡面貌焕然一新，环境质量显著提升，具体情况如下：农房改造工程，扎西岗乡共完成30户，农房改造工程实施后，农牧民住进了宽敞、漂亮的新居；人居环境建设工程及小康示范村建设共计投入20万元，其中安装太阳能路灯20盏，完成村内主要道路硬化工程38400平方米；各村建容量为80立方的生活垃圾收集站，配备垃圾运输摩托车1台。人居环境建设工程实施后，扎西岗乡面貌焕然一新；农村垃圾整治工程。按照“户分类、村收集”的模式，根据扎西岗乡实际，成立了村级卫生打扫队伍，建立了卫生打扫制度，指定专人负责清运垃圾。配备了专职的环境保护监督员，划定了每家每户清扫区域，每周由环境保护监督员进行检查监督。实施农村垃圾整治工程后，扎西岗乡的环境质量明显提升；绿化工程共计投入20万元，主要用于庭院围墙改造和开展村庄绿化，发展庭院经济，提高绿化覆盖率，美化村容村貌；截至年底，扎西岗乡7个行政村均实施道路硬化，道路硬化面积共计38400平方米，人均道路硬化面积为17.37平方米。

【农改工作】 2015年，扎西岗乡在县委、县政府的统一领导下，乡党委、政府高度重视，扎实有序开展了农改工作。年初召开动员大会，对农改工作进行安排和部署，明确了工作目标任务；工作人员逐户走访，对全2037户进行人员信息采集及核对工作，并建立人员档案；安排干部与测量组一同开展实地测量工作，然后通过组织测量方、村委会代表、小组组长、家庭户主对测量数据进行公示审核，对存在的错误数据进行及时的修正，确保基础数据准确无误。截至年底，扎西岗乡在农改工作中先后化解矛盾6件次，帮助村民解决实际问题23件次，全乡7各村已基本完成入户宣传、户籍核对、信息录入、地块指认、底图制作等8个环节步骤，完成耕地的登记、测绘、指认、公示等工作，基本达到“四相符”“四到户”的工作要求，为下一步的工作奠定了良好的基础。

【新农合医疗保险】 全乡2037户8036人参与新型农牧民合作医疗保险，其中52名僧尼参加了僧尼医疗保险，累计筹得资金15.7万元，全乡参保率达到100%。

【养老保险】 2015年，扎西岗乡农牧民参保人员有3552人，缴费金额为356000元，2015年新增60岁以上人员为46人。

【民政工作】 扎西岗乡党委政府非常重视和关心弱势群体的生活状况，把低保工作摆上议事日程，将低保制度的落实作为一项重要的“民心工程”来抓，使困难户的生活得到了救济和保障，较好地维护了扎西岗乡的社会稳定，促进了经济的发展。截至年底，扎西岗乡共有低保户160户、586人，其中A类101人、B类119人、C类366人领取了保障金58160万元。

【便民利民】 扎西岗乡便民服务大厅于2014年5月正式挂牌投入使用，设立在乡政府大门右侧，服务大厅使用面积为90平方米。据统计，自扎西岗乡便民服务中心正式启用以来，累计服务群众达47385人次，没有出现群众投诉的情况发生，同时在便民服务大厅运行期间征求多方意见，开设了“代办业务”，极大地方便了群众，得到了当地群众的高度赞赏和县相关部门的一致认可。

【维稳工作】 年初，乡党委与各村行政村签订了维稳、双联户、特殊人群服务管理工作责任书，进一步明确责任和目标，落实责任人。全年召开维稳工作部署落实专题会议20余次，每个季度召开一次社会治安形势分析会议，每半年召开阶段总结会议，对重要工作都落实专题部署，确保工作前明思路，工作中有指挥，工作后强检查，件件工作抓落实。2015年，扎西岗乡综治维稳工作严格按照上级的各项要求安排落实，做到了“五个强化”，确保了全乡社会局势的持续稳定。

【矛盾纠纷调处】 扎西岗乡以便民服务中心为平台，整合乡、村、组、联户代表形成工作合力，不断加大对矛盾纠纷和安全隐患的排查调处力度。年内，围绕群众矛盾纠纷、民族宗教领域矛盾纠纷、安全生产、学校及周边食品安全，共开展排查活动200余次，排查矛盾纠纷18 件，纠纷调解率100%，发现企业安全隐患3条，处理率100%。

【维稳工作队伍建设】 年内，由乡综治办牵头进一步调整充实了基层综治维稳队伍，共有四护队成员118人，群防群治队伍256人，流动人口协管员20人，民兵146人，人民调解委员会成员54人，义务消防人员134人，治保员13人。建立了以派出所为骨干，乡综治中心、民兵为中坚力量，村治保会、调委会、联户代表、红袖标等群防群治力量为依托，各村和单位内部的防范工作为基础，人人参与的群众安全防范工作格局。同时，为增强应急处突能力，在确保维稳力量能够切实到位的基础上，扎西岗乡于2015年2月中旬举行了防自焚演练，2015年7月份举行了防爆恐演练，全乡40余名干部职工及部分民兵参与演练。

【普法宣传教育】 加大宣传力度。首先，及时组织干部学习区市县政法工作会议精神，对有关政法、综治工作会议精神进行传达；其次，积极组织宣传活动对机关干部、青少年、企业经营管理人员、外来从业人员进行普法宣传教育，先后开展了3、6、9综治宣传活动及流动人口法制宣传、“平安综治宣传月”“6·26”国际禁毒日宣传等活动；拓宽宣传方式。在宣传方式上，利用发放宣传手册和宣传单、简报、宣传橱窗、宣传标语、横幅等载体开展了多种形式的法制宣传。据统计，年内，共发放宣传手册及宣传单500余份，出简报26期，粘贴宣传标语20张，悬挂宣传横幅7条。

【建立维稳工作机制】 建立巡逻制度，坚持“打防结合、预防为主”的方针，启动群防群治的治安防范机制；建立社会纠纷调解制度，落实分工合作、责任到人的工作机制；制定应急预案，保证及时处理突发性事件；建立对不稳定因素实行实时联系制度，启动责任到人、及时报告、及时处置的工作机制；建立考核制度，启动奖勤罚惰的工作机制。

【党建工作】 扎西岗乡现有干部职工43人，其中，行政编制31人，事业编制8人，工人2人，基层就业服务平台2人。下派干部8人，借调至县直部门7人，大学生“村官”4人。全乡7个村党支部，1个乡机关党支部，设置43个党小组。全乡党员718名，其中机关党员110人（包括乡政府、派出所、学校、卫生院），农牧民党员608人，占全乡总人口的8.9%。2015年，全乡37名农牧民党员按期转正，16名农牧民入党积极分子按期转为预备党员，新吸纳农牧民入党积极分子15名。共有致富能手56名，致富带头人32名，其中老党员27人，老干部7人。在党员的管理上，扎西岗乡主要做到“三个注重”和“四个活动”，不断提高党员的自身素质和服务水平。

【“三严三实”“忠诚干净担当”专题教育活动】 统一部署，确保活动落到实处。2月11日扎西岗乡召开“三严三实”和“忠诚干净担当”专题教育活动动员大会并做出具体安排。会后结合扎西岗乡实际情况，立即制定《扎西岗乡“三严三实”和“忠诚干净担当”专题教育学习教育环节实施方案》；学习形式多样化，确保学习教育不走过场。2015年，乡党委共组织集中学习32次，组织研讨交流15次，专题讲党课4次，观看政绩片及教育警示片2场次，下村指导督促学习5次，个人自学了《优秀领导干部先进事迹选编》及专业知识，全乡撰写学习笔记300余篇；强化措施，确保学习教育具有实效性。乡主要负责人对学习贯彻“三严三实”提出了明确要求，带头亲自学习，撰写学习笔记，撰写学习体会，乡党组成员积极开展自学，记笔记、写心得，互相开展学习交流。对做好学习贯彻工作做出了安排部署，将“三严三实”列为教育活动必学内容，贯穿教育活动的全过程。同时，坚持用“三严三实”指导工作实践，将习近平总书记的讲话重要精神与当前全乡重点工作紧密结合，大力弘扬“钉钉子”精神，坚定不移地抓好各项工作部署落实。

【加强党风廉政建设】 乡党委高度重视党风廉政建设工作，制定《扎西岗乡2015年度党风廉政建设工作实施方案》，成立了以乡党委书记为组长，乡党委副书记、乡长、人大主席为副组长，其他领导班子为成员的党风廉政建设领导小组，与各村“两委”签订《扎西岗乡党风廉政建设工作责任书》，各行政村也都成立以党支部第一书记为组长的领导小组，按照“党委统一领导，党政齐抓共管，纪委组织协调，村两委各负其责，依靠群众监督”的工作机制，形成了“一把手”负总责，一级抓一级层层落实的良好工作格局。2015年，共修订完善15条制度，其中新建5项，15项制度已全部上墙公示，理论学习共15场次，参与人数达240人次；组织党员干部开展了《为民务实清廉》、党的惠民政策和法律法规及做践行“三严三实”和“忠诚干净担当”的好干部等研讨交流活动18场次，每人撰写心得体会2篇，共50余篇，撰写学习笔记300余篇，观看政绩片及教育警示片3场次。同时，开展好厉行节约宣传活动，乡领导多次在会上强调要厉行节约，杜绝浪费，并把节约节俭的要求纳入乡干部职工集中学习内容中，在机关食堂粘贴醒目的节约标语，促进干部职工自觉摒弃餐桌浪费的陋习。通过采取一系列措施后，扎西岗乡食堂经费由原来每月20000元降低50%。对于公车管理，车辆使用一律遵循车辆派遣单制度，并按照车辆经济油耗报销加油，车辆维修保养由乡纪检、人大、财务人员参与并监督。

【巩固党的群众路线教育实践活动成果】 乡党委、政府为切实巩固好党的群众路线教育实践活动，乡领导班子明确工作步伐，推行出“两步举措”来巩固活动成果，并取得了显著成效。进行“回头看”工作。4月中旬，乡领导班子成员召开会议，对前期工作进行全面总结，查找问题，对发现的问题及时进行查缺补漏。发现扎西岗乡2个办公室标牌没按要求悬挂，理出问题后，乡党委、政府高度重视，及时定做办公室标牌；进一步加强问题台账动态管理。指定专人负责管理问题台账，并要求及时汇报问题整改情况。

【巩固全国文明乡镇创建成果】 2014年，在各村“两委”、驻村工作队、各寺管会、各乡直单位及全体乡干部职工和全乡农牧民群众的共同努力下，扎西岗乡被授予全国文明乡镇这一荣誉称号。按照巩固全国文明城市创建成果的目标要求，2015年扎西岗乡积极组织各项活动，扎实巩固好全国文明乡镇创建成果。结合双联户网格工作。在全乡范围内开展“双联十星文明户”评选工作，评选出129户“双联户十星文明户”确保文明创建工作深入到户，做到家喻户晓，人人皆知；开展“弘扬爱国爱教、遵纪守法”寺庙法制宣传活动14场，参与人数达7000人次，粘贴宣传标语16条；开展“9·16”平安西藏宣传日活动，发放藏汉双语宣传资料3000余份；开展道德模范巡讲巡演活动3场，形成学习、关爱、争当道德模范的浓厚氛围，使学习道德模范深入人心。

（次仁央金）

【领导名录】

党委书记 达 瓦
人大主席 达 嘎
党委副书记、乡长
杨 勇
党委委员、派出所所长
扎西平措
专职副书记 巴 桑
纪检书记 扎西旺堆
人大副主席 加 群
人武部部长 巴桑朗杰
副乡长 次列旺姆

日多乡

【概况】 2015年是深入贯彻落实中共十八届四中、五中全会精神、全面深化改革的开局之年，是完成“十二五”规划的关键之年。年内，日多乡以发展为第一要务，以稳定为第一责任，继续坚持“调整优化畜牧业，开发壮大矿产业，发展繁荣旅游业”整体思路，积极应对、有效运作、攻坚克难、确保实效，使全乡经济和社会各项事业都取得了新的进展，为全乡政治、经济、文化等各项事业健康发展打下了坚实的基础。

日多乡位于墨竹工卡县以东55公里处的米拉山脚下，平均海拔4500米以上，乡政府所在地海拔4370米，东临工布江达县，西接扎西岗乡，北与门巴乡接壤，南面毗邻山南地区桑日县和乃东县，总面积955.5平方公里。川藏公路横贯全境，是日多乡主要的区域性交通干线。共辖3个行政村，共有724户，共2720人。低保户61户，201人。党员208人（其中8名预备党员）。乡共有僧人7人。全乡

现有干部职工33人，其中公务员22人，事业编制9人，工人2人。（除借调7人，下沉干部6人）

【经济发展】 年内，乡党委、政府按照“一产调结构、成规模，二产抓环境、促平衡，三产重文化、强基础”的发展思路，在全乡上下的共同努力下，2015年日多乡农村经济总收入达到5635.3万元，同比增长8.3%。其中，第一产业2235.5万元，同比下降4%，虫草收入408万元，同比下降50.9%；三产3400万元，同比增长66.2%，农牧民人均可支配收入实现14475元，同比增长21%，现金收入达到10518元以上，同比增长18.09%；日多乡农牧民主要收入来源为牧业、虫草、旅游餐饮服务、畜产品出售、外出打工、劳务输出、国家各项补贴等。2015年虫草采挖期间，乡群众虫草采集总收入达到408万余元，参与拉林高速建设的车队收入2000余万元。

【抓好畜牧业生产】 作为牧业大乡，抓好畜牧业一直以来都是政府工作中的重要环节，日多乡始终坚持以保护草原生态，畜牧业建设和规模化养殖发展为驱动，着力推进规模化、标准化、产业化建设。加快畜产品产业结构，2015年，全乡建立奶制品加工厂2个，畜牧综合服务站1个，畜产品销售点9个，有效增进了农牧民群众的收入，也为畜产品技术的推广起到了很好的示范作用；产业结构不断优化。全乡加大畜产品生产规模，科学地调整产业结构，按照“因地制宜、突出重点，协调发展”的方针，形成“一村一品”的良性发展格局，充分发挥藏药材特色产业，探索肉、毛、绒、皮等畜产品资源的开发利用，更大的实现产品的经济效益。2015年农牧民群众虫草收入达到408万元；牧业设施建设不断完善，日多乡在基础设施实施中，坚持实际出发，有步骤、有计划、有重点地逐步推进。围绕草原生态环境面临的问题，加大对草地资源的保护和管理力度，实施网围栏和草原生态暖棚暖圈项目，共投入资金347.88万元，以提高草地畜载能力。

【旅游业发展】 随着全乡经济的不断发展和产业不断优化升级，旅游业也成为日多当前及未来发展的主要产业。当前，日多乡旅游业发展仍处于攻坚克难时期，乡党委、政府始终把旅游开发作为转型跨越的重要抓手，作为推动经济产业快速发展的旗舰项目，科学规划，推动创新，加大基础设施建设，拓宽致富门路，使全乡旅游业跨越式发展。加强政府主导的力度，科学制定了日多旅游发展规划；加强旅游宣传力度，通过旅游业带动特色畜产品、药材、民族手工产品的销售，合理调整乡内旅游综合服务站经营模式，以推动旅游业与特色牧业及美丽乡村建设共同发展；加大改善基础设施建设。依托米拉山景点、思金拉措湖、温泉和“318”国道旅游黄金线的区位优势，投入资金45万元，用于牧家乐的建设和改善，每年帮助群众增收8万元。思金拉措旅游道路均已开工，正在实施中。

【虫草采挖】 强化工作措施，狠抓虫草采挖管理工作，确保农牧民持续增收及社会和谐稳定。全面落实责任制。乡党委、政府多次组织召开会议，全面安排部署虫草采集期间相关工作；切实做好采集管理工作。把虫草产区的生态保护与合理采集有机结合，认真做好虫草采集的监督管理工作，全乡5个虫草点均派驻乡村干部进行24小时蹲点管理；加大矛盾纠纷排查工作。切实加强虫草采挖期间的惠民政策宣传和矛盾纠纷排查化解工作，积极对采挖人员进行思想教育，防止因人员过度集中引发群众纠纷；切实加强环境保护及宣传教育工作。把生态保护及相关法律法规，及时传达到群众心中，切实增强农牧民群众的责任意识，让群众自觉参与到保护生态环境的工作当中，真正建立起一整套长期有效的虫草采集管理长效机制。

【维稳工作】 在乡党委的正确领导下，全乡党员干部牢固树立稳定压倒一切、维稳是第一责任的意识，狠抓维稳工作责任落实，重点加强部署元旦、春节、藏历新年、两会、“三月敏感期”、雪顿节、抗战胜利70周年、西藏自治区成立50周年、藏博会等重大节庆期间的工作任务，合理安排值班执勤、科学分配维稳力量，落实十项维稳措施，制定

20余份突发事件处置方案及应急预案，全乡认真落实“乡包村”工作制度，调派10名干部在敏感节点深入村组，充实维稳力量。协同派出所、检查站组织反恐、防暴、反自焚等专项应急处突演练6次，有效提高应急处置能力。对乡重点部位实行24小时值班巡逻制度，对外来人员逐一登记，严格落实管控机制，并做到情况清、底数明，共开展特殊人群帮扶30余次。积极创新流动人口服务管理方式，年内，共对辖区2267名流动人口登记造册。加大对成品零散油管理力度，2015年共为群众办理油票1167份，做到了去向明、无流失；扎实做好重点区域、部位的安防巡逻工作，群防群治队伍参加的各类安全巡逻236次；以“大排查、大调处、大化解”专项活动为契机，深入调查群众生产生活困难，重点针对拉林高速项目建设涉及的房屋拆迁、征地以及群众中存在的矛盾纠纷进行排查，合理化解并妥善处置矛盾，年内，共调处矛盾37起，调处率达100%，成功率达100%。扎实开展安全风险评估，定期组织安全隐患排查，年内，共组织安全隐患排查12次，消除安全隐患10余起，进行食品药品监督检查20余次，收缴各类过期食品60余件。

【“三严三实”活动】 年内，以“三严三实”活动开展为契机，承接上一年党的群众教育实践活动，积极做好巩固，全面加强领导班子和干部队伍建设。自活动开展以来，全乡各党组织科学筹划、真抓实做，广大党员干部踊跃参与、接受洗礼，人民群众和社会各方面热烈响应、大力支持，整个活动进展有序、扎实深入，取得了重要的实践成果、制度成果和理论成果。全乡4个党支部、1个卫生院、1个派出所、1座寺庙，共计党员干部72人，农牧民党员204人全部参加专题活动，参与覆盖面达100%。广大党员干部精神上补了“钙”，理想信念、宗旨意识和群众观点进一步增强。日多乡采取集中学习与个人自学相结合的方式，保障学习时间和质量，每次集中学习不少于2个小时，个人自学每天不少于1小时，做到把理论学习运用到工作实践中；“四风”等问题得到有力整治，党员干部作风明显转变。在承接党的群众路线教育实践活动的基础上，党员干部严格遵守中央“八项规定”，自治区“约法十章”，市委“八项要求”和县委“八项守则”，集中开展了专项整治等活动，推动了工作不实问题的解决，加大了对不作为乱作为的整治力度，对办公用房超面积、车辆配备超标准进行了清查，干部“迟到早退”现象得到整治，享乐和骄奢之风得到狠刹，联系群众不深等问题得到了根治；党内政治生活更加严格，领导班子凝聚力战斗力进一步增强。为了召开高质量的专题民主生活会和组织生活会，全体党员干部在做好深入学习、广泛征求意见、自查、谈心的基础上，认真撰写个人对照检查材料，做到自己动手写、查摆问题全、分析原因透、整改措施明，领导班子个人对照检查材料普遍修改2稿以上；群众反映强烈的突出问题得到初步解决，党群干群关系进一步融洽。通过开展“大讨论”“大下访”等活动，全体党员深入群众家中以解决群众“最揪心”的事情为重点，集中精力逐一破解。一批突出问题得到解决，专题活动以来日多乡在道路、桥梁维修，就业、就学、就医、住房、安居工程等方面解决实际问题25件，共投入资金40万元，有效解决了关系群众切身利益的问题。

【“双联户”、网格化】 年内，自双联户工作开展以来，日多乡认真贯彻落实上级部门相关文件精神，早动员，早部署，制定措施，明确任务，狠抓落实，各项工作正在扎实有效的开展，在原有自然村、组、行业、务工地点的基础上，将全乡划分为46个联户单元（怎村16个、拉龙村21个、念村9个），并民主选举出46名政治可靠、有威信、能服众、有能力、有责任心的人员担任联户代表，带领群众增收致富。年初以来，乡党委明确分工，由党委书记任第一责任人，两名分管副书记一个抓稳定、一个抓增收，及时设立网格化办公室，指定3名人员专门负责开展工作。通过各项工作的有序落实，在全乡划分网格片区14个，设立联户单位46个，联户代表46人，先后帮助群众调处矛盾纠纷35起，进行安全隐患排查56次，组织帮扶弱势群体23次，组织乡干部、民兵、护林员整治环境卫生72余次，收集民生信息19条，以联创联营的形式设办牧家乐5个、旅游服务中心2个，全年直接经济增收达35余万元，并在联户增收取得盈利后，将所得资金用于贫困群众的生活补助。2015年9月，通过“先进双联户”创建评选活动的有效开展，共产生9名村级“先进双联户”、3名乡级“先进双联户”、1名县级“先进双联户”和1个“双联先进村委会”，特别是拉龙村强巴次珍联户荣获自治区级“先进双联户”，极大地促进了日多乡双联户工作的开展。

【惠民项目】 年内，乡政府共兑现各项惠农资金共计601.8561万元。其中，牧民综合生产补贴惠及440户，共计兑现22万元；草畜平衡补偿527户，共计163.2035万元；兑现2014年草原监督员资金47.52万元；兑现2013年游牧民牲畜暖棚暖圈资金106.54万元；兑现粮食补贴5016元；人工种草补贴8000元，兑现草补共计37.3万元；兑现护林员及组长人员工资119.5728万元；寿星老人（80岁以上）25人，共计发放14850元；兑现安居工程提升改造11户，共计30万元。低保户户数61户201人，全年兑现低保金22.3072万元；五保户8户，每户兑现扶持资金4320元，共计34560元；“幸福养老”工程发放资金47.9700万元；认真开展拉林高速征地拆迁补偿款资金发放工作，并及时兑现补偿款500万元。

【社会事业】 年内，日多乡社会事业不断发展。教育改革不断深化。全乡1所小学、2所幼儿园改扩建项目已完成并投入使用，教育事业得到实质性进展，适龄儿童入学率达100%，在校生巩固率达100%。上年，乡政府在教育事业上共投入资金8万元，用于改善学校办公条件及均衡教育发展。在“六一”儿童节期间，为学校师生送去了1万元慰问金；医疗卫生事业全面加强。乡建成了拉萨市首个乡镇藏医药保健中心。2015年，新型合作医疗制度得到全面落实，参保率达到了100%。并且组织村医在乡卫生院进行集中培训，下步将派至各村卫生室，解决群众看病难的问题。在卫生事业上共计投入资金46.57万元，其中5.57用于改善卫生院办公条件和购买基本医疗设备，41万元用于购买救护车；深入推进“四业工程”，完成群众再就业培训、转移技能培训，2015年培训人数200余人，转移就业430人；严格落实安全生产责任制。始终把安全生产工作摆在首位按照“安全第一、预防为主、综合治理”的工作方针，2015年，共排查各类安全隐患103起，整改103起，整改率达100%；深入开展“矛盾纠纷大排查、大调处、大化解”活动，及时成立专项工作组，深入群众排查生产生活中存在的困难，重点针对项目建设涉及的房屋拆迁、土地征用以及群众中存在的矛盾纠纷等问题，合理化解并妥善处置，做到了村不漏户、户不漏组、组不漏人，共排查出各类矛盾纠纷116件，成功跳出116件，调解率100%，成功率达100%。

【领导班子建设】 以深入开展基层组织建设为契机，扎实开展好党员教育培训工作，扎实开展了“三严三实”“忠诚干净担当”“马上就办”等专题教育活动。深入开展“结对认亲交朋友”“结对帮扶”“书记讲党课”活动及党性教育工作，截至年底，共组织集中学习30次，观看爱国主义教育影片3次，开展集中学习讨论2次，开展专题研讨2次，撰写学习心得体会40余篇，开展“书记讲党课”活动5次，受教育党员干部群众达400余人次。

【基层组织建设】 根据目标管理责任书，与村党支部和党员签订目标管理责任书，签订率达到100%，注重党员培训工作，截至年底，共举办了由农村党员、新任村干部、大学生“村官”、入党积极分子等参加的培训班2期；注重质量，力抓发展党员和党员管理工作，年内，新培养入党积极分子11名，预备党员按期转正的8名。同时，以夯实基层组织建设为目标，健全了乡46名联户代表、21名网格“一长五员”、40名民兵等群众组织，充分发挥群众组织参与到社会管理、维护稳定、服务群众的作用。

【党风廉政建设】 年内，县委书记与各乡镇党委书记和各机关党支部书记约谈中，日多乡党委查找出班子及班子成员6个问题，现已整改完毕。年内，组织全乡党员干部，结合党的建设、综合治理、统战民宗、经济发展、精神文明建设等多方面工作，采取“学看查谈”的方式，观看防腐倡廉教育片12次，开展廉政教育相关工作，进一步促进了党风廉政建设工作开展。

（马　明）

【领导名录】

党委书记　杨传志

党委副书记、乡长

嘎玛挪培

人大主席　扎西平措

纪委书记　旦增曲珍

专职副书记　达　珍

人大副主席　牟仁青

副乡长　白　珍

普布次仁

武装部部长　加　措

尼玛江热乡

【概况】 尼玛江热乡位于墨竹工卡县东北部，距县城25公里，乡域面积646平方公里。属半农半牧乡镇，全乡辖7个行政村，32个自然村，共1900户，8605人，辖区内8座寺庙，5个寺管会，其中2个寺管会为副县级编制；1所中心校，在校学生719名，幼儿园1所，学前教育在校生105名；敬老院1所，集中供养老人67名，尼江籍26名；8家矿山企业；23家合作社；耕地面积12420.72亩，草场面积56770.6亩，牲畜存栏33010头（只、匹），牲畜出栏总数3735头（只），出栏率11.3%。尼江乡政府坚持“优环境、强基础、兴产业促发展”的工作思路，以“围绕平安抓稳定，围绕保障抓党建，围绕经济抓发展，围绕民生抓改善”全面推进乡域社会稳定、经济发展、基层党组织建设、改善民生等各项事业健康有序发展。

【强化矛盾纠纷排查调处】 2015年，累计投入维稳资金28万元，共排查化解矛盾纠纷80余起；抓好矿区安全生产工作，全年共开展85次安全生产大检查。积极配合县委、县政府完成章达村抗洪抢险工作；全面协调矿企做好章达村72户863名群众的搬迁后续工作，有效防止引发群体性上访事件。

【围绕保障抓党建】 按照“三个培养”的要求，严格农牧民党员发展程序，吸收了24名政治立场坚定、能带领群众增收致富的农牧民党员。扎实开展了党的群众路线和“三严三实”专题教育活动，全乡干部职工与23户困难家庭结对认亲，购买了价值15.15万元的帮扶生活用品，加强完善网格化管理工作，坚持择优原则，创新培养机制，成功培养出128名联户代表并每年对其进行民主评议；与各村委会、乡全体党员干部签订《党风廉政责任书》共计75份，切实规范了党员领导干部的作风。

【围绕经济抓发展】 截至年底，尼江乡农村经济总收入13966.66万元，其中第一产业收入10255.56万元，第二产业127.7万元，第三产业收入3583.4万元，人均居民收入9254元。

【基础农牧业生产实现稳步向前】 2015年，尼玛江热乡实现春耕播种面积12193.62亩，发放了价值22.55万元的化肥、农药，购置了321台国家补贴农机具；粮食产量实现了三连增，达到3228.6吨。牲畜疫苗注射率达100%，存栏数达到33010头（只、匹），接羔育幼成活率95%；牲畜出栏总数3735头（只），出栏率11.06%。

【基础设施、农牧业设施进一步完善】 共投入了1728.49万元，对芒热村的水泥路面、帮达村三、四、五组砂石路面进行了修建，现已基本完工；其玛卡村道路已完成设计，艾玛日寺、曲龙寺道路已竣工通车。

投入30万元修建帮达灌溉水渠；投入180万元修建了章达村流转土地934.7亩耕地的配套水渠；投入240万元，修建了仲达村4座垃圾池，羊日岗村朵岗灌溉支渠1.3公里，帮达村白塔停车场新建5亩、芒热村油菜籽加工合作社厂房改扩建等工程；实施了宗雪村、章达村农田网围栏安装等强基惠民项目。

【专合组织实现稳步发展】 按照“一村一品”的发展思路，结合尼玛江热乡实际，确定了宗雪村嘎瑕农产品、容多畜产品、羊日岗朗瑕针织加工，帮达传统藏式彩靴、其玛卡刺绣唐卡等5家合作社作为重点扶持对象，整合各方资金，加大投入力度，累计落实国投资金1270万元，辖区内各专合组织解决就业岗位77个，月均工资达1500元。

2015年，尼玛江热乡开工建设并完成了荣多奶牛、其玛卡唐卡刺绣、羊日岗民族服饰、邦达藏靴、羊日岗临街商品房等建设项目；宗雪村临街商品房处于建设当中。

【“四业工程”实现稳步增收】 2015年，尼玛江热乡外出务工人员达到2005人，劳动力转移834人，劳务输出总收入达2199.68余万元；参与虫草采集1374人，共计采挖虫草约172公斤，收入达1718万元。实现人均现金收入1.25万元。

【围绕民生抓改善】 2015年，结合尼玛江热乡各类民生项目具体实施情况，对县财政统一拨付的300万元办实事经费进行了预算，拨付70万元用于各村发展村集体经济、小型路桥、水渠水塘新建、维修等事项；拨付11万元用于农牧业生产净土产业扶持，拨付35万元用于水利、气象、教育、卫生事业；全乡经济实力整体得到提升，拓宽了群众就业渠道，群众增收致富效果明显。

积极联系教育、卫生、民政相关部门，不断整合资源，动员村“两委”、驻村工作队等力量，组建了一支精通藏汉双语的队伍，用群众通俗易懂的语言开展“三大民生”工程的宣传教育引导工作。

乡配套30万元购买垃圾压缩运输车一台，制定出台了《车辆运输管理办法》和《环卫工人管理办法》；组建乡村环卫队，配备环卫工人17名，为7个村委会投入3.5万元，32个村小组投入9.6万元，累计13.1万元用于环卫工作经费；自筹解决了乡政府所在地9名环卫工人800元/月工资。乡环境卫生整治领导小组深入各村开展环卫整治12次，制作环卫警示宣传牌41个，深入矿山开展安全、环保检查15次。通过一系列的举措，尼江乡容村貌极大改观，生态建乡工作成效显著。

【教育事业全面进步】 全乡已实现义务教育全覆盖；农牧民子女高等教育学费100%报销，截至年底，累计报销69人，涉及资金 42.304万元。仲达、羊日岗村幼儿园于11月7日正式开班，邦达村幼儿园建设项目已批复，截至年底，处于选址阶段；芒热村幼儿园建设项目已完成前期准备工作，截至年底，处于建设阶段。乡政府全年投资10万余元用于教育基础设施建设。

【卫生服务持续优化】 积极协调县卫生、民政等部门，实现了尼江籍农牧民群众医疗保险和民政救助后剩余的住院医疗费用100%报销。加大10岁以下唇裂、唇腭裂救治工程和贫困白内障患者复明工程的宣传摸底核实工作，截至年底，筛查出10岁以下唇裂、唇腭裂4人；白内障37人，已实施白内障手术23例，成功复明16例，不符合手术条件7例。配套40万元为乡卫生院解决救护车一辆，制定了《救护车辆使用及油料管理办法》；根据相关要求，开展前提摸底调查工作，筛选出符合转公益性岗位条件6人。

【社会保障更加有力】 为729名农牧民老年人发放了幸福养老金，其中60—69岁394人，70—79岁233人，80—89岁88人，90—99岁13人，100岁以上1人，共计发放养老金90.83万元。共有五保37户，其中集中供养28户；分散供养9户，共计发放分散供养户全年资金3.888万元。全乡共194户822人享受农村低保，累计发放资金50.3748万元。乡公共厕所建设项目已完成选址等前期工作。扶贫搬迁工作稳步推进，已上报危房改造、搬迁、原址重建1454户；完成了721户新分户摸底调查工作。

（唐志勇）

【领导名录】

党委书记 扎巴桑珠

党委副书记、乡长

柏 强

专职副书记 赵 静（11月免）

党委副书记、人大主席 旺　扎
纪委书记 索朗曲珍
人大副主席 格桑曲珍
贡觉赤列
人武部长 伍金彭措（5月免）
副乡长 许晓飞
扎　桑

扎雪乡

【概况】 扎雪乡位于墨竹工卡县以北的米洛山脚下，龙雪河贯穿全境，乡政府驻地格老窝村离县城约50公里，与林周县阿郎乡接壤。全乡平均海拔4200米，水资源较丰富，拉萨河贯穿全境，境内还有米洛河沟，龙珠岗河沟，水能蕴藏量及天然水能资源及药材极为丰富（主要有龙胆花、杜鹃花、红景天、一枝花、贝母等）。

扎雪乡共1345户、人口8067人、劳力2270人，全年农村经济总收入6674.94万元，比上年增加3.25%，其中第一产业收入为4361.94万元，比上年增加3.06%，第二产业收入为795.9万元，比上年增加5.78%。第三产业收入为1517.1万元，比上年增加2.49%，农牧民人均纯收入为6345.53元，比上年增加3.29%，农牧民人均现金收入为4598.88元，比上年增加0.21%。全乡总耕地面积11467.5亩。饲草作物1297.97亩，经济作物3541.85亩（油菜、蔬菜）。粮食作物产量3483.05吨。牲畜存栏23596头（只、匹）。

【农业生产】 春耕春播工作已全面完成，根据群众的需求从县农牧局购置了化肥2586袋，共计170799.4元，其中含二胺929袋，共计69675元、尿素797袋，共计36024.4元、复合肥820袋、共计61500元，氯化钾40袋，共计3000元；农药含野麦畏12桶、24—D滴丁酯45箱，卫福20桶、大膘马200瓶，并及时发放到群众手中，以确保提高粮食的比率，促进了扎雪乡2015年农业的长足发展，为扎雪乡农业增产，农民增收奠定了坚实的基础。同时扎雪乡每月定期检查农田长势，于6月中旬发现部分青稞根部出现芽虫，乡政府及时报县农牧局，迅速配发农药溴氢乙酯进行喷洒。确保农业生产安全，进一步做到促农增收。2015年，扎雪乡总播种面积11467.5亩（其朗村2578.05亩、扎雪村743.25亩、塔杰村1756.8亩、米洛村1339.8亩、格老窝村2017.8亩、龙珠岗村3031.8亩），其中粮食作物6758.38亩（其朗村1780亩、扎雪村538亩、塔杰村1158亩、米洛村867.55亩、格老窝村118.95亩、龙珠岗村1405.88亩），经济作物3541.85亩（其朗村油菜600亩和蔬菜20亩、扎雪村油菜90亩和蔬菜15亩、塔杰村油菜375.2亩和蔬菜21亩、米洛村油菜349.85亩和蔬菜40.4亩、格老窝村油菜504.48亩和蔬菜10亩、龙珠岗村油菜1467.92亩和蔬菜48亩），饲草作物1297.97亩（其朗村360亩、扎雪村100亩、塔杰村204.6亩、米洛村29亩、格老窝村494.37亩、龙珠岗村110亩）。

【春防工作】 扎雪乡从3月23日开始进行防疫工作，以巩固和提高牲畜的出栏率和总增率。按照农牧局、兽医站要求及时给全乡牲畜打口蹄疫苗，有效预防了疫情的发生。同时定期大力宣传了各类传染性疾病的防治工作。

【农田水利设施建设】 为确保水利设施建设，扎雪乡积极于上级水利部门协调开展了水渠建设，建设全长达17845米，投入资金达537万元。其中对龙珠岗村二组水渠建设，长度2720米，投入资金50万元，格老窝村夏曲水渠建设，长度3005米，投入资金112万元，扎雪村西康水渠建设，长度1750米，投入资金47万元；扎雪村朗囊水渠建设，长度1950米、投入资金58万元，其朗村直热水渠建设，长度5500米、投入资金160万元，米洛村四组水渠建设，长度2920米、投入资金110万元，项目均建设当中，本月底全部完工。

【集体经济作用发挥明显】 壮大村集体经济方面，2015年扎雪乡通过塔杰村驻村队为塔杰村委会购置了一辆东风车，该东风车今后用于拉矿，直接增加村集体收入提供保障，村办砂石厂及商品房收入达30000元；龙珠岗村村办集体龙雪清油加工厂，2015年纯收入70000元，项目使25户贫困户受益；通过驻村工作队其朗村委会在嘎则新区建设的村集体商品房项目，2015年房租费及转让费收入达95000元；米洛村村委会商品房房租费收入达7000元；扎雪村村办砖厂及村集体装载机收入达70000元；格老村砂石场地租费收入30000元。

【劳务输出力度进一步加大】 积极引导广大贫困户转变观念，克服“等、靠、要”的依赖思想，给群众提供更多的培训及就业机会，积极配合县四业办宣传组织群众积极参与就业培训、积极与扎雪乡境内的施工单位沟通协调加大劳务输出力度，经统计，2015年扎雪乡外出务工1854人，农村劳动力转移收入总计5562000元。劳务输出已经成为增加群众收入最有效、最快捷的增收渠道。

【植树造林】 2015年，扎雪乡安排护林员在尼江至扎雪的公路两旁进行补栽及新植树木共计6860株，并开展树木网围栏及涂白工作，动用护林员784人次。并在雨季来前充分利用县林业局派发的水车进行一个月的浇灌，2015年成活率达90%以上。

【虫草采集】 2015年，扎雪乡到门巴乡境内虫草采集人员1112人、采集收入5560000元，扎雪乡境内虫草采集人员820人、采集收入820000元。

【维稳工作】 力促长治久安，和谐稳定的良好局面不断巩固，始终坚持把维稳工作放到一切工作的首要。年内，针对维稳工作，制定了维稳工作实施方案及突发事件应急预案，大力开展综治维稳和平安创建活动，不断增强社会治安防控能力，持续巩固加强和创新社会管理工作成果，加大矛盾纠纷排查调处力度。全乡干部职工始终在政治上自觉与党中央保持高度一致，以高度的政治自觉、思想自觉和行动自觉全身心投入到维稳工作中去，科学统筹、防范在先，明确分工、责任到人，有效确保了扎雪乡2015年的社会稳定大局。

【落实维稳工作制度】 加强部署元旦、春节、藏历新年等重大节庆期间三月份敏感时段工作任务，合理安排值班执勤、科学分配维稳力量，制定维稳工作实施方案、突发事件处置方案及应急预案，全乡认真落实维稳工作制度，做到“有事报事，无事报平安”。整合乡内一切维稳力量，使人防、物防、技防相配套，形成了上下一盘棋、统一指挥、信息共享、群防群治队伍配合、齐抓共管、快速反应的全方位动态社会稳定预警、管控体系。在全乡上下的共同努力下，确保了扎雪乡辖区的绝对安全稳定，实现了“三不出”目标。

【人员管控】 对乡重点部位实行24小时值班巡逻制度，每天定时不定时检查各村值班情况及维稳力量部署情况，督促各村、各单位实行零报告制度。加强了对外来人员的排查，对每位外来人员逐一登记，做到了情况清、底数明。严格落实重点人员“五包一”管控机制。同时进行法制、惠民政策宣讲教育，引导广大群众知法、懂法、守法。多次对寺庙僧人进行法制宣传教育，驻寺工作人员与僧人谈心、交朋友，准确掌握僧人思想动态。严格执行僧人外出请销假制度，确保掌握每一位僧人的行踪动向。

【创新流动人口服务管理方式】 随着经济社会的不断发展，扎雪乡流动人员逐年增多。按照上级党委要求，扎雪乡结合实际，积极转变服务管理方式方法，把维稳措施与创新社会管理紧密结合起来，联合其他县乡切实掌握来拉萨旅游人员基本基本情况、行程路线。强化配套服务管理设施，突出以我为主、和谐便民、依法管理、严防失控、确保了便民利民、维稳工作两不误。

【狠抓安全生产】 扎雪乡成立了安全生产工作领导小组，严格落实安全生产责任制，采取定期检查和不定期抽查的方式，对乡内企业、商铺、各村专业合作社、矿场进行严格管理，与其分别签订安全工作责任书，及时发现和排查安全隐患，发现违章操作行为，一律督促整改，这些举措的严格落实，有效护了全乡的社会稳定和人民生命财产安全。

【加强对成品零散油管理】 严格审批登记制度。各责任部门指派专人负责零散成品油的审批登记，并严格按照村、派出所、乡三级审批通过后才可购买的政策。对加油车辆、加油时间进行登记，根据车辆型号估算油量使用时间，购油次数频繁人员一律不予审批，并对该人员进行严密监控；加强对零散成品油的跟踪管理。指派乡干部及时检查核对扎雪乡所购成品油使用情况，并全程掌握油品去向，切实做到了所购成品油去向明、无流失；加大零散成品油的检查抽查力度。乡政府联合派出所不定期对辖区内商铺、企业、茶馆等场所进行检查抽查，重点查处非法销售和储存零散成品油行为，一经查出，严惩不贷。

【加大矛盾纠纷排查调处力度】 以党的群众路线教育实践活动为契机，深入调查群众生活生产困难，重点针对群众中存在的矛盾纠纷进行排查摸底，通过两个阶段的入户调查，并未发现有上访苗头的群众，切实把问题解决在了当地，做到了小事不出村，大事不出乡。认真排查各类矛盾纠纷68次，乡村两级调处率达100%。

【进一步深化创新社会管理成果】 在网格化管理基础上，结合上级党委“联户平安”工作指示，进一步深化社会管理触角。按10—15户的标准进行了实地划分联户，并以民主选举的方式，从农牧民群众当中推选出政治可靠、有威信、能服众、有能力、有责任心、能带动周边群众增收致富的人员担任联户长，以便能更好地服务群众、利于群众发展生产、增收致富和促进全乡和谐稳定。

年内，未出现任何越级上访、群体性上访事件、危安事件、大的道路交通安全事故。2015年获得自治区、拉萨市、墨竹工卡县先进双联户先进集体荣誉称号。

【社会各项事业全面发展】 全乡小学入学率、巩固率、毕业率分别达到99.6%、100%和100%，中学入学率、巩固率、毕业率分别达到99.6%、99.6%和100%；强化食品卫生安全目标管理和责任制.扎雪乡对学校食堂共检查12次，对乡周围商铺共检查24次。发现卫生安全隐患2处，并及时进行了整改；全乡参加合作医疗登记人数8000人，参加率达100%；参加新型农村养老保险参保人员3118人、参保率达100%，年满60周岁（已享受养老金）915人，2015年，16至59岁新增人数为39人；扎雪乡有效落实各项惠民政策，扎雪乡低保户184户977人资金补贴156.4万元；分散五保户30户30人；集中供养五保户29户29人资金补贴24.4万元；优抚兑现资金为4047.2元；孤儿兑现资金4.2万元，残障人资金补贴3.2万元；教育资助金58.14万元；寿星老人健康补贴4.2万元；夕阳红60岁以上老人兑现资金90.1万元；全乡2015年兑现粮食直补371830.8元，成品油价补贴17346.9元。

【300万经费使用情况】 教育医疗经费200000元；农林水经费129951元；生态环境整治经费700000元；农田围栏经费204000元；农牧业培训经费20000元；自然灾害物资储备、突发事件预留经费200000元；小型项目经费297325元；低保户、五保户、扶贫户扶持资金100000元；卫生院、村委会、各寺基础设施改造经费100000元；维稳经费210000元；房屋改造经费192000元；乡村公用经费268000元。

【发展党员】 2015年是中国共产党成立94周年，为隆重庆祝党的生日，讴歌党的丰功伟绩，激发全乡党员干部群众参与创先争优活动和投身新农村建设的热情，扎雪乡积极筹备，精心组织，“七一”期间在全乡范围内开展以“纪念建党94周年”为主题的庆“七一”系列活动，活动上表彰了先进集体及个人，开展党建工作“回头看”活动，走访看望慰问老党员、困难党员和优秀党员，重温入党誓词等。

全乡共有7个党支部。其中，机关党支部1个，村支部6个；农牧民党员625名，其中有61名为预备党员，正式党员564名。龙珠岗村党员143名（含预备党员15名），米洛村党员119名（含预备党员19名），其朗村党员111名（含预备党员10名），塔杰村党员73名（含预备党员8名），扎雪村党员81名（含预备党员3名），格老窝村党员103名（含预备党员6名）。

【“三严三实”活动开展情况】 深入开展“三严三实”和“忠诚干净担当”专题教育活动情况，根据区、市、县、三级关于深入扎实开展“三严三实”“忠诚干净担当”专题教育活动的系列会议文件精神和相关指示要求，扎雪乡“班子”村“两委”班子和驻村工作队高度重视、统一思想、精心组织开展了专题教育活动，组织全体党员干部集中学习了习近平总书记在参加安徽代表团审议时提出的“三严三实”重要讲话精神，学习了党的十八届四中全会和习近平总书记的系列重要讲话精神，集中学习共32次，同时利用每周一课书记上“党课”及班子成员上“党课”的形式吃透了“三严三实”和“忠诚干净担当”的重大意义和丰富内涵，召开专题研讨4次，同时会议的情况进行了自查，专题教育活动得了初步成效。

【党风廉政】 深入贯彻落实党风廉政建设责任制。年初与各村委会签订党政廉政建设责任书，细化乡班子成员的相关责任，严格落实一岗双责制，浓厚班子成员齐抓共管的氛围；抓好党风廉政建设教育学习，每周四组织乡干部观看反腐倡廉警示教育片，提高党员干部的廉洁自律意识；进一步规范干部职工行为，完善出台干部签到制度，严格执行《农村基层干部廉洁履职若干规定》，增强干部职工廉洁自律意识和自我约束能力。

【加大督办督查力度】 为了给全乡中心工作顺利开展提供纪律保证，进一步强化对强农惠农项目和资金的监管，加大对涉农资金公开督查力度，及时纠正侵占群众利益，特别是贪污、截留、挤占、挪用、套取及虚报冒领涉农资金等行为。同时，加大重大节日、敏感节点期间寺庙、学校、村委会、工作队带班值班情况。年内，乡纪委共下村督查50余次，对一些存在问题要求及时整改，共下发整改通知2次。

【抓好案件查处】 认真处理群众来信来访，对群众来信来访做到热情接待，积极办理。充分发挥查办案件在建立健全惩治和预防腐败体系中的积极作用，注重把查办案件成果转化为治本的资源。认真研究党员干部违纪违法案件的特点和规律，找出在监督方面存在的薄弱环节，为加强对党员干部尤其是领导干部的监督提供借鉴，增强监督的针对性和有效性。2015年，从综治维稳、信访工作中发现案源3件，办结3件。同时年初协调解决扎雪乡中心校施工方拖欠农民工工资问题，截至年底，已兑现220万元农民工工资。

【抓好制度建设】 俗话说，人不管人，制度管人。只有抓好制度建设，才能促进工作开展。年内，根据扎雪乡实际，制定10多项规章制度。其中有《扎雪乡领导干部接访下访制度》《坐班制度》《干部签到制度》《干部请销假制度》以及廉政建设、财务管理、派车制度。这些制度措施的出台，有效规范了扎雪乡干部行为，提高了干部素质。

【加强财务监管】 为进一步贯彻落实中央“八项规定”，加强扎雪乡财务监管工作，严肃财经纪律，防止侵害群众利益、落实惠民政策缩水走样、拖欠群众补贴、克扣群众财物等群众身边的不正之风等突出问题的发生，乡纪委对本乡2014年以来财务执行情况进行专项检查，重点检查是否严格执行中央“八项规定”，控制“三公”经费支出情况、财经纪律执行情况以及强农惠农资金落实情况。截至年底，扎雪乡三公经费支出共计28545元，同比上一年缩减5%。

（刘 蕾）

【领导名录】

党委书记 普 桑

党委副书记、乡长

孙延文

人大主席 扎 西
党委副书记 益西措杰
纪检书记 罗桑顿珠
人大副主席 唐 冲
副乡长 格桑拉姆
德 珍
财务所所长 格桑拉姆
社会经济发展办公室主任
卓玛拉措
文化服务中心主任
巴 桑
副主任科员 巴桑旺堆

门巴乡

【概况】 门巴乡位于墨竹工卡县东北方向，距县城约63公里，东南接工布江达县，北接嘉黎县，乡域面积1648.9平方公里，平均海拔约4500米。全乡下辖6个行政村，18个村民小组，932户，3847人（劳动力1617人）；现有耕地68.77公顷，草场82673.15公顷，牲畜20301头（只、匹），是墨竹工卡县的纯牧业乡之一。

【人员编制】 全乡在编干部36人（公务员25人，事业11人），公益性岗位3人；“三老”人员22人，护林员155人，联户长81人；农牧民合作组织9个；3个派出所（乡派出所，替寺派出所，德仲寺派出所）；1所乡中心校，教师28人，在校生364名；1所乡卫生院，5所村卫生室，医生15人；1所畜医站，畜医3人（公益性岗位1人）。有德仲温泉、直孔替寺等著名旅游景点。5所寺庙（直孔替寺、德仲寺、丁杰寺、查吴松多寺、查布寺）共有僧尼250名，分别为150名、83名、12名、2名、3名（其中编外的直孔替寺23名）。

【党建】 门巴乡共有3个党委（乡党委、德仲寺党委、直孔替寺党委）、6个村党支部、18个党小组，6个团支部、共青团员96名。截至年底，门巴乡正式党员415名、预备党员30名，其中乡机关党员38名、农牧民党员共有351名（正式党员331名、预备党员20名、新吸纳农牧民入党极分子共25名）。

【综合治理】 认真贯彻“打防并举，预防为主，标本兼治，重在治本”的方针，2015年3月1日乡政府和村委会、各寺庙、商户、乡属单位签订了治安综合治理目标管理责任书，针对维稳工作实施方案及突发事件应急预案，大力开展综治维稳和平安创建活动，不断加强社会治安防控能力，强化对寺庙的管理工作，严格执行宗教场所管理规定，加强社会流散僧尼和清退僧尼的管理，加大对重点人员的监督力度，制止非法的宗教活动，巩固寺教成果，抑制宗教消极影响，消除隐患和不稳定因素，加大矛盾纠纷排查力度，确保了全年无任何案件发生。

【经济发展】 2015年，全乡实现经济总收入7335.24万元，同比增长11.57%，其中第一产业收入6524.52万元，第二产业收入2.49万元，第三产业收入810.72万元，人均纯收入达到13604.7元，同比增长15.02%以上，主要经济收入来源于农牧业、虫草采挖、劳务输出以及各项惠民政策资金。

【教育卫生】 门巴乡中心校在校学生364人，适龄儿童入学率达100%，在校生巩固率达100%。全年投入资金共计15万元为学生购买校服及办公用品、解决车辆修理等费用。为全乡68名在读大中专院校学生及18名新入学大学生发放补助金、生活费、学费共计49.8047万元。新型农村医疗保险参保率达100%，实现健康档案全覆盖，参检率达到94.18%。

【民政工作】 全乡现有低保78户236人，生活补助25.5924万元；受助残疾人69人，助残补贴5.34万元；寿星老人44人，健康补贴2.175万元；幸福养老人249人，助老补贴27.93万元。截至年底，各类补助资金已全部发放到位。认真抓好新型农村养老保险参保工作，全乡2015年新型农村养老保险参保

2072人，其中新增55人、60岁以上321人，收缴参保金17.51万元，参保率达到100%。

【草场补偿】 2015年，发放2014度草原生态保护补助奖励资金185.74万元，牧草补贴面积123.64万亩。牧民生产资料综合补贴30.70万元，监督员补贴66.42万元，牧草良种补贴0.56万元，牦牛良种补贴3.75万元。

【虫草采挖】 2015年，整个虫草采挖期间，除乡值班人员外，乡党政领导、全乡干部职工都值守在采挖服务区，确保了采区“三不出”，年内，全乡共计1160人进入采挖点挖虫草，共采挖虫草约130.5公斤，现金收入约1576.52万元，人均增收4098元。

【环境整治】 年内，门巴乡共组织开展环境卫生集中整治23次，为每个村配垃圾收集车一辆（共6辆），每个小组配发了2—3个垃圾箱（共45个），配备1名环卫工人（全乡共计18名）并为其配发了相关工具和服装等，全乡人居环境得到明显改善，完成生态乡建设任务。

【精准扶贫工作】 门巴乡建档立卡贫困户161户、450人。根据需要，建立扶贫工作领导小组，与各村签订任务责任状。根据国家和区、市、县安排的专项资金规模，结合每个村的实际，分类制定落实脱贫措施。

（尼玛央金）

【领导名录】

党委书记 周军勇

党委副书记、乡长

土登次仁

人大主席 边巴次仁

人大副主席、武装部部长

扎西次仁

纪检书记 普布次仁

副乡长 魏国强

罗布旺堆

政务办主任 拉巴

综治班主任 扎西列措

中共墨竹工卡县委员会

县委书记　严应骏

2月9日，县委书记严应骏陪同自治区党委常委、市委书记齐扎拉到甲玛乡孜孜荣村检查调研

3月23日，县委书记严应骏陪同市委常委、常务副市长斯朗尼玛到甲玛乡龙达村结对帮扶户调研

3月11日，县委书记严应骏陪同市委副书记、常务副市长陈勇到南京希望小学检查调研

6月26日，南京市委副书记、市长缪瑞林到扎西岗乡南京希望小学考察指导工作

8月19日，县委书记严应骏到尼玛江热乡芒热村了解雄诺朗杰学习情况

9月6日，县委书记严应骏到扎西岗乡派出所检查指导值班带班情况

县委副书记、县长　旦增尼玛

6月5日，县委副书记、县长旦增尼玛看望慰问僧人

12月22日，县委副书记、县长旦增尼玛在2015年度县委班子“三严三实”民主生活会上作个人汇报

12月15日，县委副书记、县长旦增尼玛检查环保工作

县委副书记、人大常委会主任　洛 桑

4月15日，县委副书记、人大常委会主任洛桑在县十二届人大四次会议上为候选人投上神圣一票

2月17日，县委副书记、人大常委会主任洛桑节前慰问文广工作人员

6月21日，县委副书记、人大常委会主任洛桑给乡镇人大代表培训

县委常务副书记、政协主席　魏东飞

①　②　③

① 7月15日，县委常务副书记、政协主席魏东飞到乡镇督导检查综治维稳工作

② 2月6日，县委常务副书记、政协主席魏东飞慰问市政协派驻日多乡工作队员

③ 4月13日，县委常务副书记、政协主席魏东飞在政协一届四次全委会上作报告

县委副书记、常务副县长　张 屹

①　②　③

① 县委副书记、常务副县长张屹到扎雪乡中心校检查指导工作

② 县委副书记、常务副县长张屹看望慰问结对家庭学生

③ 县委副书记、常务副县长张屹在春耕春播仪式上与群众一起跳舞

县委常委、武装部政委　张朝宣

①　②　③

① 县委常委、武装部政委张朝宣带领官兵抢险救灾

② 县委常委、武装部政委张朝宣慰问困难户

③ 县委常委、武装部政委张朝宣下乡送医送药

县委常委、统战部部长　普　斌

①　②　③

① 县委常委、统战部部长普斌到塔巴寺安排部署维稳工作

② 县委常委、统战部部长普斌到德仲寺考察

③ 4月27日，县委常委、统战部部长普斌到嘎则寺检查指导工作

县委常委、宣传部部长　央金卓嘎

①　②　③

① 7月16日，县委常委、宣传部部长央金卓嘎深入基层检查指导工作

② 8月9日，县委常委、宣传部部长央金卓嘎主持召开宣传、文广系统干部职工学习会

③ 8月29日，县委常委、宣传部部长央金卓嘎陪同区市退休老领导参观群觉古代兵器博物馆

县委常委、组织部部长　邹玉明

①　②　③

① 县委常委、组织部部长邹玉明与到南京挂职锻炼干部职工进行座谈

② 县委常委、组织部部长邹玉明到唐加乡调研

③ 2015年“三大节日”期间慰问离退休干部

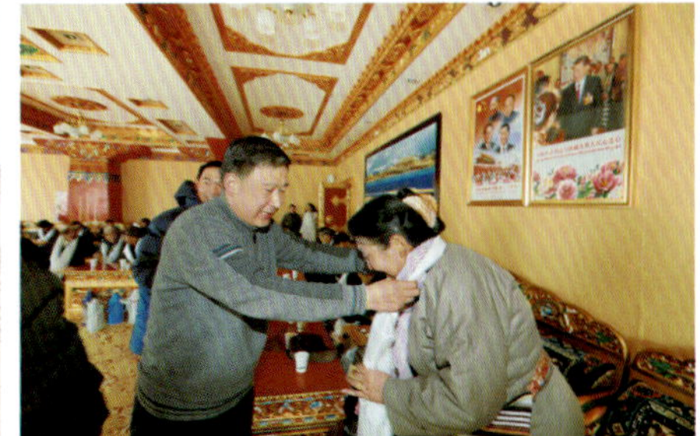

县委常委、政法委书记、公安局局长　梁光文

①　②　③

①3月30日，县委常委、政法委书记、公安局局长梁光文到华泰龙检查炸药库管理情况

②3月9日，县委常委、政法委书记、公安局局长梁光文检查交警执勤情况

③2月12日，县委常委、政法委书记、公安局局长梁光文慰问执勤官兵

县委常委、纪委书记　张子成

①　②　③

①3月17日，县委常委、纪委书记张子成到德仲寺考察

②3月18日，县委常委、纪委书记张子成陪同区党委巡视办副主任马玉魁到门巴乡督导检查工作

③1月14日，县委常委、纪委书记张子成陪同市考核组到甲玛乡实地了解墨竹工卡县2015年党风廉政建设工作开展情况

墨竹工卡县人民代表大会常务委员会

县委副书记、人大常委会主任　洛桑

人大常委会副主任　顿珠穷达

人大常委会副主任　拉巴次仁

人大常委会副主任　刘登贵

人大常委会副主任　扎巴桑珠

2月12日，参加墨竹工卡县人大常委会第十九次会议

4月14日，参加县十二届人大四次会议分组讨论

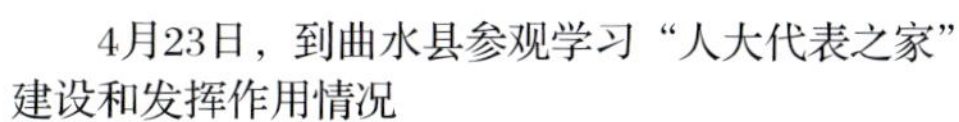

4月23日，到曲水县参观学习“人大代表之家”建设和发挥作用情况

6月17日，在县十二届人大第二十一次常委会上举手表决选举新任副县长

5月28日，走访虫草采集点了解情况

5月15日，县人大常委会领导考察环保工作开展情况

6月16日，县人大常委会领导查看唐加乡网格化工作开展情况

3月20日，县人大常委会领导参加植树活动

墨竹工卡县 人民政府

县委副书记、县长　旦增尼玛

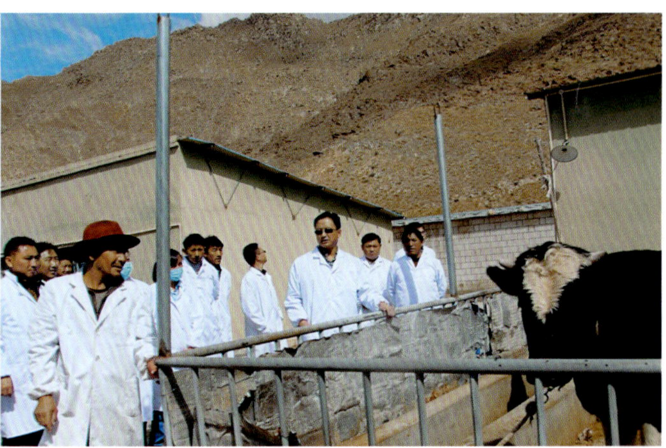

10月10日，县委副书记、县长旦增尼玛带队到城关区参观学习

8月26日，县委副书记、县长旦增尼玛为县医疗卫生发放救护车仪式

11月17日，县委副书记、县长旦增尼玛到华泰龙公司检查安全隐患

县委副书记、常务副县长　张 屹

5月19日，县委副书记、常务副县长张屹到扎雪乡中心校检查指导工作

县委副书记、常务副县长张屹慰问结对户

5月19日，县委副书记、常务副县长张屹看望慰问结对家庭学生

副县长　陈　平

①　②　③

① 10月7日，副县长陈平向自治区党委常委、市委书记齐扎拉汇报全县旅游工作

② 12月23日，副县长陈平看望慰问结对户

③ 3月20日，副县长陈平参加机关春季义务植树活动

副县长　米玛次仁

①　②　③

① 副县长米玛次仁到实地听取县林业局工作开展情况

② 副县长米玛次仁到唐加乡考察工作

③ 副县长米玛次仁检查水渠维修情况

副县长　益 西

①　②　③

① 副县长益西参加重阳节活动

② 副县长益西调研五保集中供养中心项目建设

③ 副县长益西慰问SOS儿童村孤儿

副县长　龙 刚

①　②　③

① 2月11日，副县长龙刚在“三大节日”期间慰问墨竹工卡县“五保户”

② 8月6日，副县长龙刚参加全县首届国有建设用地使用权拍卖会

③ 11月18日，副县长龙刚陪同区、市两级住建部门调研墨竹工卡县2015年保障性推进情况

副县长　侯文峰

①　②　③

① 6月19日，副县长侯文峰陪同江苏省领导考察

② 2015年10月，副县长侯文峰向南京市商务局（粮食局）局长徐震中对接墨竹工卡县援藏工作

③ 副县长侯文峰到日多乡考察工作

副县长　谢雪梅

①　②　③

① 副县长谢雪梅对贫困户进行入档统计工作

② 副县长谢雪梅入户进行调研

③ 副县长谢雪梅在全县精准扶贫推进会上作安排部署

副县长　扎巴桑珠

①　②　③

① 副县长扎巴桑珠检查村委会宣传学习情况

② 副县长扎巴桑珠考察工作

③ 副县长扎巴桑珠考察下雪天气道路状况

副县长　边巴扎西

①　②　③

① 副县长边巴扎西考察慰问农业银行墨竹工卡县支行员工

② 副县长边巴扎西考察扎西岗乡巴洛藏鸡养殖场

③ 副县长边巴扎西考察工作

中国人民政治协商会议墨竹工卡县委员会

县委常务副书记、政协主席　魏东飞

政协副主席　益西班旦

政协副主席　卫智军

6月2日，自治区教体文卫体委员会副主任黎德勇到墨竹工卡县调研“文化产业发展、科教人才队伍”情况

4月13日，县委常务副书记、政协主席魏东飞在一届四次全委会期间看望委员

1月28日，县委常务副书记、政协主席魏东飞慰问市政协驻日多乡拉龙村工作队

8月26日，县委常务副书记、政协主席魏东飞陪同市政协调研组调研基层卫生人才队伍建设情况

12月24日，县委常务副书记、政协主席魏东飞主持召开政协党组“三严三实”专题民主生活会

11月3日，副主席益西班旦与县党政代表团一起到南京市浦口区参观考察

11月20日，政协副主席益西班旦陪同林芝市米林县政协主席考察学习

12月9日，政协副主席益西班旦带队考察“三大民生”工程落实情况

12月22日，政协副主席益西班旦带队考察重点提案落实情况

11月3日，政协副主席卫智军带队考察生态县创建情况

中共墨竹工卡县纪律检查委员会（监察局）

县委常委、纪委书记　张子成

纪委副书记、监察局局长　次仁扎西

纪委副书记　马发强

纪委常委、监察局副局长　旦增卓嘎

3月17日，县委常委、纪委书记张子成到门巴乡检查指导工作

11月24日，市纪委第三纪检组组长、调研员格桑巴珠宣讲“两个责任”

11月5日，纪委副书记、监察局局长次仁扎西下乡宣讲《准则》和《条例》

9月24日，组织县级领导、各部门负责人参观拉萨市反腐倡廉警示教育基地

2月3日，组织全县干部收看自治区纪委第七次会议

1月22日，墨竹工卡县预防职务犯罪警示教育基地开馆仪式

10月10日，召开县委反腐败工作协调小组会议

11月6日，到莫冲村宣讲两项党内规则

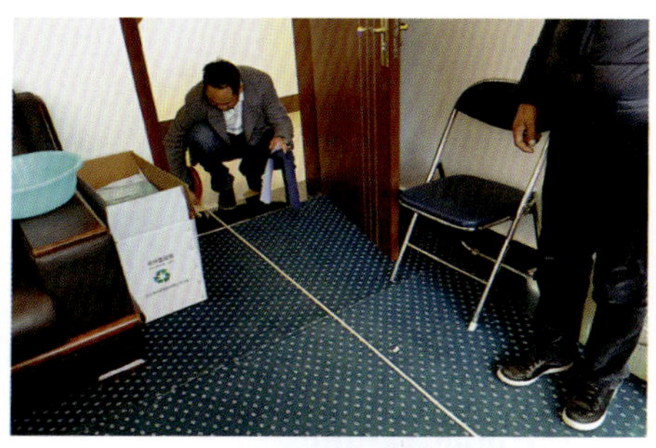

11月23日，到各县直单位测量办公用房面积

12月28日，到扎雪乡检查“三务”公开及“两个责任”台账建立情况

墨竹工卡县人民检察院

检察院党组书记、检察长　索朗次仁

检察院党组副书记、副检察长　索朗云登

检察院党组成员、副检察长　肖　静

5月5日，市检察院技术处处长李焕群到墨竹工卡县检察院检查指导检察系统内网改造工作

12月15日，邀请人大等相关单位参观警示教育基地

5月22日，县检察院公诉科干警出庭公诉

12月24日，干警走村入户，开展精准扶贫工作

8月30日，干警推进“法律进寺庙”活动，落实维稳主体责任

9月8日，干警利用业余时间，观看警示教育片

9月16日，干警上街普法，推进“平安墨竹”建设工作

10月22日，组织召开政治学习会议，强化干警“看齐”意识

10月13日，组织召开业务座谈会，推进规范执法建设

8月10日，南京检察系统到墨竹工卡县检察院考察基础设施建设工作

墨竹工卡县人民法院

法院党组书记、院长　韩新强

法院党组书记、院长韩新强与副院长廖江交流工作

2月4日，法院党组书记、院长韩新强慰问法院驻其玛卡工作队

2月4日，法院党组书记、院长韩新强到德仲村结对帮扶

3月23日，法院党组书记、院长韩新强部署党风廉政建设工作

11月11日，邀请县相关领导开展述职述廉述学报告会

“建军节”看望驻地官兵

8月31日，干警参加县体操比赛荣获二等奖

流动法庭

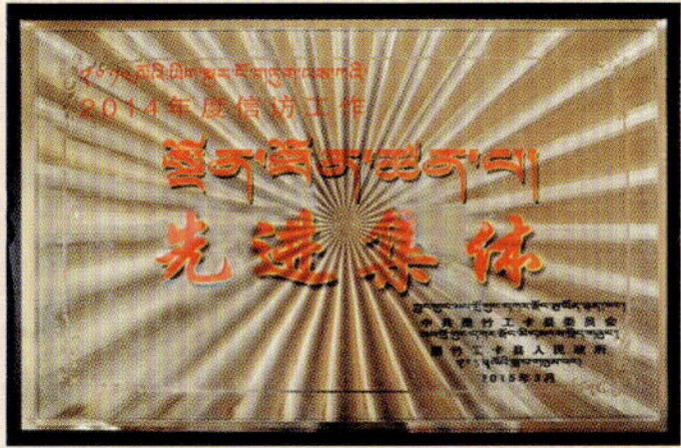

8月26日，开展“法律进校园”活动

9月3日，开展“法律进寺庙”活动

9月16日，干警在318国道开展法宣活动

墨竹工卡县工卡镇

工卡镇党委书记　次旦卓玛

工卡镇镇长　周 君

8月26日，县委书记严应骏慰问结对户

2月3日，县委常委、政法委书记、公安局局长梁光文，副县长央金卓嘎考察村组工作

8月12日，党委书记次旦卓玛陪同上级领导考察嘎则砖厂情况

8月13日，党委书记次旦卓玛慰问工卡镇环卫队员

7月30日，工卡镇副书记钟其荣与流动党支部成员探讨工作开展情况

6月19日，镇长周君了解网围栏架设情况

9月6日，镇长周君与干部、群众一起捡拾垃圾

1月29日，镇长周君协同各单位检查商铺消防、卫生安全

3月，工卡镇深入开展“三严三实”“忠诚干净担当”专题教育活动第一次专题学习

2月26日，工卡镇护林员到格桑村浇灌苗木

3月28日，工卡镇组织联户代表与干部一起跳锅庄庆祝百万农奴解放日

7月1日，开展党员宣誓活动

9月16日，开展法律宣传工作

墨竹工卡县门巴乡

门巴乡党委书记　周军勇

门巴乡乡长　土登次仁

6月4日，县长旦增尼玛考察虫草采挖工作

9月24日，共青团中央青年志愿者工作部副部长、共青团西藏自治区委员会副书记王晓辉到门巴乡慰问

4月9日，召开十三届人民代表大会第四次会议

5月20日，召开虫草采挖会议

慰问农牧民

10月8日，检查建设项目进展情况

10月20日，发放惠民资金

7月21日，山东省团委资助贫困大学生

12月31日，自治区党委常委、组织部部长曾万明到门巴乡调研

墨竹工卡县

扎雪乡

扎雪乡党委书记　普　桑

扎雪乡乡长　孙延文

12月31日，自治区党委常委、组织部部长曾万明到扎雪乡调研乡镇党委换届工作

3月21日，县委书记严应骏，县委常委、统战部部长普斌考察工作

9月16日，县委常委、宣传部部长央金卓嘎到扎雪乡宣讲“西藏自治区成立五十周年暨中央第六次西藏工作座谈会”精神

11月2日，县林业局局长索朗巴珠到扎雪乡考察工作

5月26日，乡纪委书记罗桑顿珠带队到格老窝村开展扶贫工作

9月2日，乡党委书记普桑带队对六个村进行督导检查和总结

3月6日，组织民兵对乡街道进行巡逻

7月21日，乡干部发放“双联户”工资

9月29日，开展“书记讲党课”活动

11月2日，扎雪乡人大领导考察

9月16日，发放民族团结宣传手册

7月1日，扎雪乡发展党员

墨竹工卡县尼玛江热乡

尼玛江热乡党委书记　扎巴桑珠

尼玛江热乡乡长　柏 强

4月13日，自治区副主席其美仁增到尼玛江热乡噶厦糌粑合作社考察

4月13日，自治区副主席其美仁增到尼玛江热乡其玛卡刺绣唐卡合作社考察

6月26日，自治区教育厅领导到尼玛江热乡中心校检查调研

3月21日，县委书记严应骏陪同市委副书记、常务副市长胡洪到尼玛江热乡调研

5月7日，县委常委、组织部部长邹玉明到尼玛江热乡考察宗雪村村委会新办公楼选址情况

3月16日，县委常务副书记、政协主席魏东飞陪同市政协领导检查调研

11月13日，县委常委、组织部部长邹玉明检查尼玛江热乡干部周转房建设情况

3月16日，县长旦增尼玛到尼玛江热乡其玛卡刺绣唐卡合作社考察

6月15日，副县长谢雪梅检查指导林业工作

11月1日，副县长谢雪梅到尼玛江热乡检查合作社生产情况

2月11日，“三严三实”专题党课学习

墨竹工卡县唐加乡

唐加乡党委书记　韩 青

唐加乡乡长　巴 桑

5月7日，自治区党委常委、区直工委书记多托到唐加乡检查工会工作开展情况

12月1日，拉萨市土地确权办公室工作人员验收唐加乡土地确权工作

7月13日，自治区人大常委会副主任赵正修到莫冲村检查“短、平、快”项目

4月8日，乡干部同群众一起植树

9月18日，为大学生发放资助

11月1日，莫冲村召开准则、条例宣讲会

10月20日，唐加乡纪检工作人员到各村检查账目

7月23日，唐加乡党委开展“藏汉双语”学习活动

7月1日，“七一”建党日党员重温入党誓词

4月24日，唐加乡开展乡党委书记讲党课活动

3月24日，唐加乡综治办开展综治宣传

7月22日，唐加乡庆祝西藏自治区成立50周年文艺汇演

墨竹工卡县甲玛乡

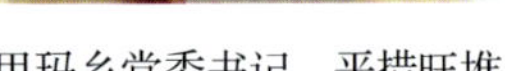

甲玛乡党委书记　平措旺堆

甲玛乡乡长　王小芬

3月14日，县委书记严应骏到甲玛乡检查指导工作

4月16日，墨竹工卡县第十二届人民代表大会代表到甲玛乡参观检查工作

7月30日，拉萨市“心连心”“手牵手”夏令营活动到甲玛乡开展联谊活动

1月20日，召开甲玛乡党支部第一书记三年工作述职评议会议

2月24日，开展扶贫工作走村入户

9月30日，召开力源加油站安全生产会议

1月29日，劳资纠纷调解专题行动

1月21日，召开“三严三实、忠诚干净担当”专题民主生活会

1月29日，召开2015年度工贸公司分红大会

1月13日，开展纪检工作检查

6月21日，食品安全大检查

墨竹工卡县扎西岗乡

扎西岗乡党委书记　达 瓦

扎西岗乡乡长　杨 勇

7月29日，市中法陪审办主任旦巴次仁到扎西岗乡检查指导“三严三实”活动开展情况

县委副书记、常务副县长张屹到扎西岗乡南京希望小学检查指导义务教育均衡发展

3月3日，县委书记严应骏到扎西岗乡仁青林村检查指导工作

县委常委、宣传部部长央金卓嘎到扎西岗乡慰问贫困户

联合检查组检查扎西岗乡生态乡村创建情况

开展义务教育均衡发展检查指导工作

开展“三严三实”专题民主生活会

10月20日，表彰生态创建优秀村

开展“3·28”百万农奴解放纪念日升国旗活动

墨竹工卡县日多乡

日多乡党委书记　杨传志

日多乡乡长　嘎玛挪培

9月1日，乡党委书记杨传志主持学习大庆有关精神

3月9日，乡党委书记杨传志进行治安巡逻动员

11月21日，乡长嘎玛挪培进行安全隐患排查

9月4日，乡人大主席扎西平措进行大庆宣讲

4月17日，日多乡举行群众代表大会，倾听群众意见

1月4日，县消防队官兵到日多乡宣传森林防火知识

9月2日，乡全体干部职工观看阅兵

10月10日，全乡干部联合村委开展环境大整治行动

12月10日，召集护林员宣传防灾知识

中共墨竹工卡县委办公室

县委办公室主任　王 静

县委办公室副主任　张原嘉

县委办公室副主任　达 瓦

县委办公室副主任　龚华君

县委办公室副主任　路春侠

县委机要局局长　唐 伟

2月7日，县委办在409室组织每周理论学习

2月5日，主任王静到门巴乡看望慰问结对帮扶贫困群众

12月14日，组织理论学习

墨竹工卡县委办公室党支部
工作职责

一、宣传贯彻执行党的路线、方针、政策，研究讨论部署党支部建设、精神文明建设和思想政治工作。

二、充分发挥党员的先锋模范作用，团结带领党内外干部、群众，完成上级部门下达的各项工作任务。

三、组织党员认真学习马列主义、毛泽东思想、邓小平理论、“三个代表”重要思想、科学发展观及党的路线、方针、政策，学习党的基本知识，学习科学文化和业务知识。

四、研究决定纪检组织工作中的重大问题。

五、做好党员的教育、管理、监督，坚持正常的组织生活制度，监督党员切实履行义务，保障党员的权利不受侵犯。

六、对要求入党的积极分子进行教育培养，做好党员发展工作。

七、坚持党管干部的原则，做好干部的选拔、教育、培养、考察、使用、管理及干部推荐工作。

八、加强党风廉政建设，认真开展党务公开、事务公开和作风建设。

九、大力推进基层党建工作，积极开展各项活动。

十、切实开展争先创优活动和基层组织建设年活动，着力建设先进党支部。

十一、完成上级交办的其它工作任务。

县委办公室党支部职责

党支部工作制度

县委办公室党支部工作制度

县委办学习宣传栏

中共墨竹工卡县委组织部（编办、老干局）

县委常委、组织部部长　邹玉明

组织部副部长　谢光友

组织部副部长　米玛旺堆

老干部局局长　李雪玉

县委常委、组织部部长邹玉明在2015年“三大节日”期间慰问唐加乡“三老”人员及贫困党员

召开“三严三实”和“忠诚干净担当”专题民主生活会

12月7日，墨竹工卡县——南京民族交流交往交融文艺演出

挂职干部与援藏干部在南京师范大学合影

11月16日，墨竹工卡县第三期科级干部培训班开班典礼

11月17日，墨竹工卡县第三期科级干部参观雨花台烈士陵园

11月23日，墨竹工卡县第三期科级干部培训班现场教学

墨竹工卡县第三期科级干部培训班学员风采

12月2日，开展民族交流交往交融期间农牧民群众参观南京温室

在南京师范大学会议室召开挂职锻炼座谈会

第一书记照片

工卡镇第一书记

工卡镇工卡村　次旦旺姆

工卡镇塔巴村　万才智

工卡镇格桑村　次仁央宗

甲玛乡第一书记

甲玛乡赤康村　扎西顿珠

甲玛乡龙达村　桑 追

甲玛乡孜孜荣村　扎西平措

门巴乡第一书记

门巴乡巴尔卡村　西热江措

门巴乡波朗村　拉巴次仁

门巴乡达珠村　程 磊

门巴乡贴朗村　仁青罗布

尼玛江热乡第一书记

尼玛江热乡芒热村　拉巴旦增

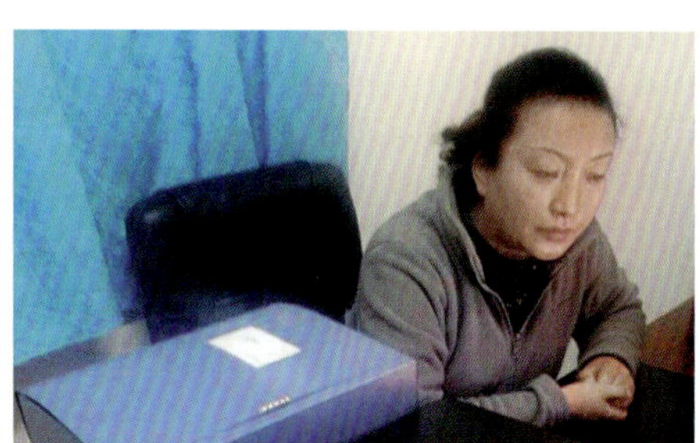
尼玛江热乡其玛卡村　卓 玛

尼玛江热乡羊日岗村　席贤锋

尼玛江热乡邦达村　闫龙飞

尼玛江热乡章达村　苍 巴

尼玛江热乡仲达村　次旺平措

尼玛江热乡宗雪村　拉 巴

日多乡第一书记

日多乡拉龙村　旦增旺加

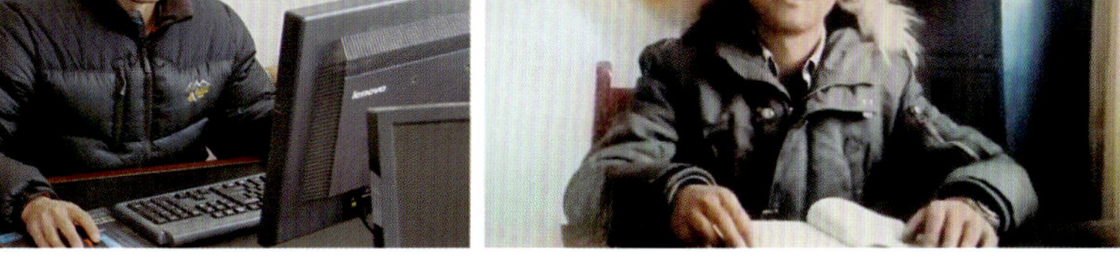
日多乡念村　牟仁青

日多乡怎村　王瑞鹏

唐加乡第一书记

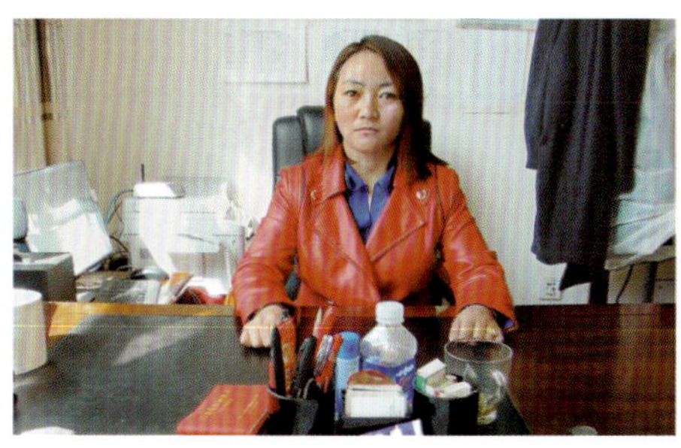

唐加乡冲尼村　普卓玛

唐加乡东布岗村　德吉卓嘎

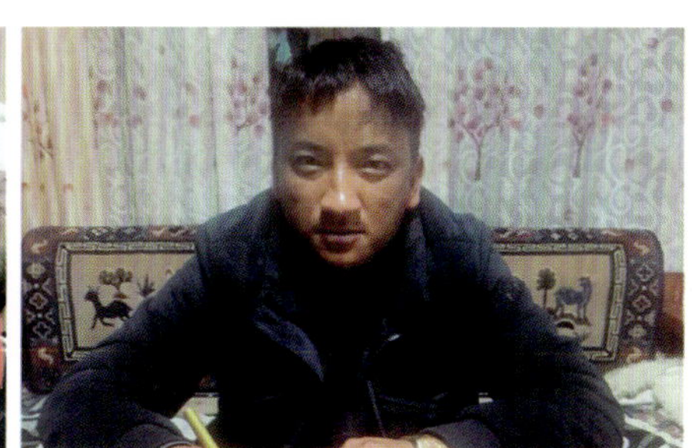
唐加乡拉东村　顿珠坚才

唐加乡莫冲村　央金次仁

唐加乡卓普村　索朗次仁

扎西岗乡第一书记

扎西岗乡巴洛村　白玛卓嘎

扎西岗乡加尔多村　拉巴仓决

扎西岗乡朗杰林村　杨　勇

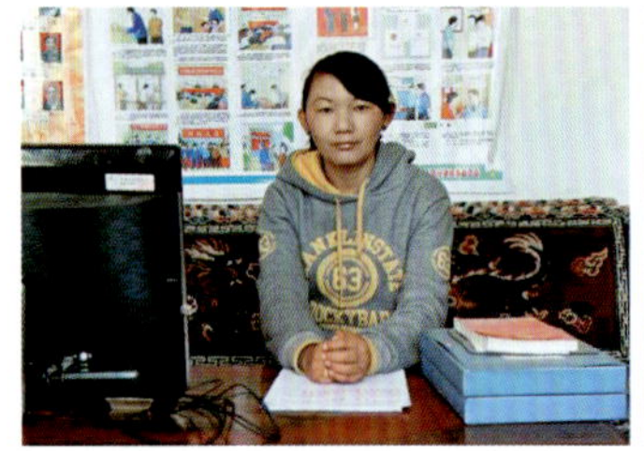
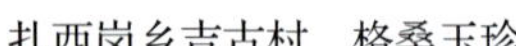
扎西岗乡吉古村　格桑玉珍

扎西岗乡仁青林村　扎西次仁

扎西岗乡斯布村　扎西旺堆

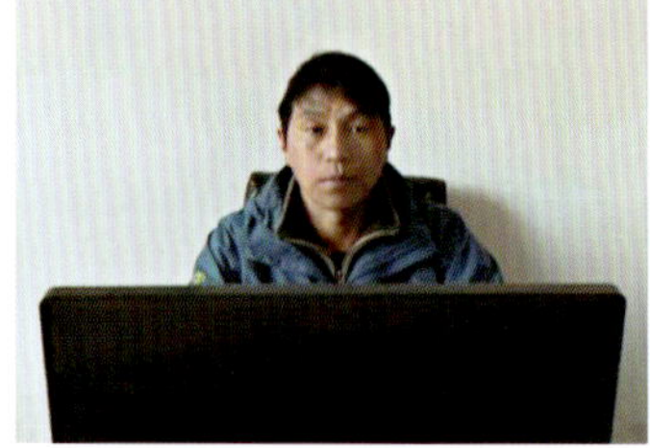
扎西岗乡扎西岗村　格　桑

扎雪乡第一书记

扎雪乡格老窝村　边巴顿珠

扎雪乡龙珠岗村　何　杰

扎雪乡其朗村　巴　桑

扎雪乡塔杰村　次仁平措

扎雪乡米洛村　才旺罗布

各村党支部第一书记人员名单

表2

姓　名	原单位职务	所在村
次旦旺姆	墨竹工卡县委组织部科员	工卡镇工卡村
万 才 智	墨竹工卡县委办公室科员	工卡镇塔巴村
次仁央宗	拉萨市食品药品监督管理局主任科员	工卡镇格桑村
杨　勇	墨竹工卡县住建局副局长	扎西岗乡朗杰林村
白玛卓嘎	墨竹工卡县民政局副主任科员	扎西岗乡巴洛村
扎西旺堆	墨竹工卡县扎西岗乡党委委员、副乡长	扎西岗乡斯布村
格桑玉珍	墨竹工卡县政府办科员	扎西岗乡吉古村
拉巴仓决	墨竹工卡县卫生局副主任科员	扎西岗乡加尔多村
扎西次仁	墨竹工卡县扎西岗乡科员	扎西岗乡仁青林村
格　桑	墨竹工卡县扎西岗乡科员	扎西岗乡扎西岗村
扎西顿珠	墨竹工卡县甲玛乡党委委员、副乡长、人武部部长、赤康村党支部书记	甲玛乡赤康村
桑　追	墨竹工卡县甲玛乡科员、龙达村党支部第一书记	甲玛乡龙达村
扎西平措	墨竹工卡县甲玛乡党委委员、人大副主席	甲玛乡孜孜荣村
闫 龙 飞	墨竹工卡县尼玛江热乡科员	尼玛江热乡邦达村
拉巴旦增	墨竹工卡县尼玛江热乡芒热寺管委会副主任	尼玛江热乡芒热村
卓　玛	墨竹工卡县法院科员	尼玛江热乡其玛卡村
席 贤 锋	墨竹工卡县尼玛江热乡科员	尼玛江热乡羊日岗村
苍　巴	墨竹工卡县尼玛江热乡科员	尼玛江热乡章达村
次旺平措	墨竹工卡县尼玛江热乡宗孜寺管委会科员	尼玛江热乡仲达村
边　巴	拉萨市交通运输局行业科副科长	尼玛江热乡宗雪村
普 卓 玛	墨竹工卡县唐加乡科员	唐加乡冲尼村
德吉卓嘎	墨竹工卡县唐加乡副科级干部	唐加乡东布岗村
顿珠坚才	墨竹工卡县唐加乡科员	唐加乡拉东村
央金次仁	墨竹工卡县唐加乡党委委员、副乡长、莫冲村党支部书记	唐加乡莫冲村
索朗次仁	墨竹工卡县人民检察院副科级检察员	唐加乡卓村
巴　桑	墨竹工卡县扎雪乡党委委员、副乡长、其朗村党支部书记	扎雪乡其朗村
边巴顿珠	拉萨市农牧局动物防疫所副所长	扎雪乡格老窝村
何　杰	拉萨市信访局主任科员	扎雪乡龙珠岗村
才旺罗布	墨竹工卡县扎雪乡吉布寺管委会科员	扎雪乡米洛村
次仁平措	墨竹工卡县扎雪乡兽医站事业人员、塔杰村党支部书记	扎雪乡塔杰村
旦增旺加	市政府办公厅下属布达拉宫广场管理处科员	日多乡拉龙村
王 瑞 鹏	拉萨市政协办公厅秘书科副科长（正科级）	日多乡怎村
牟 仁 青	墨竹工卡县日多乡人大副主席	日多乡念村
仁青罗布	墨竹工卡县公安局科员（驻寺民警）	门巴乡贴朗村
西绕江措	墨竹工卡县门巴乡科员、巴尔卡村大学生村官	门巴乡科员
拉巴次仁	墨竹工卡县公安局栖霞大道便民警务站副站长	门巴乡波朗村
程　磊	墨竹工卡县门巴乡科员	门巴乡达珠村
冷 国 强	拉萨市环境保护局环境检测站站长	门巴乡德仲村

中共墨竹工卡县委宣传部

县委常委、宣传部部长　央金卓嘎

宣传部党支部书记、副部长　邓后勤

宣传部副部长　李红霞

宣传部副部长、网信办主任　达瓦次仁

文化综合执法大队队长　达瓦

纪念西藏百万农奴解放56周年升国旗仪式

12月17日，县委常委、宣传部部长央金卓嘎深入基层了解民情

9月14日，邀请西藏自治区讲师团成员、市委党校讲师格桑次仁授课

9月24日，墨竹工卡县委理论中心组第十三次集中扩大学习会

9月3日，集中收听收看纪念中国人民抗日战争暨世界反法西斯战争胜利70周年大阅兵盛况

8月2日，江苏文艺队到墨竹工卡县表演节目

中共墨竹工卡县委政法委员会

县委常委、政法委书记、公安局局长　梁光文

政法委副书记　次仁群培

政法委副书记、综治办主任　扎　仓

3月6日，西藏自治区人大常委会副主任马如龙到墨竹工卡县检查指导工作

3月13日，市委常委、常务副市长斯朗尼玛到日多公安检查站检查指导工作

3月16日，市政法委副书记、市中级人民检察院检察长田建设到墨竹工卡县调研

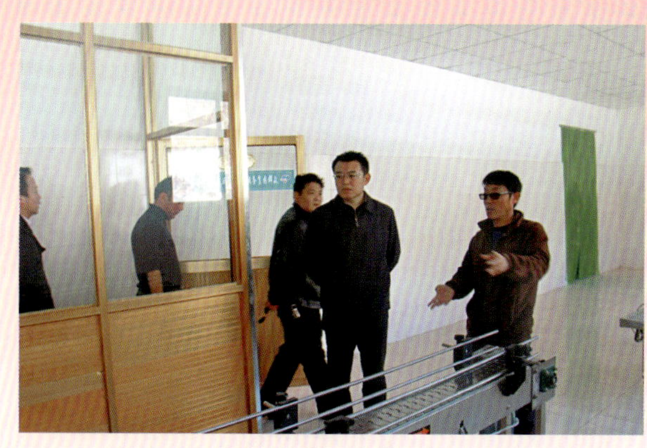

10月22日，市政法委副书记马骏检查墨竹工卡县“双联户”工作

3月6日，县委书记严应骏深入基层检查指导维稳工作

9月7日，县委副书记、县长旦增尼玛前往乡（镇）检查指导工作

9月2日，县委常委、政法委书记、公安局局长梁光文到加油站检查指导工作

5月21日，县委常委、政法委书记、公安局局长梁光文到门巴乡检查指导虫草采挖期间维稳工作

9月18日，南京市政法代表团到墨竹工卡县检查指导工作

11月28日，自治区党委政法委领导到墨竹工卡县检查指导工作

对2015年综治（维稳）先进集体、个人进行表彰

中共墨竹工卡县委统战部（民族宗教事务局）

县委常委、统战部部长　普　斌

5月14日，市委统战部部长公保太到嘎则寺聂达活佛家慰问

2015年12月，县委常委、统战部部长普斌带队宗教领域人士到南京交流学习

2月6日，副部长扎桑到尼玛江热乡慰问贫困户

市委领导到塔巴寺检查维稳工作

12月12日，宗教领域僧尼、干部到南京考察学习

和谐模范寺庙表彰大会

中共墨竹工卡縣寺廟管理委员会

直孔替寺管委会主任　索朗桑布

直孔替寺管委会副主任　拉 贵

直孔替寺管委会全体成员

德仲寺管委会副主任　德吉央宗

德仲寺管委会副主任　刘罗山

德仲寺管委会全体成员

曲龙寺管委会副主任　米玛多吉

曲龙寺管委会全体成员

艾玛日寺管委会主任　琼 拉

艾玛日寺管委会副主任　普布旺堆

艾玛日寺管委会全体成员

嘎则寺管委会全体成员

宗孜管委会全体成员

芒热寺管委会全体成员

热旦寺管委会全体成员

帮萨寺管委会全体成员

吉布寺管委会全体成员

仁青林寺管委会全体成员

羊日岗寺管委会全体成员

塔巴寺管委会全体成员

墨竹工卡县总工会

总工会主席　扎西旺堆

总工会副主席　尼玛潘多

2月10日，工青妇支部“三下乡”慰问演出

6月24日，“文化五送”活动

8月27日，“迎大庆”职工运动会

2月10日，“三下乡”免费义诊

12月12日，走访慰问乡镇困难职工

共青团墨竹工卡县委员会

团县委书记　曹　伟

团县委副书记　米玛措姆

县委书记严应骏看望贫困家庭学生

7月29日，县委常委、组织部部长邹玉明带队到南京江宁区开展“手拉手”研学暑期夏令营活动

拉萨市首届电视创新创业大赛，一等奖活动者—唐加乡党列在作项目陈述

9月14日，组织县中小学学生15人参观爱国教育主义基地

墨竹工卡县妇女联合会

妇女联合会主席　德　吉

妇女联合会副主席　尼玛彭多

3月8日，“三八”文艺活动

6月30日，“迎七一”知识竞赛

6月15日，土地确权宣传活动

全区最美格桑花获得者

墨竹工卡县人民代表大会常务委员会办公室

人大常委会办公室主任　达瓦次仁

人大常委会办公室副主任　扎　仓

5月29日，人大办公室新老主任在纪检和财政监督下正式交接工作

6月3日，指导扎西岗乡“人大代表之家”建设

7月6日，了解扎雪乡“人大代表之家”建设进度

3月20日，办公室人员参加植树造林活动

6月2日，人大办公室党支部组织集中学习

墨竹工卡县 政府办公室

政府办公室主任　向巴卓玛

政府办公室副主任　伦　珠

政府办公室副主任　王吉泽

政府办公室党支部开展支部会议

政府办公室全体人员开展集中学习“三严三实”和“忠诚干净担当”专题教育

办公室工作人员入户开展精准扶贫统计工作

编译室人员开展政府工作报告翻译

办公室开展义务大扫除

新区面貌

中国人民政治协商会议墨竹工卡县委员会办公室

政协办公室主任　刘彦峰

政协办公室副主任　边巴玉珍

7月16日，市政协副主席次仁平措考察墨竹工卡县净土健康产业工作开展情况、存在问题及对策建议

9月29日，县委常务副书记、政协主席魏东飞主持召开提案工作阶段性座谈会

5月28日，政协副主席益西班旦到门巴乡虫草采挖点考察

11月6日，政协办公室主任刘彦峰到唐加乡、扎雪乡向困难群众发放物资

4月2日，政协召开一届八次常委会

办公室副主任边巴玉珍到日多乡开展精准扶贫入户调研工作

8月12日，举办政协第一届墨竹工卡县第三期委员培训

11月17日，县政协组织政协委员学习中央第六次西藏座谈会和十八届五次全会精神

干部职工参加全县体操比赛

墨竹工卡县
发展和改革委员会

发展和改革委员会主任　尼玛次旦

6月19日，江苏省援藏前指项目组组长李泓君考察受援项目

2015年10月，南京市商务局（粮食局）局长徐震中到墨竹工卡县考察

2015年3月，主任尼玛次旦传达3月维稳工作

5月17日，主任尼玛次旦勘察农村公路设计情况

11月27日，市交通局领导到门巴乡验收农村公路

3月6日，主任尼玛次旦检查寺庙道路建设情况

10月14日，邀请市交通局领导指导农村公路项目

4月22日，到扎西岗乡检查农村公路建设情况

5月22日，基建项目摇号

9月3日，在老城区食堂三楼基建项目摇号

墨竹工卡县教育（体育）局

教育（体育）局党总支书记　王应祥

教育（体育）局局长　尼玛次仁

教育（体育）局副局长　巴　桑

9月7日，县委书记严应骏深入学校调研

7月13日，县长旦增尼玛主持召开校长例会

开展后勤人员消防知识培训

墨竹工卡县工业和信息化局

工业和信息化局局长　达 多

工业和信息化局副局长　唐耀军

8月11日，副县长候文峰到中金新联调研

11月18日，局长达多到日多款泉水生产线调研

3月17日，在全县范围寻找天然饮用水及矿泉水

2月12日，甲玛工贸公司分红仪式

墨竹工卡县公安局

县委常委、政法委书记、公安局党委书记、局长　梁光文

市公安局副调研员、县公安局党委副书记、政委　孙雁哲

7月4日，公安部副部长陈智敏到墨竹工卡县公安局考察公安工作

7月30日，墨竹工卡县公安局第三批"轮值轮训、战训合一"培训班

3月6日，自治区人大常委会副主任马如龙到县公安局检查指导工作

3月11日，自治区公安厅党委委员、副厅长吕涛到拉林高速墨竹工卡县匝道出口处调研高速公路交通管理基础设施筹建工作

3月7日，自治区党的群众路线教育实践活动第一督导组常务副组长、自治区环保厅党委书记王亚蔺到县公安局检查指导工作

1月10日，法制宣传

3月2日，紧急拉动

5月21日，到基层督导检查

6月17日，新配备电子测速仪投入使用

6月24日，销毁违禁物品

7月21日，警务实战教学

7月30日，指导实弹射击考核

忠诚教育

武装徒步巡逻

墨竹工卡县民政局

民政局局长　旦 巴

民政局副局长　达 娃

8月27日，副市长计明南加考察福利院建设项目

6月5日，市民政局局长白玛玉珍考察县救灾物资储备库

9月18日，欢送退伍军人

2月16日，自治区党委副书记、主席洛桑江村慰问福利院老人

墨竹工卡县
人力资源和社会保障局

人力资源和社会保障局局长　班旦曲扎

人力资源和社会保障局副局长　春 芳

2月16日，局长班旦曲扎到企业调研劳动合同签订情况

2月11日，党员干部在节前开展慰问活动

到唐加乡拉东村开展电焊培训

2月8日，开展就业引导培训

墨竹工卡县司法局

司法局局长　王标堂

司法局副局长　旺 扎

局长王标堂开展节前慰问帮扶活动

副局长旺扎年前慰问社区矫正人员多杰

副局长旺扎节前慰问刑释解教人员

2月11日，副局长旺扎慰问结对户

7月10日，副局长张祯到社区矫正人员家宣布解除矫正

1月28日，司法局工作人员到看守所进行法律宣传

6月24日，司法局工作人员到矿山开展法制宣传

开展“三月平安宣传月”法制宣传活动

4月23日，组织基层调解人员培训

5月14日，开展送法进万家活动

9月24日，司法局工作人员参加拉萨市司法局组织“百名专家下基层服务”活动

墨竹工卡县财政局

财政局局长　陈晓燕

财政局副局长　洛桑次仁

财政局副局长　卓玛次仁

市财政局局长扎西白珍到墨竹工卡县考察财政工作

县长旦增尼玛主持召开全县财政工作部署会议

市财政局领导到墨竹工卡县检查审计整改情况

市农牧局领导到墨竹工卡县检查农牧财务资金收支状况

县财政监督检查“三大民生”资金发放情况

召开党风廉政建设会议

“两节”期间，慰问对口扶贫户

精准扶贫入户调查

开展2015年财政预算执行情况检查

开展乡镇财务人员培训

宣传活动

墨竹工卡县国土资源规划局

国土资源规划局局长　次 达

国土资源规划局副局长　尼玛央金

11月3日，甲玛乡现场勘查测量违法建筑

11月2日，甲玛乡召开专项整治非法买卖集体土地专项会议

11月20日，拆除违法建筑

墨竹工卡县环境保护局

环境保护局局长　扎西次仁

7月13日，市环保局副局长谢之光带队到华泰龙选厂检查工作

11月17日，县委、县政府主要领导到巨龙矿山检查工作

8月12日，县环保局局长扎西次仁带队到巨龙矿山开展执法检查

6月5日，世界环境日宣传

3月3日，为各乡镇发放垃圾箱

墨竹工卡县住房和城乡建设局

住房和城乡建设局局长　索朗扎布

住房和城乡建设局副局长　旦增罗布

11月18日，区、市两级住建部门领导调研墨竹工卡县2015年保障性推进情况

1月18日，到甲玛乡开展调研工作

8月10日，县政府组织召开甲玛乡特色小城镇项目推进会

墨竹工卡县水利局

水利局局长　边 央

水利局副局长　边巴洛布

局长边央到扎西岗乡防洪堤工程现场检查指导工作

副县长米玛次仁验收农田水渠项目

2014年小农重点县项目技术交流会

组织群众修建防洪堤现场

墨竹工卡县农牧（科技）局

农牧（科技）局局长　巴 桑

2月12日，副县长米玛次仁检查指导春耕备耕工作

2月27日，副县长米玛次仁检查种子准备情况

3月7日，局长巴桑到各村委会了解群众农牧业生产存在的问题和困难

3月12日，局长巴桑召开部署春播春防工作会议

墨竹工卡县文化广播电影电视局

宣传部副部长、文化广播电影电视局局长　格 桑

文化广播电影电视局副局长　次仁朗杰

12月4日，自治区文化厅副厅长任淑琼到墨竹工卡县调研

11月24日，副县长陈平到文广局检查指导工作

2月25日，局长格桑到直贡替寺检查调研非遗、文物工作

文广局记者采写新闻稿件

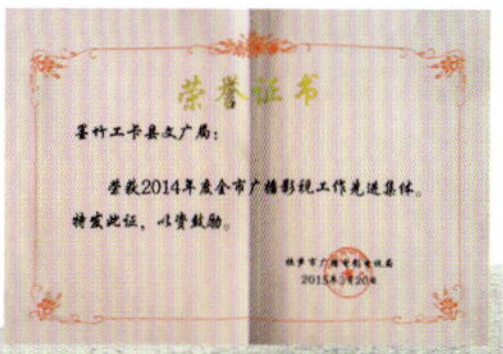

荣誉证书

墨竹工卡县文广局：

荣获2014年度全市广播影视工作先进集体。

特发此证，以资鼓励。

拉萨市广播电影电视局

2015年3月20日

7月28日，“五下乡”活动及仁多岗村第三届文化艺术节

墨竹工卡县 卫生局

卫生局局长　格桑巴珠

卫生局副局长　巴桑卓玛

9月13日，南京市领导到墨竹工卡县甲玛乡卫生院检查指导工作

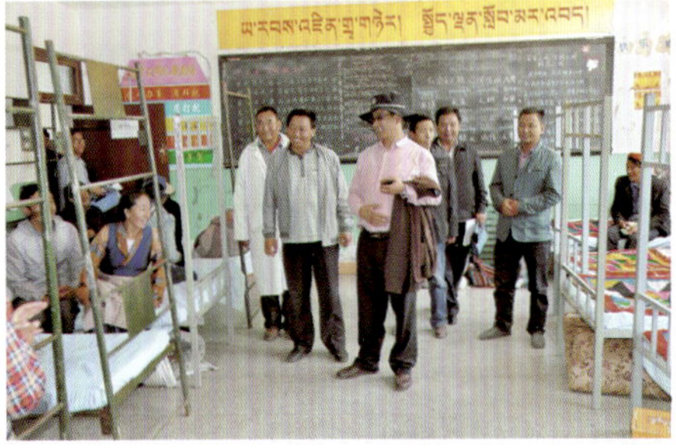
7月17日，县领导看望白内障病人

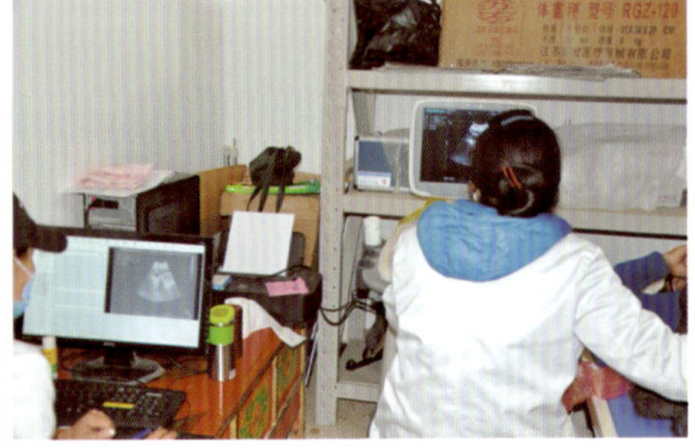
6月17日，开展妇女病普治普查工作

11月15日，区、市领导到墨竹工卡县检查指导医疗卫生工作

墨竹工卡县 安全生产监督管理局

安全生产监督管理局局长　达 瓦

安全生产监督管理局副局长　扎西罗布

安全生产监督管理局副局长　程利平

8月25日，县长旦增尼玛到巨龙矿山检查工作

8月29日，县委副书记 、人大常委会主任洛桑到中凯选厂检查工作

9月10日，县委常务副书记、政协主席魏东飞到金和矿山检查工作

墨竹工卡县林业绿化局

林业绿化局局长　索朗巴珠

林业绿化局副局长　格桑加措

11月6日，在唐加乡莫冲村组织召开林业有害生物除治工作群众动员大会

4月10日，召开“三严三实”和“忠诚干净担当”专题教育第六次专题学习会

3月24日，组织开展“三月综治宣传月”宣传活动

7月31日，拉萨市常务副市长斯朗尼玛检查拉林高等级公路墨竹工卡县段2016年造林绿化地块落实情况

墨竹工卡县旅游局

旅游局局长　尼玛曲珍

旅游局副局长　梅　子

10月7日，自治区党委常委、市委书记齐扎拉到墨竹工卡县思金拉措景区调研

副县长陈平慰问甲玛乡龙达村岗果组贫困户

6月3日，拉萨日报社总编到墨竹工卡县甲玛景区调研

4月2日，对米拉山经幡整治进行前期调研

墨竹工卡县扶贫（农发）办

扶贫（农发）办主任　林文全

扶贫（农发）办副主任　斯朗拥宗

3月21日，市委副书记、常务副市长、脱贫攻坚指挥部总指挥长胡洪，市扶贫办党组书记、副主任普布顿珠到羊日岗搬迁户调研

1月27日，市扶贫办党组书记、副主任普布顿珠到扎西岗调研精准扶贫工作开展情况

3月19日，副县长谢雪梅到唐加乡调研水果花卉基地产业扶持项目选址情况

3月21日，主任林文全到尼玛江热乡羊日岗朗瑕传统针织车间考察

墨竹工卡县信访局

信访局局长　次杰罗布

开展矛盾纠纷协调工作

安排部署信访工作

调解信访案件

10月28日，发放农民工工资

10月27日，核实民工工资

墨竹工卡县食品药品监督管理局

食品药品监督管理局局长　拉　巴

2015年5月，保化产品专项检查

4月5日，到工矿企业督导检查食品安全管理工作

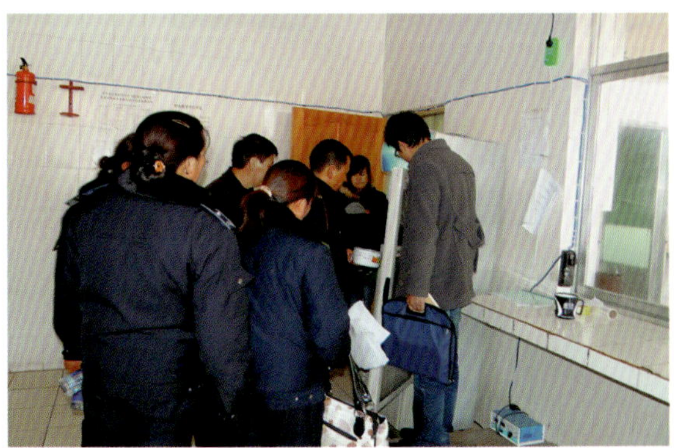

3月8日，学校食堂食品专项检查

墨竹工卡县净土健康产业办公室

净土健康产业办公室主任　索朗拉姆

9月25日，藏博会期间，自治区党委常委、市委书记齐扎拉考察墨竹工卡县特色产品展销区

3月13日，自治区人大常委会副主任武金辉到墨竹工卡县净土健康产业展销厅考察

1月10日，市委常委、市委组织部部长龙志刚到墨竹工卡县净土产业金银花种植基地考察

9月20日，组织乡镇主要领导和企业、合作社负责人到拉萨城关区净土产业园参观学习

1月10日，到工卡镇工卡村宣传发展净土健康业优惠政策

2015年4月，群众在净土健康产业金银花种植基地劳动

墨竹工卡县深入开展创先争优强基础惠民生活动领导小组办公室

10月13日，驻羊日岗村工作队组织在羊日岗村委会召开会议

墨竹工卡县日多乡念村工作队观看新旧对比照片

3月28日，门巴乡仁多岗村驻村工作队队长向村级3个与精准扶贫衔接合作社颁发锦旗

3月21日，市农牧局驻尼玛江热乡邦达村工作队给农牧民举办农牧业科技培训活动

墨竹工卡县尼玛江热乡章达村工作队举办“三八”妇女节活动

墨竹工卡县
嘎则新区管理委员会

嘎则新区管委会主任　谭 川

嘎则新区管委会副主任　洛桑多吉

12月16日，江苏省前线指挥部书记胡洪到新区南京小学调研

5月23日，市发改委党组书记达娃到新区检查指导工作

10月16日，市发改委副主任李泓君到墨竹工卡县调研援藏项目

10月16日，副县长侯文峰陪同市发改委副主任李泓君到新区调研

3月31日，县委书记严应骏，县长旦增尼玛，县委副书记、人大常委会主任洛桑到新区幼儿园调研

新区土地测量

3月25日，副市长林生到新区水厂考察工作

西藏银行股份有限公司
墨竹工卡县支行

西藏银行股份有限公司墨竹工卡县支行行长　徐垲铸

西藏银行股份有限公司墨竹工卡县支行副行长　陈春渠

6月12日，西藏银行董事长白玛才旺、行长肖军到墨竹工卡县支行调研

1月7日，西藏银行行长肖军到墨竹工卡县支行调研

11月4日，西藏银行董事长白玛才旺、行长肖军考察新区支行办公用地

墨竹工卡县中学

中学校长　罗布次仁

中学党支部书记　杨发菊

新旧西藏历史对比讲座

教师演讲比赛

爱国主义主题活动

青少年预防犯罪主题教育

校园运动会

墨竹工卡县疾病预防控制中心

疾病预防控制中心主任　普 琼

疾病预防控制中心副主任　旦 增

疾病预防控制中心副主任　央金拉姆

开展僧尼健康知识宣讲

11月14日，慢性病（糖尿病）系列宣传活动

墨竹工卡县人民医院

人民医院党支部书记　葛爱琴

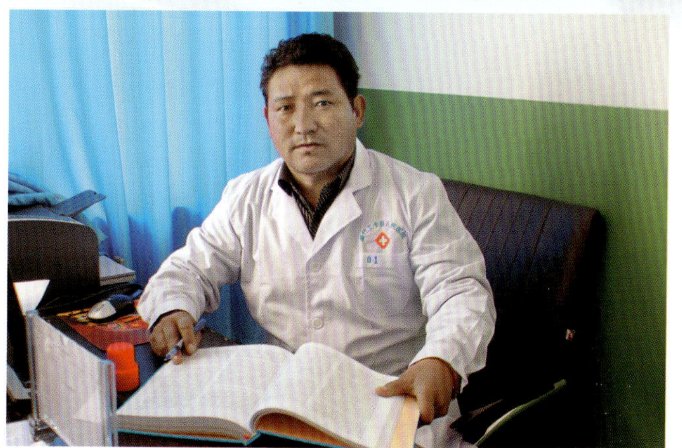

人民医院院长　贡　嘎

10月24日，自治区级专家开展等级医院初评工作

市级专家指导病历质量

援藏医生开展示范教学工作

10月21日，消防演练

墨竹工卡县国家税务局

县国家税务局局长　泽　旦

县国家税务局副局长　次旦桑珠

县国家税务局纪检组长　次旺贡布

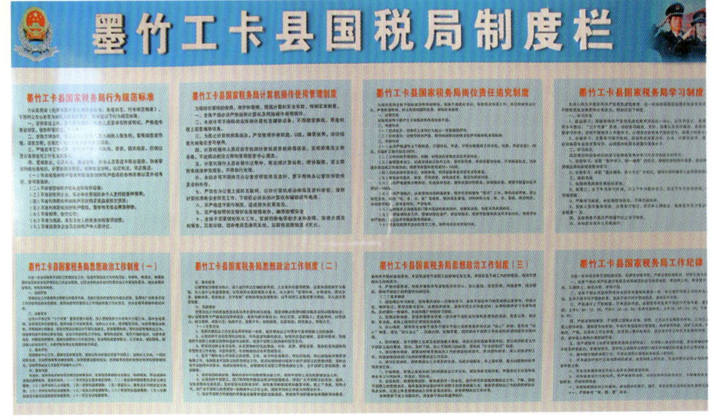

制度栏

自治区国税局总审计师雷纪选基层调研

4月1日，“沐浴春风暖圣城”税法宣传活动

税法宣传到户

墨竹工卡县
工商行政管理局

工商行政管理局局长　索朗次仁

工商行政管理局副局长　扎西吉

8月6日，市工商局局长扎西旺堆到墨竹工卡县工商局调研

6月24日，局长索朗次仁检查旅游市场

7月29日，检查品牌行业授权情况

5月22日，检查监管门巴虫草交易市场

“3·15”法制宣传

12月24日，食品检查

墨竹工卡县人民武装部

武装部部长　陈文凯

县委常委、武装部政委　张朝宣

部长陈文凯召开开训动员大会

1月18日，部长陈文凯召开征兵工作会议

3月20日，民兵参加植树造林

常态化民兵参加县维稳演练

墨竹工卡县公安消防大队

公安消防大队大队长　徐辉亮

华泰龙业务培训

7月10日，给墨竹工卡镇所有加油站职工进行消防培训

加油站检查

矿山培训

车操训练

抢险救援

墨竹工卡县武警中队

武警中队政治指导员　庞春雷

武警中队中队长　娄勇军

11月11日，西藏总队副司令员姜波检查指导中队工作

8月29日，县公安局政委孙雁哲慰问中队官兵

7月29日，与看守所召开联系联防

11月26日，义务打扫县城卫生

备勤小组巡逻

3月28日，参加纪念百万农奴解放56周年升国旗

墨竹工卡县气象局

气象局局长　尼玛次仁

7月16日，中国气象局副司长于玉斌到墨竹工卡县气象局检查指导工作

10月14日，自治区气象局党组书记拉卓、局长向毓意到墨竹工卡县气象局检查指导工作

6月6日，市气象局组织年轻干部职工到县气象局开展义务劳动

8月28日，中国气象局第四督导组到墨竹工卡县气象局开展人工影响天气安全指导工作

12月3日，自治区气象局农网中心领导到墨竹工卡县气象局开展农经网座谈会

5月12日，开展“5·12”防灾减灾日宣传活动

墨竹工卡县供电有限公司

供电有限公司总经理　扎西次仁

供电有限公司副经理　杨 波

9月22日，拉萨供电公司领导到墨竹工卡县供电公司检查指导安全设施工作

公司出资3.6万元，慰问各乡农村电工

5月9日，为高速公路新装电力变压器设施

5月16日，新增大用户安装控制计量装置

墨竹工卡县支行

行长尼玛次仁慰问退休老干部

中国农业银行墨竹工卡县支行党支部书记、行长　尼玛次仁

到尼玛江热乡章达村宣传金融政策

慰问退休老干部

宣传金融政策

11月23日，宣传识别假币知识

8月21日，学习业务技能水平

墨竹工卡县电信局

电信局局长　白玛伦珠

电信局副局长　琼达次仁

6月1日，移动式营销

4月1日，下乡文艺演出

村级活动

员工合影

县城营业厅

林芝公路分局墨竹工卡公路养护段

党支部书记　达瓦次仁

段 长　阿 旺

副段长　西洛次仁

整理路容路貌

7月1日，组织党员清扫道路

路政宣传

油路补坑

墨竹工卡县邮政局

邮政局局长 格桑贡嘎

投送党报党刊

积分有礼活动

投送邮件

邮政局办公楼

扎雪乡吉布寺投递路

营业大厅

墨竹工卡县移动分公司

移动分公司经理　景淑娜

下乡营销活动推广

现场为客户办理业务

为用户解决问题

新产品推荐

服务下乡

联通墨竹工卡县营业部

联通营业部经理　白立成

营业厅

工地上发展业务

营业员

服务公约

爱岗敬业　恪尽职守
文明礼貌　热情周到
保持激情　与时俱进
诚信为本　用户至上
热爱本职　精通业务
追求卓越　讲究质量
善于竞争　超越自我
遵章守纪　维护形象

服务承诺

1、确保用户知情权，严格按客户服务协议办；
2、投诉处理“首问负责，限时办结”；
3、SP业务定制由客户确认；
4、公开SP业务信息，方便客户查询；
5、设立10109696SP服务监督热线，接受客户监督；
6、方便用户及时查询话费；
7、开通全国服务质量监督举报电话；
8、话费误差双倍返还，短信差错先行赔付。

联通用语规范

十准
1 很抱歉
2 我会做好的
3 我能做的是
4 这位是能帮助你的某人
5 我理解你的感受
6 让我看看能为你做些什么
7 让我帮助你
8 我会尽力来完成这件事
9 对不起（尽量少用）
10 我马上就回来

十不准
1 我不知道
2 不行
3 那不是我的工作
4 你是对的，真讨厌
5 那不是我的错
6 你找经理去吧
7 你马上就要吗
8 你冷静点
9 我现在很忙
10 你先听我说

服务准则

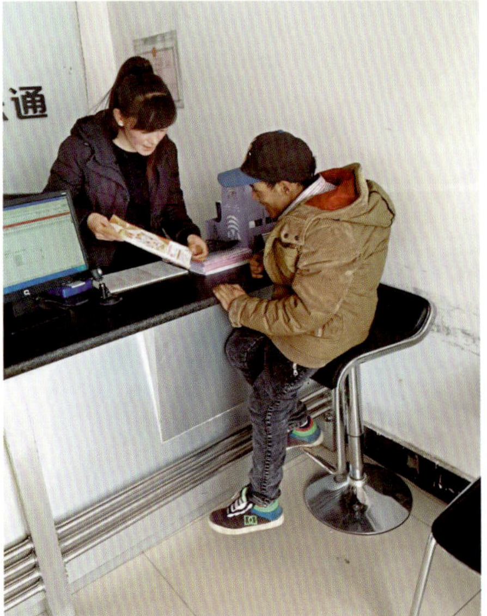

解释资费